Peter Müller

Einstieg in HTML und CSS

Rheinwerk
Computing

Liebe Leserin, lieber Leser,

es ist schon eine ganze Weile her, dass Webseiten aus reinem Text bestanden und keinerlei Gemeinsamkeiten hatten mit dem, was wir als ansprechend und benutzerfreundlich bezeichnen. Heutzutage müssen wir uns mit einem solchen Anblick glücklicherweise nicht mehr zufriedengeben – dank HTML und CSS.

Wenn Sie dieses Buch gekauft haben, wissen Sie bereits, dass Sie auf dem Weg zu Ihrer eigenen Website nicht um diese beiden Sprachen herumkommen. Sie bilden das Fundament, auf dem das heutige Internet errichtet ist. In diesem Buch lernen Sie die Grundlagen von HTML und CSS, die Sie brauchen, um ansprechende Websites zu entwickeln.

Peter Müller ist nicht nur Experte für HTML und CSS, sondern auch ein absoluter Vermittlungsprofi. Anhand einer Übungswebsite wird er Sie Schritt für Schritt durch die Welt der Webseitenerstellung und -gestaltung führen, sodass Sie das Gelernte erfolgreich auf Ihre eigenen Projekte übertragen können.

Noch ein Hinweis in eigener Sache: Dieses Buch wurde mit großer Sorgfalt geschrieben, geprüft und produziert. Sollte dennoch etwas nicht so funktionieren wie erwartet oder sollten Sie bestimmte Themen oder Hinweise vermissen, freuen wir uns über konstruktives Feedback!

Ihre Patricia Schiewald
Lektorat Rheinwerk Computing

patricia.schiewald@rheinwerk-verlag.de
www.rheinwerk-verlag.de
Rheinwerk Verlag · Rheinwerkallee 4 · 53227 Bonn

Auf einen Blick

Wir hoffen, dass Sie Freude an diesem Buch haben und sich Ihre Erwartungen erfüllen. Ihre Anregungen und Kommentare sind uns jederzeit willkommen. Bitte bewerten Sie doch das Buch auf unserer Website unter **www.rheinwerk-verlag.de/feedback**.

An diesem Buch haben viele mitgewirkt, insbesondere:

Lektorat Patricia Schiewald, Anne Scheibe
Korrektorat Petra Bromand, Düsseldorf
Fachgutachten Annette Schwindt, Bonn
Herstellung Janne Brönner
Typografie und Layout Vera Brauner
Einbandgestaltung Judith Pappe, Köln
Titelbild iStock: 1154750009 © mirsad sarajlic
Satz III-Satz, Kiel
Druck und Bindung Beltz Grafische Betriebe, Bad Langensalza

FSC www.fsc.org MIX Papier aus verantwortungsvollen Quellen FSC® C089473

Dieses Buch wurde gesetzt aus der TheAntiquaB (9,35 pt/13,7 pt) in FrameMaker.

Gedruckt wurde dieses Buch mit mineralölfreien Farben auf chlorfrei gebleichtem, FSC®-zertifiziertem Offsetpapier (90 g/m²).

Hergestellt in Deutschland.

Bibliografische Information der Deutschen Nationalbibliothek:
Die Deutsche Nationalbibliothek verzeichnet diese Publikation in der Deutschen Nationalbibliografie; detaillierte bibliografische Daten sind im Internet über *http://dnb.dnb.de* abrufbar.

ISBN 978-3-8362-9089-0

2., aktualisierte und erweiterte Auflage 2022, 1., korrigierter Nachdruck 2023

Informationen zu unserem Verlag und Kontaktmöglichkeiten finden Sie auf unserer Verlagswebsite **www.rheinwerk-verlag.de**. Dort können Sie sich auch umfassend über unser aktuelles Programm informieren und unsere Bücher und E-Books bestellen.

Inhalt

6 HTML-Elemente für Bilder, Audio und Video 109

12 CSS kennenlernen: Syntax, Box-Modell, Farbwerte und Einheiten 227

18 Ordnung halten: Stylesheets organisieren 365

Materialien zum Buch

Auf der Webseite zu diesem Buch stehen folgende Materialien für Sie zum Download bereit:

- **alle Übungsdateien**

Gehen Sie auf *www.rheinwerk-verlag.de/5560*. Klicken Sie auf den Reiter MATERIALIEN. Sie sehen die herunterladbaren Dateien samt einer Kurzbeschreibung des Dateiinhalts. Klicken Sie auf den Button HERUNTERLADEN, um den Download zu starten. Je nach Größe der Datei (und Ihrer Internetverbindung) kann es einige Zeit dauern, bis der Download abgeschlossen ist.

Geleitwort

Mit diesem Buch können Sie Schritt für Schritt in die Welt von HTML und CSS einsteigen oder sich auf den neuesten Stand bringen lassen, was die Details beim Erstellen und Gestalten von Webseiten angeht. Somit eignet sich dieses Buch nicht nur als Einführung, sondern auch als Wissensaktualisierung und natürlich als Nachschlagewerk.

Peter Müller erklärt auf leicht verständliche Weise und mit konkreten Übungen, was es mit modernem HTML und CSS auf sich hat. Er zeigt außerdem auch konkrete Anwendungsmöglichkeiten von *Flexbox* und *CSS Grid Layout*. Wer tiefer in die einzelnen Bereiche eintauchen möchte, bekommt weiterführende Links und Tipps.

Als ich selbst mithilfe von Peter Müllers »Little Boxes« vor über fünfzehn Jahren mit HTML und CSS begann, designte man noch für *Desktop only* und musste sich mit zahlreichen Browser-Inkompatibilitäten herumschlagen. Smartphones und Tablets gab es zunächst gar nicht, und als sie dann auftauchten, waren sie noch lange keine Alltagsgegenstände. Dass ich heute einen der Nachfolger von »Little Boxes« fachlektorieren würde, hätte ich damals sicher nicht gedacht. Geschweige denn, was sich in dieser Zeit alles in Sachen Webdesign tun würde.

Seit 2015 bin ich bereits bei Peter Müllers Einführungen in WordPress als Fachgutachterin dabei. Im ständigen Austausch via WhatsApp, FaceTime und Dropbox durfte ich nun auch dieses Buch hier bei seiner Entstehung begleiten. »Annabellisieren« nennt Peter das (genauere Erklärung dazu in diesem kurzen Video: *https://tinyurl.com/annabellisieren*).

Danke, dass ich Dir wieder zur Seite stehen durfte, lieber Peter! Es ist jedes Mal eine große Freude, mit Dir zusammenzuarbeiten! Ich wünsche auch diesem Buch viele begeisterte Leser!

Deine »Annabelle«
Annette Schwindt

Vorwort

Das Web ist allgegenwärtig, und alle Webseiten bestehen aus HTML und CSS. Diese beiden Sprachen sind das Fundament des Web, und wenn Sie mehr darüber wissen möchten, sind Sie hier genau richtig. Dieses Buch vermittelt modernes Grundwissen zu HTML und CSS, und in dieser zweiten Auflage wurden die Inhalte aktualisiert und um zahlreiche Abschnitte erweitert.

Für wen ist dieses Buch?

Sie sollten mit einem Computer und einem Editor umgehen können und sich vor einer hexadezimalen Farbangabe wie `#07b` nicht erschrecken. Abgesehen davon sind die einzigen Voraussetzungen Interesse an HTML und CSS und Lust am Lernen.

Unter anderem ist dieses Buch gedacht für:

- alle, die mehr über HTML und CSS wissen möchten.
- Einsteiger, die wissen möchten, wie man Webseiten erstellt und gestaltet und wie HTML und CSS funktionieren.
- Webdesigner, die eine kompakte, strukturierte Einführung in modernes HTML und CSS suchen, weil sie keine Lust mehr auf `float`-Layouts haben.
- Nutzer von Content-Management-Systemen wie WordPress oder anderen, die das HTML und CSS in ihren Themes, Templates und Layouts verstehen und vielleicht anpassen möchten.
- Webworker, die vorhandenes, älteres Wissen zu HTML und CSS aktualisieren und auf den neuesten Stand bringen möchten.
- Programmierer, die sich fragen, wozu man HTML braucht und wie dieses komische CSS-Zeug funktioniert. CSS *is* awesome.

Wie ist dieses Buch aufgebaut?

Das Buch besteht aus vier aufeinander aufbauenden Teilen.

- **Teil I: Webseiten, HTML und CSS**
  In Kapitel 1 erfahren Sie, dass Webseiten aus Quelltext bestehen, und bekommen Tipps zu Browsern, Editoren und Referenzen. In Kapitel 2 und Kapitel 3 folgt dann ein Schnelleinstieg zu HTML und CSS.

- **Teil II: HTML (mit einer Prise CSS)**
  Von Kapitel 4 bis Kapitel 10 lernen Sie die wichtigsten HTML-Elemente kennen: Überschriften, Fließtext, Listen, Bilder, Audio, Video, semantische Strukturelemente, Formulare und Tabellen. Diese Elemente bekommen dabei auch gleich eine grundlegende Gestaltung per CSS. In Kapitel 11 erweitern Sie dann die bis dahin erstellte Übungswebseite zu einer Übungswebsite.
- **Teil III: CSS-Grundlagen**
  In Kapitel 12 bis Kapitel 17 geht es um die Grundlagen von CSS: Syntax, Box-Modell, Farbwerte, Einheiten, Selektoren, Kaskade, Vererbung, Standardwert, Schrift- und Textgestaltung und das Gestalten der Boxen. In Kapitel 18 finden Sie dann Tipps zum Organisieren von Stylesheets.
- **Teil IV: Mehrspaltige, responsive Layouts erstellen**
  In Kapitel 19 bis Kapitel 24 lernen Sie diverse Techniken zum Erstellen von Layouts per CSS kennen: Media Queries, Flow, `position`, `float`, Flexbox und CSS-Grid. Sie erstellen eine responsive Navigation für die Übungswebsite und machen in Kapitel 25 zum Abschluss einen Ausflug in die Welt flexibler Icons (mit SVG) und responsiver Bilder.

In vielen Kapiteln gibt es Kästchen mit dem Titel »Übungswebsite«. Wenn Sie diese Kästchen alle durcharbeiten, erhalten Sie eine funktionierende Website, wenn Sie den Text dazwischen lesen, wissen Sie auch warum.

Wie sollten Sie dieses Buch lesen?

- Einsteiger arbeiten das Buch am besten von vorne bis hinten durch, denn die Themen bauen aufeinander auf.
- Wenn Sie schon etwas Vorwissen haben, überfliegen Sie die Kapitel kurz und picken sich dann die Themen raus, die Sie am interessantesten finden.
- Um vorhandenes Wissen zu HTML und CSS zu aktualisieren, schauen Sie einfach ins Inhaltsverzeichnis und springen direkt zu den Themen, die Sie interessieren.

Die Übungswebsite zieht sich wie ein roter Faden durch das gesamte Buch, aber mit den Übungsdateien können Sie in jedem Kapitel einsteigen und mitmachen.

Was ist dieses Buch nicht?

Sie erstellen Schritt für Schritt eine kleine Übungswebsite, aber das Buch ist *keine* Anleitung zum Veröffentlichen und Betreiben von Websites. Themen wie Domain-Namen, Webspace, SSL, die Veröffentlichung einer Website via SFTP, rechtliche Aspekt von Websites oder die Optimierung von Webseiten für Suchmaschinen (SEO) kommen in diesem Buch nicht oder nur am Rande vor.

Es geht um das Verstehen von HTML und CSS, und der Schwerpunkt liegt auf klassischen Webseiten zur Präsentation von Informationen, nicht auf der Interaktion mit Benutzern.

Die Website zum Buch: Übungsdateien und Errata

Auf der folgenden Website erhalten Sie aktuelle Informationen zu HTML und CSS sowie Errata zum Buch:

- *https://html-und-css.de/buch/*

Auf dieser Website können Sie auch die Übungsdateien herunterladen.

Nach dem Entpacken des ZIP-Archivs finden Sie für die meisten Kapitel jeweils einen Ordner mit ein oder zwei Unterordnern:

- Der Unterordner *uebungen* enthält einzelne Übungsdateien zu Themen, die im jeweiligen Kapitel behandelt werden.
- Der Unterordner *uebungswebsite* enthält den jeweils aktuellen Stand der Schritt für Schritt weiterentwickelten Übungswebsite.

Den Unterordner *uebungswebsite* gibt es nicht zu jedem Kapitel, aber wenn es ihn gibt, dann hat er zwei Unterordner namens *anfang* und *ende*:

- Der Ordner *anfang* enthält den Stand der Übungswebsite am Anfang des Kapitels. Wenn Sie ein bestimmtes Kapitel durcharbeiten möchten, kopieren Sie diese Ordner und Dateien in einen Übungsordner und legen los.
- Im Ordner *ende* liegen die fertigen Übungsdateien so, wie sie am Ende des Kapitels sein sollten, wenn Sie alle mit »Übungswebsite« beschrifteten Kästchen durchgearbeitet haben. So können Sie, falls etwas partout nicht klappen will, nachschauen, wie es sein sollte.

Mit den Übungsdateien können Sie wie gesagt in jedem Kapitel einsteigen.

Vielen Dank ...

- ... an Sie als Leser. Ohne Sie würde das Schreiben nur halb so viel Spaß machen.
- ... an die vielen Autoren von Artikeln zu HTML und CSS im Web.
- ... an alle Mitarbeiter beim Rheinwerk Verlag, die zur Entstehung des Buches beigetragen haben. Besonders an Stephan Mattescheck, Patricia Schiewald vom *Lektorat Computing*, Hendrik Flanagan-Wevers von *Kommunikation Computing* und Petra Bromand für die Korrektur.
- ... an Annette Schwindt aka Annabelle für die monatelange detaillierte Auseinandersetzung mit dem Manuskript und das sich daraus ergebende Feedback. Danke nicht nur für die vielen guten Anregungen, sondern auch für den Spaß bei der Arbeit.
- ... an Karin, Hobbe, Irma, Maud und Axel.

Peter Müller

Kapitel 1
Wissenswertes über Webseiten

Worin festgestellt wird, dass Webseiten bei jedem Benutzer etwas anders aussehen, weil sie aus Quelltext bestehen.

Die Themen im Überblick:

Webseiten bestehen aus Quelltext. In diesem Kapitel sehen Sie, was Quelltext ist, und lernen die wichtigsten Werkzeuge dazu kennen: Browser, Editoren und Referenzen zum Nachschlagen von Details.

Wie heißt es bei *Alice im Wunderland*? – »Fange am Anfang an, und mach weiter, bis du ans Ende kommst, dann halte an.« Folgen Sie dem weißen Kaninchen. Das hier ist der Anfang.

1.1 Webseiten sehen bei jedem Benutzer anders aus

Webseiten sehen im Gegensatz zu Papierseiten bei jedem Benutzer etwas anders aus, denn sie passen sich der Umgebung an, in der sie dargestellt werden. Dieses Verhalten nennt man *responsiv*, was frei übersetzt so viel heißt wie *anpassungsfähig*, und die Kunst, Webseiten so zu erstellen und zu gestalten, nennt man entsprechend *responsives Webdesign*.

Abbildung 1.1 illustriert die Flexibilität von Webseiten und zeigt die Startseite der Übungswebsite, die Sie im Verlaufe des Buches erstellen, auf vier unterschiedlichen Geräten: einem großen Desktop-Bildschirm, einem kleineren Laptop sowie einem Tablet und einem Smartphone im Hochformat.

Abbildung 1.1 Die Übungswebsite auf verschiedenen Geräten

Im weltweiten Web gibt es natürlich noch viel mehr Geräte und Bildschirmgrößen, und Sie wissen nie, mit welchem Gerät die Besucher Ihre Webseiten aufrufen. Manche surfen sogar ganz ohne Bildschirm und lassen sich die Webseiten von einem *Screenreader* vorlesen. Wichtig ist bei Webseiten also nicht, dass sie auf jedem Gerät gleich aussehen, sondern dass der Inhalt der Webseiten zugänglich bleibt.

»Zugänglichkeit«, »Accessibility« und »Barrierefreiheit«

Die *Zugänglichkeit* von Webseiten nennt man im Englischen *Accessibility*, häufig abgekürzt als *A11Y* (A und Y, mit 11 Buchstaben dazwischen). Im Deutschen hat sich der Begriff *Barrierefreiheit* eingebürgert.

1.2 Webseiten bestehen aus Quelltext

Webseiten können so flexibel sein, weil sie anders als Papierseiten nicht so ausgeliefert werden, wie man sie als Benutzer sieht. Webseiten bestehen nämlich aus Quelltext:

- Browser erhalten vom Webserver nicht die fertige Webseite.
- Sie bekommen lediglich den *Quelltext*, eine Art Bauplan.
- Aus diesem Quelltext erstellen sie dann eine benutzbare Webseite.

Der Quelltext (engl. *source code*) bleibt dabei normalerweise im Hintergrund, und die meisten Benutzer bekommen ihn nie zu sehen. Man kann ihn sich aber in jedem Desktop-Browser mit zwei Klicks anzeigen lassen:

1. Ein Rechtsklick irgendwo auf die Seite zeigt ein Kontextmenü.
2. Im Kontextmenü gibt es den Befehl SEITENQUELLTEXT ANZEIGEN, der einen neuen Tab mit dem Quelltext öffnet.

Abbildung 1.2 zeigt einen Ausschnitt aus dem Quelltext der in Abbildung 1.1 gezeigten Webseite. Falls Sie Quelltext noch nie gesehen haben – erschrecken Sie nicht. Er sieht auf den ersten Blick etwas unübersichtlich aus, ist aber leichter zu verstehen, als man anfangs denkt.

```
<!doctype html>
<html lang="de" id="top">

  <head>
    <meta charset="utf-8">
    <meta name="viewport" content="width=device-width, initial-scale=1.0">

    <title>Startseite – Einstieg in HTML + CSS</title>
    <meta name="description" content="Beschreibung dieser Webseite">

    <link href="css/style.css" rel="stylesheet">

  </head>

  <body class="startseite">

    <header class="site-header">
       <div class="inside">

        <h1 class="site-logo">
          <img src="bilder/html+css-logo-222.png"
               srcset="bilder/html+css-logo-222.png 1x,
                       bilder/html+css-logo-444.png 2x"
               alt="HTML + CSS"
               width="222"
               height="33">
        </h1>

        <p class="site-slogan">Webseiten erstellen und gestalten</p>

      </div>
    </header>
```

Abbildung 1.2 Ein Ausschnitt aus dem Quelltext einer Webseite

Der Quelltext *ist* die eigentliche Webseite. Wenn Sie eine Webseite erstellen, erzeugen Sie Quelltext. Immer. Auch wenn Sie das Wort noch nie gehört, Quelltext noch nie gesehen haben und zur Erzeugung der Seite Programme wie WordPress oder einen Website-Baukasten benutzen.

Was die Nutzer als Webseite im Browserfenster sehen, ist die Interpretation des Quelltextes des von ihnen benutzten Browsers auf dem von ihnen benutzten Gerät mit den aktuellen Einstellungen.

Webseiten sehen also zwangsläufig bei jedem Benutzer anders aus, denn der Quelltext wird je nach Umgebung unterschiedlich interpretiert.

1.3 Quelltext besteht aus HTML, CSS und JavaScript

Der Quelltext einer Webseite besteht aus den Sprachen HTML, CSS und optional JavaScript, die sich perfekt ergänzen:

- Das Fundament einer Webseite ist HTML. HTML strukturiert eine Webseite und deren Inhalt. Das ist nicht hübsch, aber flexibel.
- CSS gestaltet das HTML. Die Schwierigkeit beim Gestalten besteht darin, die Seite attraktiv und übersichtlich zu machen, ohne dabei deren natürliche Flexibilität zu verlieren.
- JavaScript ist eine Programmiersprache, mit der man das Verhalten der Webseite steuern und so zum Beispiel deren Bedienung erleichtern kann. Einfache Webseiten kommen fast ohne JavaScript aus, in interaktiven Webapplikationen spielt es hingegen oft die Hauptrolle.

CSS und JavaScript machen die Seite also hübscher und besser bedienbar, aber das Fundament ist HTML. Ohne HTML sind CSS und JavaScript arbeitslos. Weil dieser Sachverhalt recht abstrakt klingt, möchte ich Ihnen zur Zusammenarbeit von HTML und CSS ein konkretes Beispiel zeigen.

1.3.1 Der Inhalt: HTML ist nicht hübsch, aber flexibel

HTML strukturiert eine Webseite und unterteilt den Inhalt in Überschriften, Absätze, Listen, Bilder, Links und so weiter. In Firefox können Sie sich mit wenigen Klicks eine Webseite komplett ohne Gestaltung ansehen:

1. Starten Sie Firefox und surfen Sie zur gewünschten Webseite.

2. Klicken Sie in der oberen Menüzeile auf das Menü ANSICHT. Unter Windows drücken Sie die [Alt]-Taste, um das Menü einzublenden.
3. Öffnen Sie das Untermenü WEBSEITEN-STIL.
4. Klicken Sie auf den Befehl KEIN STIL.

Die in Firefox angezeigte Seite wird sich daraufhin optisch wahrscheinlich ziemlich verändern, denn »kein Stil« meint, dass die Seite ohne CSS dargestellt wird. Abbildung 1.3 zeigt als Beispiel die Startseite der Übungswebsite ohne CSS.

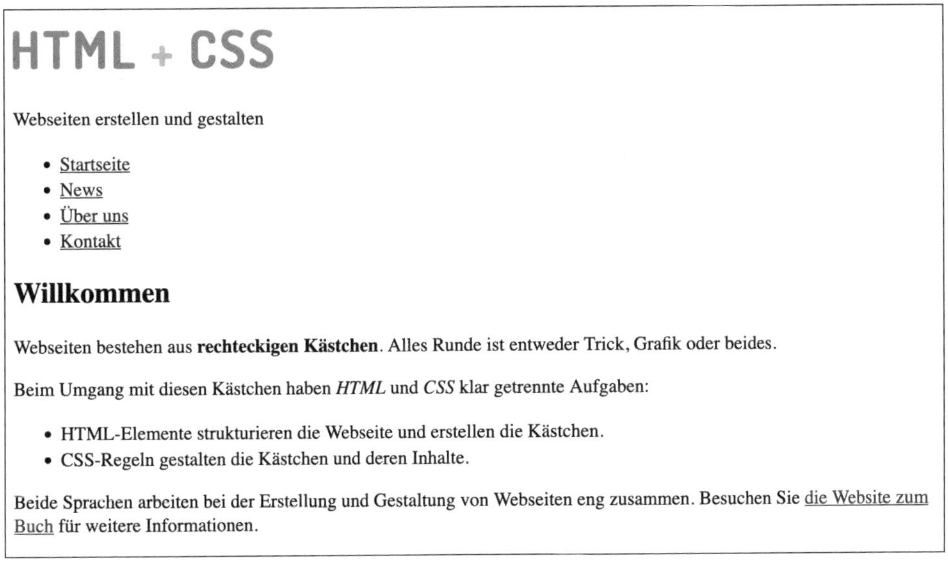

Abbildung 1.3 Die Startseite der Übungswebsite ohne CSS

Ganz oben sieht man das Logo *HTML + CSS*, darunter den Slogan *Webseiten erstellen und gestalten* und danach folgen eine Liste mit Links und der Fließtext.

Diese Seite ist nicht hübsch, aber voll funktionsfähig. Die Texte sind lesbar und die Hyperlinks anklickbar. Der Inhalt fließt in einer einzigen Spalte von oben nach unten, aber man könnte sich die Seite problemlos auch auf einem sehr schmalen Bildschirm ansehen oder vorlesen lassen. Sie passt sich ihrer Umgebung an.

1.3.2 Das Styling: CSS gestaltet das HTML

CSS ist speziell dazu erfunden worden, HTML-Elemente zu gestalten. Um die Gestaltung per CSS in Aktion zu *sehen*, laden Sie wie im vorherigen Abschnitt gezeigt eine Webseite in Firefox ohne Stil – und aktivieren dann im Menü ANSICHT • WEBSEITEN-STIL den Befehl STANDARD-STIL.

Die Seite im Browser wird automatisch neu geladen und dann mit CSS dargestellt. Der Unterschied zwischen Abbildung 1.3 und Abbildung 1.4 ist CSS, das HTML hat sich nicht geändert.

Abbildung 1.4 Die Startseite der Übungswebsite mit CSS

Am meisten verändert hat sich die Liste mit Links zwischen dem Logo und dem Fließtext. Diese Linkliste ist optisch zu einem Navigationsbereich geworden: Sie hat eine dunkle Hintergrundfarbe, die Aufzählungspunkte sind weg, die Listenelemente stehen durch senkrechte Striche getrennt nebeneinander, und die Hyperlinks darin sind nicht mehr blau und unterstrichen.

Die Kunst beim Gestalten von Webseiten besteht wie gesagt darin, das HTML übersichtlicher und besser bedienbar zu machen, ohne dabei dessen natürliche Flexibilität und Zugänglichkeit zu verlieren. Das ist in der Praxis nicht immer ganz so einfach, wie es vielleicht klingt.

Und was ist mit JavaScript? Wie der Titel des Buches vermuten lässt, liegt der Schwerpunkt in diesem Buch auf den Sprachen HTML und CSS. JavaScript kommt nur am Rande vor. Zum Beispiel in Kapitel 23 bei der Erstellung einer responsiven Navigation.

1.4 Webseiten werden von einem Browser dargestellt

Alle Webseiten werden von einem *Webbrowser* dargestellt, kurz *Browser*. *To browse* heißt so viel wie *stöbern*, *schmökern* oder *sich umsehen*, und ein Webbrowser ist ein Programm zum Stöbern oder Schmökern im World Wide Web. Außerdem *braust* er durch den Quelltext und macht daraus eine benutzbare Webseite.

Besonders in technischen Dokumentationen werden Browser manchmal auch als *User Agent* bezeichnet. *Agent* klingt ein bisschen nach 007, heißt in diesem Zusammenhang aber so viel wie *Mittler*, *Stellvertreter* oder *Beauftragter*. Im Web ist der *User Agent* also der Browser, mit dem der Benutzer Webseiten aufruft.

1.4.1 Die bekanntesten Browser: Chrome, Firefox, Safari, Edge und Co

Mit welchem Browser Sie selbst surfen, bleibt Ihnen überlassen, aber die von Ihnen erstellten Webseiten sollten Sie auf möglichst vielen verschiedenen Browsern auf möglichst vielen verschiedenen Geräten testen.

Hier ein kurzer Blick auf die aktuell wichtigsten Browser:

- **Chrome** ist von Google, wurde 2008 veröffentlicht und hat momentan den größten Marktanteil. Chrome ist für alle gängigen Betriebssysteme und Geräte erhältlich.
- **Firefox** ist von Mozilla und erschien 2003 als Nachfolger des Browser-Urgesteins *Netscape Navigator*. Wegen der übersichtlichen Entwicklerwerkzeuge ist Firefox gerade für Einsteiger ideal zum Erstellen und Testen von Webseiten. Firefox gibt es ebenfalls für alle gängigen Betriebssysteme.
- **Safari** ist der Standardbrowser auf Geräten von Apple und nur dort verfügbar. Besonders auf iPhone und iPad ist Safari sehr beliebt.
- **Edge** ist von Microsoft und der Standardbrowser von Windows. Der Nachfolger des *Internet Explorers* erschien Anfang 2020 in einer komplett neuen Version, die auf dem gleichen Kern basiert wie Chrome und für alle gängigen Betriebssysteme erhältlich ist.

Abbildung 1.5 Die Logos von Chrome, Firefox, Safari und Edge

Neben diesen vier großen gibt es noch zahlreiche weniger bekannte Browser wie *Brave, Opera* oder *Vivaldi*, und besonders auf mobilen Geräten haben einige Hersteller eigene Browser installiert. So gibt es zum Beispiel auf Geräten von Samsung oft einen Browser mit dem passenden Namen *Samsung Internet*.

1.4.2 Viele Browser sind miteinander verwandt

Aber die Vielfalt der Browser täuscht ein wenig, denn viele sind miteinander verwandt. Das Kernstück eines Browsers ist der sogenannte *HTML-Renderer*, auch *Layout-* oder *Browser-Engine* genannt, der den Quelltext in eine sichtbare Seite umwandelt (*rendert*).

Bei Firefox heißt dieser HTML-Renderer *Gecko* und bei Apples Safari *Webkit*. Chrome basierte zunächst auch auf Webkit, aber seit 2013 nutzt Google eine eigene Weiterentwicklung namens *Blink* und stellt diese auch für andere Hersteller zur Verfügung. Dieser Schritt war ein Hit, denn viele andere Browser wie *Brave, Opera, Vivaldi, Samsung Internet* und sogar der neue *Microsoft Edge* basieren inzwischen ebenfalls auf *Blink*.

Tabelle 1.1 zeigt einen Überblick über die Browser und ihre Layout-Engines.

Browser	Layout-Engine
Firefox	Gecko
Safari und alle Browser unter iOS	Webkit
Chrome, Edge, Samsung Internet, Opera, Vivaldi, Brave u. a.	Blink

Tabelle 1.1 Browser und HTML-Renderer im Überblick

Blink-Browser unterscheiden sich zwar in der Bedienung und in vielen anderen Features wie Datenschutz (*Privacy*) und Nutzerverfolgung (*Tracking*), verhalten sich aber bei der Darstellung von Webseiten sehr ähnlich. Wenn Sie Ihre Seiten also in *einem* Blink-Browser getestet haben, werden sie in den *anderen* wahrscheinlich ähnlich aussehen.

1.4.3 Besonderheiten: Browser unter iOS und Internet Explorer

Eine Besonderheit sind Smartphones und Tablets von Apple. Auf deren Betriebssystemen iOS und iPadOS dürfen Browser aus Sicherheitsgründen keine eigenen Layout-Engines nutzen. Im Klartext: Auf iPhones und iPads basieren alle Browser auf Safaris *Webkit*, auch Chrome und Firefox. Chrome und Firefox sind auf einem iPad also nicht dasselbe wie auf einem Desktop-Rechner.

Eine kurze Anmerkung zum Internet Explorer. Bei Windows 10 gehörte der Internet Explorer 11 noch zum Lieferumfang, bei Windows 11 ist er nicht mehr dabei und nur noch in einem speziellen IE-Modus innerhalb von Microsoft Edge verfügbar. Am 15. Juni 2022 hat Microsoft den IE11 ganz offiziell in Rente geschickt und es ist somit Zeit, sich vom Internet Explorer zu verabschieden. Goodbye, IE.

Akustische Browser: »Screenreader« lesen Webseiten vor

Alle bisher genannten Browser stellen den Quelltext visuell dar, aber sehbehinderte und blinde Benutzer lassen sich Webseiten oft von einem *Screenreader* genannten Programm vorlesen:

- *de.wikipedia.org/wiki/Screenreader*

Auf vielen Betriebssystemen gehört ein Screenreader bereits zum Lieferumfang: In Windows heißt er *Narrator*, auf Geräten von Apple *VoiceOver* und bei Android *Talkback*.

1.5 Editoren zum Schreiben und Bearbeiten von Quelltext

Zum Schreiben und Bearbeiten von Quelltext brauchen Sie einen Editor, mit dem Sie HTML und CSS bearbeiten können. Sollten Sie bereits einen Editor haben, mit dem Sie zufrieden sind, gibt es keinen Grund, etwas zu ändern. Der Editor ist nur ein Werkzeug.

Falls Sie noch keinen Lieblingseditor haben oder neugierig sind, möchte ich Ihnen in diesem Abschnitt drei Kandidaten kurz vorstellen. Alle drei gibt es für Windows, macOS und Linux:

- *Visual Studio Code* (*code.visualstudio.com*) ist von Microsoft und als komplette, kostenlose Entwicklungsumgebung auf dem besten Weg zu einer Art Industriestandard. Genau richtig für ambitionierte Einsteiger.
- *Atom* (*atom.io*) ist ein sehr vielseitiger, kostenloser Editor und wird von einer engagierten Community aktiv weiterentwickelt.
- *Brackets* (*brackets.io*) war ursprünglich von Adobe, aber die Firma hat den Support eingestellt und das Projekt als Open Source zur Verfügung gestellt.

Abbildung 1.6 Die Logos von Visual Studio Code, Atom und Brackets

Brackets ist sehr übersichtlich und im Prinzip besonders für Einsteiger gut geeignet, aber aufgrund der unsicheren weiteren Entwicklung empfehle ich inzwischen Visual Studio Code.

Online-Editoren zum Basteln und schnellen Ausprobieren

Zum Basteln oder zum schnellen Ausprobieren von Codeschnipseln können Sie auch einen Online-Editor direkt in Ihrem Browser benutzen. Sehr beliebt sind zum Beispiel CodePen (*codepen.io*) oder JSFiddle (*jsfiddle.net*).

1.6 Referenzen und Nachschlagewerke zu HTML und CSS

In diesem Buch lernen Sie das Wichtigste zu HTML und CSS, aber früher oder später werden Sie das ein oder andere Detail vertiefen oder nachschlagen möchten.

Referenzen und Nachschlagewerke zu HTML und CSS gibt es im Web wie Sand am Meer, aber viele dieser Projekte haben Probleme, die Inhalte auf dem neuesten Stand zu halten. Die folgenden Kandidaten haben das (bis jetzt) geschafft.

1.6.1 SelfHTML – das deutschsprachige Urgestein

SelfHTML wurde 1995 von Stefan Münz gegründet und hat unzähligen Leuten beim Lernen von HTML und CSS geholfen. Unter dem sympathischen Motto *Die Energie des Verstehens* ist SelfHTML heute immer noch aktiv. Es gibt dort auch ein Blog und ein Forum, aber als Nachschlagewerk dient das Wiki:

- *wiki.selfhtml.org*

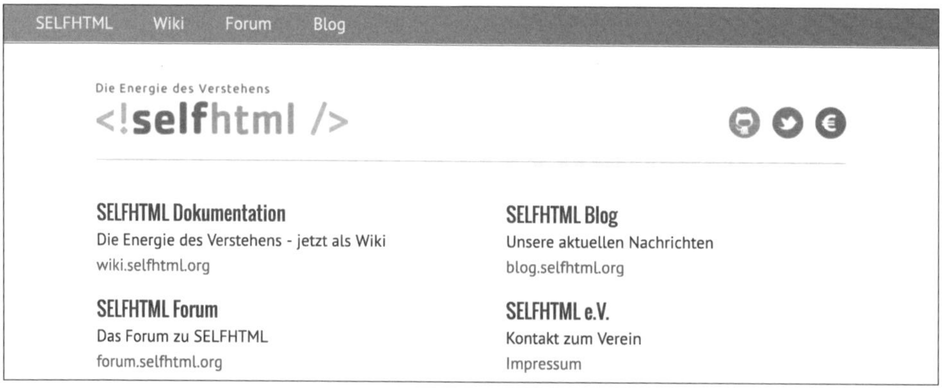

Abbildung 1.7 Die Startseite von »selfhtml.org«

1.6.2 Die »MDN Web Docs« – best in English

Die *MDN Web Docs*, kurz MDN, waren früher unter dem Namen *Mozilla Developer Network* bekannt und haben sich in den letzten Jahren zum wohl umfangreichsten und aktuellsten Nachschlagewerk für Webentwickler gemausert (Abbildung 1.8):

- *developer.mozilla.org/en-US*

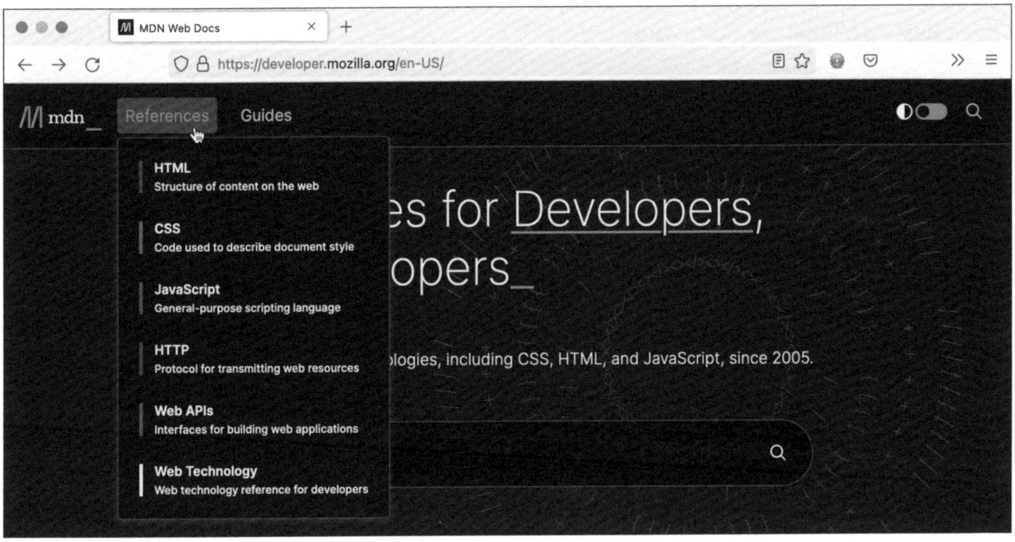

Abbildung 1.8 Die MDN-Startseite in English

Die MDN Web Docs bestehen aus den beiden Abteilungen REFERENCES mit Nachschlagewerken zu HTML, CSS & Co und GUIDES mit Tutorials zu allen möglichen Themen.

Die MDN Web Docs sind besser »in English«

Die englischen Seiten der MDN Web Docs sind aktueller und enthalten mehr Informationen und Beispiele als die deutschsprachigen. Falls Sie über externe Links aus Suchmaschinen oder einem Editor wie Visual Studio Code auf einer deutschsprachigen MDN-Seite landen, können Sie mit wenigen Klicks zur englischen Version wechseln.

Falls Sie MDN grundsätzlich lieber in English nutzen möchten, können Sie die Spracheinstellungen Ihres Browsers ändern, oder Sie nutzen zur Suche eine Website wie *devdocs.io*, die als Ergebnis immer englische Seiten präsentiert.

1.6.3 Anlaufstelle für Fragen zur Browserunterstützung: »caniuse.com«

HTML und CSS werden ständig weiterentwickelt. Ältere Browser verstehen daher naturgemäß keine HTML-Elemente oder CSS-Eigenschaften, die nach ihrem Erscheinen erfunden wurden.

Wenn Sie also irgendwann einmal wissen müssen, welche Browser ein bestimmtes HTML-Element oder eine bestimmte CSS-Eigenschaft verstehen, ist *Can I Use* die wichtigste Anlaufstelle (Abbildung 1.9):

- *caniuse.com*

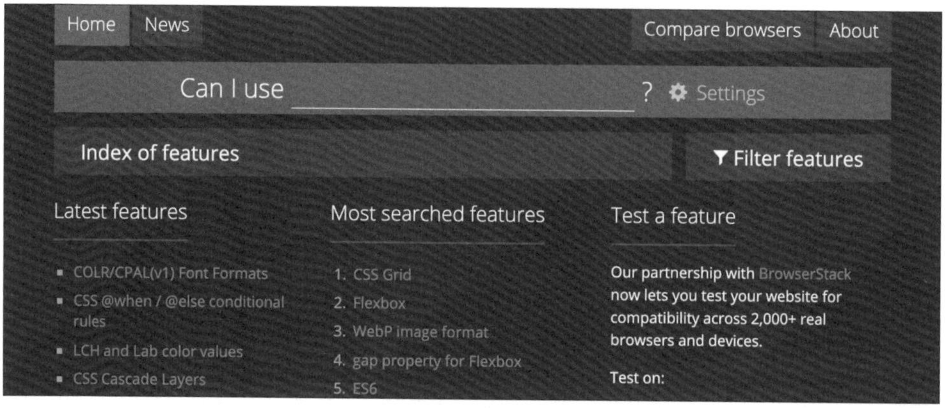

Abbildung 1.9 »caniuse.com« für Fragen zur Browserunterstützung

1.7 Auf einen Blick

Hier sind noch einmal die wichtigsten Punkte im Überblick:

- Webseiten passen sich ihrer Umgebung an und sehen daher bei jedem Benutzer etwas anders aus. Dieses Verhalten nennt man *responsiv*.
- Webseiten bestehen aus Quelltext, und Quelltext besteht aus den Sprachen HTML, CSS und gegebenenfalls JavaScript.
- Webseiten werden von Browsern dargestellt. Am weitesten verbreitet sind Chrome, Firefox, Safari und Edge, aber es gibt noch viele andere Browser.
- Mit einem Screenreader kann man sich Webseiten vorlesen lassen.
- Es gibt gute kostenlose Editoren für HTML und CSS wie zum Beispiel Visual Studio Code, Atom oder Brackets.
- Zum Nachschlagen von Details zu HTML und CSS haben sich das Wiki von SelfHTML, die MDN Web Docs und *caniuse.com* bewährt.

Kapitel 2
HTML kennenlernen: Die erste Webseite erstellen

Worin Sie erfahren, dass alle Webseiten am Bildschirm aus rechteckigen Kästchen bestehen, die mit HTML erstellt werden.

Die Themen im Überblick:

HTML ist eine vergleichsweise einfache Sprache und wird vielleicht gerade deshalb manchmal nicht wirklich ernst genommen, aber die Gestaltung von Webseiten beginnt mit soliden HTML-Kenntnissen.

In diesem Kapitel lernen Sie HTML kennen und erstellen die Startseite für eine kleine Übungswebsite, die im Laufe des Buches Schritt für Schritt weiterentwickelt wird.

2.1 Webseiten bestehen aus rechteckigen Kästchen

Webseiten bestehen am Bildschirm aus rechteckigen Kästchen, die im Browserfenster übereinander, nebeneinander und ineinander gestapelt werden und auf Englisch *box* genannt werden. Webseiten bestehen also aus lauter *little boxes.*

Abbildung 2.1 zeigt die Startseite der Übungswebsite am Ende des Buches, wobei die rechteckigen Kästchen mit einer Rahmenlinie sichtbar gemacht wurden.

Abbildung 2.1 Die Startseite der Übungswebsite mit sichtbar gemachten Kästchen

Everything is a box. Je eher Sie sich an den Gedanken gewöhnen, dass Webseiten aus Rechtecken bestehen, desto leichter wird Ihnen das Gestalten von Webseiten fallen.

Beim Umgang mit diesen Boxen haben HTML und CSS klar getrennte Aufgaben:

- HTML-Elemente strukturieren die Webseite und erstellen die Kästchen.
- CSS-Regeln gestalten die Kästchen und deren Inhalte.

Das Zusammenspiel dieser beiden Sprachen ist Thema dieses Buches, und los geht es mit HTML. CSS lernen Sie dann im nächsten Kapitel kennen.

2.2 HT-M-L: die »HyperText Markup Language«

Die Abkürzung HTML steht für *HyperText Markup Language*, was übersetzt so viel heißt wie *Sprache zur Markierung von Hypertext*. Das ist zwar korrekt, aber nicht sehr aussagekräftig, und deshalb folgt hier eine etwas verständlichere Erklärung dieser vier Buchstaben.

2.2.1 HT wie »Hypertext«: Hyperlinks erstellen

Hypertext ist ganz normaler Text, der *Hyperlinks* enthält. Das World Wide Web besteht aus Milliarden von Webseiten, die durch solche Links miteinander verbunden sind. Dadurch entsteht bildlich gesprochen ein weltweites, fein gesponnenes Gewebe von Webseiten, oder etwas prosaischer ausgedrückt:

> *Hyperlinks sind die Fäden, mit denen das World Wide Web gesponnen wird.*

Hyperlinks sind also das Besondere am Web, und das *HT* im HTML besagt lediglich, dass man damit Hyperlinks erstellen kann.

2.2.2 M wie »Markup«: Etiketten kleben

Markup wird meist mit »Auszeichnung« übersetzt, und das können Sie sich wie in einem Supermarkt vorstellen: *Ware auszeichnen* bedeutet so viel wie *Etiketten an die Ware kleben.*

Typisch für HTML sind die in spitzen Klammern stehenden *Tags* (*tähgs* gesprochen), was auf Deutsch *Etikett* heißt. Diese Etiketten kleben Sie quasi in den Text, damit die Browser wissen, worum es sich dabei handelt:

```
<p>Dieser Text ist ein Absatz.</p>
```

Die Tags `<p>` und `</p>` sagen dem Browser, dass der Text dazwischen ein ganz normaler Fließtextabsatz ist. *p* ist kurz für *paragraph*, auf Deutsch *Absatz*.

2.2.3 L wie »Language«: Vokabeln und Grammatikregeln

Das L steht für *Language*. HTML ist eine Sprache, und dementsprechend gibt es Vokabeln wie *Elemente*, *Tags* oder *Attribute* und Grammatikregeln zu deren Einsatz – das alles will gelernt und zum Teil sehr genau umgesetzt werden.

Das Wichtigste lernen Sie in diesem Buch, und für alles andere gibt es Referenzen zum Nachschlagen. Einige nützliche Links finden Sie in Abschnitt 1.6, »Referenzen und Nachschlagewerke zu HTML und CSS«.

2.2.4 Der Unterschied zwischen »HTML-Element« und »HTML-Tag«

Da die Begriffe *Element* und *Tag* im HTML-Alltag oft Verwirrung stiften, möchte ich den Unterschied kurz erläutern.

Die Namen der HTML-Elemente sind Abkürzungen für einen englischen Begriff. Das Element für einen Absatz heißt wie gesehen schlicht und einfach p, kurz für *paragraph*.

Anfang und Ende eines HTML-Elements werden im Quelltext durch *Tags* markiert. Für einen Absatz lautet das Anfangs-Tag <p> und das Ende-Tag </p>. Abbildung 2.2 zeigt ein kleines Beispiel.

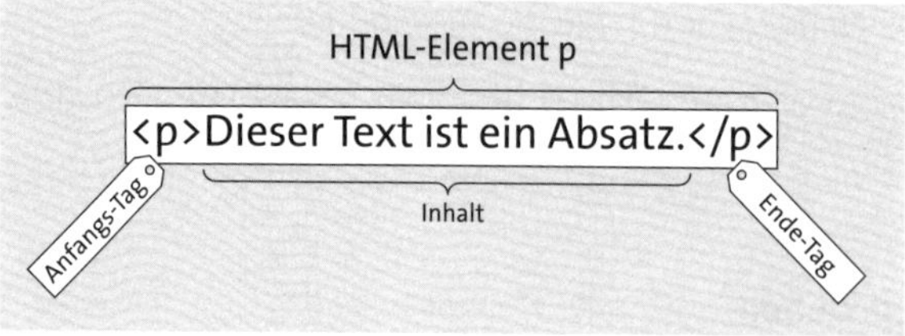

Abbildung 2.2 Ein Element besteht aus Anfangs-Tag, Inhalt und Ende-Tag.

Das HTML-Element p besteht also aus drei Teilen:

1. dem Anfangs-Tag <p>
2. dem Ende-Tag </p>
3. dem Inhalt zwischen den beiden Tags

Alle drei Teile zusammen bilden das *Element*. Die *Tags* stehen in spitzen Klammern, das *Element* hingegen heißt schlicht und einfach p, ohne spitze Klammern. Dieser Unterschied wird beim Gestalten per CSS wichtig, wenn es um das Selektieren von HTML-Elementen geht.

2.3 Jede Webseite hat ein HTML-Grundgerüst

In diesem Abschnitt erstellen Sie das HTML-Grundgerüst für die Startseite der Übungswebsite.

Drei Empfehlungen für Datei- und Ordnernamen im Web

Vorab drei Empfehlungen für die Namen der Ordner, HTML-Dateien, Stylesheets und Grafikdateien einer Website:

- Kleinschreibung
- keine Leerstellen
- keine Umlaute oder sonstige Sonderzeichen

Wenn Sie diese Empfehlungen beherzigen, ersparen Sie sich eine Menge möglicher Probleme.

2.3.1 Die Datei »index.html« im Editor erstellen und speichern

In diesem Abschnitt erstellen Sie einen Übungsordner und eine Datei namens *index.html*. Den Namen für den Ordner können Sie selbst wählen, der Name für die Startseite ist festgelegt:

- Eine Startseite hat immer den Vornamen *index*.
- HTML-Dateien haben den Familiennamen *.html*.

Im folgenden Kasten erstellen Sie eine Datei namens *index.html*.

Übungswebsite: Die Startseite »index.html« erstellen und speichern

1. Erstellen Sie irgendwo auf Ihrer Festplatte einen Übungsordner.
2. Starten Sie einen Editor, und erstellen Sie eine neue Datei.
3. Speichern Sie diese Datei im Übungsordner als *index.html*.
4. Fertig, und weiter geht's.

2.3.2 Eine gute Angewohnheit: <!-- Kommentare -->

Es ist eine gute Angewohnheit, den Quelltext von Anfang an mit Kommentaren zu versehen. Kommentare stehen im Quelltext, erscheinen aber nicht auf der Webseite im Browser, und sie haben zwei Funktionen:

- Dokumentieren. Als Gedächtnisstütze, damit Sie auch morgen noch wissen, was Sie sich heute dabei gedacht haben.
- Auskommentieren. Um Teile des Quelltextes testweise vor dem Browser zu verstecken, ohne sie zu löschen.

In HTML sieht ein Kommentar etwas seltsam aus. Er beginnt mit `<!--` (kleiner als, Ausrufezeichen und zwei Bindestriche) und endet mit `-->` (zwei Bindestriche und größer als):

```
<!-- Dieser Text ist ein HTML-Kommentar. -->
```

Listing 2.1 Beispiel für einen HTML-Kommentar

Wenn der Browser die Zeichenfolge `<!--` sieht, weiß er, dass ein Kommentar anfängt und er den Text bis zum Kommentarende `-->` nicht im Browserfenster darstellen soll.

HTML-Kommentare dürfen *nicht verschachtelt* werden. Innerhalb eines Kommentars darf also kein weiterer Kommentar stehen.

Kommentare bleiben im Quelltext sichtbar

Denken Sie beim Verfassen von Kommentaren daran, dass diese zwar nicht im Browserfenster erscheinen, aber doch im Quelltext stehen und dass jeder Besucher sich den Quelltext ansehen kann.

2.3.3 Das HTML-Grundgerüst für die Startseite erstellen

Der Quelltext einer jeden Webseite besteht aus vier Abschnitten:

1. Ganz am Anfang, in der allerersten Zeile, steht der `doctype`.
2. Das Stammelement `html` enthält nur die Elemente `head` und `body`.
3. Der Vorspann `head` enthält wichtige Infos über die Webseite.
4. `body` enthält den im Browser sichtbaren Bereich der Webseite.

Diese vier Abschnitte bilden zusammen das HTML-Grundgerüst, das einer Webseite wie ein Skelett eine Struktur gibt und sie im Innersten zusammenhält.

Listing 2.2 zeigt den Quelltext für das Grundgerüst der Startseite auf einen Blick, wobei Sie zwischen `<body>` und `</body>` statt einem Absatz mit »Hallo!« auch gerne etwas anderes schreiben können:

```
<!doctype html>
<html lang="de">

  <head>
    <meta charset="utf-8">
    <meta name="viewport" content="width=device-width, initial-scale=1.0">

    <title>Startseite - Einstieg in HTML + CSS</title>
    <meta name="description" content="Beschreibung für diese Webseite">
  </head>

  <body>
    <p>Hallo!</p>
  </body>

</html>
```

Listing 2.2 Das HTML-Grundgerüst für die Startseite

Im folgenden Kasten erstellen Sie das Grundgerüst für die Startseite der Übungswebsite.

Übungswebsite: Das HTML-Grundgerüst für die Startseite erstellen

1. Öffnen Sie die Datei *index.html* im Editor.
2. Erstellen Sie in der leeren Datei das in Listing 2.2 gezeigte HTML-Grundgerüst.
3. Speichern Sie die Datei im Editor.
4. Öffnen Sie die Startseite im Browser.

Abbildung 2.3 zeigt die Startseite nach diesen Schritten im Browser. Der Seitentitel erscheint oben im Browser-Tab, der Text zwischen `<body>` und `</body>` im inneren Anzeigebereich des Browserfensters, dem sogenannten *Viewport*.

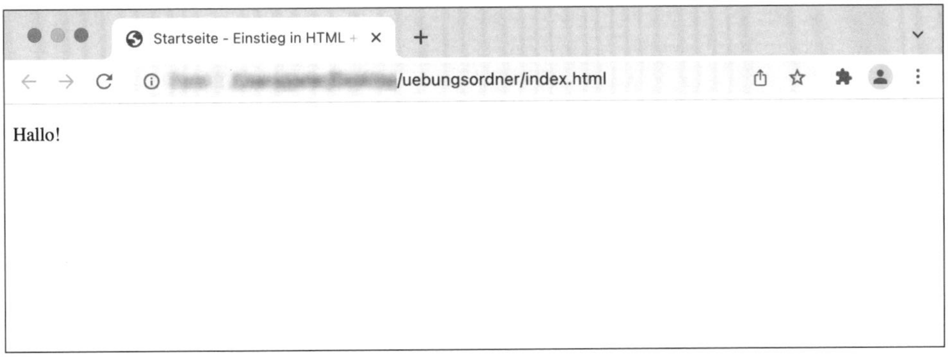

Abbildung 2.3 Die Startseite mit <title> im Tab und <p> im Browserfenster

Sie werden den größten Teil Ihrer Zeit mit dem Erstellen und Gestalten von HTML-Elementen im `body` verbringen, aber zunächst möchte ich Ihnen die einzelnen Teile des Grundgerüsts kurz vorstellen.

Quelltext ordnen und übersichtlich schreiben

Für uns Menschen empfiehlt es sich, den Quelltext möglichst übersichtlich zu schreiben und zum Beispiel hierarchische Verschachtelungen mit Einrückungen zu verdeutlichen. Unübersichtlich wird Quelltext ganz von allein.

Dem Browser hingegen ist die Übersichtlichkeit egal. Für ihn könnte der gesamte Quelltext in einer einzigen Zeile stehen, denn ihn interessieren nur die in spitzen Klammern stehenden Tags. *Whitespace* (Leerstellen, Tabstopps und Zeilenumbrüche) ignoriert er.

2.4 Der <!doctype> und das Stammelement <html>

Das in Listing 2.2 gezeigte Grundgerüst beginnt mit dem `doctype` und dem Stammelement `html`.

2.4.1 Die Dokumenttyp-Definition <!doctype html>

Die *Dokumenttyp-Definition*, kurz doctype, muss in der allerersten Zeile des Dokuments stehen:

```
<!doctype html>
```

Listing 2.3 Der »doctype« steht in der allerersten Zeile

Groß- und Kleinschreibung spielt für das Wort doctype keine Rolle. <!DOCTYPE html> ist also auch erlaubt. Diese Zeile sagt dem Browser, dass es sich um ein Dokument vom Typ HTML handelt und dass der Quelltext mit einem Element namens html beginnt. Der doctype muss wie gesagt in der ersten Zeile des Quelltextes stehen. Er sorgt dafür, dass der Browser den Quelltext dem gültigen HTML-Standard gemäß umsetzt.

Früher war der »doctype« länger. Viel länger.

Falls Sie sich schon mal mit HTML beschäftigt haben, kommt Ihnen der doctype vielleicht sehr kurz vor. Früher war er viel länger und sah zum Beispiel so aus:

```
<!DOCTYPE html PUBLIC "-//W3C//DTD XHTML 1.0 Transitional//EN"
  "http://www.w3.org/TR/xhtml1/DTD/xhtml1-transitional.dtd">
```

Heute reicht ein simples <!doctype html>. Die Browser verstehen das.

2.4.2 Das Stammelement: <html> und </html> umschließen den Quelltext

Mit html folgt das bereits im doctype angekündigte Stammelement, das nur die beiden Elemente head und body enthält:

```
<html lang="de">
  <head> ... </head>
  <body> ... </body>
</html>
```

Listing 2.4 Das Stammelement »html« enthält nur »head« und »body«.

Vor dem Anfangs-Tag <html> steht nur der doctype, nach dem Ende-Tag </html> kommt nichts mehr.

2.5 HTML-Elemente können im Anfangs-Tag Attribute enthalten

Das Stammelement html enthält in Listing 2.4 im Anfangs-Tag noch eine zusätzliche Angabe:

```
<html lang="de">
```

Listing 2.5 <html> mit dem Attribut »lang« und dem Wert »de«

Der Zusatz `lang="de"` definiert die natürliche Sprache, in der der Inhalt der Webseite geschrieben ist. Diese Angabe ist für Maschinen bei der korrekten Verarbeitung des Textes sehr nützlich: Browsern hilft es bei der Silbentrennung, Screenreadern bei der korrekten Aussprache und Suchmaschinen bei der Analyse und Bewertung der Suchbegriffe.

Der Zusatz `lang`, kurz für *language*, ist ein sogenanntes *Attribut*, dem als *Wert* das Kürzel für die Sprache zugewiesen wird, in diesem Fall `"de"` für Deutsch.

Folgende Aufzählung enthält die wichtigsten Regeln zu HTML-Attributen auf einen Blick:

- Attribute stehen immer im *Anfangs-Tag*, das Ende-Tag ändert sich dadurch nicht.
- Fast alle Attribute haben einen *Wert*.
- Nach dem Namen des Attributs folgt *ohne* Leerzeichen ein Gleichheitszeichen und in Anführungsstrichen ein Wert.
- Zwischen dem Attributnamen, dem Gleichheitszeichen, den Anführungsstrichen und dem Wert ist wirklich *kein Leerzeichen*.
- Wenn in einem Anfangs-Tag mehrere Attribute stehen, werden diese durch eine Leerstelle voneinander getrennt. Die Reihenfolge der Attribute spielt dabei keine Rolle.

Mit dem Attribut »lang« kann man auch andere Elemente auszeichnen

lang ist ein globales Attribut und kann in fast allen HTML-Elementen verwendet werden. Auf einer überwiegend deutschsprachigen Webseite könnte man damit zum Beispiel einen englischen Absatz wie folgt markieren:

```
<p lang="en">This paragraph is in English.</p>
```

Das könnte Browsern bei der korrekten Silbentrennung und Screenreadern bei der korrekten Aussprache helfen.

2.6 <head> enthält wichtige Infos über die Webseite

Zwischen `<head>` und `</head>` steht eine Art Vorspann für die Webseite. Dieser Vorspann erscheint zwar nicht im Textfenster des Browsers, enthält aber wichtige Informationen über das Dokument, die zum Beispiel von Browsern und Suchmaschinen ausgewertet werden.

2.6.1 Die Angabe des Zeichensatzes: <meta charset="utf-8">

Das erste Meta-Element folgt direkt nach dem öffnenden `<head>`-Tag und sagt dem Browser, dass er zur Darstellung der Webseite den Zeichensatz UTF-8 benutzen soll, damit Umlaute und andere Sonderzeichen auf der Webseite im Browser der Besucher korrekt dargestellt werden:

```
<meta charset="utf-8">
```

Listing 2.6 Die Angabe des Zeichensatzes im Head des Quelltextes

Das Element `meta` hat in Listing 2.6 ein Attribut namens `charset`, kurz für *character set* (Zeichensatz). Danach folgen ein Gleichheitszeichen und der wie immer in Anführungsstrichen stehende Wert `utf-8`. Die Datei muss natürlich auch tatsächlich mit dem hier angegebenen Zeichensatz UTF-8 gespeichert worden sein, aber in einem modernen Editor sollte das ohne besondere Einstellungen der Fall sein.

Einige Elemente haben kein Ende-Tag

Die meisten Elemente bestehen aus Anfangs- und Ende-Tag, aber es gibt auch Ausnahmen wie `<meta charset="utf-8">`. Diese Elemente bezeichnet man als *leere Elemente*, weil sie keinen Inhalt haben.

Optional können Sie leere Elemente auch mit einem Slash beenden und `<meta charset = "utf-8" />` schreiben, aber es hat keinerlei Nachteile, wenn man den schließenden Schrägstrich einfach weglässt.

2.6.2 Bitte nicht verkleinern: <meta name="viewport" ...>

Der *Viewport* ist der Anzeigebereich des Browserfensters, also der Bereich, in dem die Webseite dargestellt wird. Die in diesem Abschnitt beschriebene Angabe *Meta-Viewport* hilft bei der korrekten Darstellung von responsiven Webseiten auf mobilen Geräten und gehört mit in das HTML-Grundgerüst.

Als das iPhone 2007 auf den Markt kam, gab es keine für die kleinen Bildschirme der Smartphones optimierten Webseiten. Also haben die iOS-Entwickler frei nach dem Motto »Liebling, ich habe die Seite geschrumpft« beschlossen, alle Webseiten im mobilen Safari so weit zu verkleinern, dass sie komplett auf den Bildschirm passen, und die anderen Smartphone-Hersteller haben diese Idee übernommen. Dazu wird die Seite auf eine gedachte Breite von 980px (iOS) oder 800px (Android) gerendert und dann auf die Bildschirmbreite des Geräts verkleinert. Dadurch sieht der Benutzer die Webseite vollständig und kann sie im Browser nach Belieben vergrößern und verschieben.

Wie Sie in Abschnitt 19.4, »Media Queries brauchen den ›Meta-Viewport‹«, sehen werden, ist diese automatische Verkleinerung für *responsive* Webseiten keine gute Idee, und deshalb hat Apple sich ein `meta`-Element ausgedacht, mit dem Webseitenautoren die mobilen Browser bitten können, ihre Webseiten nicht zu verkleinern:

```
<meta name="viewport" content="width=device-width, initial-scale=1.0">
```

Listing 2.7 Der Meta-Viewport – Breite der Seite = Breite des Geräts

Vereinfacht gesagt, bedeutet das: »Lieber mobiler Browser, nimm bitte beim Rendern der Seite als Grundlage nicht irgendeine imaginäre Breite, sondern die Breite des Geräts. Und bitte nicht zoomen.« Auf gut Deutsch: »Bitte verkleinere die Webseite nicht.« Die Anweisung ist von der Syntax her ein ziemlicher Brocken für eine an sich eher simple Sache, darf aber auf responsiven Webseiten nicht fehlen.

Abbildung 2.4 zeigt eine einfache Webseite auf einem iPhone. Links sehen Sie das normale Browserverhalten *mit* Verkleinerung, rechts steht im HTML eine Meta-Viewport-Angabe mit der Bitte, die Seite nicht zu verkleinern.

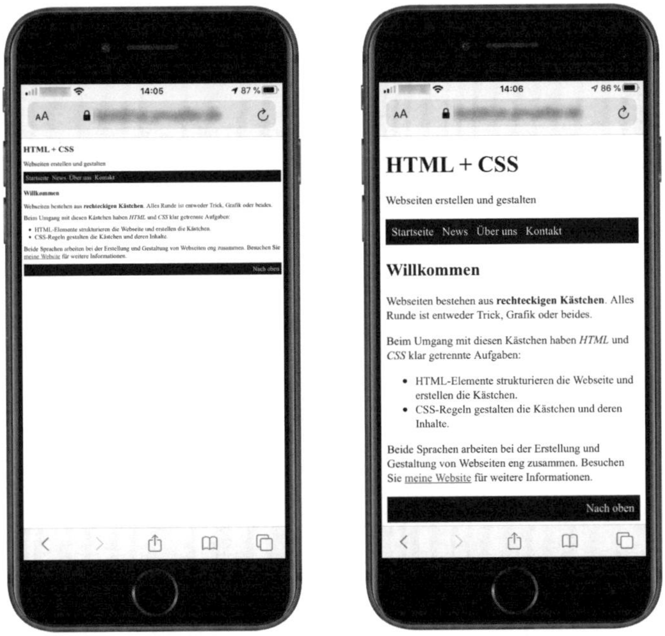

Abbildung 2.4 Webseite in mobilem Browser – links ohne und rechts mit Meta-Viewport

2.6.3 Der Seitentitel steht zwischen <title> und </title>

Im `title` steht der Titel einer Seite, und `title` ist wohl eines der am meisten unterschätzten HTML-Elemente:

```
<title>Startseite - Einstieg in HTML + CSS</title>
```

Listing 2.8 Jede Webseite sollte einen aussagekräftigen Seitentitel haben.

Ein guter Seitentitel ist kurz und beschreibt den Inhalt der Webseite, wenn man diese *nicht* sieht. *Startseite – Einstieg in HTML + CSS* ist informativer als *Willkommen* oder *Unbenanntes Dokument*.

Der Seitentitel wirkt unscheinbar, taucht aber an den verschiedensten Stellen wieder auf:

- im Browserfenster oben in den Tabs (siehe Abbildung 2.3)
- im Browserfenster in den Ausklapplisten der Vor- und Zurück-Buttons; um diese Listen zu sehen, halten Sie den entsprechenden Button etwas länger gedrückt
- im Browserfenster als Namensvorschlag beim Erstellen von *Lesezeichen*
- in Suchmaschinen auf den Ergebnisseiten als optisch hervorgehobener Link

Abbildung 2.5 zeigt die Ergebnisseite einer Suchmaschine. Der optisch hervorgehobene Link in der ersten Zeile eines Eintrags ist der Seitentitel.

Abbildung 2.5 Der Seitentitel in Suchmaschinen

Beim Schreiben des Seitentitels sollten Sie sich in Gedanken Ihre Webseite in der Ergebnisliste einer Suchmaschine vorstellen und überlegen, welcher Text hier groß und blau erscheinen und die Besucher anlocken soll.

2.6.4 Die Seitenbeschreibung mit <meta name="description">

Neben einem aussagekräftigen Seitentitel gibt es noch eine weitere *meta*-Angabe für Suchmaschinen:

```
<meta name="description" content="Beschreibung für diese Webseite">
```

Listing 2.9 Die Seitenbeschreibung für Suchmaschinen

Dieses Element enthält eine kurze Beschreibung des Inhalts der Webseite, die von Suchmaschinen in der Trefferliste manchmal für den *Snippet* genannten kurzen beschreibenden Text unterhalb des Titellinks verwendet wird.

Eine gute Seitenbeschreibung besteht aus zwei bis drei ganzen Sätzen mit einer Gesamtlänge von ungefähr 80 bis 150 Zeichen. Machen Sie Werbung für die Seite, kurz und knackig. Dazu ist dieses Element da.

Die Seitenbeschreibung auf den Übungsseiten ist ein Platzhalter

Die Seitenbeschreibung ist wie gesagt für Suchmaschinen gedacht, und ihr Inhalt wird somit erst nach der Veröffentlichung einer Webseite relevant. Da die Übungswebsite nicht veröffentlicht wird, haben Sie als Seitenbeschreibung nur *Beschreibung für diese Webseite* eingegeben.

2.7 <body> enthält den sichtbaren Bereich der Webseite

Nach dem Kopf folgt der Körper, auf Englisch *body*, und alles, was zwischen <body> und </body> steht, wird später als sichtbare Webseite im Browserfenster erscheinen.

In diesem Abschnitt unterteilen Sie den body in vier Bereiche, die Sie später mit Inhalten füllen. Sie erstellen ...

- einen *Kopfbereich* mit einem Logo oder dem Namen der Website, der einem Besucher Antwort auf die Frage »Wo bin ich?« gibt.
- einen *Navigationsbereich* mit der Hauptnavigation, die einem Besucher die Frage »Was kann ich hier machen?« beantwortet.
- einen *Inhaltsbereich*, in dem der Inhalt der Webseite steht.
- einen *Fußbereich*, der häufig Dinge wie die rechtlichen Pflichtlinks zu Impressum und Datenschutzerklärung oder einen Copyright-Hinweis enthält.

Zur Erstellung dieser Bereiche gibt es in HTML die Elemente header, nav, main und footer, die Sie zur Unterteilung der Seite im body einfügen.

Der komplette body sieht mit diesen vier Bereichen so aus wie in Listing 2.10:

```
<body>
  <!-- Kopfbereich der Webseite -->
  <header> </header>

  <!-- Navigationsbereich -->
  <nav> </nav>

  <!-- Inhaltsbereich -->
  <main> </main>

  <!-- Fußbereich -->
  <footer> </footer>
</body>
```

Listing 2.10 Der »body« und die vier Bereiche

Diese vier Elemente dienen zur Aufbewahrung anderer HTML-Elemente für Überschriften, Absätze, Listen, Zitate oder Bilder und dergleichen mehr. Im folgenden Kasten erstellen Sie diese Bereiche auf der Startseite der Übungswebsite.

Übungswebsite: »body« auf der Startseite in vier Bereiche einteilen

1. Öffnen Sie die Startseite *index.html* im Editor.
2. Entfernen Sie im body eventuell vorhandene Elemente oder was immer Sie in Listing 2.2 eingegeben haben.
3. Ergänzen Sie body um die in Listing 2.10 gezeigten vier Bereiche header, nav, main und footer.
4. Speichern Sie die Datei.

Nach diesen Schritten ist der Viewport im Browserfenster komplett weiß, aber das ändert sich gleich im nächsten Abschnitt, in dem Sie den Kopfbereich mit Inhalt füllen.

In Kapitel 7, »HTML-Elemente zur Strukturierung von Webseiten und Inhalten«, erfahren Sie mehr über die Verwendung der Elemente header, nav, main und footer.

Nicht verwechseln: <head> und <header>

Im Quelltext gibt es mit `head` und `header` zwei Elemente, deren Namen sehr ähnlich klingen, die aber sehr unterschiedliche Funktionen haben:

- Der Vorspann `head` mit den Tags `<head>` und `</head>` enthält Informationen, die im Browserfenster nicht sichtbar sind und die von Maschinen wie Suchmaschinen und Browsern ausgewertet werden.
- Der Kopfbereich `header` mit den Tags `<header>` und `</header>` erscheint sichtbar im Browserfenster und ist in erster Linie für die Besucher der Website gedacht.

Head und Header. Klingt ähnlich. Ist es nicht.

2.8 Der Kopfbereich <header> mit Überschrift und Slogan

In diesem Abschnitt fügen Sie im Kopfbereich der Seite eine Hauptüberschrift und einen kurzen Slogan ein. Das Element für die Hauptüberschrift einer Webseite heißt `h1` (kurz für *heading-eins*), und für den Slogan darunter verwenden Sie einen ganz normalen Absatz.

Der Kopfbereich sieht mit diesen beiden Elementen so aus:

```
<header>
  <h1>HTML + CSS</h1>
  <p>Webseiten erstellen und gestalten</p>
</header>
```

Listing 2.11 Der Kopfbereich der Seite mit Überschrift und Slogan

Im folgenden Kasten fügen Sie im Kopfbereich der Startseite eine Überschrift und einen Absatz ein.

Übungswebsite: Überschrift und Absatz im Kopfbereich einfügen

1. Öffnen Sie die Startseite *index.html* im Editor.
2. Ergänzen Sie den Kopfbereich wie in Listing 2.11 dargestellt um die Hauptüberschrift und den Slogan.
3. Speichern Sie die Datei, und betrachten Sie sie in einem Browser.

Nach diesen Schritten sieht die Startseite im Browser etwa so aus wie in Abbildung 2.6. Zugegeben, noch nicht wirklich hübsch, aber der Anfang ist gemacht.

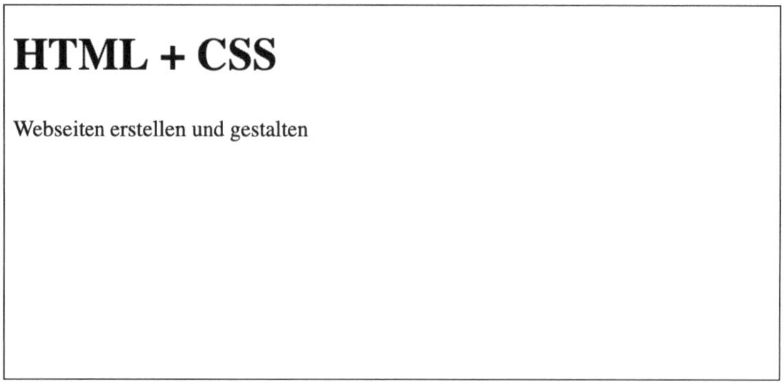

Abbildung 2.6 Die Startseite mit Überschrift und Absatz im Kopfbereich

Die meisten Browser fügen vor und nach Überschriften und Absätzen einen Abstand hinzu, der im eingebauten Browser-Stylesheet definiert wird. Versuchen Sie momentan gar nicht erst, diesen Abstand zu entfernen. Im HTML geht das nicht, später im CSS ist das ganz einfach (siehe Abschnitt 6.2.3, »Fine-Tuning: Die Abstände um Logo und Slogan anpassen«).

HTML ist semantisch. Es geht um die Bedeutung von Zeichen.

Viele HTML-Elemente sind von Natur aus *semantisch*, d. h., sie geben dem Inhalt *Bedeutung*. `h1` bedeutet zum Beispiel, dass der so markierte Text die wichtigste Überschrift auf der Seite ist, und sagt nichts darüber, wie diese aussieht.

Dass eine `h1`-Überschrift im Browserfenster dick und fett ist, liegt an einer im Browser eingebauten CSS-Regel zur Gestaltung von `h1`-Elementen. Mehr über das Browser-Stylesheet erfahren Sie gleich im nächsten Kapitel beim Kennenlernen von CSS.

2.9 Entwicklerwerkzeuge im Browser: HTML untersuchen

Mit den Entwicklerwerkzeugen werfen Sie quasi einen Blick unter die Motorhaube des Browsers und sehen, wie er den Quelltext einer Webseite umsetzt.

Viele Nicht-Programmierer denken, dass die Entwicklerwerkzeuge der Browser nur für Programmierer interessant und für Laien viel zu kompliziert sind, aber das stimmt nicht. Sie sind für jeden, der Quelltext schreiben, analysieren oder ändern möchte, ein sehr nützliches Werkzeug, egal ob er oder sie sich als professioneller Programmierer, ambitionierter Amateur oder hobbymäßiger Bastler einstuft.

2.9.1 Die Entwicklerwerkzeuge in Firefox

Entwicklerwerkzeuge gibt es in allen modernen Browsern, aber die in Firefox sind für Einsteiger am übersichtlichsten. Probieren Sie es einfach einmal aus:

1. Öffnen Sie die Startseite *index.html* in Firefox.
2. Klicken Sie im Browserfenster mit der rechten Maustaste auf das zu untersuchende Element, zum Beispiel auf die im vorherigen Abschnitt eingefügte Hauptüberschrift »HTML + CSS«.
3. Wählen Sie im Kontextmenü den Befehl UNTERSUCHEN.

Daraufhin werden im Browserfenster die Entwicklerwerkzeuge eingeblendet, und zwar mit aktiviertem INSPEKTOR.

In Abbildung 2.7 sehen Sie links die HTML-Struktur der Webseite, und wenn Sie mit der Maus auf die Überschrift oder den Absatz fahren, werden diese oben im Browserfenster hervorgehoben.

Dabei sehen Sie, dass die h1-Überschrift im Browserfenster wirklich als rechteckiges Kästchen dargestellt wird, das von ganz links bis ganz rechts reicht.

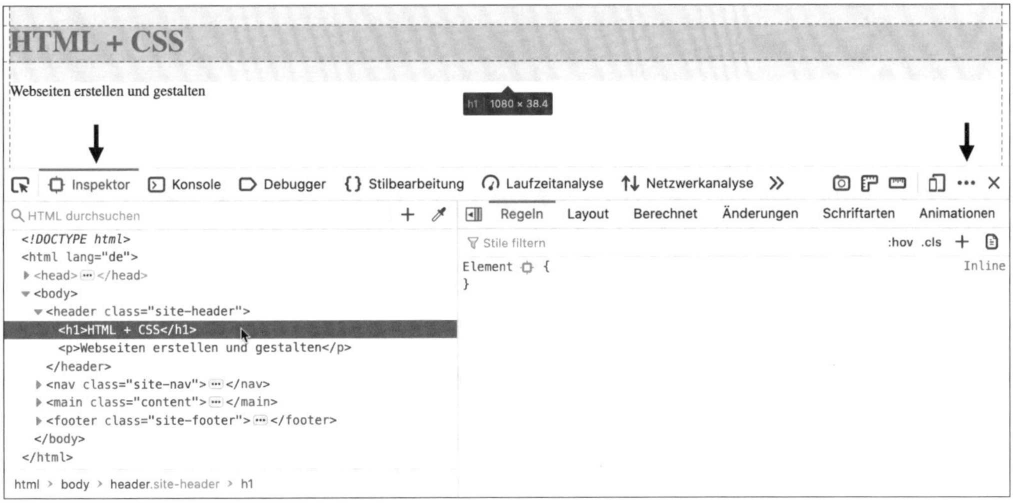

Abbildung 2.7 Der Inspektor in Firefox mit ausgewählter Überschrift <h1>

Rechts neben dem HTML-Baum zeigt der Inspektor die CSS-Regeln für das links ausgewählte Element an, aber da gibt es für h1 bisher noch nichts zu sehen. Falls die Entwicklerwerkzeuge bei Ihnen anders aussehen, gibt es rechts das Menü EINSTELLUNGEN (drei horizontale Punkte), in dem Sie genau einstellen können, wo die Entwicklerwerkzeuge erscheinen und welche Optionen angezeigt werden sollen.

2.9.2 Die Entwicklerwerkzeuge in Chrome

Die Entwicklerwerkzeuge funktionieren in anderen Browsern ähnlich, sehen aber etwas anders aus. Probieren Sie es ruhig einmal aus. Im Folgenden zeige ich Ihnen Chrome:

1. Öffnen Sie die Startseite *index.html* in Chrome.
2. Klicken Sie im Browserfenster mit der rechten Maustaste zum Beispiel auf die Überschrift »HTML + CSS«.
3. Wählen Sie im Kontextmenü den Befehl UNTERSUCHEN.

Abbildung 2.8 zeigt Chrome mit geöffneten Entwicklerwerkzeugen *unten* im Browserfenster. Falls diese bei Ihnen rechts als Seitenleiste erscheinen, können Sie die Position der Tools im Browserfenster nach einem Klick auf die drei *senkrechten* Punkte rechts außen selbst festlegen. Das Zahnrad links daneben enthält weitere Einstellungen.

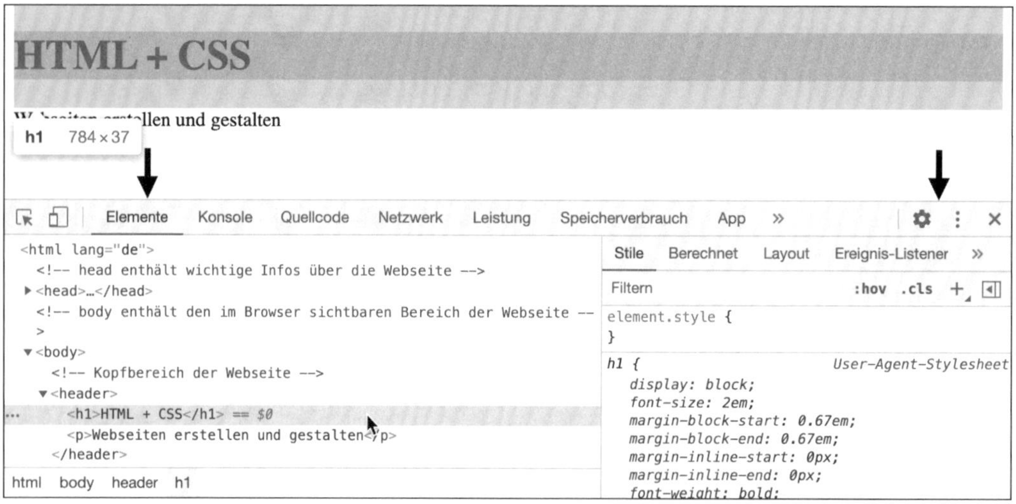

Abbildung 2.8 Die Entwicklerwerkzeuge in Chrome mit markiertem <h1>

In Firefox und Blink-basierten Browsern können Sie die Entwicklertools auch mit einem der beiden folgenden Tastenkürzel öffnen und schließen:

- `F12` (einfacher geht's nicht)

Oder `Strg` + `⇧` + `I` (Windows) bzw. `Alt` + `Cmd` + `I` (macOS), aber `F12` ist einfacher. Nach dem Starten wählen Sie links im HTML-Bereich mit einem Mausklick die gewünschten Elemente aus.

Eine kurze Geschichte von HTML

Für den Fall, dass Sie mehr zur Geschichte von HTML wissen möchten, habe ich in meinem Blog einen Beitrag dazu veröffentlicht:

- *pmueller.de/eine-kurze-geschichte-von-html5/*

Darin werden die Entwicklungen ausführlich beschrieben.

2.10 Auf einen Blick

Hier sind noch einmal die wichtigsten Punkte im Überblick:

- Webseiten bestehen aus rechteckigen Kästchen, die übereinander, nebeneinander und ineinander gestapelt werden und auf Englisch *box* heißen.
- HTML und CSS haben klar getrennte Aufgaben:
  - HTML-Elemente strukturieren die Webseite und erstellen die rechteckigen Kästchen.
  - CSS-Regeln gestalten die von HTML erstellten Kästchen.
- HTML strukturiert eine Webseite und deren Inhalt, gestaltet sie aber nicht. Das Aussehen regelt CSS.
- Einige wissenswerte Details zu HTML-Elementen:
  - Die Namen der HTML-Elemente stammen aus dem Englischen.
  - Die meisten HTML-Elemente haben Anfangs- und Ende-Tag.
  - *Leere* HTML-Elemente wie `meta` haben nur ein Anfangs-Tag.
  - Ein HTML-Element kann im Anfangs-Tag *Attribute* haben.
- `<!-- HTML-Kommentare -->` sind eine gute Angewohnheit:
  - zur Dokumentation als Gedächtnisstütze für sich selbst
  - zum vorübergehenden Auskommentieren von Quelltext
- Jede Webseite hat ein HTML-Grundgerüst, das aus vier Teilen besteht:
  - Doctype
  - Stammelement `html`
  - `head` mit diversen `meta`-Elementen und einem `title`
  - `body` mit dem Inhalt der Seite
- Den `body` einer Webseite kann man in verschiedene Bereiche unterteilen:
  - `header` für einen Kopfbereich

  - `nav` für eine Navigation
  - `main` für den Inhaltsbereich
  - `footer` für einen Fußbereich
- Die Entwicklerwerkzeuge der modernen Browser sind eine unentbehrliche Hilfe beim Kennenlernen von HTML (und CSS).

Kapitel 3

CSS kennenlernen: Die erste Webseite gestalten

Worin Sie CSS kennenlernen, die bisher erstellten HTML-Elemente gestalten und sehen, wie man CSS im Browser-Entwicklertool untersuchen kann.

Die Themen im Überblick:

CSS, kurz für *Cascading Style Sheets*, ist eine Sprache, die speziell zur Gestaltung von HTML-Elementen erfunden wurde. In diesem Kapitel erstellen Sie ein erstes Stylesheet, verbinden es mit der HTML-Datei und gestalten diese mit den ersten CSS-Regeln.

3.1 Jeder Browser hat ein fest eingebautes Stylesheet

Abbildung 3.1 zeigt *index.html* mit geöffneten Entwicklertools in Chrome:

1. Öffnen Sie die Startseite *index.html* in Chrome.
2. Klicken Sie im Browserfenster mit der rechten Maustaste auf die Überschrift »HTML + CSS«.
3. Wählen Sie im Kontextmenü den Befehl UNTERSUCHEN.

Wenn Sie mit dem Mauszeiger links im HTML-Bereich auf das Element `h1` zeigen, wird es auf der Webseite oben im Browserfenster hervorgehoben.

HTML-Elemente dienen zur Strukturierung von Webseiten und haben kein Aussehen, aber die Startseite im Browser ist durchaus ein bisschen gestaltet:

- Die Seite hat einen weißen Hintergrund und schwarze Schrift.
- Die Überschrift ist fett und hat eine Schriftgröße von 32px.
- Der Absatz darunter hat eine Schriftgröße von 16px.
- Überschrift und Absatz haben oben und unten etwas Abstand.

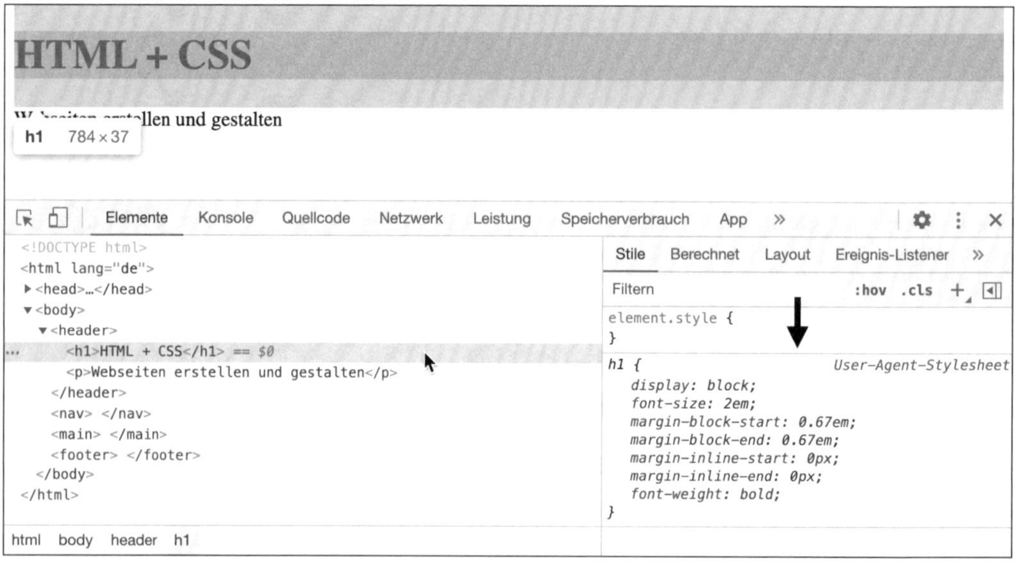

Abbildung 3.1 »index.html« in Chrome mit geöffnetem Entwicklerwerkzeug

Verantwortlich für diese grundlegende Gestaltung ist eine Mischung aus Browsereinstellungen und einem fest eingebauten Browser-Stylesheet.

In Abbildung 3.1 zeigt Chrome im Register STILE das zur Gestaltung der Überschrift verwendete CSS und gibt als Quelle das *User Agent Stylesheet* an, und damit ist das Browser-Stylesheet gemeint.

Machen Sie sich momentan nicht allzu viele Gedanken über die genaue Syntax, aber man erkennt die Gestaltung der Überschrift wieder:

- `display: block` bewirkt, dass die Überschrift die gesamte Zeile *blockt* und sich von ganz links bis ganz rechts erstreckt. Mehr dazu erfahren Sie in Abschnitt 4.6, »Über Blockelemente, Inline-Elemente und die Eigenschaft ›display‹«.

- `font-size: 2em` definiert die Schriftgröße, und *2em* sind in diesem Fall 32px. Einheiten wie *em* lernen Sie in Abschnitt 12.9, »Wichtige Einheiten: px, em, rem, % & Co«, kennen, die Gestaltung von Schrift und Text kommt dann in Kapitel 15.
- Die `margin`-Zeilen gestalten die Außenabstände der Kästchen. Wie das geht, erfahren Sie in Abschnitt 12.4 und in Abschnitt 12.9 sowie in Kapitel 16, wenn es um das *Box-Modell* geht.
- `font-weight: bold` schließlich macht die Überschrift fett.

Vereinfacht gesagt: Wenn der Browser eine `h1`-Überschrift sieht, denkt er »Mmmh, das ist eine wichtige Überschrift, und hier steht nirgendwo, wie genau die aussehen soll. Also schreibe ich den Text mal auf eine eigene Zeile und mach ihn groß und fett«.

Das Browser-Stylesheet sorgt dafür, dass HTML-Elemente ohne weitere Gestaltung im Browserfenster lesbar sind. Die später von Ihnen definierten CSS-Regeln überschreiben das Browser-Stylesheet, aber für alle Elemente und Eigenschaften, die Sie *nicht* selbst gestalten, gelten weiterhin die Vorgaben vom Browser.

3.2 Das HTML für <body> als schematische Darstellung

»Kenne dein HTML« ist das oberste Motto beim Gestalten von Webseiten, denn wenn man die HTML-Struktur nicht kennt, kann man im CSS nicht viel machen. Zur Erinnerung daher ein kurzer Blick auf das HTML für `body` auf *index.html* (Listing 3.1):

```
<body>
  <header>
    <h1>HTML + CSS</h1>
    <p>Webseiten erstellen und gestalten</p>
  </header>
  <nav> </nav>
  <main> </main>
  <footer> </footer>
</body>
```

Listing 3.1 Die aktuelle HTML-Struktur

HTML-Elemente werden am Bildschirm als ineinander verschachtelte rechteckige Kästchen dargestellt, und besonders am Anfang ist es manchmal hilfreich, sich die Struktur des Quelltextes mit einer einfachen Zeichnung zu visualisieren. Schematisch dargestellt sieht dieser Quelltext so aus wie in Abbildung 3.2.

Jede von den HTML-Elementen generierte Box hat diverse Eigenschaften wie zum Beispiel die Hintergrund- oder die Schriftfarbe, die Sie per CSS gestalten können.

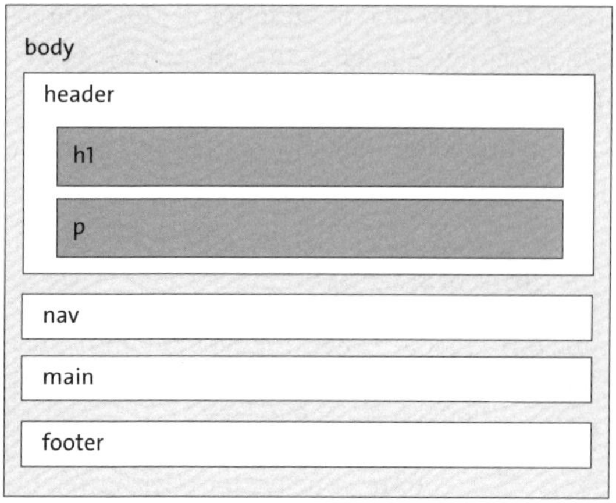

Abbildung 3.2 Schematische Darstellung des Quelltextes der Startseite

Die Namen der CSS-Eigenschaften sind englische Begriffe in amerikanischer Schreibweise. So heißt die Eigenschaft zur Gestaltung der Hintergrundfarbe `background-color`, nicht *background-colour*.

In diesem Kapitel gestalten Sie die beiden Kästchen für `body` und `header` inklusive Überschrift und Absatz. Die Bereiche `nav`, `main` und `footer` enthalten noch keinen Inhalt und sind daher unsichtbar, aber das wird sich im Laufe der nächsten Kapitel ändern.

3.3 Das erste eigene Stylesheet: »style.css«

In diesem Abschnitt erstellen Sie im Übungsordner ein leeres Stylesheet und verbinden es dann mit der Beispielseite *index.html*.

3.3.1 Schritt 1: Einen Unterordner und ein Stylesheet erstellen

Im ersten Schritt erstellen Sie einen Unterordner namens *css* und speichern darin ein Stylesheet *style.css*.

Übungswebsite: Ein Stylesheet erstellen

1. Wechseln Sie im Finder oder Explorer in den Übungsordner, in dem Sie die Startseite *index.html* gespeichert haben.
2. Erstellen Sie im selben Ordner einen Unterordner namens *css*.
3. Erstellen Sie in Ihrem Editor eine leere Datei.
4. Speichern Sie die Datei als *style.css* im Unterordner *css*.

Der Dateiname *style.css* ist für ein Stylesheet weit verbreitet, aber nicht zwingend vorgeschrieben. Sie könnten also auch einen anderen Dateinamen wählen, solange er die Endung *.css* hat und den üblichen Empfehlungen für Dateinamen auf Webseiten entspricht (Kleinschreibung, keine Leerstellen, keine Sonderzeichen).

3.3.2 Schritt 2: HTML-Datei und CSS-Datei verbinden mit <link>

In diesem Abschnitt fügen Sie im *head* der Webseite ein HTML-Element mit dem Namen `link` ein, das dem Browser sagt, wo er die CSS-Datei findet, und Webseite und Stylesheet so miteinander verbindet:

```
<head>
  <meta charset="utf-8">
  <meta name="viewport" content="width=device-width, initial-scale=1.0">

  <title>Startseite - Einstieg in HTML + CSS</title>
  <meta name="description" content="Beschreibung für diese Webseite">

  <link href="css/style.css" rel="stylesheet">

</head>
```

Listing 3.2 Das Element »link« verbindet HTML und CSS.

Die beiden Attribute im `link`-Element haben folgende Bedeutung:

- `href` gibt den Pfad zu einer Datei an, und *style.css* liegt im Unterordner *css*.
- `rel` ist kurz für *relation* (*Beziehung*). `rel="stylesheet"` bedeutet: »Die verknüpfte Datei ist ein Stylesheet.«

Durch diese Anweisung weiß der Browser, wo er die Gestaltungsanweisungen für die im Quelltext stehenden HTML-Elemente finden kann. Im folgenden Kasten fügen Sie auf der Startseite der Übungswebsite ein `link`-Element hinzu.

Übungswebsite: Startseite und Stylesheet per »link« verbinden

1. Öffnen Sie die Startseite *index.html* in Ihrem Editor.
2. Lassen Sie die vorhandenen Elemente am Anfang des Dokuments unverändert, und fügen Sie vor `</head>` ein paar leere Zeilen ein.
3. Verknüpfen Sie wie in Listing 3.2 gezeigt die Datei *index.html* per `link`-Element mit dem Stylesheet *style.css*.
4. Speichern Sie die Seite, und betrachten Sie sie in einem Browser.

Im Browserfenster hat sich nach diesen Schritten nichts geändert, aber es gibt jetzt eine Verbindung zwischen der Webseite *index.html* und dem Stylesheet *style.css*.

3.4 Die erste eigene CSS-Regel: Hintergrund- und Schriftfarbe für <body>

In diesem Abschnitt definieren Sie ein paar Farben für die Webseite, aber bevor es damit losgeht, noch eine kurze Unterbrechung mit einem Werbespot für CSS-Kommentare.

3.4.1 Auch in CSS eine gute Angewohnheit: /* Kommentare */

Genau wie in HTML sind Kommentare auch in CSS eine mehr als gute Angewohnheit. Sie können sie sowohl für eigene Notizen als auch zum vorübergehenden Auskommentieren (Ausblenden via Kommentar) gebrauchen. CSS-Kommentare sehen anders aus als HTML-Kommentare und stehen zwischen /* und */:

```
/* Stylesheet für die Übungswebsite aus "Einstieg in HTML + CSS" */
```

Listing 3.3 Ein Kommentar in CSS

Den Schrägstrich und das Sternchen erhalten Sie auf der Tastatur mit [⇧] + [7] bzw. [⇧] + [+]. Auf einem Ziffernblock geht es noch einfacher:

- Den Schrägstrich [/] finden Sie auf der Taste für »geteilt durch« (Division).
- Das Sternchen [*] ist die Taste mit dem Malzeichen (Multiplikation) daneben.

CSS-Kommentare dürfen wie HTML-Kommentare *nicht verschachtelt* werden. Innerhalb eines Kommentars darf also kein weiterer Kommentar stehen.

Übungswebsite: Einen Kommentar in »style.css« speichern

1. Öffnen Sie das Stylesheet *style.css* im Editor.
2. Erstellen Sie am Anfang der Datei wie in Listing 3.3 gezeigt einen CSS-Kommentar Ihrer Wahl.
3. Speichern Sie die Datei.

3.4.2 Hintergrund- und Schriftfarbe für <body> ändern

Vor der Gestaltung der Eigenschaften müssen Sie dem Browser sagen, welches Element Sie gestalten möchten, und dazu schreiben Sie einfach dessen Namen hin. Die sichtbare

Seite wird mit `<body>` und `</body>` begrenzt, der Name des Elements ist also `body`. Ohne spitze Klammern.

Als Farbwert nutzen Sie in diesem Kapitel zunächst standardisierte englische Farbnamen. In diesem Abschnitt soll der Hintergrund der Startseite eine andere Farbe bekommen, und in CSS sieht das so aus:

```
body {
  background-color: floralwhite;
  color: black;
}
```

Listing 3.4 Hintergrund- und Schriftfarbe für die ganze Seite

Geschweifte Klammern finden Sie auf deutschen Tastaturlayouts so:

- unter Windows mit [Alt] + [7] bzw. [Alt] + [9]
- unter macOS mit [⌥] + [8] bzw. [⌥] + [9]

Die CSS-Regel aus Listing 3.4 besteht aus folgenden Einzelteilen:

- `body` selektiert das zu gestaltende HTML-Element.
- Die Hintergrundfarbe gestalten Sie mit der CSS-Eigenschaft `background-color`, als Farbwert wird `floralwhite` verwendet. Blütenweiß.
- Die Eigenschaft für die Schriftfarbe heißt `color`, und *schwarz* wird die Schrift mit `black`.

Die Reihenfolge der Zeilen zwischen den geschweiften Klammern spielt in diesem Beispiel keine Rolle. Sie könnten also auch zuerst die Schrift- und dann die Hintergrundfarbe definieren. Im folgenden Kasten speichern Sie diese CSS-Regel in *style.css*.

Übungswebsite: Hintergrund- und Schriftfarbe für <body>

1. Öffnen Sie das Stylesheet *style.css* im Editor.
2. Fügen Sie nun unterhalb des Kommentars am Anfang der Datei die CSS-Regel aus Listing 3.4 ein.
3. Speichern Sie das Stylesheet, und betrachten Sie die Webseite *index.html* (*nicht* das Stylesheet) in einem Browser.

Abbildung 3.3 zeigt, dass sich die Hintergrundfarbe im Browserfenster nach diesen Schritten geändert hat.

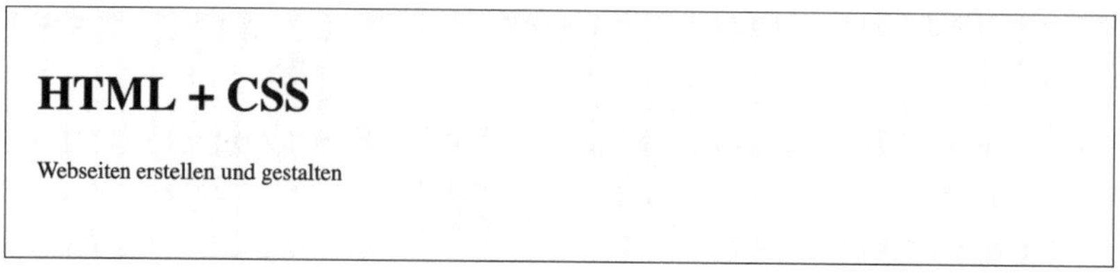

Abbildung 3.3 Die Seite mit einer hellen Hintergrundfarbe für <body>

Farben definieren in CSS

In CSS gibt es noch diverse andere Möglichkeiten zur Definition von Farbwerten, die Sie später in Kapitel 12, »CSS kennenlernen: Syntax, Box-Modell, Farbwerte und Einheiten«, kennenlernen, aber Farbnamen sind erst einmal am einfachsten.

3.5 Den Kopfbereich <header> selektieren und gestalten

In diesem Abschnitt soll der Kopfbereich zu Übungszwecken einen dunkleren Hintergrund und eine weiße Schrift bekommen. Anschließend fügen Sie zwischen Text und dem Rand der Box noch ein bisschen Abstand hinzu.

3.5.1 Hintergrund- und Schriftfarbe für <header> ändern

Das HTML-Element für den Selektor heißt `header`, und Listing 3.5 zeigt die komplette CSS-Regel zu dessen Gestaltung auf einen Blick:

```
header {
  background-color: steelblue;
  color: white;
}
```

Listing 3.5 Hintergrund- und Schriftfarbe für den Kopfbereich gestalten

Im folgenden Kasten speichern Sie diese Regel im Stylesheet.

Übungswebsite: Schrift- und Hintergrundfarbe für <header>

1. Öffnen Sie das Stylesheet *style.css* im Editor.
2. Erstellen Sie unter der vorhandenen CSS-Regel für `body` eine neue für den Kopfbereich (siehe Listing 3.5).
3. Speichern Sie das Stylesheet, und betrachten Sie die Webseite *index.html* in einem Browser.

Nach diesen Schritten sieht die Webseite im Browser ungefähr so aus wie in Abbildung 3.4: Überschrift und Absatz übernehmen die für den Kopfbereich `header` definierte Schriftfarbe. Der Text steht allerdings noch sehr dicht am Rand des Kopfbereichs; das ändern Sie im nächsten Abschnitt.

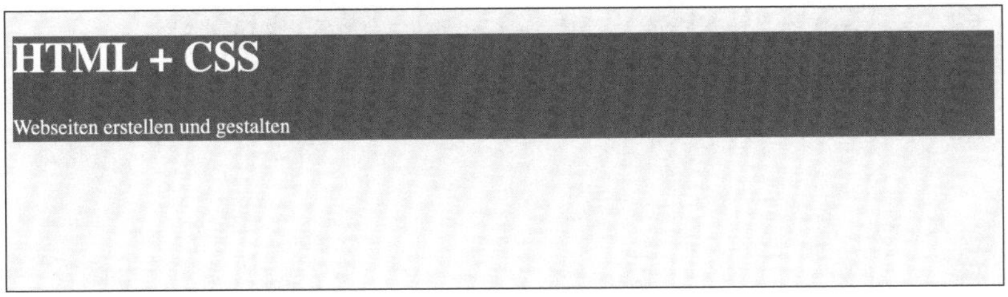

Abbildung 3.4 Der Kopfbereich mit farbigem Hintergrund

3.5.2 Etwas Abstand zwischen Text und Rand einfügen mit »padding«

Im Kopfbereich wäre etwas mehr Platz zwischen Text und Rand der Box nicht schlecht, und die CSS-Eigenschaft dafür heißt `padding`, was übersetzt so viel wie *Polsterung* oder *Innenabstand* bedeutet.

Ein guter Wert für dieses `padding` ist `1rem`, was auf Deutsch bedeutet: »so groß wie die Schrift des Stammelements `html`«. Die Zeile für den Innenabstand fügen Sie am Ende der bestehenden CSS-Regel für den Kopfbereich ein, vor der schließenden geschweiften Klammer:

```
header {
  background-color: steelblue;
  color: white;
  padding: 1rem;
}
```

Listing 3.6 Ein bisschen Innenabstand für den Kopfbereich

Zwischen der Zahl und der Einheit darf übrigens kein Leerzeichen stehen: Es heißt `1rem`, und *nicht* `1 rem`. Im folgenden Kasten speichern Sie diese Zeile in *style.css*.

Übungswebsite: Innenabstand für den <header> einfügen

1. Öffnen Sie das Stylesheet *style.css* im Editor.
2. Fügen Sie zu der bereits vorhandenen CSS-Regel für `header` die Zeile für das `padding` hinzu (siehe Listing 3.6).
3. Speichern Sie das Stylesheet, und betrachten Sie die Webseite in einem Browser.

Nach diesem Schritt sieht die Webseite im Browser ungefähr so aus wie in Abbildung 3.5.

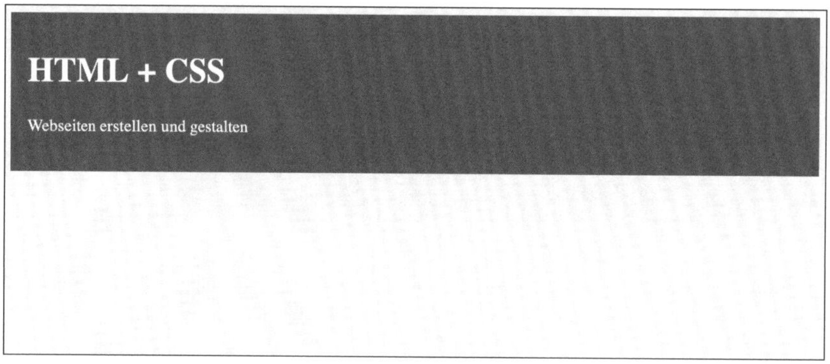

Abbildung 3.5 Der Kopfbereich mit »padding: 1rem«

Spielen Sie ein bisschen mit den Farben

Probieren Sie sowohl für die Seite als auch für den Kopfbereich andere Farbkombinationen aus. Falls Ihr Editor Ihnen keine Liste der in CSS gültigen Farbnamen als Dropdown-Liste präsentiert, finden Sie die Farbnamen zum Beispiel auf der folgenden Webseite:

- *wiki.selfhtml.org/wiki/Grafik/Farbe/Farbpaletten#Farbnamen*

In Kapitel 12, »CSS kennenlernen: Syntax, Box-Modell, Farbwerte und Einheiten«, lernen Sie wie gesagt weitere Möglichkeiten zur Definition von Farbwerten kennen. Im Augenblick sollten Sie einfach nur darauf achten, dass der Kontrast zwischen Hintergrund- und Schriftfarbe groß genug ist. Viel Spaß dabei.

3.6 Entwicklerwerkzeuge: CSS im Browser untersuchen

Die Entwicklerwerkzeuge von Firefox und Chrome haben Sie in Abschnitt 2.9, »Entwicklerwerkzeuge im Browser: HTML untersuchen«, bereits kurz kennengelernt.

In diesem Abschnitt zeige ich Ihnen in Firefox, dass Sie damit nicht nur das HTML, sondern auch das CSS untersuchen können. So können Sie prüfen, welches CSS der Browser zur Gestaltung eines HTML-Elements verwendet.

Öffnen Sie die Übungsseite *index.html* in Firefox, und starten Sie zum Beispiel mit [F12] die Entwicklerwerkzeuge, die aus drei großen Bereichen bestehen (Abbildung 3.6):

❶ **Bedienelemente**: In der oberen Reihe ist der INSPEKTOR aktiviert.

❷ **HTML**: In der HTML-Struktur ist das Element `body` ausgewählt.

❸ **CSS**: Im CSS-Bereich werden im Register REGELN die CSS-Regeln zur Gestaltung des im HTML ausgewählten body-Elements angezeigt.

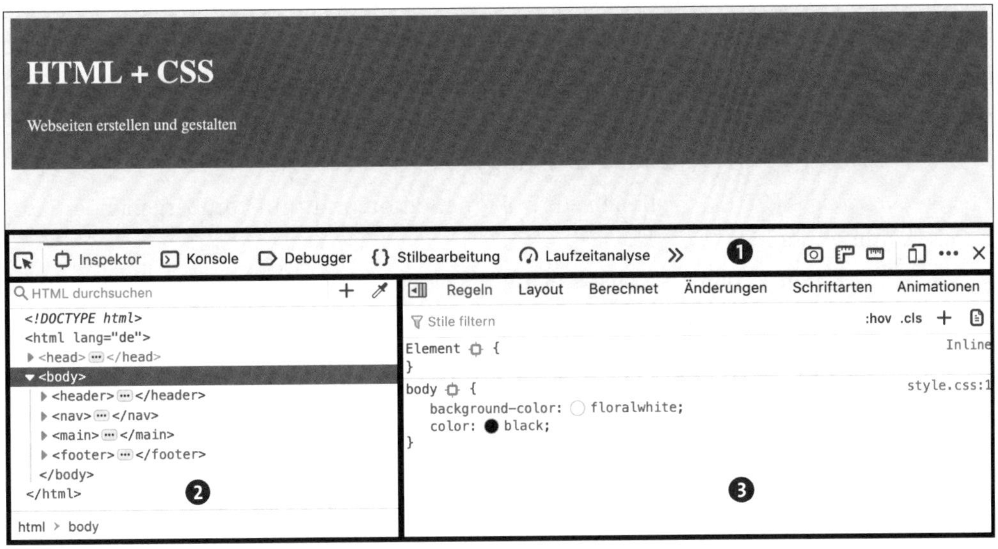

Abbildung 3.6 Die Entwicklerwerkzeuge in Firefox

Wenn Sie in der linken Hälfte des Inspektors mit dem Mauszeiger auf ein Element fahren, wird das entsprechende Element auf der Webseite hervorgehoben. Ein *Klick* auf das Element zeigt in der rechten Hälfte das zur Gestaltung verwendete CSS. Mit den kleinen Dreiecken vor dem Anfangs-Tag können Sie verschachtelte Elemente ein- bzw. ausblenden.

In den Entwicklerwerkzeugen der Browser können Sie das CSS nicht nur untersuchen, sondern auch damit experimentieren.

Wenn Sie in Abbildung 3.6 zum Beispiel die Hintergrundfarbe `floralwhite` anklicken und eine andere Farbe wählen, wird die Änderung im Browserfenster sofort angezeigt. Diese Änderungen werden aber nicht in der Datei *style.css* gespeichert und somit nur temporär angezeigt. Nach einem Neuladen der Seite ist alles wieder beim Alten. Ideal zum Experimentieren.

Eine sehr kurze Geschichte von CSS

Für den Fall, dass Sie etwas zur Geschichte von CSS wissen möchten, habe ich in meinem Blog einen Beitrag dazu veröffentlicht:

- *https://pmueller.de/eine-sehr-kurze-geschichte-von-css/*

Darin werden die wichtigsten Entwicklungen kurz beschrieben.

3.7 Auf einen Blick

Hier sind noch einmal die wichtigsten Punkte im Überblick:

- Jeder Browser hat ein fest eingebautes Stylesheet.
- Jede von einem HTML-Element generierte Box hat Eigenschaften wie `background-color` oder `padding` zum Gestalten per CSS.
- Das Element `link` verbindet eine HTML-Datei mit einem Stylesheet.
- `/* Kommentare im CSS */` dienen zur Dokumentation und zum vorübergehenden Auskommentieren.
- Zum Gestalten eines HTML-Elements per CSS benutzen Sie dessen Namen ohne spitze Klammern, also zum Beispiel `body`.
- Nach dem Namen folgen zwischen geschweiften Klammern eine oder mehrere Zeilen mit den Gestaltungsanweisungen.
- Die Entwicklerwerkzeuge der Browser sind ein sehr nützliches Hilfsmittel beim Kennenlernen von HTML und CSS.

Kapitel 4

HTML-Elemente für Text: Überschriften, Absätze, Hervorhebungen und Listen

Worin Sie die wichtigsten HTML-Elemente zur Auszeichnung von Text kennenlernen und mit der Erstellung einer sinnvoll strukturierten Webseite beginnen.

4

Die Themen im Überblick:

Sinnvolles HTML ist das Fundament einer jeden Webseite, aber HTML ist im Vergleich zu Englisch, Deutsch oder Swahili eine recht einfache Sprache. Es gibt nur gut 100 verschiedene Elemente, und so nach und nach lernen Sie die wichtigsten davon kennen.

Durch den Einsatz von Überschriften, Absätzen, Hervorhebungen und Listen lockern Sie eine Webseite optisch auf und bieten dem Auge des Betrachters beim Überfliegen des Textes Landeplätze an.

Zum Abschluss des Kapitels werfen Sie noch einen ersten Blick auf die Eigenschaft *display* und lernen dabei den Unterschied zwischen Block- und Inline-Elementen kennen.

4.1 Überschriften strukturieren den Inhalt: <h1> bis <h6>

Webseiten werden nach der Anzeige im Browserfenster meist nicht konzentriert Wort für Wort gelesen, sondern auf der Suche nach Relevantem überflogen. Überschriften geben einer Webseite Struktur und machen den Text gleichzeitig leichter lesbar.

4.1.1 HTML kennt sechs Ebenen für Überschriften

HTML kennt sechs Elemente für Überschriften, von `h1` bis `h6`. Das *h* steht für *heading* (Überschrift), die Zahl dahinter für die Gliederungsebene. `h2` bedeutet also nicht »die zweite Überschrift im Text«, sondern »eine Überschrift der zweiten Gliederungsebene«. Es kann auf einer Webseite also durchaus mehrere `h2`-Überschriften geben.

In Abbildung 4.1 sehen Sie, dass die Überschriftenebenen vom Browser-Stylesheet mit unterschiedlichen Schriftgrößen dargestellt werden.

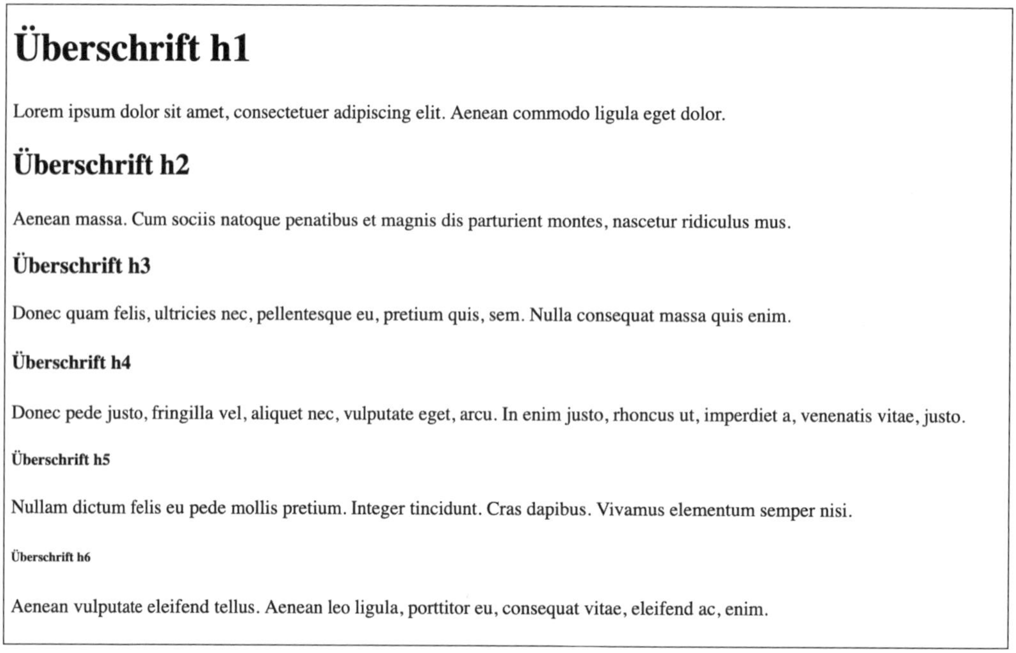

Abbildung 4.1 Die sechs Überschriftebenen in Firefox

Die Hauptüberschrift `h1` ist in den Browser-Stylesheets doppelt so groß wie der Fließtext, und `h2` und `h3` sind jeweils etwas kleiner. `h4` hat dieselbe Schriftgröße wie der Text. `h5` und `h6` sind sogar kleiner als der Fließtext.

Aber Überschriften dienen wie gesagt zur Strukturierung des Textes, und Sie sollten eine bestimmte Überschriftebene *nicht* aufgrund der Schriftgröße wählen:

- HTML strukturiert die Webseite.
- Mit den HTML-Elementen für Überschriften sagen Sie dem Browser, *dass* der markierte Text eine Überschrift ist und welche Gliederungsebene diese hat.
- Das Aussehen der Überschrift gestalten Sie per CSS.

Im Klartext: Nutzen Sie nicht `h3`, weil bei `h1` die Schrift zu groß ist.

Wie man die Schriftgröße von Überschriften ändert, erfahren Sie in Abschnitt 15.7, »Gut lesbarer Text: ›font-size‹ und ›line-height‹«.

4.1.2 Eine <h2>-Überschrift im Inhaltsbereich einfügen

Im Kopfbereich der Seite *index.html* gibt es bereits eine `h1`-Überschrift mit dem Titel der Website. Da auf jeder Webseite nur eine `h1`-Überschrift vorhanden sein sollte, werden alle weiteren wichtigen Abschnitte der Seite mit `h2`-Überschriften eingeleitet. Im folgenden Listing bekommt der Inhaltsbereich `main` eine solche `h2`-Überschrift:

```
<main>
  <h2>Willkommen</h2>

</main>
```

Listing 4.1 Der Inhaltsbereich beginnt mit einer h2-Überschrift

Bevor Sie auf der Startseite der Übungswebsite diese Überschrift einfügen, entfernen Sie im folgenden Kasten zunächst noch das vorhandene CSS aus dem Stylesheet, damit Sie sich voll auf das HTML konzentrieren können.

Übungswebsite: Eine Überschrift für den Inhaltsbereich erstellen

1. Öffnen Sie das Stylesheet *style.css* im Editor, und löschen Sie eventuell vorhandene CSS-Regeln.
2. Speichern und schließen Sie das Stylesheet, und öffnen Sie die Datei *index.html* im Editor.
3. Setzen Sie den Cursor an den Anfang des Inhaltsbereichs `main`.
4. Fügen Sie wie in Listing 4.1 gezeigt ein `h2`-Element ein. Der Text der Überschrift darf gerne etwas anderes als »Willkommen« sein.
5. Speichern Sie die Webseite, und betrachten Sie sie im Browser.

Nach diesen Schritten erscheint die Überschrift auf der Webseite, und im nächsten Abschnitt geht es weiter mit etwas Fließtext darunter.

4.2 Absätze und Hervorhebungen: <p>, <strong>, <em>

Zwischen den Überschriften steht normaler Text, und der besteht zu einem großen Teil aus Absätzen, Hervorhebungen und Listen.

4.2.1 Absätze mit <p> und Hervorhebungen mit <strong> und <em>

Das wahrscheinlich am häufigsten verwendete HTML-Element ist `p`, kurz für *paragraph*, auf Deutsch *Absatz*. Jeder normale Fließtextabsatz auf einer Webseite wird mit `<p>` eingeleitet und mit `</p>` beendet, und Sie haben das Element bereits kennengelernt.

Die Elemente `strong` und `em` sind zur inhaltlichen Hervorhebung von Text gedacht:

- `strong` bedeutet »stark hervorheben« und wird in visuellen Browsern meist **fett** gedruckt.
- `em` steht für *emphasize*, auf Deutsch »betonen«, und wird in einem visuellen Browser meist *kursiv* dargestellt.

Als Faustregel benutzen Sie `strong`, um den Text bereits *vor* dem Lesen hervorzuheben, und `em`, wenn er erst *während* des Lesens auffallen soll.

4.2.2 Absätze und Hervorhebungen auf der Übungswebsite einfügen

In Listing 4.2 sehen Sie einen kurzen Fließtext für den Inhaltsbereich der Seite:

```
<main>
  <h2>Willkommen</h2>

  <p>Webseiten bestehen am Bildschirm aus <strong>rechteckigen Kästchen</strong>.
  Alles Runde ist entweder Trick, Grafik oder beides.</p>

  <p>Beim Umgang mit diesen Kästchen haben <em>HTML</em> und <em>CSS</em>
  klar getrennte Aufgaben: </p>

</main>
```

Listing 4.2 Ein kurzer Fließtext im Inhaltsbereich der Webseite

Das Element `main` und die `h2`-Überschrift sind auf der Startseite bereits vorhanden. Im folgenden Kasten ergänzen Sie die beiden Absätze und die Hervorhebungen.

Übungswebsite: Fließtext mit <p>, <strong> und <em> erstellen

1. Öffnen Sie die Datei *index.html* im Editor.
2. Fügen Sie auf der Webseite die Absätze aus Listing 4.2 ein.
3. Speichern Sie die Seite, und betrachten Sie sie im Browser.

Nach diese Schritten sieht die Webseite so aus wie in Abbildung 4.2.

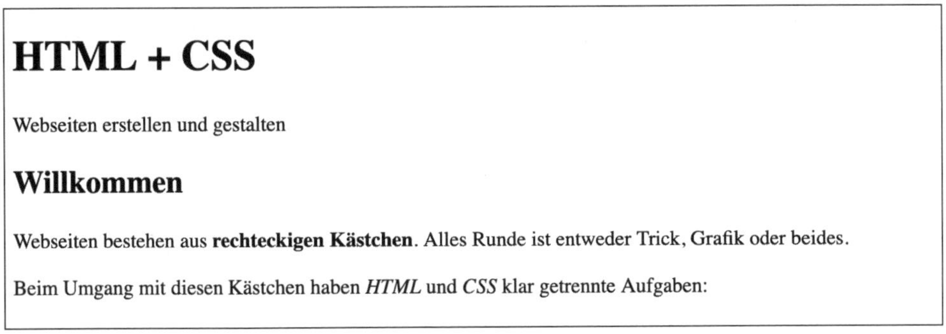

Abbildung 4.2 Überschrift und etwas Fließtext im Inhaltsbereich

4.2.3 HTML-Elemente verschachteln – zuerst geöffnet, zuletzt geschlossen

Beim Verschachteln von HTML-Elementen müssen Sie eine wichtige Grundregel beachten: Das zuerst geöffnete Element wird zuletzt geschlossen. Hier ein Beispiel:

```
<p>Normal, <strong>fett, <em>fett und kursiv</em></strong>. Wieder normal.</p>
```

Listing 4.3 Beispiel für die Verschachtelung von HTML-Elementen

Im Browser sieht dieser Quelltext so aus wie in Abbildung 4.3.

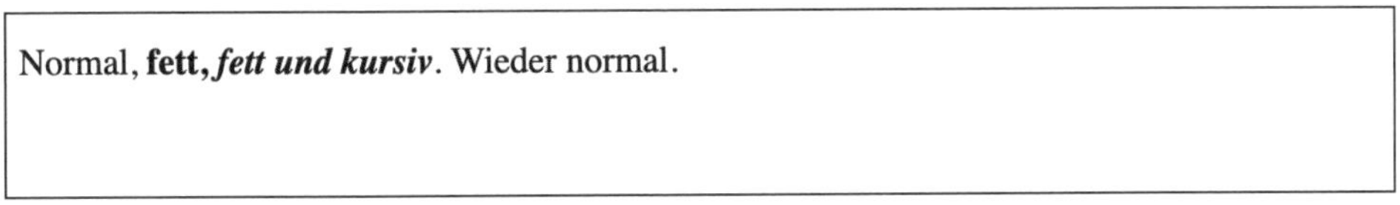

Abbildung 4.3 Verschachtelte HTML-Elemente im Browserfenster

Die Elemente `p`, `strong` und `em` werden geöffnet und in *umgekehrter* Reihenfolge geschlossen. Die von den Elementen erzeugten Boxen werden also wie russische Matroschka-Puppen ineinander verschachtelt: `em` steckt in `strong`, das wiederum im `p`-Kästchen sitzt. Grafisch dargestellt, sieht das so aus wie in Abbildung 4.4.

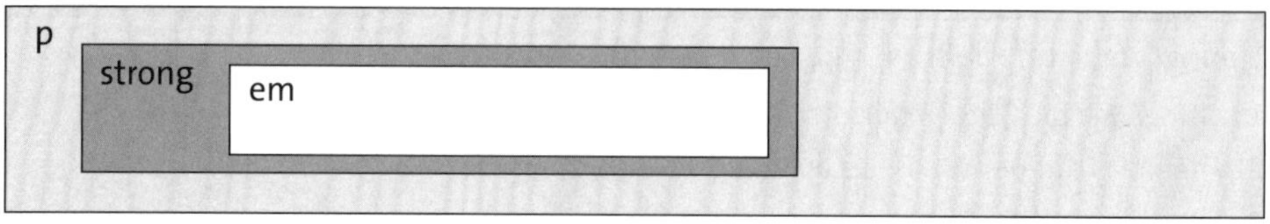

Abbildung 4.4 Verschachtelt – eine Kiste in einer Kiste in einer Kiste

4.3 Webseiten von Anfang an in unterschiedlichen Viewports testen

Eine der größten Versuchungen beim Gestalten von Webseiten ist es, die Webseiten für den Monitor vor Ihnen zu optimieren und zu vergessen, dass Sie als Autor der Webseite keinen Einfluss darauf haben, mit welchem Gerät der Benutzer die Seite betrachten wird.

Webseiten müssen flexibel sein und sich ihrer Umgebung anpassen, und um zu testen, wie sich eine Webseite in verschieden großen Browserfenstern verhält, gibt es in modernen Browsern elegante Werkzeuge. In Firefox heißt es BILDSCHIRMGRÖSSEN TESTEN:

1. Laden Sie die bisher erstellte Startseite in Firefox.
2. Klicken Sie rechts oben auf das *Anwendungsmenü* (die drei waagerechten Striche).
3. Öffnen Sie das Untermenü WEITERE WERKZEUGE.
4. Klicken Sie auf den Befehl BILDSCHIRMGRÖSSEN TESTEN.

Per Tastenkürzel geht das unter Windows mit [Strg] + [⇧] + [M] und unter macOS mit [⌥] + [cmd] + [M].

Im Browserfenster sehen Sie nach diesen Schritten die Webseite in einem kleineren Viewport (Abbildung 4.5).

Unterhalb der Adressleiste des Browsers gibt es einige Werkzeuge zum Testen der Bildschirmgrößen:

- Statt IPHONE SE 2... können Sie auch ein anderes Gerät auswählen.
- Rechts daneben sehen Sie die Breite und die Höhe des aktuellen Viewports in Pixel.
- Das kleine Gerätesymbol mit dem Pfeil daneben heißt BILDSCHIRM DREHEN und wechselt vom Hoch- ins Querformat und wieder zurück.

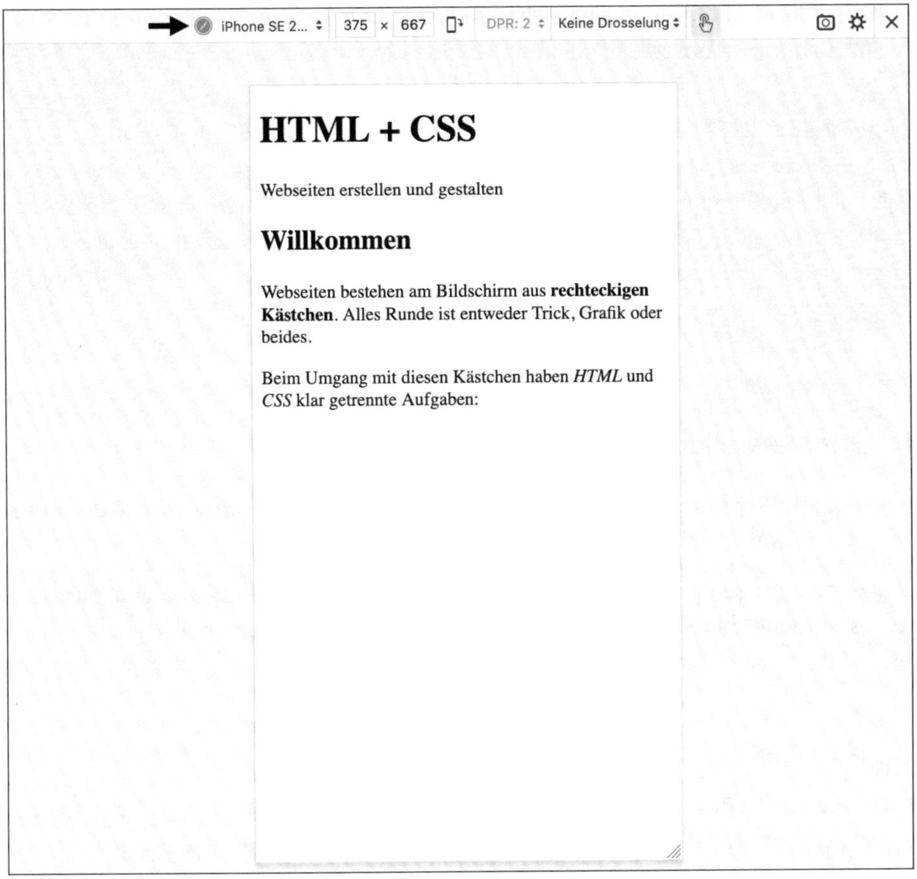

Abbildung 4.5 Das Werkzeug »Bildschirmgrößen testen« in Firefox

Mit dem Mauszeiger können Sie Breite und Höhe des weißen Bereichs stufenlos verändern. Probieren Sie es einmal. Beim Verändern der Viewportgröße sehen Sie, dass HTML sehr flexibel ist und der Fließtext sich automatisch dem Viewport anpasst.

Chrome und andere Blink-basierte Browser kennen ebenfalls eine Funktion zur Simulation von verschiedenen Viewports, aber dort ist sie nur über die Entwicklerwerkzeuge erreichbar:

1. Öffnen Sie die Entwicklerwerkzeuge, zum Beispiel mit [F12].
2. Oberhalb der HTML- und CSS-Bereiche gibt es eine Menüleiste, in der das Register ELEMENTE ausgewählt ist.
3. Das Symbol links daneben zeigt zwei sich überlappende Smartphone- und Tablet-Bildschirme und hat den schönen Namen GERÄTESYMBOLLEISTE EIN- UND AUSBLENDEN.

Mit einem Klick auf dieses Symbol schalten Sie in Blink-basierten Browsern die Funktion zum Testen von unterschiedlichen Viewports ein und aus.

Die Übungswebsite zum Testen auf einen Online-Webspace hochladen

Das Erstellen und Gestalten der Übungswebsite in diesem Buch kann problemlos komplett auf Ihrem Computer stattfinden. Falls Sie aber Zugang zu einem Online-Webspace haben, laden Sie die Übungswebsite zwischendurch ruhig einmal hoch, um sie über das Internet aufzurufen. Dadurch wird zum Beispiel auch das Testen auf mobilen Geräten einfacher: Browser starten, URL eingeben und schauen, ob alles funktioniert.

4.4 Listen erstellen mit <ul>, <ol> und <li>

Listen sind auf Webseiten ein wichtiges Stilmittel zur Strukturierung von Text, und in HTML gibt es zwei verschiedene Listenarten:

- *Ungeordnete Listen* haben Listenelemente mit einem Aufzählungszeichen, das trotz seines Namens keine Zahl ist und im Englischen *marker* genannt wird.
- *Geordnete Listen* haben nummerierte Listenelemente, da deren Reihenfolge wichtig ist, wie zum Beispiel bei einer Schritt-für-Schritt-Anleitung.

Im Quelltext unterscheiden sie sich nur durch einen einzigen Buchstaben.

4.4.1 Ungeordnete Listen mit einem Aufzählungszeichen: <ul> und <li>

Eine Aufzählung besteht in HTML aus *zwei* Elementen:

- `<ul>` und `</ul>` kennzeichnen Beginn und Ende der Liste.
- `<li>` und `</li>` markieren die einzelne Listenelemente.

Das Kürzel *ul* steht für *unordered list*, zu Deutsch *ungeordnete Liste*. Das folgende Listing zeigt ein einfaches Beispiel:

```
<ul>
  <li>HTML-Elemente strukturieren die Webseite und erstellen die Kästchen.</li>
  <li>CSS-Regeln gestalten die Kästchen und deren Inhalte.</li>
</ul>
```

Listing 4.4 Beispiel für eine einfache, ungeordnete Liste

`<ul>` sagt dem Browser: »Hier beginnt eine ungeordnete Liste.« Zwischen `<li>` und `</li>` stehen dann ein oder mehrere Listenelemente, bevor die Liste mit `</ul>` beendet wird.

Im folgenden Kasten fügen Sie auf der Übungswebsite eine ungeordnete Liste ein.

Übungswebsite: Mit <ul> eine ungeordnete Liste erstellen

1. Öffnen Sie *index.html* im Editor.
2. Platzieren Sie den Cursor *unterhalb* des Fließtextes, aber noch *vor* `</main>`.
3. Fügen Sie die ungeordnete Liste aus Listing 4.4 ein.
4. Ergänzen Sie nach der Liste den folgenden Absatz:
   `<p>Beide Sprachen arbeiten bei der Erstellung und Gestaltung von Webseiten eng zusammen.</p>`
5. Speichern Sie die Seite, und betrachten Sie sie in einem Browser.

In Firefox sieht die Startseite jetzt so aus wie in Abbildung 4.6.

Beachten Sie, dass im HTML nichts über die Einrückung des Textes oder das zu verwendende Aufzählungszeichen steht. Die Tags besagen, dass der Text eine ungeordnete Liste ist, aber nicht, wie sie aussehen soll. Das bestimmt momentan das Browser-Stylesheet.

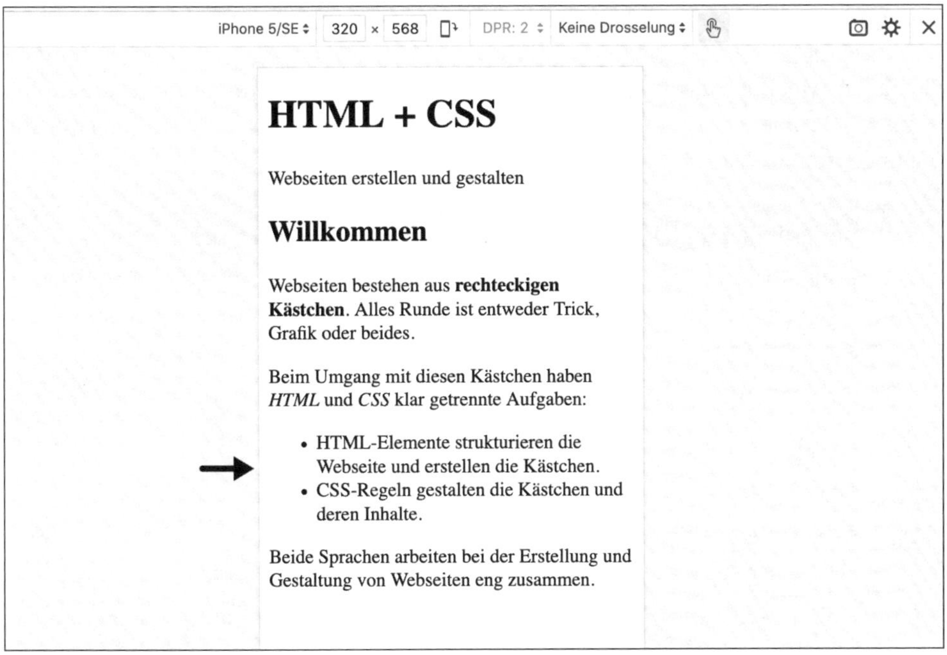

Abbildung 4.6 Eine Aufzählung mit <ul> im Browserfenster

Die Gestaltung der Aufzählungszeichen folgt in Kapitel 15

Wie man die Aufzählungszeichen von Listen gestaltet, lernen Sie in Abschnitt 15.8, »Listen: Aufzählungszeichen gestalten per CSS«. Dazu gibt es die CSS-Eigenschaft `list-style` und das Pseudoelement `::marker`.

4.4.2 Geordnete Listen mit einer Nummerierung: <ol> und <li>

Geordnete Listen (*ordered lists*) haben nummerierte Listenelemente und werden wie gesagt verwendet, wenn die Reihenfolge der Listenelemente wichtig ist.

Der Aufbau einer geordneten Liste ist identisch mit dem einer ungeordneten Liste, lediglich das *ul* wird durch *ol* ersetzt:

```
<ol>
  <li>HTML-Elemente strukturieren die Webseite und erstellen die Kästchen.</li>
  <li>CSS-Regeln gestalten die Kästchen und deren Inhalte.</li>
</ol>
```

Listing 4.5 Beispiel für eine einfache, geordnete Liste

Sie haben zwei Buchstaben geändert, und schon ist die Liste nummeriert (siehe Abbildung 4.7). Probieren Sie es einfach einmal aus. Lassen Sie aber auf der Übungswebsite die ungeordnete Liste, da diese inhaltlich besser passt.

Nummerierungen und die Attribute »start«, »type« und »reversed«

Es gibt drei Attribute, mit denen Sie die Nummerierung von geordneten Listen beeinflussen können. Zunächst einmal können Sie mit dem Attribut `start` einen beliebigen Startwert festlegen:

```
<ol start="5"> ... </ol>
```

Mit dem Attribut `type` kann man die Art der Nummerierung definieren:

```
<ol start="3" type="a"> ... </ol>
```

Diese Nummerierung beginnt also mit `c`. Gültige Werte für `type` sind u. a. `"1"`, `"a"` oder `"A"` und `"i"` oder `"I"`, sodass Sie auch römische Nummerierungen erzeugen können.

Das Attribut `reversed` schließlich dreht die Nummerierung um, sodass sie mit dem höchsten Wert anfängt.

Abbildung 4.7 Eine Nummerierung mit <ol> im Browserfenster

4.5 Listen verschachteln: Eine Liste in einer Liste

Listen können ineinander verschachtelt werden, und dabei sind im HTML ein paar Dinge zu beachten, die vielleicht nicht ganz selbstverständlich sind. Listing 4.6 zeigt ein Beispiel für eine verschachtelte Liste:

```
<ul>
  <li>So funktioniert HTML</li>
  <li>Wichtige HTML-Elemente
    <ul>
      <li>Überschriften</li>
      <li>Absätze und Listen</li>
      <li>Links und Grafiken</li>
    </ul>
  </li>
  <li>Gestalten mit CSS</li>
</ul>
```

Listing 4.6 Eine korrekt verschachtelte Liste

Achten Sie beim Erstellen von verschachtelten Listen darauf, dass das `<li>` für den Aufzählungspunkt »Wichtige HTML-Elemente« erst einige Zeilen tiefer geschlossen wird, und zwar *nach* Beendigung der verschachtelten, inneren Liste.

Dieser Aufbau ist zwar logisch, denn die innere Liste ist ja ein Teil dieses Aufzählungspunktes, aber viele HTML-Autoren schließen das Listenelement bereits *vor* der inneren Liste. Die verschachtelte Liste aus Listing 4.6 sieht im Browser so aus wie in Abbildung 4.8. Bei der Verschachtelung von Listen könnten Sie auch ungeordnete und geordnete Listen mischen.

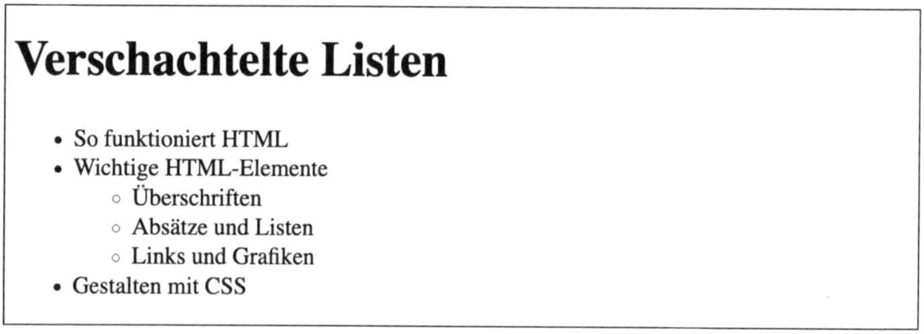

Abbildung 4.8 Eine verschachtelte ungeordnete Liste im Browserfenster

Bei der Gestaltung mit CSS ist die korrekte Verschachtelung der Kisten im HTML-Quelltext wichtig, um später einzelne Listenkisten gezielt auswählen zu können. Zum besseren Verständnis zeigt Abbildung 4.9 eine schematische Darstellung der in Listing 4.6 gezeigten verschachtelten Liste.

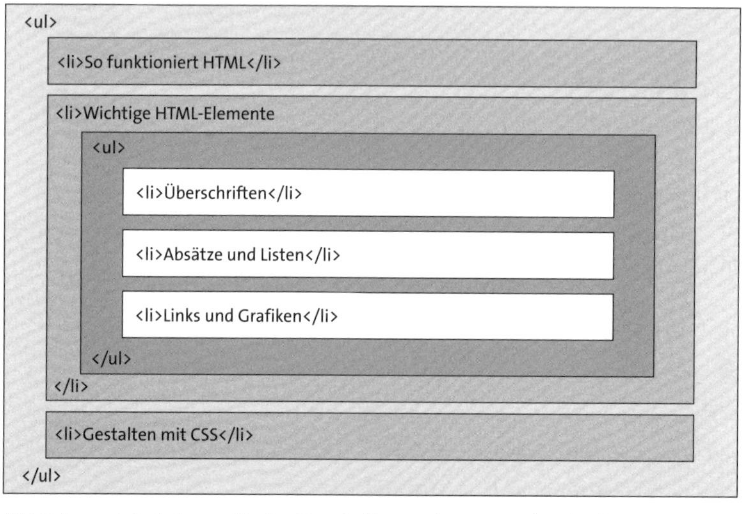

Abbildung 4.9 Schematische Darstellung einer verschachtelten Liste

4.6 Über Blockelemente, Inline-Elemente und die Eigenschaft »display«

Wie Sie bereits gesehen haben, gibt es verschiedene Arten von HTML-Elementen, die sich unterschiedlich verhalten. Die beiden wichtigsten sind Block- und Inline-Elemente.

4.6.1 Blockelemente werden so breit, wie es geht

Blockelemente ähneln Absatzformaten in Word:

- Die Box eines Blockelements wird so breit, wie es geht.
- Nachfolgende Elemente rutschen automatisch in die nächste Zeile.

Blockelemente können normalen Text, Inline-Elemente und zum Teil auch andere Blockelemente enthalten.

Beispiele für Blockelemente sind die Bereiche wie `header`, `nav`, `main` und `footer`, die Überschriften `h1` bis `h6`, Absätze mit `p` sowie Listen mit `ul` und `ol`. Für alle diese Elemente (und noch ein paar mehr) steht im Browser-Stylesheet die Anweisung `display: block`.

4.6.2 Inline-Elemente werden nur so breit wie ihr Inhalt

Inline-Elemente ähneln den Zeichenformaten aus Word:

- Die Box eines Inline-Elements wird nur so breit wie sein Inhalt.
- Nachfolgender Text fließt direkt nach dem Element weiter.

Inline-Elemente erzeugen keine neue Zeile und sind den Blockelementen untergeordnet. Sie dürfen normalen Text und andere Inline-Elemente enthalten, aber keine Blockelemente. Beispiele für Inline-Elemente sind `strong` und `em`, die in derselben Zeile (*inline*) weiterfließen.

Für Inline-Elemente steht im Browser-Stylesheet übrigens nicht die entsprechende Anweisung `display: inline`. Das ist nicht nötig, denn alle HTML-Elemente erzeugen automatisch eine solche Inline-Box, wenn im CSS nicht irgendwo etwas anderes definiert wurde.

Die Eigenschaft »display« kann noch diverse andere Werte haben

Für den Einstieg ist der Unterschied zwischen Block- und Inline-Elementen am wichtigsten, aber es gibt auch noch andere Werte:

- Die Mischform `inline-block` wird in Abschnitt 16.10, »Inline-Block: Blockboxen, aber nebeneinander«, erläutert.
- Listenelemente bekommen im Browser-Stylesheet mit `display: list-item` einen eigenen Wert, der in Abschnitt 15.8, »Listen: Aufzählungszeichen gestalten per CSS«, erklärt wird.

Und schließlich gibt es zum Erstellen von Layouts mit Werten wie `display:flex` und `display: grid` völlig neue Möglichkeiten, die Sie in Teil IV, »CSS – Layouts erstellen«, ausführlich kennenlernen.

4.7 Auf einen Blick

Hier sind noch einmal die wichtigsten Punkte dieses Kapitels im Überblick:

- Benutzen Sie Überschriften (`h1` bis `h6`) zur Strukturierung des Textes. Wählen Sie die Gliederungsebene *nicht* aufgrund der Schriftgröße.
- Absätze im Fließtext stehen in einem `p`-Element, und Text kann mit `strong` und `em` hervorgehoben werden.
- Bei der Verschachtelung von HTML-Elementen dürfen sich die Elemente nicht überlappen: Das zuerst geöffnete Element wird zuletzt wieder geschlossen.
- Listen sind ein wichtiges Stilmittel zur Auflockerung des Textes:
  - Ungeordnete Listen (Aufzählungen) bestehen aus `ul` und `li`.
  - Geordnete Listen (Nummerierungen) bestehen aus `ol` und `li`.
  - Bei verschachtelten Listen wird das `li`-Element erst *nach* der eingeschobenen Liste beendet.
- HTML-Elemente erzeugen *Block-* oder *Inline-Boxen*:
  - Blockelemente haben einen integrierten Zeilenumbruch und werden so breit, wie es geht.
  - Inline-Elemente erzeugen keinen Zeilenumbruch und werden nur so breit wie der Inhalt des Elements.

Kapitel 5
Hyperlinks – das Besondere am Web

Worin Sie das Wichtigste zur Erstellung von Hyperlinks erfahren und die Startseite der Übungswebsite um eine einfache Navigation ergänzen.

5

Die Themen im Überblick:

Hyperlinks sind das *Hyper* in Hypertext und das Besondere am World Wide Web. In diesem Kapitel lernen Sie verschiedene Arten von Hyperlinks kennen. Sie erstellen unter anderem eine Navigation, der Sie mit einer Prise CSS eine grundlegende Gestaltung geben, fügen im Footer einen sanft scrollenden Link *Zurück nach oben* ein und sehen, dass Links auch auf Dateien, E-Mail-Adressen und Telefonnummern verweisen können.

5.1 Das Standardverhalten von Hyperlinks

Wenn der Mauszeiger über einem Link schwebt, erscheint links unten im Browserfenster die Adresse der Seite, die der Browser nach einem Klick auf den Link zu holen versucht (Abbildung 5.1).

Dabei passieren normalerweise die folgenden Dinge:

- Der Browser sucht die im Link angegebene Adresse (URL) im Web.
- Die URL springt von links unten nach oben in die Adressleiste.

- Gibt es die Adresse, zieht der Browser die damit verbundene Seite wie an einer Ankerkette in das aktuelle Browserfenster.
- Findet der Browser unter der Adresse nichts, gibt er eine Fehlermeldung in der Art von »404 – Nicht gefunden« aus.
- Die frisch geholte Seite erscheint im selben Browserfenster und ersetzt die alte.

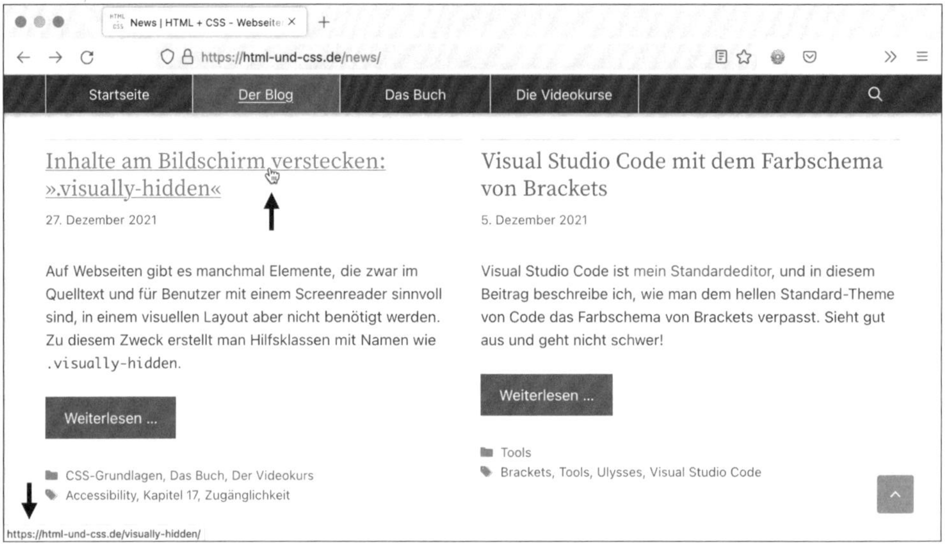

Abbildung 5.1 Ein Klick auf den Link holt die links unten gezeigte URL.

Mit einem Klick auf den ZURÜCK-Button im Browser kann der Benutzer wieder zurück auf die vorherige Seite gelangen.

5.2 Anatomie eines Hyperlinks: <a href="...">Linktext</a>

Das HTML-Element zum Erstellen eines Links heißt schlicht und einfach a (für *anchor*, dt. *Anker*), und im Quelltext haben alle Hyperlinks den folgenden grundlegenden Aufbau:

```
<a href="...">Im Browser sichtbarer Linktext</a>
```

Listing 5.1 Der grundlegende Aufbau eines Links

Der Link im Listing besteht aus folgenden Teilen:

- Ein Link beginnt mit dem Anfangs-Tag <a> und endet mit </a>.
- Zwischen <a> und </a> steht der im Browser sichtbare Linktext.

- Im Anfangs-Tag steht das Attribut `href` (*Hypertext Reference*).
- Der Wert von `href` ist das *Linkziel*.
- Das Linkziel ist entweder ein Dateiname, eine komplette URL oder ein mit # beginnendes Kürzel wie `#top`.

Listing 5.2 zeigt einen Hyperlink zur Website zum Buch im Quelltext:

```
<p>Beide Sprachen arbeiten bei der Erstellung und Gestaltung von Webseiten eng
zusammen. Besuchen Sie <a href="https://html-und-css.de/">die Website zum Buch</a>
für weitere Informationen.</p>
```

Listing 5.2 Ein Hyperlink im Quelltext

Im folgenden Kasten erstellen Sie diesen Link für die Übungswebsite.

Übungswebsite: Einen Hyperlink im Inhaltsbereich erstellen

1. Öffnen Sie die Datei *index.html* im Editor.
2. Ergänzen Sie den letzten Absatz auf der Beispielseite wie in Listing 5.2 gezeigt, inklusive Hyperlink. Sie können dabei auch gerne einen anderen Text schreiben und ein anderes Linkziel eingeben.
3. Speichern Sie die Seite, betrachten Sie sie in einem Browser, und testen Sie, ob der Link funktioniert.

Abbildung 5.2 zeigt den Hyperlink im Browser kurz vor dem Klick.

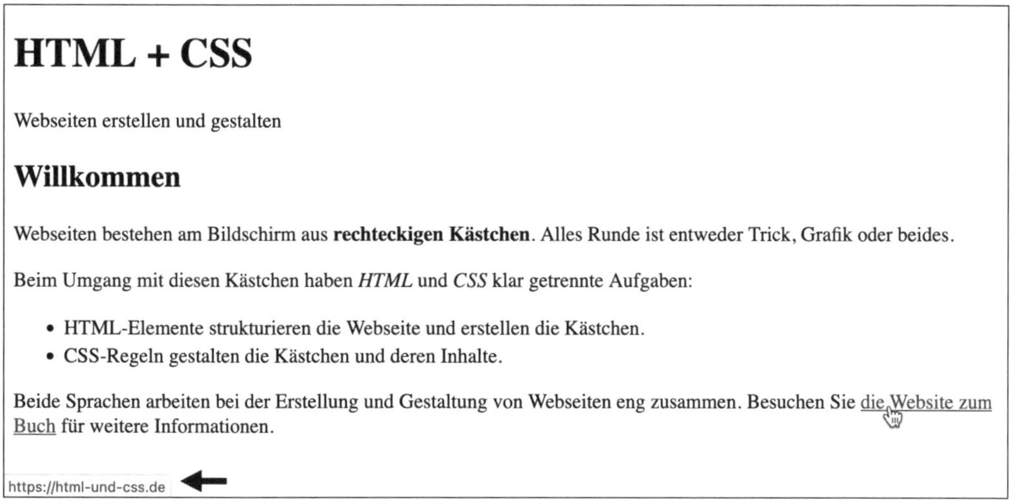

Abbildung 5.2 Ein Hyperlink wird vom Browser unterstrichen.

Ohne weitere Gestaltung machen Browser unbesuchte Hyperlinks blau und unterstrichen, und bereits besuchte Links werden lila. In Kapitel 15, »Schrift und Text gestalten per CSS«, geht es dann im Detail darum, wie man das Aussehen von Hyperlinks ändern kann und was man dabei beachten sollte.

Besuchte Links wieder unbesucht machen

Ob ein Link als besucht oder unbesucht angezeigt wird, entscheidet der Browser: Ist die im Link angegebene URL in der *Chronik* oder im *Verlauf* des Browsers gespeichert, gilt er als besucht. Wenn Sie Chronik bzw. Verlauf des Browsers löschen, werden alle Links wieder als unbesucht eingestuft und so dargestellt.

5.3 Hyperlinks und sinnvolle Linktexte: das »Klicken-Sie-hier«-Syndrom

Eine Grundregel bei der Erstellung von Hyperlinks lautet, dass der Linktext die verlinkte Ressource möglichst genau beschreiben sollte. Das klingt nicht sonderlich schwierig, wird aber längst nicht immer so gemacht. Häufig findet man auf Webseiten Sätze wie den folgenden:

- Für Tipps zu sinnvollen Linktexten klicken Sie hier.

Das ist das *Klicken-Sie-hier*-Syndrom. Der Linktext *hier* springt dem Leser ins Auge, sagt aber nichts über die verlinkte Ressource, und das hat diverse Nachteile:

- Menschliche Besucher müssen den Text um den Link herum lesen, um zu erfahren, was sich hinter dem Link verbirgt.
- Screenreader können alle Links auf einer Seite vorlesen, aber eine Ansage wie *Link: hier* ist für die Nutzer nicht sonderlich hilfreich.
- Bei der Platzierung auf den Ergebnisseiten der Suchmaschinen ist hier eine verpasste Chance, denn Suchmaschinen bewerten Suchbegriffe in Linktexten höher als im normalen Text, aber niemand sucht nach dem Wort *hier*.

Durch eine leichte Umformulierung kann man fast immer eine bessere Variante finden:

- Auf unserer Website finden Sie Tipps zu sinnvollen Linktexten.

Jetzt sagt der unterstrichene Linktext, worum es auf der verlinkten Seite geht, und das ist für Menschen *und* Maschinen sinnvoller:

- Menschen verstehen den Linktext auch ohne Kontext.
- Screenreader lesen *Link: Tipps zu sinnvollen Linktexten*.
- Auf der Ergebnisseite für eine Suche nach *Tipps zu sinnvollen Linktexten* bekommt dieser Linktext mehr Punkte.

Versuchen Sie also, beim Erstellen von Hyperlinks einen sinnvollen Linktext zu finden. Mit ein bisschen Übung ist das ganz leicht.

5.4 Hyperlinks in neuem Tab oder Fenster öffnen

Normalerweise ersetzt ein Link die im Browser dargestellte Seite, sodass der Benutzer mit dem ZURÜCK-Button wieder auf die vorherige Seite gelangt. Falls ein Benutzer einen Link in einem neuen Tab oder Fenster öffnen möchte, kann er über das Kontextmenü einen Befehl wie LINK IN NEUEM TAB ÖFFNEN auswählen.

Wenn Sie möchten, dass zum Beispiel ein Link auf eine andere Website immer in einem neuen Tab oder Fenster erscheint, gibt es dazu ein Attribut namens `target` (*Ziel*) mit dem Wert `_blank` (*leer*):

```
<a href="https://html-und-css.de/" target="_blank">
```

Listing 5.3 Dieser Link wird in einem neuen Tab geöffnet.

Die verlinkte Webseite wird in einem neuen Tab geöffnet, läuft aus Sicht des Browsers aber im selben Prozess wie die Seite mit dem Link. Das kann unter Umständen zu Performance- und Sicherheitsproblemen führen, zum Beispiel wenn die verlinkte Seite viel JavaScript einsetzt. Mit dem Attribut `rel="noreferrer noopener"` verhindern Sie, dass die beiden Seiten einander beeinflussen können:

```
<a href="..." target="_blank" rel="noreferrer noopener">
```

Listing 5.4 Ein Link in einem neuen Tab sollte diesen Zusatz haben.

Im folgenden Kasten bauen Sie diese Ergänzung in den Link auf der Startseite der Übungswebsite ein.

Übungswebsite: Einen Hyperlink in einem neuen Browsertab öffnen

1. Öffnen Sie die Datei *index.html* im Editor.
2. Ergänzen Sie den Link, wie in Listing 5.4 gezeigt, um die Attribute `target` und `rel`.
3. Speichern Sie die Seite, betrachten Sie sie in einem Browser, und testen Sie, ob der Link funktioniert.

Der Link sieht nach diesen Schritten genauso aus wie vorher, und für die Besucher ist vor dem Klicken nicht ersichtlich, dass er einen neuen Tab öffnet. Viele Surfer bemerken nicht einmal, dass die Seite in einem neuen Tab erscheint. Besonders auf mobilen Geräten, bei denen die Verwaltung der geöffneten Tabs manchmal gut versteckt ist, führt das dazu, dass Benutzer so – ohne es zu merken – einen Tab nach dem anderen öffnen.

Eine Möglichkeit, den Besucher über die Änderung zu informieren, wäre ein Hinweistext, dass der Link in einem neuen Tab geöffnet wird. Das könnte zum Beispiel so aussehen:

```
Besuchen Sie <a href="https://html-und-css.de/" target="_blank" rel="noreferrer
noopener">die Website zum Buch</a> (Link öffnet in neuem Tab) für weitere
Informationen.
```

Listing 5.5 Link im neuen Tab, mit Hinweistext

Da ein solcher Hinweis aber recht aufdringlich ist und den Lesefluss stört, sehen Sie in Abschnitt 15.11, »Externe Hyperlinks kennzeichnen mit ›::after‹«, wie Sie solche Links per CSS mit einem kleinen Symbol kennzeichnen können.

5.5 Eine Navigation ist eine Liste mit Links

Eine Navigation ist im Prinzip eine Auflistung von Hyperlinks, und aus diesem Grund wird sie im HTML meist als ungeordnete Liste ausgezeichnet. In diesem Abschnitt erstellen Sie auf der Beispielseite eine Navigation und gestalten diese mit einigen CSS-Regeln.

Bisher existiert nur die Startseite *index.html*. Daher nutzen Sie für die anderen Seiten *News*, *Über uns* und *Kontakt* in der Navigation als Platzhalter ein Rautezeichen #. Die Dateinamen ergänzen Sie bei der Erstellung der weiteren Seiten in Kapitel 11, »Von der Webseite zur Website«.

Die Navigation besteht aus einem `nav`-Element, einer ungeordneten Liste und einem Hyperlink in jedem Listenelement. Listing 5.6 zeigt das HTML auf einen Blick:

```
<nav>
  <ul>
    <li><a href="index.html">Startseite</a></li>
    <li><a href="#">News</a></li>
    <li><a href="#">Über uns</a></li>
```

```
    <li><a href="#">Kontakt</a></li>
  </ul>
</nav>
```

Listing 5.6 Das HTML für die Navigation

Wenn als Linkziel nur ein Dateiname angegeben wird, dann sucht der Browser die Datei im selben Ordner, in dem sich auch die Seite mit dem Link befindet. Im folgenden Kasten erstellen Sie die Navigationsliste für die Übungswebsite.

Übungswebsite: Eine Navigationsliste erstellen

1. Öffnen Sie die Datei *index.html* im Editor.
2. Ergänzen Sie im Navigationsbereich das HTML aus Listing 5.6.
3. Speichern Sie die Seite, und betrachten Sie sie in einem Browser.

Abbildung 5.3 zeigt den oberen Bereich der Übungswebsite mit der noch ungestalteten Navigation.

Abbildung 5.3 Die Übungswebsite mit einer ungestalteten Navigationsliste

5.6 Eine grundlegende Gestaltung für die Navigation

Die Navigation erhält in diesem Abschnitt eine einfache, grundlegende Gestaltung und sieht danach so aus wie in Abbildung 5.4.

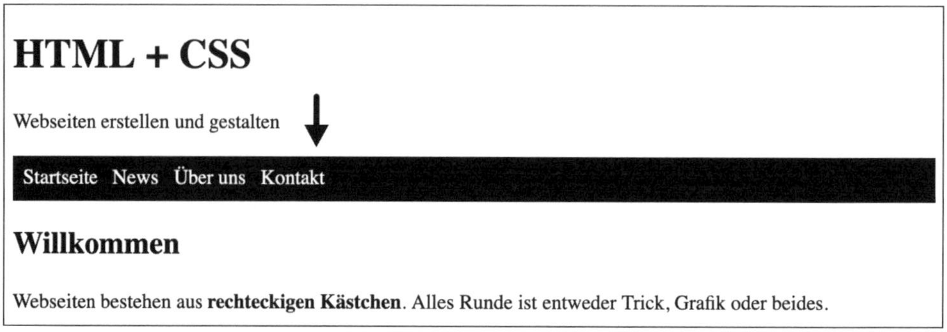

Abbildung 5.4 Eine einfache, grundlegende Gestaltung für die Navigation

Verglichen mit der ungestalteten Navigation aus Abbildung 5.3 gibt es drei große Änderungen:

1. Das `nav`-Element hat einen dunklen Hintergrund.
2. Die `li`-Listenelemente stehen nebeneinander und haben keine Aufzählungszeichen mehr.
3. Der Linktext ist weiß und nicht mehr unterstrichen.

Im Folgenden gestalten Sie zunächst die Listenelemente, dann den Navigationsbereich inklusive Linkliste und zum Schluss die Hyperlinks.

5.6.1 Schritt 1: Die Listenelemente nebeneinanderstellen

Das Schreiben einer CSS-Regel beginnt immer mit der Suche nach einem geeigneten Selektor. Die Listenelemente sind ein `li`-Element, aber wenn Sie einfach nur `li` schreiben, werden *alle* `li`-Elemente auf der Seite gestaltet, auch die im Inhaltsbereich `main`.

Um nur die Listenelemente im Navigationsbereich auszuwählen, schreiben Sie `nav li`, mit einem Leerzeichen dazwischen. Das bedeutet: »Gestalte die Listenelemente im Navigationsbereich.«

So weit zum Auswählen der Listenelemente im Navigationsbereich, aber wie stellt man sie nebeneinander? Das ist einfacher, als Sie vielleicht denken.

In Abschnitt 4.6, »Über Blockelemente, Inline-Elemente und die Eigenschaft ›display‹«, haben Sie gesehen, dass es Block- und Inline-Elemente gibt. Listenelemente sind eine Art *Block de luxe*: Sie verhalten sich wie Blockelemente, haben aber durch die Anweisung `display: list-item` zusätzlich noch ein Aufzählungszeichen.

Um `li`-Elemente nebeneinanderzustellen, bringen Sie sie mit der Anweisung `display: inline` dazu, eine Inline-Box zu erstellen. Dadurch stehen sie nebeneinander in einer Zeile (*in line*) und verlieren auch gleich das Aufzählungszeichen.

Damit die Listenelemente nicht zu dicht nebeneinanderstehen, bekommen sie mit der Anweisung `margin-right: 0.5rem` einen kleinen Abstand nach rechts. Dezimalzahlen im CSS werden, wie im Englischen üblich, mit einem Punkt geschrieben, und zwischen Zahl und Einheit steht kein Leerzeichen. Alles in allem sieht das CSS zur Gestaltung der Listenelemente so aus:

```
nav li {
  display: inline;
  margin-right: 0.5rem;
}
```

Listing 5.7 Listenelemente in der Navigation bitte nebeneinander

Im folgenden Kasten setzen Sie diese Regel für die Übungswebsite um.

Übungswebsite: Listenelemente in der Navigation nebeneinander

1. Öffnen Sie die Datei *style.css* im Editor.
2. Ergänzen Sie die CSS-Regeln aus Listing 5.7.
3. Speichern Sie *style.css*, und betrachten Sie die Webseite im Browser.

Abbildung 5.5 zeigt, dass die Listenelemente ohne Aufzählungspunkte nebeneinanderstehen und etwas Zwischenraum haben.

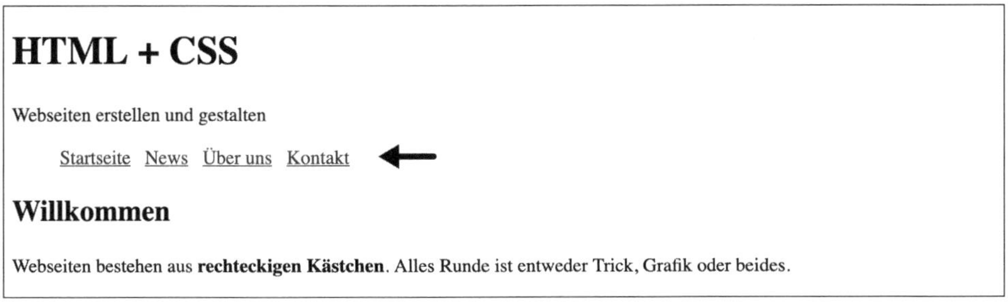

Abbildung 5.5 Die Listenelemente stehen mit etwas Abstand nebeneinander.

Die Einrückung links kommt vom `ul`-Element und wird gleich im nächsten Schritt behoben.

5.6.2 Schritt 2: Den Navigationsbereich und die Liste gestalten

Die Listenelemente stehen nebeneinander, und im zweiten Schritt gestalten Sie den Navigationsbereich `nav` und die `ul`-Liste. Zunächst kommt der Navigationsbereich:

- Das Navigationselement bekommt einen schwarzen Hintergrund, eine weiße Schriftfarbe und ein bisschen `padding`.
- Mit `margin: 1rem 0` erzeugen Sie oben und unten einen Außenabstand von `1rem`, links und rechts hingegen steht er auf `0`.

Listing 5.8 zeigt die CSS-Regel auf einen Blick:

```
nav {
  background-color: black;
  color: white;
  padding: 0.5rem;
  margin: 1rem 0;
}
```

Listing 5.8 Die CSS-Regel zur Gestaltung von <nav>

In der nächsten CSS-Regel werden `padding` und `margin` für die `ul`-Liste auf `0` gesetzt, um die Einrückung und andere im Browser-Stylesheet vergebene Abstände zu entfernen:

```
nav ul {
  padding: 0;
  margin: 0;
}
```

Listing 5.9 Die CSS-Regel zur Gestaltung der Navigationsliste

Im folgenden Kasten setzen Sie diese beiden CSS-Regeln erst einmal um, auch wenn das Ergebnis danach, wie Sie sehen werden, alles andere als perfekt ist.

Übungswebsite: Navigationsbereich und Liste darin gestalten

1. Öffnen Sie die Datei *style.css* im Editor.
2. Ergänzen Sie die CSS-Regeln aus Listing 5.8 und Listing 5.9.
3. Speichern Sie *style.css*, und betrachten Sie die Webseite *index.html* in einem Browser.

Oops. Abbildung 5.6 zeigt, dass die Navigation zwar einen schwarzen Hintergrund und rundherum einen Innenabstand von `0.5rem` hat, aber die Links sind nicht weiß, sondern nach wie vor blau oder lila und somit nur schwer zu erkennen. Um dieses Problem kümmern Sie sich gleich im nächsten Schritt.

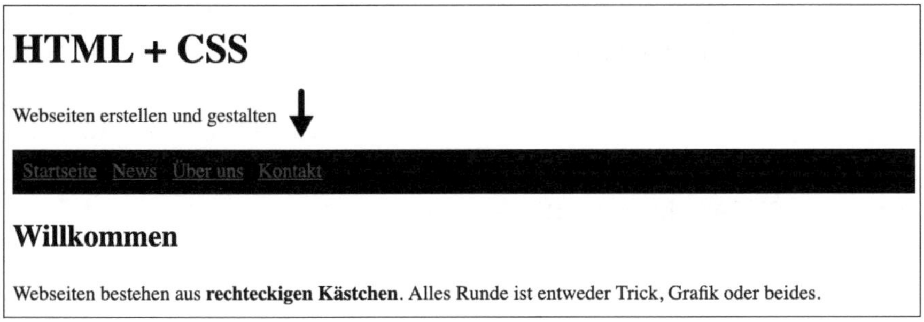

Abbildung 5.6 Die Navigation ist gestaltet, aber die Links sind nicht lesbar.

5.6.3 Schritt 3: Die Links und den Linktext gestalten

Die Listenelemente stehen nebeneinander, und die Navigation hat einen dunklen Hintergrund, aber der Linktext ist nicht lesbar. Die Eigenschaft `color` wird bei normalem Text an darin enthaltene Elemente vererbt, aber das `color: white` für die Navigation gilt offensichtlich nicht für die darin enthaltenen Links.

Die Frage ist, *warum* die Hyperlinks anders als normaler Text nicht die Schriftfarbe des umgebenden Elements übernehmen, und die Antwort kennen Sie bereits. In Abschnitt 3.1, »Jeder Browser hat ein fest eingebautes Stylesheet«, stand folgender Satz:

> *Die später von Ihnen definierten CSS-Regeln überschreiben das Browser-Stylesheet, aber für alle Elemente und Eigenschaften, die Sie nicht selbst gestalten, gelten weiterhin die Vorgaben vom Browser.*

Genau das ist hier passiert. Links wurden bisher nicht von Ihnen gestaltet, und deshalb gilt weiterhin die vom Browser vorgegebene Formatierung: blau oder lila und unterstrichen. Dass die daraus entstehende Farbkombination nicht sonderlich gelungen ist, ist dem Browser egal. Das ist unser Problem.

In der folgenden Regel sagen Sie dem Browser explizit, dass alle Links im Navigationsbereich weiß werden sollen. In der zweiten Zeile entfernen Sie mit der Eigenschaft `text-decoration` (*Textverzierung*) und dem Wert `none` (*keine*) die Unterstreichung:

```
nav a {
  color: white;
  text-decoration: none;
}
```

Listing 5.10 Die Gestaltung der Navigationslinks

Die Eigenschaft `text-decoration` hat für Links normalerweise den Wert `underline` (*unterstrichen*), und das Unterstreichen von Links ist an sich eine sehr gute Idee, weil man sie dadurch auf den ersten Blick als Link erkennt. Ein Navigationsbereich ist aber optisch meist als solcher erkennbar, und Benutzer erwarten darin Links. Deshalb müssen Links in einer Navigation, im Gegensatz zu Links im Fließtext, nicht unbedingt unterstrichen bleiben. Im folgenden Kasten gestalten Sie die Navigationslinks auf der Übungswebsite.

Übungswebsite: Die Links im Navigationsbereich gestalten

1. Öffnen Sie die Datei *style.css* im Editor.
2. Ergänzen Sie die CSS-Regeln aus Listing 5.10.
3. Speichern Sie *style.css*, und betrachten Sie *index.html* im Browser.

Nach diesen Schritten sieht die Navigation so aus wie in Abbildung 5.7. Die Links sind weiß und auf dem schwarzen Hintergrund gut lesbar. Damit ist die grundlegende Gestaltung erst einmal abgeschlossen.

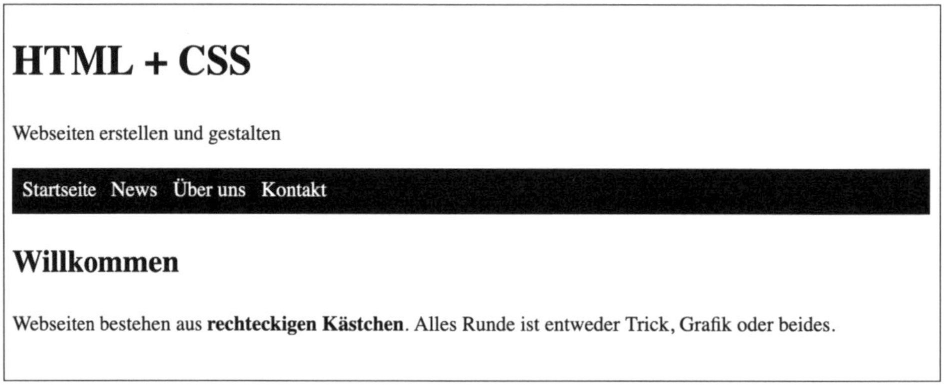

Abbildung 5.7 Die Navigation mit weißen, nicht unterstrichenen Links

5.7 Im Fußbereich einen Link »Nach oben« einfügen

In diesem Abschnitt zeige ich Ihnen, wie Sie im Footer der Startseite einen Link »Nach oben« einbauen. Die Seite ist dafür zwar eigentlich noch ein bisschen zu kurz, aber sie wird von Kapitel zu Kapitel ein Stück länger, und dann ist der Link schon mal drin.

5.7.1 Schritt 1: Das HTML für einen Link nach oben auf derselben Seite

Das Attribut `id` dient zur eindeutigen Kennzeichnung eines Elements, und ein Element mit einer ID kann als Sprungziel für einen Hyperlink dienen. Als Linkziel wird der Wert des Attributs `id` verwendet, und zwar mit einer vorangestellten Raute.

Die ID, die als Sprungziel für einen Link »Nach oben« dient, sollte ziemlich weit oben im Dokument stehen, und ein idealer Kandidat dafür ist das Anfangs-Tag des Stammelements `html`:

```
<html lang="de" id="top">
```

Listing 5.11 Das Stammelement <html> bekommt die ID »top«.

Ein Link »Nach oben« im Fußbereich könnte dann so aussehen:

```
<footer>
  <a href="#top">Nach oben</a>
</footer>
```

Listing 5.12 Der Fußbereich mit einem Link »Nach oben«

Der Browser erstellt ganz oben auf der Seite eine Textmarke namens `top`, die mit dem Linkziel `#top` angesprungen wird. Im folgenden Kasten bauen Sie diesen Link im Fußbereich ein.

Übungswebsite: Im Fußbereich einen Link »Nach oben« erstellen

1. Öffnen Sie die Datei *index.html* im Editor.
2. Ergänzen Sie die ID `top` für das Stammelement `html` (Listing 5.11).
3. Fügen Sie den Link innerhalb des Fußbereichs ein (Listing 5.12).
4. Speichern Sie die Seite, und betrachten Sie sie in einem Browser.

Da die Beispielseite noch recht kurz ist, können Sie den Link am besten in einem kleinen Viewport testen. Abbildung 5.8 zeigt die Seite in Firefox mit der Funktion BILDSCHIRMGRÖSSEN TESTEN.

Die ID »top« ist für einen Link »Nach oben« nicht zwingend nötig

Ein Link »Nach oben« auf derselben Seite benötigt genau genommen keine ID als Sprungziel, denn Links mit `#top` oder mit `#` springen *immer* auf derselben Seite nach oben, auch wenn es dort keine ID gibt:

- *tinyurl.com/mdn-link-to-top* (MDN Web Docs)

Ohne die ID funktioniert aber das weiter unten beschriebene Smooth Scrolling nicht ...

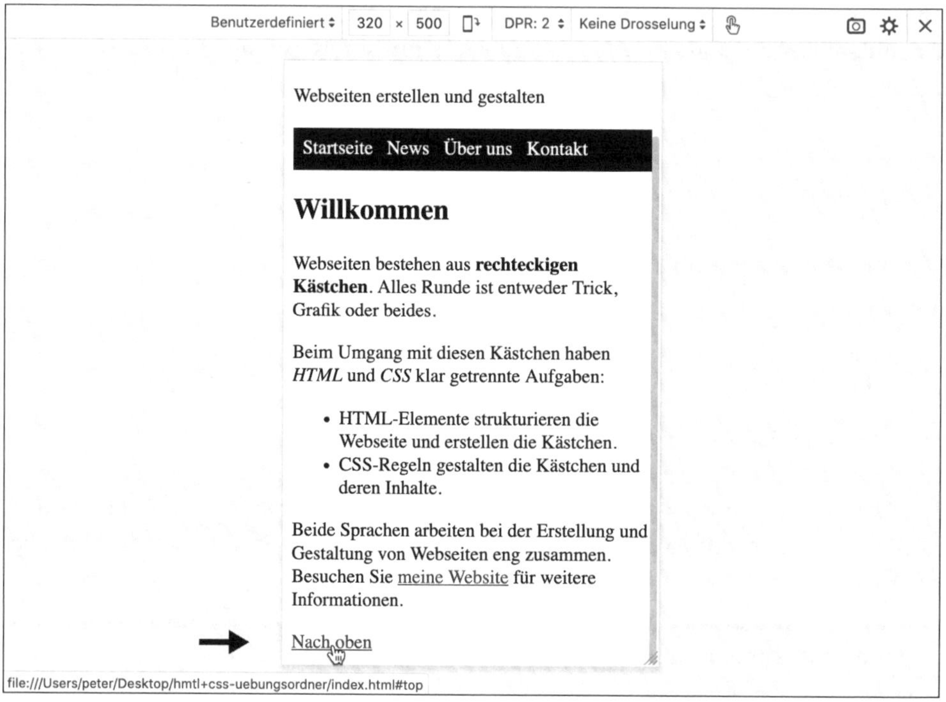

Abbildung 5.8 Der Link nach oben im Footer

5.7.2 Schritt 2: Eine grundlegende Gestaltung für den Footer und den Link

Der Footer soll mit dunklem Hintergrund, etwas `padding` und weißen Links genauso aussehen wie die Navigation, aber der Link zurück nach oben soll *rechts* am Rand stehen.

Listing 5.13 zeigt diese Wünsche in der Syntax von CSS. Neu ist lediglich die Deklaration `text-align: right`, die Inline-Boxen innerhalb des Fußbereichs rechtsbündig ausrichtet:

```
/* Grundlegende Gestaltung für den Footer */
footer {
  background-color: black;
  color: white;
  text-align: right;
  padding: 0.5rem;
}
```

```
footer a {
  color: white;
  text-decoration: none;
}
```

Listing 5.13 Das CSS zur Gestaltung des Fußbereichs

Der Sprung zurück nach oben ist sehr plötzlich, deshalb bitten Sie den Browser mit der folgenden CSS-Regel, mit einem sanften Scrollen zum Linkziel zu gleiten:

```
/* Sanftes Scrollen aktivieren */
html {
  scroll-behavior: smooth;
}
```

Listing 5.14 Lieber Browser, bitte gleite sanft nach oben.

Die Eigenschaft `scroll-behavior` ist noch relativ neu, und in *caniuse.com* können Sie sich anschauen, in welchen Browsern sie funktioniert und in welchen nicht:

- *caniuse.com/css-scroll-behavior*

Wenn ein Browser die Eigenschaft `scroll-behavior` nicht kennt, ignoriert er die entsprechende Zeile im CSS. Es gibt aber keinerlei unerwünschte Nebenwirkungen, sodass Sie sie problemlos einsetzen können.

Im folgenden Kasten gestalten Sie den Fußbereich, den Link darin und sorgen in modernen Browsern für ein sanftes Scrollen.

Übungswebsite: Fußbereich und Link »Nach oben« gestalten

1. Öffnen Sie die Datei *style.css* im Editor.
2. Ergänzen Sie das CSS um die grundlegende Gestaltung für den Footer aus Listing 5.13 und das sanfte Scrollen aus Listing 5.14.
3. Speichern Sie die Datei, und betrachten Sie die Webseite in einem Browser.

Navigation und Fußbereich haben nach diesen Schritten einen dunklen Hintergrund und geben der Seite in diesem frühen Stadium optisch bereits ein bisschen Struktur (Abbildung 5.9).

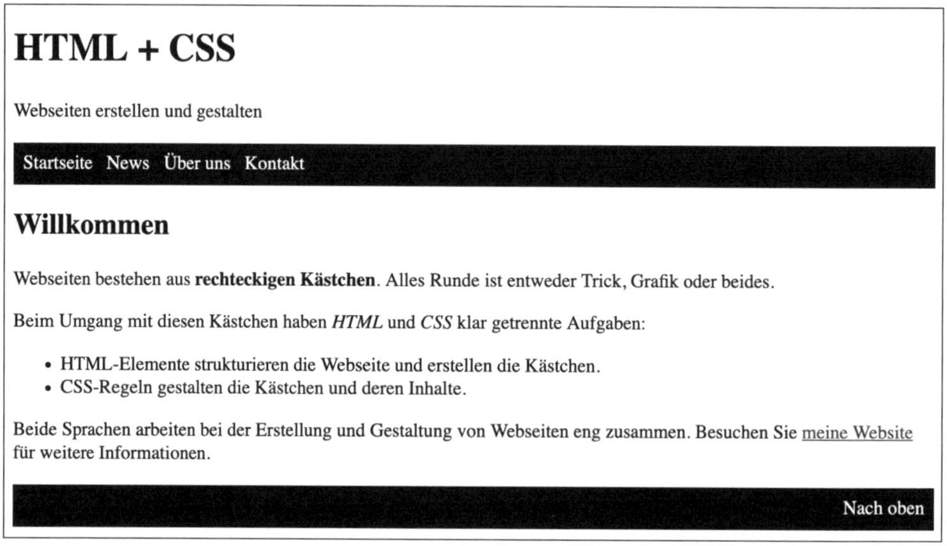

Abbildung 5.9 Die Startseite mit einem Link »Nach oben« im Footer

Links können auch zu IDs auf anderen Seiten springen

Falls Sie zu einer ID auf einer anderen Webseite springen möchten, schreiben Sie nach der URL eine Raute und die ID:

```
<a href="kontakt.html#formular">Zum Kontaktformular</a>
```

Dieser Link springt zur Seite *kontakt.html*, sucht dort ein Element mit dem Attribut `id="formular"` und zeigt es oben im Browserfenster an.

5.8 Besondere Links: Dateien, E-Mail und Telefon

Hyperlinks müssen nicht unbedingt auf Webseiten verweisen. Wie Sie in diesem Abschnitt sehen, kann das Linkziel auch ein PDF, eine E-Mail-Adresse oder eine Telefonnummer sein. In den Übungsdateien finden Sie dazu im Ordner für dieses Kapitel im Unterordner *uebungen* die Datei *besondere-links-datei-email-telefon.html*.

5.8.1 Hyperlinks auf Dateien, die keine Webseiten sind: PDF & Co

Wenn das Ziel des Hyperlinks eine Datei ist, nutzen Sie einen ganz normalen Hyperlink, dem Sie im Attribut `href` den Namen der gewünschten Datei mit auf den Weg geben.

Im Linktext geben Sie dem Besucher ein paar Informationen über Dateityp und -größe, damit er schon vor dem Anklicken weiß, was ihn erwartet. Für eine PDF-Datei mit einer Leseprobe, die im Unterordner *downloads* gespeichert ist, könnte der Link in HTML so aussehen:

```
<a href="downloads/leseprobe.pdf">Leseprobe (PDF)</a>
```

Listing 5.15 Der Link zu einer PDF-Datei

Ob der Browser ein Dialogfeld zum Speichern der Datei anbietet oder das PDF darstellt, hängt von der Konfiguration des Browsers ab.

Wenn Sie möchten, dass eine Datei nicht im Browser angezeigt wird, sondern heruntergeladen werden muss, können Sie dazu das Attribut `download` verwenden, das tatsächlich nur aus einem Wort besteht:

```
<a href="downloads/leseprobe.pdf" download>Leseprobe (PDF)</a>
```

Listing 5.16 Ein Download-Link zu einer PDF-Datei

Nach einen Klick auf den Link wird der Besucher aufgefordert, die Datei zu speichern. Die URL für die Datei sollte innerhalb der eigenen Domain bleiben.

5.8.2 Links auf E-Mail-Adressen

Auf jeder Website sollte irgendwo die E-Mail-Adresse des Autors bzw. der Autorin vermerkt sein; dafür könnte man einen E-Mail-Link verwenden:

```
<a href="mailto:ihr-name@ihre-domain.de">Schicken Sie mir eine Mail</a>
```

Listing 5.17 Beispiel für einen E-Mail-Link

Das Linkziel beginnt mit `mailto:`, gefolgt von einer E-Mail-Adresse (ohne Leerzeichen). Klickt ein Besucher auf diesen Link, wird das auf seinem Gerät vorhandene Standard-Mailprogramm aufgerufen und als Empfänger im *An*:-Feld die angegebene Mail-Adresse eingetragen.

Das klingt ideal für Post von den Besuchern Ihrer Webseiten, hat aber zwei Nachteile:

- Sie wissen nicht, ob sich auf dem Gerät Ihrer Besucher ein konfiguriertes E-Mail-Programm befindet, das zum Versenden von Mails benutzt wird. Viele Leute nutzen in erster Linie Webmail im Browser mit Diensten wie Gmail, GMX oder FreeMail von Web.de.

- Die im Link eingetragene E-Mail-Adresse steht im Klartext im Quelltext und kann dort ganz einfach von Spammern gefunden werden. Wenn Sie einen solchen Link einbauen, nehmen Sie dafür also nicht Ihre beste Mail-Adresse.

Unter anderem aus diesen Gründen sind Kontaktformulare eine beliebte Alternative zu E-Mail-Links. Mehr dazu erfahren Sie in Abschnitt 9.8, »Ein DSGVO-kompatibles Kontaktformular erstellen«.

5.8.3 Links auf Telefonnummern

Im Smartphone-Zeitalter können Sie natürlich auch einen Link zu einer Telefonnummer erstellen, die der Benutzer dann per Antippen direkt von der Webseite anrufen kann. Hier ein Beispiel:

```
Rheinwerk Service: <a href="tel:+49.228.421.500">+49 228 421 50-0</a>
```

Listing 5.18 Beispiel für einen Telefon-Link

Das Linkziel beginnt mit `tel:`, gefolgt von einer Telefonnummer, die Sie am besten in der internationalen Schreibweise notieren. Leerzeichen können Sie dabei durch Punkte ersetzen, damit die Nummer übersichtlich bleibt.

Auf einem Smartphone oder einem anderen Gerät, das Webseiten darstellen *und* telefonieren kann, wird die angegebene Nummer angerufen. Auf einem Tablet oder Desktop-Computer könnte das zum Beispiel auch über Dienste wie *Skype* oder *Facetime* erfolgen.

5.9 Auf einen Blick

Hier sind noch einmal die wichtigsten Punkte dieses Kapitels im Überblick:

- Hyperlinks werden mit dem Element *a* erstellt.
- Eine Navigation ist eine ungeordnete Liste mit Hyperlinks, deren Aussehen mit CSS gestaltet wird.
- Links zu einer bestimmten Stelle auf einer Seite bestehen aus zwei Teilen:
  - Als *Sprungmarke* dient ein Element mit dem Attribut `id`, zum Beispiel `<html id="top">`.
  - Der Link selbst hat als *Sprungziel* den Wert von `id` mit einer vorangestellten Raute, zum Beispiel `#top`.
- Hyperlinks können auch auf Dateien (PDF etc.) oder auf E-Mail-Adressen und Telefonnummern verweisen.

Kapitel 6

HTML-Elemente für Bilder, Audio und Video

Worin Sie HTML-Elemente zur Einbindung von Bildern, Audiodateien und Videos kennenlernen und diese mit wenigen CSS-Regeln flexibilisieren.

Die Themen im Überblick:

In diesem Kapitel sehen Sie, wie man Pixelbilder auf Webseiten einfügt, für hochauflösende Bildschirme optimiert und sie flexibel darstellt und beschriftet. Danach lernen Sie die HTML-Elemente zum Einfügen von Audio- und Videodateien auf Webseiten kennen.

6.1 Über Grafikformate im Web: JPEG, GIF, PNG, SVG & Co

Ein Bild sagt nicht nur mehr als tausend Worte, im Web lädt es oft auch länger, denn jedes Kilobyte muss vom Webserver zum Besucher übertragen werden. Die Dateigröße von Bildern ist im Web also wichtig, und Formate mit Dateikompression wie JPEG, GIF und PNG sind daher am besten geeignet, im Gegensatz zu nicht komprimierten Dateiformaten wie BMP oder TIFF.

Die folgende Aufzählung fasst das Wichtigste zusammen:

- *JPEG* hat die Endung *.jpg* oder *.jpeg* und ist das Standardformat für Fotos. JPEG ist immer ein Kompromiss zwischen der Qualität des Bildes und der Größe der Datei. Beim Speichern von JPEG-Dateien kann man die gewünschte Qualitätsstufe einstellen, und die besten Ergebnisse liefert eine Kompressionsrate von 60 bis 80 %.
- *GIF* hat die Endung *.gif*, ist der Veteran unter den Grafikformaten und wird manchmal noch für Logos verwendet. GIF kann nur 256 Farben darstellen, aber eine davon kann man als transparent, d. h. als durchsichtig festlegen. Beliebt ist GIF durch die Möglichkeit, mehrere Bilder in einer Datei zu speichern und nacheinander darzustellen. Diese GIF-Animationen findet man aber eher in Social Media als auf Webseiten.
- *PNG* hat die Endung *.png* und kommt in zwei Varianten: *PNG8* kann wie GIF nur 256 Farben speichern, *PNG24* hingegen wie JPEG über 16 Millionen. PNG bietet die Möglichkeit, Bereiche transparent erscheinen zu lassen. Das ist zum Beispiel ideal für die Darstellung von Fotos mit Freistellungen vor einem Hintergrund. Für normale Fotos ist JPEG oft die bessere Wahl, da es effektiver komprimiert.

Alle diese Formate sind *Rastergrafiken*, bei denen in der Datei nur Pixel gespeichert werden. Rastergrafiken kann man schlecht vergrößern, da dann die Pixel sichtbar und die Bilder unscharf werden.

Eine Besonderheit ist das Format *SVG* (*Scalable Vector Graphics*, Endung *.svg*), das wie der Name andeutet *Vektorgrafiken* bereitstellt. SVG-Dateien enthalten mathematisch berechnete Formen und Pfade (*Vektoren*), die erst zur Darstellung am Bildschirm in Pixel umgerechnet werden. Als Vektorformat kann man SVG sehr gut vergrößern oder verkleinern (*skalieren*), und die Bilder bleiben auch auf modernen, hochauflösenden Bildschirmen gestochen scharf. In Abschnitt 25.1, »Flexible Icons: Skalierbare Symbole mit SVG«, lernen Sie das Format näher kennen. Tabelle 6.1 zeigt die wichtigsten Anwendungsgebiete dieser Dateiformate auf einen Blick.

Anwendungsgebiet	Bildformat
Normale Fotos	JPEG (*.jpg* oder *.jpeg*)
Logos und Icons	PNG, GIF oder SVG
Bilder und Fotos mit Transparenz	GIF oder PNG

Tabelle 6.1 Anwendungsgebiete für Bildformate auf einen Blick

Im Zweifelsfall speichern Sie ein Bild einfach in mehreren Varianten und wählen dann die Variante mit dem besten Kompromiss zwischen Bildqualität und Dateigröße. Falls

Sie ein gutes Tool zum Komprimieren von Grafikdateien suchen, schauen Sie sich mal *compress-or-die.com* an.

Es gibt neue Grafikformate wie WebP oder AVIF

Es gibt relativ neue Grafikformate wie *WebP* (*weppy* gesprochen) oder *AVIF*, die die Vorteile von JPG, PNG und GIF in einem Format vereinen:

- *de.wikipedia.org/wiki/WebP*

Der Haken bei der Sache ist, dass ältere Browser neue Formate nicht unterstützen.

6.2 Ein Bild als Logo einbinden mit <img>

Das Element zum Einfügen einer Bilddatei auf Webseiten heißt `img`, kurz für *image* (*Bild*), und in diesem Abschnitt ersetzen Sie den Text für die `h1`-Überschrift mit einem Logo.

6.2.1 Das Element <img> und seine wichtigsten Attribute

img hat kein Ende-Tag, aber diverse Attribute, die Informationen über die Bilddatei enthalten.

Das folgende Listing zeigt ein Beispiel:

```
<img src="bilddatei.jpg" alt="Alternativer Text" width="400" height="300">
```

Listing 6.1 Das Element <img> und einige Attribute

Wichtig zu verstehen ist zunächst einmal, dass der Browser die Bilddatei noch nicht hat, wenn er den Quelltext analysiert:

- Um das Bild darstellen zu können, muss er die angegebene Datei erst einmal vom Webserver holen.
- Bis zum Eintreffen der Bilddatei hat der Browser nur die Informationen, die in den Attributen von `img` stehen.

Der Quelltext zum Einbinden eines Bildes ist also wichtig, auch wenn er später im Browserfenster nicht erscheint, und die wichtigsten Attribute sind `src`, `alt`, `width` und `height`:

- `src="bilddatei.jpg"`
  Das erste und wichtigste Attribut ist `src`, was für *Source* steht und *Quelle* heißt. Das Attribut enthält den Namen der Bilddatei und die Wegbeschreibung dorthin. Steht dort nur ein Dateiname, liegt die Datei im selben Ordner wie die Webseite.

- `alt="Alternativer Text"`
  Die Eingabe eines *alternativen* Textes ist Pflicht. Dieser Text wird im Browserfenster angezeigt, wenn das Bild *nicht* oder *noch nicht* dargestellt werden kann. Im Web wird manchmal von einem *alt-Tag* gesprochen, aber das ist falsch und wird auch durch andauernde Wiederholung nicht richtig. `alt` ist ein *Attribut* und kein *Tag*.
- `width=""` und `height=""`
  Die Attribute `width` und `height` teilen dem Browser mit, wie groß die Grafik dargestellt werden soll. So kann der Browser beim Erstellen der Webseite den Platz für das Bild schon einplanen, *bevor* er die Datei selbst überhaupt erhalten hat.

Das Element `img` erzeugt im Browserfenster keinen Zeilenumbruch, sondern fließt wie ein Inline-Element einfach in der Zeile. `img` ist ein sogenanntes *ersetztes Element* (*replaced element*), denn das `<img>`-Tag wird durch die Grafikdatei ersetzt.

Tipps zum Schreiben von alternativem Text

Das W3C hat einen Entscheidungsbaum erstellt, der beim Schreiben von alternativen Texten für verschiedene Arten von Bildern hilft:

- *w3.org/WAI/tutorials/images/decision-tree/*

Möchten Sie aus irgendeinem Grund keinen alternativen Text angeben, schreiben Sie einfach `alt=""`.

6.2.2 Ein Logo auf der Übungswebsite einfügen mit <img>

In diesem Abschnitt ergänzen Sie die Übungsseite um ein einfaches Logo, das in der `h1`-Überschrift anstelle des Textes »HTML + CSS« eingebunden wird:

- Das Logo ist eine transparente PNG-Datei, die sie in den Übungsdateien im Ordner *medienlager* finden und im Übungsordner im Unterordner *bilder* einfügen.
- Der alternative Text, der im Browserfenster anstelle der Grafik erscheint oder vorgelesen wird, lautet schlicht und einfach »HTML und CSS«.
- Die Logo-Datei hat eine Breite von 222 Pixel und eine Höhe von 36 Pixel. Mithilfe der Attribute `width` und `height` teilen Sie dem Browser diese Abmessungen mit.

Listing 6.2 zeigt den Quelltext zum Einbinden der Bilddatei. Die Attribute zu `img` stehen der Übersichtlichkeit halber jeweils in einer eigenen Zeile untereinander. Der Quelltext wird dadurch leichter lesbar, aber im Editor können Sie auch einfach alles in einer Zeile schreiben:

```
<h1>
  <img src="bilder/html-und-css-logo-222.png"
       alt="HTML und CSS"
       width="222"
       height="36">
</h1>
```

Listing 6.2 Ein Bild als Logo in einer Überschrift

Im folgenden Kasten setzen Sie dieses Listing für die Übungswebsite um.

Übungswebsite: Ein Bild als Logo einfügen

1. Wechseln Sie im Finder oder Explorer in den Übungsordner, in dem Sie die Startseite *index.html* gespeichert haben.
2. Erstellen Sie einen Unterordner namens *bilder*.
3. Kopieren Sie die Datei *html-und-css-logo-222.png* aus den heruntergeladenen Übungsdateien in den Ordner *bilder*.
4. Entfernen Sie den Text »HTML + CSS« aus der `h1`-Überschrift.
5. Binden Sie zwischen `<h1>` und `</h1>` wie in Listing 6.2 gezeigt das Logo ein. Das `img`-Element kann dabei auch in einer Zeile stehen.
6. Speichern Sie die Seite, und betrachten Sie sie in einem Browser.

Die Beispielseite sieht jetzt im Browser ungefähr so aus wie in Abbildung 6.1.

Abbildung 6.1 Die Beispielseite mit einem Bild als Logo

6.2.3 Fine-Tuning: Die Abstände um Logo und Slogan anpassen

Der Abstand zwischen dem Logo in der `h1`-Überschrift und dem Absatz ist auf der Beispielseite eigentlich etwas zu groß, und in diesem Abschnitt zeige ich Ihnen, wie Sie die Vorgaben vom Browser-Stylesheet mit eigenem CSS überschreiben. Listing 6.3 enthält dazu zwei einfache Regeln:

```
/* Fine-Tuning: Außenabstände um Logo und Slogan anpassen */
header h1 {
  margin-bottom: 0;
}
header p {
  margin-top: 0;
}
```

Listing 6.3 Außenabstände von Logo und Slogan anpassen

Die erste Regel selektiert die `h1`-Überschrift im Kopfbereich und entfernt mit der Eigenschaft `margin-bottom` den Außenabstand nach unten, die zweite wählt den Absatz darunter aus und entfernt mit der Eigenschaft `margin-top` den Außenabstand nach oben. Im Folgenden binden Sie die Regeln aus Listing 6.3 auf der Übungswebsite ein.

Übungswebsite: Außenabstände von Logo und Slogan anpassen

1. Öffnen Sie das Stylesheet *style.css* im Editor.
2. Ergänzen Sie die CSS-Regeln aus Listing 6.3, am besten nach dem einleitenden Kommentar und vor der grundlegenden Gestaltung des Navigationsbereichs.
3. Speichern Sie das Stylesheet, und betrachten Sie die Webseite in einem Browser.

Abbildung 6.2 zeigt, dass der Abstand zwischen Logo, Slogan und Navigation sich geändert hat, und der Kopfbereich sieht jetzt etwas kompakter aus. Mehr zu Eigenschaften wie `margin` erfahren Sie in Abschnitt 12.4, »Das Box-Modell kennenlernen: ›padding‹, ›border‹ und ›margin‹«.

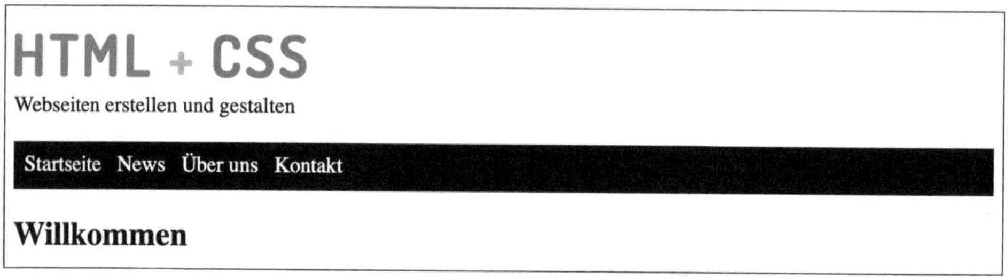

Abbildung 6.2 Logo und Slogan mit angepassten Außenabständen

6.3 Pixelbilder und hochauflösende Bildschirme

Vor einigen Jahren wäre das zum Einbinden von Bildern auf Webseiten bereits alles gewesen, aber inzwischen ist die Sache nicht mehr ganz so einfach, denn viele moderne

Smartphones, Tablets und auch immer mehr Computer haben sogenannte *hochauflösende Bildschirme*. Apple nennt sie *Retina*, bei anderen Herstellern haben sie andere Bezeichnungen.

Diese Bildschirme nutzen zur Darstellung eines Bildpixels gleich mehrere Gerätepixel und erreichen dadurch eine so hohe Pixeldichte, dass die Netzhaut des Auges bei einem normalen Betrachtungsabstand keine einzelnen Pixel mehr erkennen kann.

Während Schrift und Vektorgrafiken auf diesen Bildschirmen gestochen scharf wirken, muss man bei Pixelbildern in Formaten wie JPEG, PNG oder GIF aufpassen, dass sie nicht unscharf werden.

6.3.1 Das Problem: Das Logo ist auf hochauflösenden Bildschirmen unscharf

Das im vorherigen Abschnitt eingebundene Logo hat eine Abmessung von 222 × 36 Pixel und wird im Browser mit genau dieser Breite und Höhe dargestellt (siehe Listing 6.2). Auf traditionellen Displays passt das genau, aber auf hochauflösenden Bildschirmen hätten die Browser zur Darstellung der Grafik eigentlich mehr Pixel nötig. Da diese nicht vorhanden sind, vergrößert der Browser einfach die vorhandenen Pixel, wodurch die Bilder unscharf werden (Abbildung 6.3):

- Oben sieht das Logo gut aus (traditioneller Bildschirm).
- Unten ist es leicht verschwommen (hochauflösender Bildschirm).

Abbildung 6.3 Das Logo – oben scharf, unten leicht verschwommen

> **DPR: Das Verhältnis von Gerätepixeln zu logischen Pixeln**
>
> Das Verhältnis zwischen logischen Bildpixeln und physischen Gerätepixeln wird als *DPR* (*device-pixel-ratio*) bezeichnet. Hochauflösende Bildschirme haben eine DPR von 2 oder mehr. Um die DPR Ihrer Bildschirme zu testen, betrachten Sie auf dem Gerät einfach die folgende Webseite in einem Browser:
>
> - *mydevice.io*
>
> Im Bereich SCREEN METRICS finden Sie Infos zum Bildschirm des Geräts. Die DPR wird hier als CSS PIXEL-RATIO bezeichnet.

6.3.2 Die einfache Lösung: Eine doppelt so große Grafik einbinden

Im Alltag nutzen viele Webseitenbauer einen simplen, aber effektiven Trick und verwenden einfach eine doppelt so große Grafik: Damit das im Browserfenster 222 × 36 Pixel große Logo auf hochauflösenden Bildschirmen scharf bleibt, wird im HTML eine doppelt so große Grafikdatei eingebunden (444 × 72):

```
<img src="bilder/html+css-logo-444.png"
     alt="HTML + CSS"
     width="222"
     height="36">
```

Listing 6.4 Ein Bild als Logo in einer Überschrift

Dieser Trick funktioniert frei nach dem Motto »One size fits all« im Alltag, ist aber natürlich genau genommen gemogelt, denn traditionelle Bildschirme bekommen ein zu großes Bild. Tabelle 6.2 zeigt, dass bei einer größeren Grafik auch mehr Kilobyte übertragen werden.

Dateiname	Breite	Höhe	Dateigröße
html-und-css-logo-222.png	222px	36px	2,16kb
html-und-css-logo-444.png	444px	72px	3,76kb

Tabelle 6.2 Die Daten für die beiden Logo-Dateien auf einen Blick

Bei einem kleinen Logo ist der Unterschied in der Dateigröße mit gut 1,5kb noch nicht so dramatisch, aber bei Fotos geht es dabei oft um viele hundert Kilobyte, die unnötigerweise übertragen werden.

Im folgenden Abschnitt zeige ich Ihnen daher, wie man dem Browser je nach Pixeldichte des Bildschirms eine passende Bilddatei anbieten und damit jede Menge Kilobyte Datenübertragung sparen kann.

6.3.3 Die optimale Lösung: Je nach Pixeldichte unterschiedliche Dateien einbinden

Idealerweise laden die Browser je nach Pixeldichte des Bildschirms eine passende Datei. Dazu benötigen Sie zwei Grafikdateien und erweitern das `img`-Element um das Attribut `srcset`, mit dem Sie dem Browser die zweite Grafik anbieten. Für das Logo auf der Übungswebsite sieht die Lösung im Quelltext so aus wie im folgenden Listing:

```
<img src="bilder/html-und-css-logo-222.png"
     srcset="bilder/html-und-css-logo-444.png 2x"
     alt="HTML und CSS"
     width="222"
     height="36">
```

Listing 6.5 Ein zweites Bild für hochauflösende Bildschirme

Dieses Listing funktioniert so:

- Für normale Bildschirme nutzt der Browser die als Wert für das Attribut `src` angegebene Grafik *html-und-css-logo-222.png*.
- Das Attribut `srcset` bietet dem Browser mit *html-und-css-logo-444.png* eine zweite Grafikdatei an.
- Der `x`-Wert hinter dem Dateinamen gibt die DPR an. `2x` steht für *DPR 2 und mehr*.

Beachten Sie, dass die 444px breite Grafik im Browser durch die Angabe von `width` mit einer Breite von 222px dargestellt wird und das Logo so auf hochauflösenden Bildschirmen scharf erscheint.

Im Folgenden setzen Sie diese Lösung für das Logo auf der Übungswebsite um.

Übungswebsite: Je nach Pixeldichte ein anderes Logo ausliefern

1. Kopieren Sie die Datei *html-und-css-logo-444.png* in den Unterordner *bilder*, sodass dort beide Logo-Dateien liegen.
2. Suchen Sie im Quelltext das Element `img` zur Einbindung des Logos.
3. Erweitern Sie wie in Listing 6.5 gezeigt das HTML für `img`.
4. Speichern Sie die Seite, und betrachten Sie sie in einem Browser.

Nach diesen Schritten bekommen nur die hochauflösenden Bildschirme die große Datei:

1. Der Browser weiß, welche Pixeldichte der Bildschirm hat.
2. Er schaut im Quelltext, welche Dateien zur Verfügung stehen, und holt nur die passende Datei vom Server:
   - Bei DPR 1 wird *html-und-css-logo-222.png* verwendet.
   - Bei DPR 2 oder mehr ist *html-und-css-logo-444.png* dran.

Fazit: Mit `img` und `srcset` mit `x`-Wert können Sie bestimmte Dateien nur an hochauflösende Bildschirme schicken. Die Syntax ist relativ leicht zu verstehen und die Mehrarbeit überschaubar: Die Grafiken müssen in zwei Versionen bereitgestellt und die `img`-Elemente angepasst werden. Für Logos und andere Grafikdateien mit einer festen Breite ist diese Lösung optimal und besser als das Bereitstellen einer zu großen Grafik.

Eine Optimierung für mehr als DPR 2 ist meist nicht nötig

Viele Geräte haben Bildschirme mit einer DPR 3 oder sogar 4. Sollte man also jetzt von jedem Bild gleich drei oder vier verschiedene Versionen ausliefern? Kurze Antwort: Nein. Ausführlichere Antwort:

pmueller.de/bilder-optimieren-dpr-2-ist-meist-genug/

Eine Optimierung für mehr als DPR 2 ist nicht nötig, da das menschliche Auge jenseits davon in den allermeisten Fällen keinen qualitativen Unterschied mehr feststellen kann.

6.3.4 Testen: Die korrekte Einbindung der Grafiken im Browser überprüfen

Mit den Entwicklertools in Chrome können Sie prüfen, ob bei der Einbindung des Logos alles funktioniert hat:

1. Öffnen Sie die Übungsdatei *index.html* in Chrome.
2. Aktivieren Sie das Entwicklertool, zum Beispiel mit `F12`, und markieren Sie im HTML-Bereich das Logo.
3. Blenden Sie mit einem Klick auf das Symbol GERÄTE-SYMBOLLEISTE EIN- UND AUSBLENDEN (zweites Symbol von links in der Menüleiste der Entwicklertools) die Geräte-Symbolleiste ein.
4. Klicken Sie oben in der Geräte-Symbolleiste rechts außen auf das Drei-Punkte-Menü, und aktivieren Sie die Option PIXEL-VERHÄLTNIS DES GERÄTES HINZUFÜGEN.

Jetzt erscheint in der Geräte-Symbolleiste die Option DPR. Falls ein bestimmtes Gerät simuliert wird, ist dessen DPR fest eingestellt. Um den DPR-Wert ändern zu können, ändern Sie einfach die Größe des Viewports mit der Maus oder geben im Eingabefeld für dessen Abmessungen einen anderen Wert ein. Dann steht links daneben ABMESSUNGEN: RESPONSIV und Sie können die gewünschte DPR auswählen.

Abbildung 6.4 zeigt, dass Chrome auf einem Bildschirm mit einer DPR von 1.0 zur Darstellung des Logos die Datei *html-und-css-logo-222.png* nutzt.

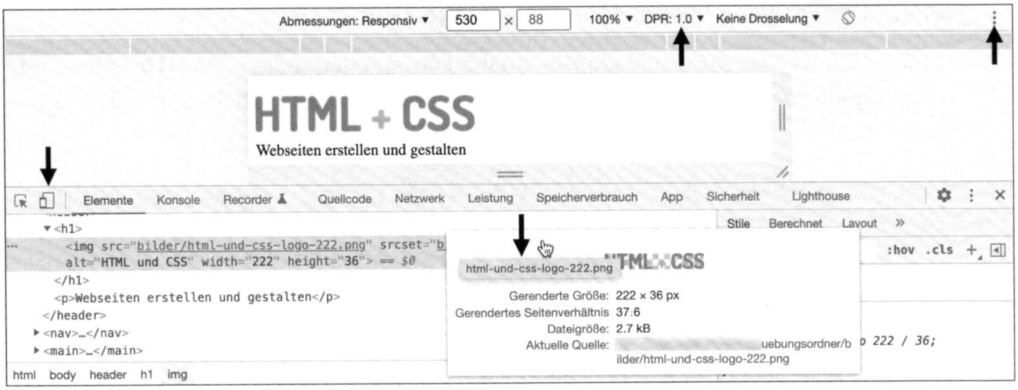

Abbildung 6.4 Bei einer DPR von 1.0 verwendet Chrome die kleine Grafik.

Wenn Sie im Entwicklertool die DPR auf 2.0 ändern und die Seite mit einem Rechtsklick NEU LADEN, verwendet Chrome für das Logo die Datei *html-und-css-logo-444.png* (Abbildung 6.5).

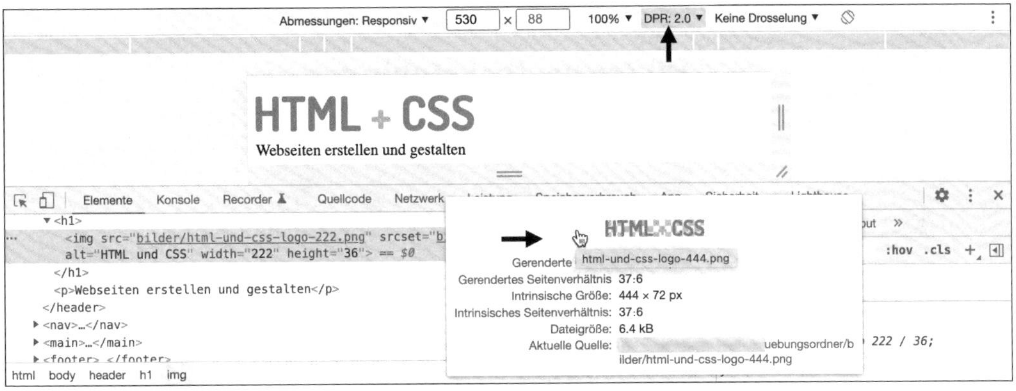

Abbildung 6.5 Bei einer DPR von 2.0 verwendet Chrome die große Grafik.

6.4 Bilder mit flexibler Breite: »max-width: 100%«

In diesem Abschnitt sehen Sie, wie Sie Bilder mit einer einfachen CSS-Regel dazu überreden, nicht breiter zu werden als das umgebende HTML-Element. In den Übungsdateien finden Sie dazu im Ordner für dieses Kapitel im Unterordner *uebungen* die Datei *bilder-mit-flexibler-breite-einbinden.html*.

6.4.1 Das Problem: Pixelbilder haben eine feste Breite

In der Beispieldatei wurde ein ganz normales Foto mit dem folgenden HTML eingebunden. Der alternative Text sollte bei Fotos einen kurzen Text enthalten, mit dem Sie es jemandem beschreiben, der es nicht sehen kann:

```
<img src="hamburg-blankenese-treppenviertel-400.jpg"
     srcset="hamburg-blankenese-treppenviertel-800.jpg 2x"
     alt="Blick auf das Treppenviertel in Blankenese"
     width="400"
     height="300">
```

Listing 6.6 Ein Foto mit »img« einbinden

Solange das Browserfenster breiter ist als das Bild, sieht alles okay aus, aber in einem schmalen Viewport passt sich das Bild nicht an. Stattdessen wird es rechts abgeschnitten, sodass es nicht ganz zu sehen ist (Abbildung 6.6).

Abbildung 6.6 In einem schmalen Viewport wird das Bild rechts abgeschnitten.

6.4.2 Die Lösung: Flexible Bilder mit »max-width: 100%«

Schöner wäre es, wenn das Bild sich von der Breite her an den zur Verfügung stehenden Platz anpassen würde, und das geht mit einer einzigen CSS-Regel:

```
img {
  max-width: 100%;
  height: auto;
}
```

Listing 6.7 Die CSS-Regel zum flexiblen Einbinden von Bildern

Abbildung 6.7 zeigt, dass sich das Foto auf der Beispielseite mit dieser CSS-Regel der Breite des Viewports anpasst und ganz zu sehen ist.

Abbildung 6.7 Das Bild passt sich der Breite des Viewports flexibel an.

Weil die Übungsdatei nicht mit einer Stylesheet-Datei verbunden ist, erstellen Sie zum Speichern der CSS-Regel im head der HTML-Datei mit den Tags <style> und </style> einen Style-Block. Das ist ein spezieller Bereich zum Speichern von CSS-Regeln, die dann nur für diese eine HTML-Datei gelten. Mit diesem Style-Block sieht der head der Übungsdatei so aus:

```
<head>
<!-- andere Elemente im head wie meta und title -->
  <style>
    img {
      max-width: 100%;
      height: auto;
    }
```

```
  </style>
</head>
```

Listing 6.8 Eine CSS-Regel in einem Style-Block gilt nur für diese Seite.

Dieser Trick funktioniert so:

- HTML-Elemente passen sich von Haus aus dem Viewport flexibel an.
- Die Deklaration `max-width: 100%` weist mit `img` eingefügten Bildern eine maximale Breite von 100 % zu. Im Klartext: Das Bild darf nicht breiter werden als das umgebende Element, in diesem Falle `body`.
- Wenn `body` also schmaler wird, schrumpft auch das Bild.

Die Deklaration `height: auto` besagt, dass die Höhe des Bildes automatisch berechnet werden soll. So bleiben die Proportionen des Bildes erhalten, und es wird nicht verzerrt dargestellt.

6.5 Abbildungen beschriften: <figure> und <figcaption>

Die Elemente `figure` und `figcaption` dienen zur Beschriftung von Abbildungen aller Art. In diesem Abschnitt beschriften Sie das im vorherigen Abschnitt eingebundene Foto. Die Übungsdatei dazu heißt *abbildungen-beschriften.html*.

6.5.1 Ein Foto mit einer Beschriftung: <figure> und <figcaption> im Einsatz

In HTML gibt es mit *figure* und *figcaption* zwei semantische Elemente zur Beschriftung von Abbildungen:

- Das Element `figure` umgibt die Abbildung und die Beschriftung, und beide werden zu einer Einheit.
- Das Element `figcaption` enthält den Text zur Beschriftung der Abbildung.

Die Semantik lässt zum Beispiel Suchmaschinen und Screenreader verstehen, dass Abbildung und Beschriftung zusammengehören. Das folgende Listing zeigt ein Foto mit einer Beschriftung:

```
<figure>
  <img src="bilder/hamburg-blankenese-treppenviertel-400.jpg"
       srcset="bilder/hamburg-blankenese-treppenviertel-800.jpg 2x"
       alt="Blick auf das Treppenviertel in Blankenese"
       width="400"
       height="300">
```

```
  <figcaption>Ein toller Ausblick mit der Elbe im Hintergrund</figcaption>
</figure>
```

Listing 6.9 <figure> und <figcaption> im Einsatz

Dieses Beispiel sieht im Browser etwa so aus wie in Abbildung 6.8. Die Beschriftung steht unter dem Bild, aber rechts (und links) gibt es eine Einrückung, die gleich im nächsten Abschnitt entfernt wird.

Abbildung 6.8 Das Foto hat eine Beschriftung, aber links eine Einrückung.

6.5.2 Die Einrückung von <figure> entfernen und die Beschriftung zentrieren

Die Einrückung links und rechts vom Bild entsteht dadurch, dass das Element `figure` vom Browser-Stylesheet rechts und links einen Außenabstand von 40px bekommt. Das ist nett gemeint, stört aber eigentlich fast immer, und mit einer einfachen CSS-Regel entfernen Sie diese Einrückung.

Im folgenden Listing zentrieren Sie zusätzlich noch in `figure` enthaltene Inhalte und Inline-Elemente, sodass Bild und Beschriftung mittig untereinanderstehen:

```
figure {
  text-align: center;
  margin-left: 0;
  margin-right: 0;
}
```

Listing 6.10 <figure> bitte ohne Außenabstand und den Inhalt zentrieren

Falls Sie auch die Überschrift zentrieren möchten, fügen Sie noch die Regel `h1 { text-align: center; }` hinzu. Alle CSS-Regeln speichern Sie im Style-Block der Übungsdatei, und danach sieht die Webseite so aus wie in Abbildung 6.9.

Abbildung 6.9 Das fertig beschriftete und gestaltete Bild

Bilder per CSS gestalten

Wie Sie Bilder per CSS gestalten und mit Schlagschatten, runden Ecken und anderen Effekten versehen, erfahren Sie in Kapitel 17, »Boxen gestalten per CSS«.

6.6 »Lazy Loading«: Seiten mit vielen Bildern optimieren

Ein Bild sagt nicht nur mehr als tausend Worte, es lädt auch länger, und je mehr Bilder auf einer Seite sind, desto länger dauert es, bis sie vollständig geladen ist. Normalerweise werden auf einer Webseite alle Bilder geladen, und auf langen Seiten mit vielen Bildern kann das eine ganze Weile dauern.

Mit *Lazy Loading* lädt der Browser nur die Bilder, die im Viewport auch wirklich zu sehen sind. Bilder weiter unten auf der Seite werden erst geladen, wenn der Benutzer scrollt und die Bilder sichtbar werden. Der Browser ist also quasi faul (*lazy*) und lädt nur die Bilder im aktuellen Viewport (*loading*).

Zum Aktivieren von Lazy Loading fügen Sie bei den entsprechenden Bildern im Quelltext das Attribut `loading` mit dem Wert `lazy` ein. Die anderen Attribute wie `alt`, `width` und `height` lassen Sie einfach so wie gehabt:

```
<img src="bild.jpg" alt="" width="400" height="300" loading="lazy" ... >
```

Listing 6.11 Das Attribut »loading« mit dem Wert »lazy«

Den Rest macht der Browser. Die genaue Reihenfolge der Attribute spielt wie immer keine Rolle.

Lazy Loading und die Browser

Die meisten modernen Browser unterstützen *Lazy Loading* für Bilder. Details zur Browserunterstützung gibt's wie immer auf *caniuse.com*:

- *caniuse.com/loading-lazy-attr*

Safari kennt das Attribut `loading` bis Version 15.3 von Haus aus nicht und lädt wie gehabt alle Bilder, aber es gibt dabei keinerlei Risiken, Nebenwirkungen oder Fehlermeldungen.

6.7 Let there be sound: Audiodateien einbinden mit <audio>

Das HTML-Element `audio` ermöglicht es, Audiodateien ohne Plugin direkt im Browser abzuspielen.

»html5test.com« verrät, wie gut ein Browser Multimedia unterstützt

Auf der Website *html5test.com* können Sie testen, welche Browser welche HTML-Features unterstützen. Einfach den Browser starten, *html5test.com* aufrufen und lesen.

6.7.1 Audioformate, Browserunterstützung und Audioplayer

Es gibt zahlreiche Audioformate, aber MP3 ist fast zu einem Synonym für digitale Musik geworden. Alle modernen Browser unterstützen das Abspielen von MP3 ohne Plugin und bringen zum Abspielen einen eigenen Player mit.

Abbildung 6.10 zeigt ein paar Audioplayer im Überblick:

- Ganz oben sehen Sie den Player von Chrome, der auch in anderen Blink-basierten Browsern zum Einsatz kommt.

- In der Mitte ist der Player von Firefox.
- Danach folgt Safari, der auf macOS und iOS gleich aussieht.

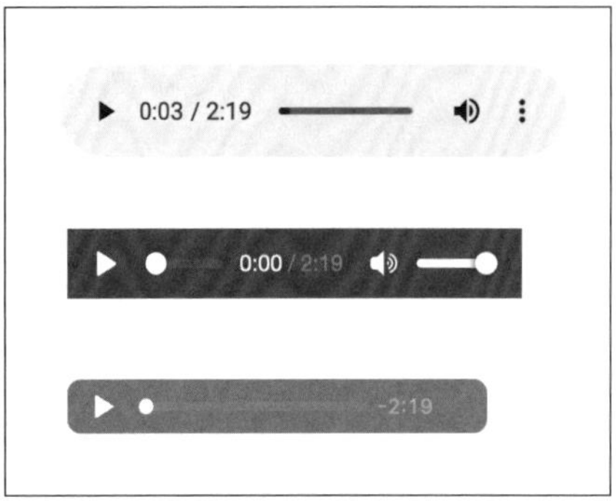

Abbildung 6.10 Die Audioplayer von Chrome, Firefox und Safari

6.7.2 Die Einbindung von Sound-Dateien mit <audio>

Zum Einbinden von Sound-Dateien auf Webseiten gibt es das Element audio. Listing 6.12 zeigt ein einfaches Beispiel:

```
<audio src="audio-datei.mp3" controls>
  <!-- MP3-Datei als Download für alte Browser -->
  <p><a href="audio-datei.mp3">Audiodatei herunterladen</a></p>
</audio>
```

Listing 6.12 Ein einfaches Beispiel für den Einsatz von »audio«

Schauen Sie sich zunächst das umgebende audio-Element an. Im Anfangs-Tag gibt es zwei Attribute:

- src zeigt dem Browser die Wegbeschreibung zur Audiodatei, die abgespielt werden soll.
- controls lädt die Bedienelemente für den Player. Die meisten Player haben mindestens einen Play/Pause-Button, einen Fortschrittsbalken und einen Lautstärkeregler.

Für alte Browser folgt zwischen <audio> und </audio> ein Hyperlink zum Downloaden der MP3-Datei. So ist für alle gesorgt.

Mehr zu <audio> bei SelfHTML

Das Element audio kennt noch weitere Attribute wie preload, autoplay oder loop. Infos darüber finden Sie zum Beispiel bei SelfHTML:

> ▶ *wiki.selfhtml.org/wiki/HTML/Tutorials/Multimedia/audio*
>
> Dort wird auch beschrieben, wie man mit dem Element `source` mehrere Dateien in verschiedenen Audioformaten bereitstellen kann.

6.7.3 Audiodateien beschriften mit <figure> und <figcaption>

Die Audioplayer der Browser geben keinerlei weiterführende Hinweise auf den Inhalt der Datei. Zur Beschriftung des Players bieten sich die Elemente `figure` und `figcaption` an, die Sie bereits kennengelernt haben:

```
<figure>
  <audio src="audio-datei.mp3" controls>
    <p><a href="audio-datei.mp3">Audiodatei herunterladen</a></p>
  </audio>
  <figcaption>Beschriftung (Interpret, Titel etc.)</figcaption>
</figure>
```

Listing 6.13 Audiodateien beschriften mit »figure« und »figcaption«

Abbildung 6.11 zeigt einen Audioplayer mit Beschriftung in Firefox.

Abbildung 6.11 Eine beschriftete Audiodatei in Firefox

6.8 Bewegte Bilder einbinden mit <video>

Das HTML-Element `video` ermöglicht es, Videos ohne Plugin direkt im Browser abzuspielen.

> **Videos einbinden von YouTube, Vimeo & Co**
>
> Das in diesem Abschnitt vorgestellte Element `video` bindet Videos ein, die auf Ihrem Webspace gespeichert werden. Um Videos von Portalen wie YouTube oder Vimeo auf Ihren Webseiten einzubinden, benötigen Sie lediglich den Einbettungscode des jeweiligen Portals, der meistens auf dem Element `iframe` basiert. Bei Bedarf können Sie mit der CSS-Eigenschaft `aspect-ratio` das Seitenverhältnis definieren, zum Beispiel mit `aspect-ratio: 16 / 9`.

6.8.1 Videoformate und Browserunterstützung im Überblick

Bei den Videoformaten ist die Lage nicht ganz so eindeutig wie bei Audio, wo MP3 sich durchgesetzt hat. Videoformate setzen sich nämlich zusammen aus einem *Container* und einem *Codec*:

- Der *Container* ist wie eine Box, die neben dem Video selbst auch den Sound und Metadaten enthält. Bekannte Namen sind MPEG-4 (*.mp4*) und WebM (*.webm*).
- Der *Codec* beschreibt, wie das Video selbst komprimiert wird. Bekannte Vertreter sind H.264 oder VP9.

Im Prinzip gibt es im Web zwei verbreitete Kombinationen von Container und Codec:

- *MP4* mit dem lizenzpflichtigen *H.264-Codec* ist der Favorit und wird von allen modernen Browsern unterstützt.
- *WebM* mit dem *VP8/9-Codec* wurde von Google entwickelt, wird kostenlos zur Verfügung gestellt und von allen modernen Browsern unterstützt. Safari kann es allerdings nur unter macOS 11.3 oder neuer.

Wie bei Audio bringen die Browser einen eigenen Videoplayer mit, aber da die Bedienelemente beim Abspielen des Videos ausgeblendet und erst bei Mouseover oder Touch wieder sichtbar werden, fallen die Unterschiede nicht so ins Auge wie bei den Audioplayern.

6.8.2 Die Einbindung von Videodateien mit <video>

Die Einbindung von Videos läuft ähnlich wie bei Audiodateien. Listing 6.14 zeigt ein einfaches Beispiel:

```
<video src="video-datei.mp4" width="400" controls poster="vorschau.jpg">
  <!-- MP4-Datei als Download für alte Browser -->
  <p><a href="video-datei.mp4">MP4-Datei herunterladen</a></p>
</video>
```

Listing 6.14 Ein einfaches Beispiel für den Einsatz von »video«

Das Beispiel hat im Anfangs-Tag `<video>` diverse Attribute:

- `src` zeigt dem Browser die Wegbeschreibung zur Videodatei, die abgespielt werden soll.
- `width` gibt die gewünschte Breite für das Video im Browserfenster an. Ohne Angabe stellt der Browser das Video in Originalgröße dar.

- `controls` lädt die Bedienelemente für den Player.
- `poster` ermöglicht es, ein Startbild Ihrer Wahl anzuzeigen. Dieses Bild wird bereits angezeigt, während das Video heruntergeladen wird. Ohne Poster ist während des Downloads nichts zu sehen, danach der erste Frame des Videos.

Zwischen `<video>` und `</video>` wird alten Browsern die MP4-Datei zum Download angeboten. Zur Beschriftung des Videos können Sie wie bei Audiodateien die Elemente `figure` und `figcaption` einsetzen:


```
<figure>
  <video src="video-datei.mp4" width="400" controls poster="vorschau.jpg">
    <!-- MP4-Datei als Download für alte Browser -->
    <p><a href="video-datei.mp4">MP4-Datei herunterladen</a></p>
  </video>
  <figcaption>Beschriftung (Interpret, Titel etc.)</figcaption>
</figure>
```

Listing 6.15 Videodatei beschriften mit »figure« und »figcaption«

Abbildung 6.12 zeigt eine Videodatei mit Beschriftung im Browser.

Abbildung 6.12 Ein Video mit Beschriftung in Firefox

6.8.3 Flexible Videos per CSS mit »max-width: 100%«

Ein Video hat genau wie ein Bild eine feste Breite, und in einem kleinen Viewport wird das Video rechts abgeschnitten. Die Lösung ist aber einfach, denn der in Abschnitt 6.4.2 beschriebene Trick mit `max-width:100%` zur Flexibilisierung von Bildern funktioniert auch mit dem Element `video`:

```
video {
  max-width:100%;
  height: auto;
}
```

Listing 6.16 Flexible Videos mit »max-width: 100%«

Mit dieser CSS-Regel erscheint das Video auch in einem kleinen Viewport vollständig (Abbildung 6.13).

Abbildung 6.13 Das Video passt sich der Umgebung an.

Mehr zu <video> bei SelfHTML

Das Element `video` können Sie bei Bedarf zum Beispiel bei SelfHTML genauer studieren:

- *wiki.selfhtml.org/wiki/HTML/Tutorials/Multimedia/video*

Dort wird auch beschrieben, wie man mit dem Element `source` mehrere Dateien in verschiedenen Videoformaten bereitstellen kann.

6.9 Auf einen Blick

Hier sind noch einmal die wichtigsten Punkte dieses Kapitels im Überblick:

- Im Web sind unter anderem die folgenden Bildformate wichtig:
  - für Fotos: JPEG
  - für Logos und Icons: GIF, PNG oder SVG
  - für Bilder mit Transparenzen: GIF oder PNG
- Bilder bindet man im Quelltext mit dem Element `img` ein.
- DPR (*device-pixel-ratio*) bezeichnet für hochauflösende Bildschirme das Verhältnis zwischen logischen und Gerätepixeln.
- Um je nach Pixeldichte des Bildschirms unterschiedliche Bilder ausliefern zu können, wird `img` um das Attribut `srcset` mit einem `x`-Wert erweitert.
- Mit der Deklaration `max-width: 100%` passen Bilder sich in der Breite einem schmalen Viewport an.
- Mit den Elementen `figure` und `figcaption` lassen sich Abbildungen aller Art beschriften.
- In modernen Browsern ermöglicht das Attribut `loading` mit dem Wert `lazy` das verzögerte Laden von mit `img` eingebundenen Bildern und beschleunigt so die Webseiten.
- Audiodateien kann man mit dem Element `audio` einbinden. Das Format der Wahl ist dabei *MP3*.
- Videodateien lassen sich mit dem Element `video` einbinden. Das Format der Wahl ist dabei *MP4* mit dem Codec *H.264*.

Kapitel 7
HTML-Elemente zur Strukturierung von Webseiten und Inhalten

Worin Sie sehen, dass es semantische HTML-Elemente zur Strukturierung von Webseiten und Inhalten gibt, die sich um Klassen erweitert auch hervorragend zur Gestaltung eignen.

7

Die Themen im Überblick:

Im Zusammenhang mit HTML werden Sie oft das Wort *Semantik* hören. Zunächst einmal eine kurze Definition (*de.wikipedia.org/wiki/Semantik*):

> *Semantik (von altgr. σημαίνειν, sēmaínein, »bezeichnen«, »zum Zeichen gehörig«), auch Bedeutungslehre, nennt man die Theorie oder Wissenschaft von der Bedeutung der Zeichen.*

Es geht also um die *Bedeutung von Zeichen*, und in diesem Kapitel lernen Sie semantische Elemente kennen, mit denen Sie andere Elemente gruppieren und strukturieren können. *Semantisch* bedeutet in diesem Zusammenhang, dass man vom Namen der Elemente bereits Rückschlüsse auf deren Inhalt ziehen kann.

7.1 Die semantischen Strukturelemente auf einen Blick

Tabelle 7.1 zeigt die in diesem Kapitel vorgestellten Elemente im Überblick.

Elementname	Kurzbeschreibung
header	Kopfbereiche
nav	Navigationsbereiche
main	Hauptinhaltsbereich einer Seite
footer	Fußbereiche
section	inhaltliche Einteilung in Abschnitte
article	in sich geschlossene inhaltliche Blöcke
aside	Bereiche mit zusätzlichen Informationen

Tabelle 7.1 Die semantischen Strukturelemente auf einen Blick

Alle diese Elemente haben auf Webseiten quasi eine doppelte Funktion:

- In HTML dienen sie zur sinnvollen Strukturierung des Quelltextes.
- In CSS werden sie als Layoutbereiche zur Gestaltung genutzt.

Vervollständigt wird das Kapitel mit einem kurzen Blick auf das semantisch neutrale div-Element.

7.2 Kopfbereiche auszeichnen mit <header>

Nach dem Anfangs-Tag von body folgt auf vielen Webseiten ein Kopfbereich, der für den Wiedererkennungswert der Webseiten eine große Rolle spielt und in dem sich häufig ein Logo, ein Slogan und vielleicht auch eine Navigation befindet.

7.2.1 Das Element <header> kann auf einer Seite mehrfach vorhanden sein.

Das Element header kann laut HTML-Spezifikation *eine Überschrift, einleitende Inhalte oder auch Navigationshilfen* enthalten und ist für einen solchen Kopfbereich ideal geeignet. Listing 7.1 zeigt den Header am Anfang der Übungswebsite:

```
<header>
  <h1>HTML + CSS</h1>
  <p>Webseiten erstellen und gestalten</p>
</header>
```

Listing 7.1 Der Kopfbereich am Anfang der Beispielseite

Das Element `header` kann aber nicht nur für den Kopfbereich oben auf der Seite eingesetzt werden, sondern auch zum Beispiel für den Einstieg in einen Abschnitt oder für den Anfang eines Blogbeitrags. Das könnte zum Beispiel so aussehen:


```
<article>
  <header>
    <h3>Webstandards sind klasse</h3>
    <p>Autor: Peter Müller | Datum: 26. Juni 2022</p>
  </header>
  <!-- Inhalt des Artikels mit Fließtext etc. -->
</article>
```

Listing 7.2 Ein Kopfbereich in einem Blogbeitrag

Das Element `header` kann auf einer Seite also durchaus mehrfach vorhanden sein, und dieses mögliche mehrfache Auftreten kann beim Gestalten per CSS zu unerwünschten Überraschungen führen. Im Stylesheet der Beispielseite steht momentan zum Beispiel die folgende CSS-Regel:

```
header p {
  margin: 0;
}
```

Listing 7.3 Der Selektor wählt alle Absätze in allen Kopfbereichen aus.

Der Selektor `header p` wird momentan zur Gestaltung des Absatzes *Webseiten erstellen und gestalten* im Kopfbereich der Seite genutzt (Listing 7.1). Genau genommen gilt der Selektor aber für *alle* Header-Elemente auf einer Seite, und er wählt *alle* darin enthaltenen Absätze aus. Er würde also auch den Absatz in Listing 7.2 selektieren und gestalten.

Solange es nur einen Kopfbereich mit einem Absatz darin gibt, ist das alles kein Problem, aber wenn in einem `header`-Element mehrere Absätze stehen oder es sogar mehrere `header`-Elemente gibt, wird der Selektor `header p` zu ungenau. Eine mögliche Lösung folgt im nächsten Abschnitt.

7.2.2 Den Kopfbereich auf der Übungswebsite um eine Klasse erweitern

Sie haben gesehen, dass ein Selektor wie `header p` manchmal zu ungenau ist. Damit der Quelltext auch morgen noch zuverlässig funktioniert, können Sie dem Kopfbereich der Seite in HTML mit dem Attribut `class` einen zusätzlichen Namen geben, um ihn beim Gestalten per CSS gezielter ansprechen zu können. Eine solche Klasse ist genauer oder, wie man im CSS-Jargon sagt, *spezifischer*. In Kapitel 13, »Die wichtigsten Selektoren und Spezifität«, werden Klassen und andere Selektoren noch ausführlich vorgestellt.

Während die Namen der Elemente wie `header`, `nav`, `main` und `footer` Teil der HTML-Spezifikation und somit festgelegt sind, sind die Namen der Klassen relativ frei wählbar. Der Kopfbereich der Seite könnte mit einer Klasse zum Beispiel so aussehen:

```
<header class="site-header">
  <h1>HTML + CSS</h1>
  <p>Webseiten erstellen und gestalten</p>
</header>
```

Listing 7.4 Kopfbereich und Inhalt mit zusätzlicher Klasse

Da der Kopfbereich auf jeder Seite der Website gleich aussieht, hat die Klasse die Vorsilbe `site-`. Das ist sinnvoll und weit verbreitet, aber natürlich nicht vorgeschrieben, und Sie können für die Klassen auf Ihren eigenen Seiten auch gerne andere Namen benutzen.

Ein HTML-Element mit einer Klasse können Sie im CSS selektieren, indem Sie als Selektor den Namen der Klasse hinschreiben, mit einem Punkt davor:

- In HTML steht `<header class="site-header">`.
- In CSS gestalten Sie das Element mit dem Selektor `.site-header`.

Im Stylesheet der Beispielseite könnte das für die Überschrift und den Slogan im Kopfbereich zum Beispiel so aussehen:

```
.site-header h1 {
  margin-bottom: 0;
}

.site-header p {
  margin-top: 0;
}
```

Listing 7.5 Den Kopfbereich gestalten mit Klassen

Im folgenden Kasten ergänzen Sie das HTML für den Kopfbereich der Übungswebsite um eine Klasse und passen anschließend das Stylesheet entsprechend an.

Übungswebsite: Den Kopfbereich um eine Klasse erweitern

1. Öffnen Sie die Datei *index.html* im Editor.
2. Ergänzen Sie den Kopfbereich wie in Listing 7.4 gezeigt um das Attribut `class="site-header"`.
3. Speichern Sie die Webseite.
4. Öffnen Sie das Stylesheet *style.css* im Editor.
5. Ändern Sie wie in Listing 7.5 gezeigt die Selektoren für den Kopfbereich.
6. Speichern Sie das Stylesheet, und betrachten Sie die Webseite im Browser. Es sollte sich nichts geändert haben.

Wenn alles geklappt hat, sieht die Startseite der Übungswebsite im Browser genauso aus wie vorher, ist aber durch die Erweiterung um die Klasse `site-header` ein Stück zukunftssicherer geworden.

7.3 Navigationsbereiche erstellen mit <nav>

Eine *Navigation* ist eine Sammlung von Hyperlinks, die zu anderen Inhalten der Website führen. Das `nav`-Element ist für wichtige Navigationsblöcke auf einer Seite reserviert und sollte nicht für jede x-beliebige Linkliste genutzt werden.

Welche Navigationsblöcke wichtig sind und welche nicht, liegt zum Teil im Ermessen des Autors, aber Kandidaten für `nav` wären die Hauptnavigation oder ein Navigationsblock mit rechtlichen Pflichtlinks zu *Impressum* und *Datenschutz*.

7.3.1 <nav> für die Site-Navigation auf der Übungswebsite

Auf der Startseite der Übungswebsite gibt es momentan eine Navigation, die zwischen Kopf- und Inhaltsbereich steht:

```
<nav>
  <ul>
    <li><a href="index.html">Startseite</a></li>
    <li><a href="#">News</a></li>
    <li><a href="#">Über uns</a></li>
```

```
    <li><a href="#">Kontakt</a></li>
  </ul>          ...
</nav>
```

Listing 7.6 Der Navigationsbereich für die Hauptnavigation

Auf dieser Seite enthält nav also die Hauptnavigation mit Links zu anderen Bereichen der Website. Diese Hauptnavigation wird daher auch *Site-Navigation* genannt.

7.3.2 Den Navigationsbereich auf der Übungswebsite um eine Klasse erweitern

Genau wie header kann auch nav auf einer Seite mehrfach auftreten, und daher ist es eine gute Idee, den Navigationsbereichen mit einer Klasse einen zusätzlichen Namen mit auf den Weg zu geben. Für die Site-Navigation der Beispielseite könnte das zum Beispiel so aussehen:

```
<nav class="site-nav">
  <ul>
    <li><a href="index.html">Startseite</a></li>
    <li><a href="#">News</a></li>
    <li><a href="#">Über uns</a></li>
    <li><a href="#">Kontakt</a></li>
  </ul>          ...
</nav>
```

Listing 7.7 Navigationsbereich für die Hauptnavigation mit Klasse

Die Navigation ist auf jeder Seite ähnlich, und daher beginnt der Name der Klasse wie beim Kopfbereich mit der Vorsilbe site-. Mit diesen Klassen im HTML können Sie die Selektoren im Stylesheet ändern und die Elemente genauer auswählen:

- nav wird zu .site-nav
- nav ul wird zu .site-nav ul
- nav li wird zu .site-nav li
- nav a wird zu .site-nav a

Im Folgenden setzen Sie diese Änderungen für die Übungswebsite um. Die Website sieht danach genauso aus wie vorher, enthält aber im HTML und CSS eine Klasse zur Gestaltung der Navigation.

Übungswebsite: Die Hauptnavigation um eine Klasse erweitern

1. Öffnen Sie *index.html* im Editor.
2. Ergänzen Sie das HTML für den Navigationsbereich um die in Listing 7.7 gezeigte Klasse `site-nav`.
3. Öffnen Sie das Stylesheet *style.css* im Editor.
4. Ändern Sie die Selektoren zur Gestaltung der Navigation so, dass wie oben gezeigt statt `nav` die Klasse `.site-nav` verwendet wird.
5. Speichern Sie das Stylesheet, und betrachten Sie die Webseite im Browser. Es sollte sich nichts geändert haben.

7.3.3 <nav> kann in der HTML-Struktur auch an anderen Positionen stehen

Ein Navigationsbereich muss nicht immer zwischen Kopf- und Inhaltsbereich stehen, sondern könnte zum Beispiel auch *vor* dem Header erscheinen:

```
<nav class="site-nav"> <!-- nav steht *vor* dem Header --> </nav>
<header class="site-header>
  <h1> ... </h1>
  <p> ... </p>
</header>
```

Listing 7.8 Die Navigation kann vor dem Kopfbereich stehen.

Auch eine Positionierung *im* Header sieht man im Web häufig:

```
<header class="site-header>
  <h1> ... </h1>
  <p> ... </p>

  <nav class="site-nav"> <!-- nav steht *im* Header --> </nav>

</header>
```

Listing 7.9 Die Navigation kann auch im Kopfbereich stehen.

Welche Struktur man im HTML bevorzugt, hängt unter anderem von der gewünschten Gestaltung ab und ist zum Teil einfach auch Geschmackssache.

Navigationsbereiche können nicht nur in und um einen Kopfbereich auftauchen. Sehr beliebt ist zum Beispiel eine Navigation für rechtliche Pflichtlinks im Footer:

```
<footer>
  <nav class="rechtliches">
    <ul>
      <li><a href="#">Impressum</a></li>
      <li><a href="#">Datenschutz</a></li>
    </ul>
  </nav>
</footer>
```

Listing 7.10 Eine Navigation für Pflichtlinks im Fußbereich

7.4 Der Hauptinhalt einer Webseite steht in <main>

Das main-Element enthält den (Haupt-)Inhalt einer Webseite, und es wurde erst Anfang 2013 in die HTML-Spezifikation aufgenommen.

7.4.1 Das Element <main> für den Hauptinhalt einer Webseite

Die Einführung von main war seinerzeit nicht unumstritten. Seine Gegner argumentierten, dass ein spezielles Element für den Hauptinhalt nicht nötig sei, da der erste Inhalt, der nicht in header, nav, aside oder footer steht, automatisch der Hauptinhalt sein müsse.

Für Logikfans mag diese Art des Denkens bestechend sein, für die meisten Webseitenautoren klingt das eher wie eine Variante von »Die Reise nach Jerusalem«: Wenn die Musik aufhört, setzen sich alle auf einen Stuhl mit ihrem Namen. Wer dann noch steht, ist Hauptinhalt, denn der hat keinen Stuhl mit einem Namen drauf.

Mit dem Element main hat der Hauptinhalt einer Seite also bildlich gesprochen auch einen eigenen Stuhl und kann es sich so auch mal bequem machen, was viele Leute für eine ausgesprochen gute Idee halten.

Das Element main hat folgende Charakteristika:

- main markiert den Hauptinhalt einer Seite.
- main darf auf jeder Seite nur ein einziges Mal vorkommen.
- main enthält normalerweise auf jeder Seite anderen Inhalt.

Nur body oder div sind als Elternelement erlaubt. main darf also *nicht* innerhalb von Elementen wie header, footer, nav oder aside stehen.

7.4.2 Den Inhaltsbereich der Übungswebsite um eine Klasse erweitern

Streng genommen wäre eine Klasse im HTML für `main` nicht zwingend nötig, da das Element auf jeder Seite nur einmal auftauchen darf und eine Verwechslungsgefahr beim Selektieren somit ausgeschlossen ist. Aber Konsistenz ist eine Tugend, und daher soll auch `main` eine Klasse namens `site-content` erhalten. Außerdem spendieren Sie dem Inhaltsbereich im folgenden Listing noch eine ID, die Sie zum Beispiel `content` nennen. Dadurch kann der Inhaltsbereich als Sprungziel für einen Link dienen:


```
<main class="site-content" id="content">
  <h2>Willkommen</h2>

  <!-- Inhalt der Seite -->

</main>
```

Listing 7.11 Der Inhaltsbereich bekommt die Klasse »site-content«.

Im folgenden Kasten setzen Sie diese Änderung für die Übungswebsite um.

Übungswebsite: <main> um eine Klasse und eine ID erweitern

1. Öffnen Sie *index.html* im Editor.
2. Ergänzen Sie das Anfangs-Tag für *main* wie in Listing 7.11 gezeigt um die Klasse `site-content` und eine ID.
3. Speichern Sie die Seite. Im Browser hat sich dadurch nichts geändert.

7.5 Fußbereiche auszeichnen mit <footer>

Im Fußbereich einer Webseite finden sich häufig Informationen über die Website. In HTML gibt es dazu das Element `footer`.

7.5.1 Der Fußbereich <footer> auf der Übungswebsite

Auf der Übungswebsite finden Sie den Footer am Ende der Seite:

```
<footer>
  <a href="#top">Nach oben</a>
</footer>
```

Listing 7.12 Das Element <footer> auf der Übungswebsite

Außer einem Link zurück nach oben stehen im Footer häufig Links zu Impressum und Datenschutzrichtlinien, aber auch andere Inhalte wie Social-Media-Links werden dort gerne untergebracht. Manchmal wird sogar die komplette Navigation im Footer der Seite noch einmal wiederholt, quasi als Belohnung für die Besucher, die ganz nach unten gescrollt haben, sodass sie nicht erst wieder nach oben springen müssen, um auf eine andere Seite zu wechseln.

Ein Footer kann wie ein Header mehrfach auf einer Seite auftauchen und auch innerhalb von Abschnitten oder Artikeln enthalten sein. Die Informationen im Footer beziehen sich dann immer auf das Element, in dem sich der Fußbereich befindet.

7.5.2 Den Fußbereich auf der Übungswebsite um eine Klasse erweitern

Auch der Fußbereich erhält auf der Übungswebsite eine Klasse:

```
<footer class="site-footer">
  <a href="#top">Nach oben</a>
</footer>
```

Listing 7.13 <footer> mit einer zusätzlichen Klasse

Im folgenden Kasten ergänzen Sie den Fußbereich der Übungswebsite um eine Klasse und passen das Stylesheet entsprechend an.

Übungswebsite: Den Fußbereich um eine Klasse erweitern

1. Öffnen Sie die Datei *index.html* im Editor.
2. Ergänzen Sie den Fußbereich wie in Listing 7.13 gezeigt um das Attribut `class="site-footer"`.
3. Speichern Sie die Webseite.
4. Öffnen Sie das Stylesheet *style.css* im Editor.
5. Ersetzen Sie bei den Selektoren `footer` durch die Klasse `.site-footer`.
6. Speichern Sie das Stylesheet, und betrachten Sie die Webseite im Browser. Der Fußbereich sollte genauso aussehen wie vorher.

7.6 Inhaltliche Abschnitte erstellen mit <section>

Für die *inhaltliche Gliederung* einer Webseite oder einzelner Teile davon gibt es das Element `section`, auf Deutsch *Abschnitt*. Das `section`-Element bezeichnet einen Bereich einer Webseite oder eine thematische Gruppierung von Inhalten und sollte mit einer Überschrift anfangen.

Zum Kennenlernen von section unterteilen Sie den Inhaltsbereich der Beispielseite in zwei Abschnitte:

- Die bereits vorhandene Einleitung mit der Überschrift *Willkommen*, zwei Absätzen und einer Liste soll von einem section-Element mit der Klasse content-intro umgeben werden.
- Danach folgt ein zweiter Abschnitt mit der Klasse infoboxen, der mit einer h2-Überschrift anfängt und im nächsten Abschnitt mit drei article-Elementen gefüllt wird.

Im HTML sieht der Inhaltsbereich dadurch aus wie in Listing 7.14:

```
<main class="site-content" id="content">
  <section class="content-intro">

    <h2>Willkommen</h2>
    <p>Webseiten bestehen aus [...]</p>
    <p>Beim Umgang mit [...]</p>
    <ul>
      <li>HTML-Elemente strukturieren ... </li>
      <li>CSS-Regeln gestalten ...</li>
    </ul>
    <p> Beide Sprachen [...]</p>
  </section>

  <section class="infoboxen">

    <h2>Die Bereiche der Website</h2>

  </section>
</main>
```

Listing 7.14 Zwei Abschnitte mit Klassen im Inhaltsbereich

Im Folgenden ergänzen Sie den Inhaltsbereich der Übungswebsite um die beiden gezeigten Abschnitte. Im Browserfenster erscheint erst einmal nur die neue h2-Überschrift.

Übungswebsite: Den Inhaltsbereich um Abschnitte ergänzen

1. Öffnen Sie die Datei *index.html* im Editor.
2. Ergänzen Sie den Inhaltsbereich wie in Listing 7.14 gezeigt.
3. Speichern Sie die Webseite, und betrachten Sie sie in einem Browser.

Nach diesen Schritten sind die Abschnitte im Browserfenster nicht zu sehen. Auf der Startseite erscheint nur die `h2`-Überschrift (Abbildung 7.1).

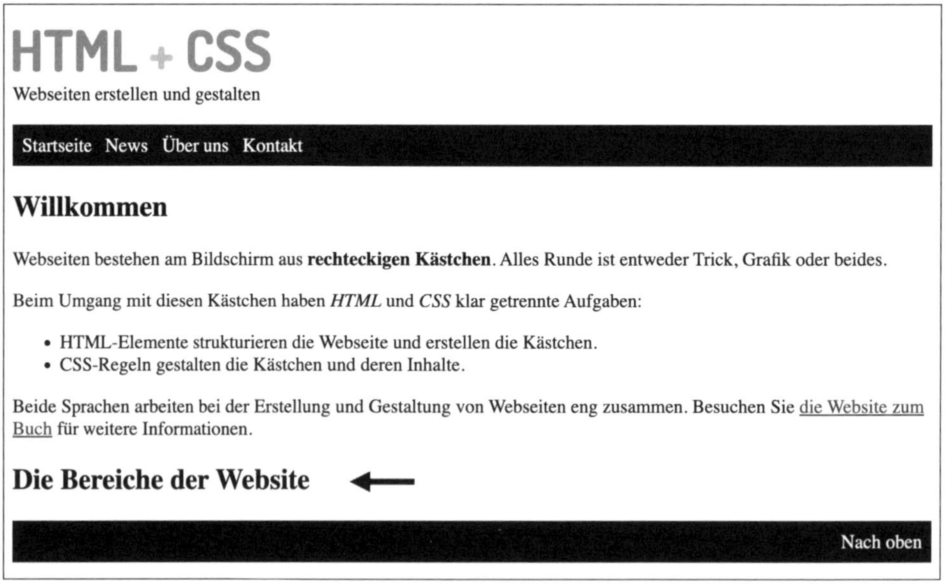

Abbildung 7.1 Inhaltsbereich mit zwei Abschnitten und zwei Überschriften

Hinweis für alte HTML-Hasen: <section> ist kein Ersatz für <div>

Falls Sie schon länger mit HTML zu tun haben, kennen Sie wahrscheinlich das Element `div`, das weiter unten in Abschnitt 7.9 vorgestellt wird. `section` dient zur *inhaltlichen* Gliederung und ist nicht einfach ein Ersatz für das semantisch neutrale `div`. Geht es bei der Gruppierung von Elementen nicht um den Inhalt, sondern um die Gestaltung, ist `div` nach wie vor die bessere Wahl.

7.7 In sich geschlossene, eigenständige Blöcke mit <article>

Das Element `article` dient genau wie `section` zur Gruppierung von Elementen und zur Unterteilung der Inhalte in Abschnitte.

Der wichtigste Unterschied zwischen den beiden ist, dass ein Artikel anders als ein einfacher Abschnitt eine in sich geschlossene Komposition darstellt. Ein Artikel sollte für sich allein stehen können und auch außerhalb der Webseite, auf der er veröffentlicht wurde, verständlich sein. Klassische Beispiele dafür sind Blogbeiträge und Artikel in Webzeitungen, die zum Beispiel auch jenseits der Webseite in einem Newsfeed sinnvoll sind.

Als Beispiel erstellen Sie in diesem Abschnitt drei Infoboxen, die die einzelnen Bereiche der Beispielwebsite kurz vorstellen. Alle Boxen bekommen die Klasse `infobox` und enthalten eine Überschrift, einen kurzen Absatz mit Blindtext und einen Platzhalter-Link, der später zur jeweiligen Seite führt. Das folgende Listing zeigt die drei `article`-Elemente im Überblick:


```
<article class="infobox">
  <h3>News</h3>
  <p>Lorem ipsum dolor sit amet ... </p>
  <p><a href="#">Ab zum Blog</a></p>
</article>

<article class="infobox">
  <h3>Über uns</h3>
  <p> Aenean massa. Cum sociis ... </p>
  <p><a href="#">Wer wir sind</a></p>
</article>

<article class="infobox">
  <h3>Kontakt</h3>
  <p>Donec quam felis, ultricies ... </p>
  <p><a href="#">Hallo sagen</a></p>
</article>
```

Listing 7.15 Drei »article«-Elemente mit Überschrift, Text und Link

Die als Platzhalter fungierenden Fülltexte, von Designern auch *Blindtext* genannt, können Sie sich im Web generieren lassen, zum Beispiel auf *blindtextgenerator.de*. Im folgenden Kasten ergänzen Sie den Inhaltsbereich der Startseite um drei `article`-Elemente.

Übungswebsite: Drei Infoboxen auf der Startseite einfügen

1. Öffnen Sie die Datei *index.html* im Editor.
2. Ergänzen Sie im noch leeren Abschnitt `infoboxen` die drei in Listing 7.15 gezeigten `article`-Elemente.
3. Speichern Sie die Webseite, und betrachten Sie sie in einem Browser.

Nach diesen Schritten sieht die Startseite so aus wie in Abbildung 7.2.

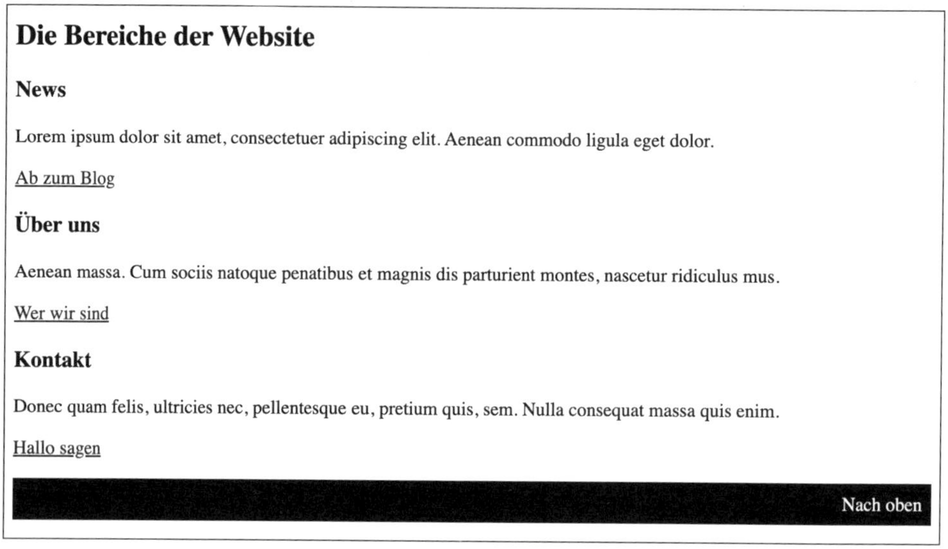

Abbildung 7.2 Abschnitt mit Überschrift und drei <article>

7.7.1 Grundlegende Gestaltung für den Abschnitt und die Infoboxen

Bevor es mit dem nächsten semantischen Strukturelement weitergeht, soll der Abschnitt mit den Infoboxen mit zwei einfachen CSS-Regeln noch grundlegend gestaltet werden. Zunächst einmal bekommt der Abschnitt selbst eine hellgraue Hintergrundfarbe, ein bisschen `padding` und einen Abstand nach unten:

```
/* Grundlegende Gestaltung für den Abschnitt mit den Infoboxen */
.infoboxen {
  background-color: whitesmoke;
  padding: 1rem;
  margin-bottom: 1rem;
}
```

Listing 7.16 Grundlegende Gestaltung des Abschnitts mit den Infoboxen

Mit der folgenden CSS-Regel wird der Text in den Infoboxen zentriert. Die Boxen selbst bekommen eine weiße Hintergrundfarbe und ein bisschen `padding` und `margin`:

```
.infobox {
  text-align: center;
  background-color: white;
```

```
  padding: 1rem;
  margin: 1rem;
}
```

Listing 7.17 Grundlegende Gestaltung der Infoboxen

Im folgenden Kasten ergänzen Sie das Stylesheet für die Beispielseite um diese beiden CSS-Regeln.

> **Übungswebsite: Einfache Gestaltung für Abschnitt und Infoboxen**
>
> 1. Öffnen Sie das Stylesheet *style.css* im Editor.
> 2. Fügen Sie unter dem bereits vorhandenen CSS die beiden Regeln aus Listing 7.16 und Listing 7.17 ein.
> 3. Speichern Sie das Stylesheet, und betrachten Sie die Webseite im Browser.

Nach diesen Schritten haben sowohl der Abschnitt als auch die Infoboxen selbst eine grundlegende Gestaltung, und der Abschnitt sieht etwa so aus wie in Abbildung 7.3.

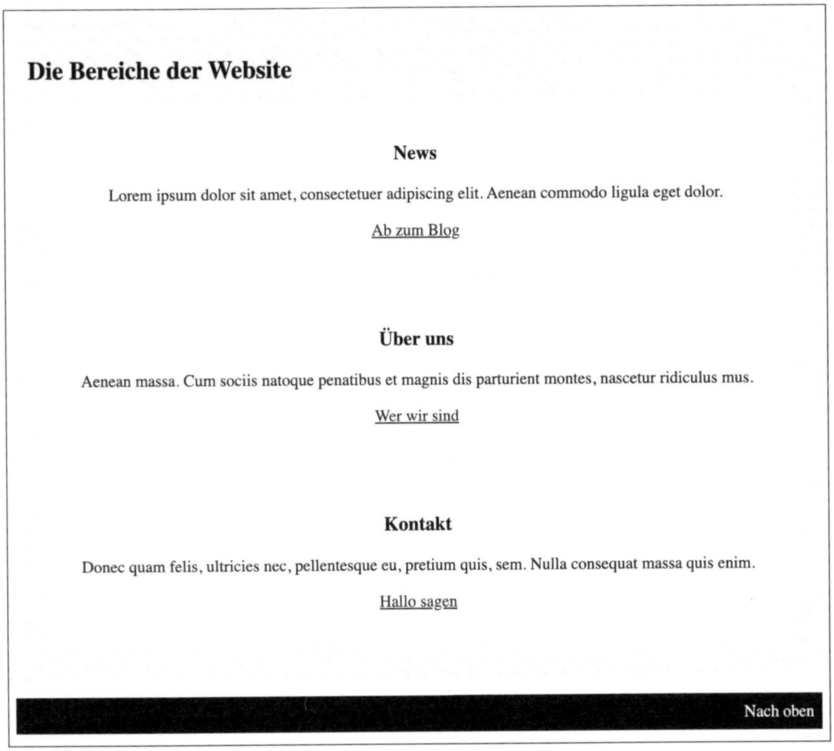

Abbildung 7.3 Abschnitt und Infoboxen mit grundlegender Gestaltung

Die grundlegende Gestaltung für den Abschnitt mit den Infoboxen wird weiter hinten im Buch noch vervollständigt:

- In Abschnitt 17.6, »Boxen am Bildschirm ausblenden: ›visually-hidden‹«, verstecken Sie die h2-Überschrift für diesen Abschnitt, da sie in einem visuellen Browser nicht wichtig ist.
- In Abschnitt 24.3, »Das erste Grid-Layout: Drei Boxen nebeneinander«, sehen Sie, wie man die Infoboxen mit dem CSS Grid Layout in einem breiteren Viewport nebeneinanderstellen kann.

Jetzt geht es erst einmal weiter mit dem nächsten semantischen Strukturelement.

7.8 Bereiche mit zusätzlichen Informationen: <aside>

Das Element aside ist für Inhalte gedacht, die den umgebenden Text erläutern oder nur marginal mit ihm in Verbindung stehen. Wenn man das aside aus dem Dokument herausnimmt, sollte der Hauptinhalt trotzdem sinnvoll und verständlich bleiben.

Das Element aside kann zum Beispiel für Seitenleisten (engl. *sidebars*) verwendet werden, die auf großen Bildschirmen häufig rechts oder links neben dem Hauptinhalt stehen. Andere Beispiele für die Verwendung von aside wären:

- Blöcke mit Werbung
- Linklisten, die keine Navigationsbereiche sind
- Inhalte, die nicht direkt zum Hauptinhalt der Seite gehören
- hervorgehobene Zitate in einem Fließtext (*Pull Quotes*)

In diesem Buch gibt es zum Beispiel zahlreiche grau hinterlegte Hinweiskästen mit weiterführenden Informationen. Diese Kästen wären klassische Kandidaten für das Element aside. In HTML könnte das zum Beispiel so aussehen:

```
<aside class="hinweiskasten">
  <h3>Überschrift für einen Hinweiskasten</h3>
  <p>Der Fließtext für den Hinweiskasten.</p>
</aside>
```

Listing 7.18 <aside> für einen Hinweiskasten

Eine mit aside erstellte Sidebar, die mehrere Linklisten enthält, könnte man mit section-Elementen in verschiedene Abschnitte aufteilen. Im Ordner zu diesem Kapitel finden Sie im Unterordner *uebungen* dazu die Datei *aside.html*:

```
<aside class="linklisten">

  <h2>Aside mit Linklisten</h2>

  <section class="tools">
    <h3>Tools</h3>
    <!-- Linkliste zu nützlichen Tools -->
  </section>

  <section class="referenzen">
    <h3>Referenzen</h3>
    <!-- Linkliste zu nützlichen Nachschlagewerken -->
  </section>

</aside>
```


Listing 7.19 <aside> kann man mit <section> in Abschnitte aufteilen.

Eine solche Unterteilung ist semantisch sinnvoll und ermöglicht im CSS mit den Klassen die unterschiedliche Gestaltung einzelner Abschnitte. Im Browser könnte das so aussehen wie in Abbildung 7.4.

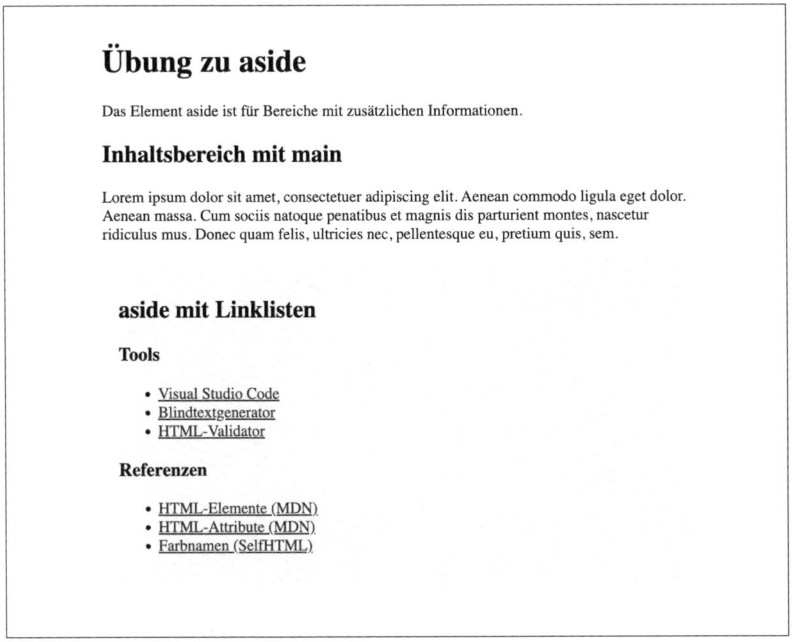

Abbildung 7.4 Ein hellgraues <aside> mit Linkliste

7.9 Elemente mit <div> semantisch neutral gruppieren

Als Anfang des Jahrtausends das Layouten per CSS richtig in Schwung kam, gab es die in diesem Kapitel vorgestellten semantischen Elemente noch nicht, und deshalb kam damals ein Blockelement namens `div` zum Einsatz.

`div` hat keine störenden Voreinstellungen vom Browser-Stylesheet und war lange Zeit die einzige Möglichkeit, Layoutbereiche im Quelltext auszuzeichnen. Mit Klassen wie `<div class="site-nav">` oder IDs wie `<div id="footer">` diente es sowohl zur Strukturierung des Quelltextes als auch zum Styling per CSS.

`div` ist auch heute nicht verboten, hat aber wegen der semantischen Strukturelemente deutlich weniger zu tun als früher. Sie werden es nach wie vor einsetzen, aber nur noch als Notnagel, wenn Elemente in erster Linie zur Gestaltung gruppiert werden sollen und von den anderen in diesem Kapitel gezeigten semantischen Elementen keines so richtig passen will.

Haupteinsatzgebiet für `div` ist es wie erwähnt, andere Elemente zur gemeinsamen Gestaltung zu gruppieren. Im Englischen nennt man einen solchen zusätzlichen Container oft `wrapper` (*räpper* gesprochen), was auf Deutsch so viel wie *Umschlag* oder *Schutzhülle* heißt.

Im Ordner zu diesem Kapitel finden Sie im Unterordner *uebungen* dazu die Datei *div-wrapper.html*, die das im Folgenden gezeigte Beispiel enthält. Listing 7.20 zeigt einen Inhaltsbereich `main` und einen Bereich mit `aside`, die untereinanderstehen. Um beiden Bereichen zum Beispiel eine gemeinsame Hintergrundfarbe zu geben, ist es am einfachsten, sie mit einem `div`-Element zu gruppieren:

```
<div class="wrapper">

  <main class="site-content">
    <!-- Hauptinhalt der Seite -->
  </main>

  <aside class="linklisten">
    <!-- Linklisten -->
  </aside>

</div>
```

Listing 7.20 Ein zusätzliches »div« mit der Klasse »wrapper«

Im CSS können Sie das `div` mit dem Selektor `.wrapper` gestalten:

```
.wrapper {
  background-color: lightgray;
  padding: 1rem;
}
```

Listing 7.21 Eine einfache Gestaltung für das div-Element

Abbildung 7.5 zeigt ein `div`, das den Inhaltsbereich `main` und das `aside` mit den Linklisten umschließt und mit einem hellgrauen Hintergrund versieht.

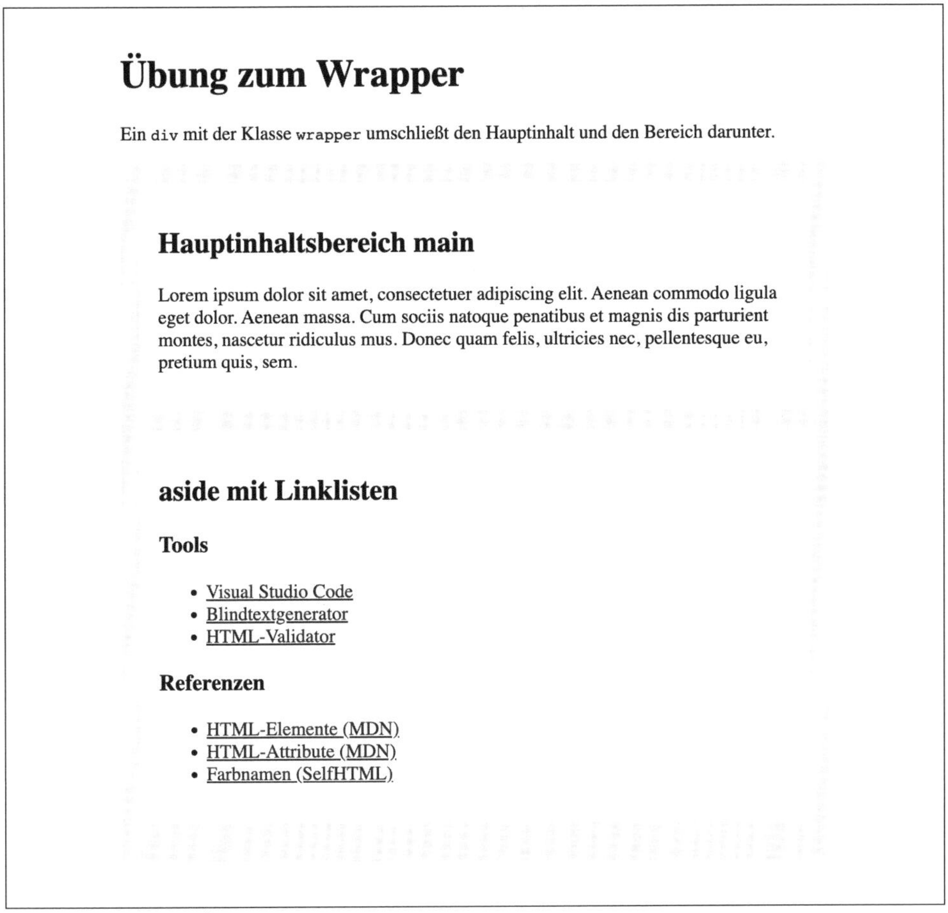

Abbildung 7.5 Ein <div> (hellgrau) gruppiert <main> und <aside>.

`div` ist also ein Container, eine Kiste, eine Box, in der mehrere andere Kisten aufbewahrt werden können, um sie gemeinsam zu gestalten. Das ist bei der täglichen Arbeit an Webseiten oft sehr praktisch.

7.10 Auf einen Blick

Hier sind noch einmal die wichtigsten Punkte im Überblick:

- Die semantischen Strukturelemente haben eine doppelte Funktion:
  - In HTML dienen sie zur sinnvollen Strukturierung des Quelltextes.
  - In CSS werden diese Strukturen als Layoutbereiche genutzt.
- Die semantischen Strukturelemente werden oft mit dem HTML-Attribut `class` um Klassen ergänzt, um sie in CSS besser selektieren zu können.
- `header` dient zur Auszeichnung von Kopfbereichen, sowohl oben auf einer Seite als auch zum Beispiel in längeren Beiträgen.
- `nav` markiert wichtige Navigationsblöcke und kann auf einer Seite ebenfalls mehrfach vorhanden sein.
- `main` kennzeichnet den Hauptinhaltsbereich einer Seite und darf auf jeder Seite nur einmal vorhanden sein.
- `footer` dient zur Auszeichnung von Fußbereichen, sowohl unten auf einer Seite als auch zum Beispiel in längeren Beiträgen.
- `section` dient zur Einteilung einer Webseite oder einzelner Teile davon in Abschnitte und fängt meist mit einer Überschrift an.
- `article` kennzeichnet in sich geschlossene, eigenständige Blöcke.
- `aside` umschließt Bereiche mit zusätzlichen Informationen wie Sidebars, Hinweiskästen oder Werbung.
- `div` ist ein semantisch neutrales Blockelement, das zur Gruppierung von Elementen dient, wenn von den semantischen Strukturelementen keines passt.

Kapitel 8

Weitere HTML-Elemente zur Auszeichnung von Text

Worin Sie HTML-Elemente zur Auszeichnung von Zitaten, Kontaktinformationen, Zeitangaben, ausklappbaren Inhalten, Änderungen am Text und dergleichen mehr kennenlernen.

8

Die Themen im Überblick:

In diesem Kapitel lernen Sie diverse Elemente zur Auszeichnung von Text kennen. Den Abschluss bildet ein Exkurs zum Zeichensatz UTF-8 und zu Sonderzeichen in HTML.

8.1 Zitate auszeichnen mit <blockquote> und <cite>

Wie der Name schon andeutet, ist `blockquote` ein Blockelement und die richtige Wahl für Zitate, egal ob es dabei um Literatur oder Kundenstimmen geht. In den Übungsdateien finden Sie im Ordner für dieses Kapitel im Unterordner *uebungen* die Datei *blockquote.html*.

8.1.1 Das HTML für Blockzitate: <blockquote> und <cite>

Den Text innerhalb von `blockquote` (wörtlich *Blockzitat*) können Sie auch mit anderen Blockelementen, wie zum Beispiel `p`, auszeichnen. Hier ein einfaches Beispiel:

```
<blockquote>
  <p>I like deadlines. I like the whooshing sound they make when they go by.</p>
</blockquote>
```

Listing 8.1 Beispiel für die Verwendung von »blockquote«

Das Element `blockquote` wird von den meisten Browsern links etwas eingerückt (Abbildung 8.1).

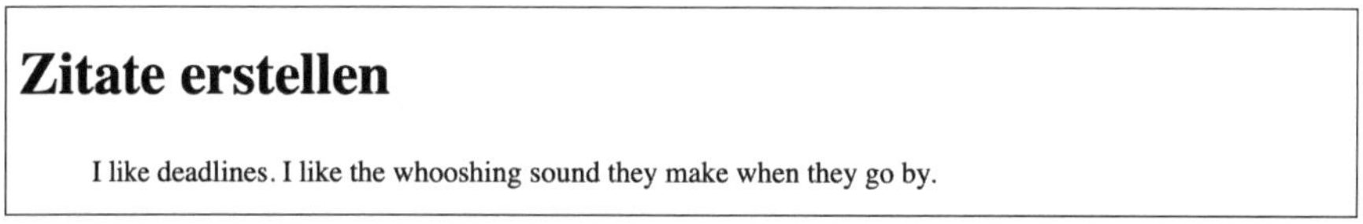

Abbildung 8.1 Ein Zitat mit <blockquote>

Weiter unten sehen Sie, wie Sie die Voreinstellungen aus dem Browser-Stylesheet mit eigenem CSS überschreiben können.

Ein Zitat im Fließtext ohne Zeilenumbruch mit <q>

Für ein kurzes Zitat im Fließtext, das keinen Zeilenumbruch benötigt, können Sie das Element `q` (kurz für *quote*) verwenden:

```
<p>Martin Luther King sagte: <q>I have a dream</q>.</p>
```

Sie sollten dabei im Quelltext keine zusätzlichen Anführungsstriche eingeben, denn das machen die meisten modernen Browser automatisch.

8.1.2 Ein Blockzitat mit Quellenangabe

Mit dem Element `cite` (engl. für *zitieren*) können Sie innerhalb des Zitats optional eine URL für die Quelle angeben. Das Element ist laut HTML-Spezifikation aber nur für die URL zur Zitatquelle gedacht, nicht für weitere Angaben wie zum Beispiel den Namen des Autors.

Da `cite` außerhalb von `blockquote` stehen sollte, bietet es sich an, Zitat und Quelle mit `figure` und `figcaption` zu strukturieren. Das folgende Listing zeigt ein Beispiel, in dem das Element `figure` zur gezielten Gestaltung die Klasse `zitat` bekommt und das Kürzel `—` einen langen Gedankenstrich vor dem Namen des Autors erzeugt:

```
<figure class="zitat">

  <blockquote>
   <p>I like deadlines. I like the whooshing sound they make when they go by.</p>
  </blockquote>

  <figcaption>
    &mdash; Douglas Adams,
    <cite>
      <a href="https://goodreads.com/quotes/731870">The Salmon of Doubt</a>
    </cite>
  </figcaption>

</figure>
```

Listing 8.2 Beispiel für ein Zitat mit Quellenangabe

Abbildung 8.2 zeigt das komplette Zitat im Browser. Die Einrückung nach rechts wird von `figure` und `blockquote` erzeugt und im nächsten Abschnitt per CSS korrigiert.

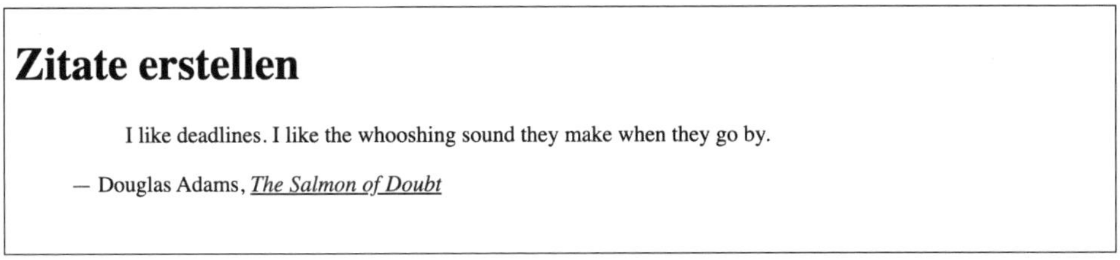

Abbildung 8.2 Ein Zitat mit Quellenangabe

> **Die Quellenangabe <cite> stand früher innerhalb von <blockquote>**
>
> Der HTML-Standard schreibt wie gesagt vor, dass `cite` außerhalb von `blockquote` steht. Bis vor gar nicht allzu langer Zeit war es aber üblich, die Quellenangabe *innerhalb* von `blockquote` zu notieren, und entsprechende Beispiele findet man auch heute noch überall im Web.
>
> Der folgende Beitrag beschreibt diese Veränderung genauer:
>
> - *html-und-css.de/zitat-und-quelle/*
>
> Man lernt halt nie aus ...

8.1.3 Eine grundlegende Gestaltung für ein Zitat mit Quellenangabe

Mit zwei CSS-Regeln geben Sie dem Zitat und der Quellenangabe eine grundlegende Gestaltung:

```
/* Grundlegende Gestaltung für ein Zitat mit Quellenangabe */
.zitat {
  background-color: gainsboro; /* ein heller Grauton */
  padding: 1rem;
  border-left: 5px solid steelblue;
  margin: 0;
}
blockquote {
  margin: 0
}
```

Listing 8.3 Eine einfache Gestaltung für ein Zitat

Mit `background-color` definieren Sie eine Hintergrundfarbe, und `padding` sorgt dafür, dass der Text nicht zu dicht am Rand klebt. Bleiben noch `border-left` und `margin`:

- `border-left` gibt dem Element eine linke Rahmenlinie. Diese Linie ist 5px breit, durchgezogen (`solid`) und farbig (`steelblue`).
- `margin` definiert den Außenabstand, und der Wert `0` entfernt unter anderem die Einrückung vom Browser-Stylesheet.

Das Zitat nimmt als Blockelement die gesamte zur Verfügung stehende Breite in Anspruch, aber wie Abbildung 8.3 zeigt, sieht das in einem schmalen Viewport schon ganz akzeptabel aus.

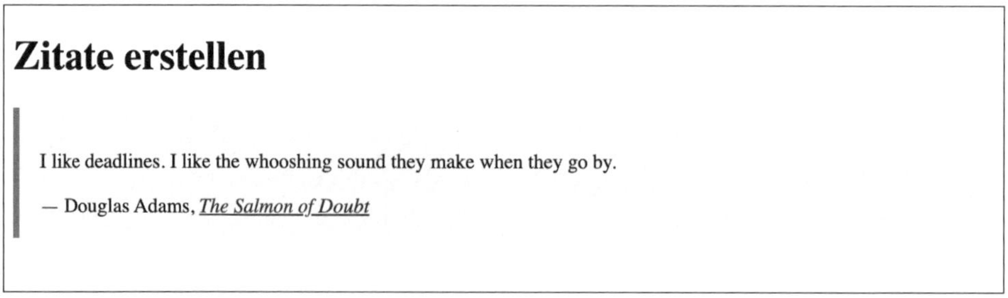

Abbildung 8.3 Zitat mit Quellenangabe und grundlegender Gestaltung

Hintergrund, Abstände und Rahmenlinien gehören zum Box-Modell

Eigenschaften wie `background-color`, `padding`, `border` und `margin` begegnen Ihnen in schöner Regelmäßigkeit. Sie gehören allesamt zum sogenannten Box-Modell von CSS, über das Sie in Abschnitt 12.4, »Das Box-Modell kennenlernen: ›padding‹, ›border‹ und ›margin‹«, mehr erfahren.

8.2 Einen Zeilenumbruch erzwingen mit

Das Element `br`, kurz für *break* (»Umbruch«), erzeugt im Textfluss einen Zeilenumbruch, sodass der folgende Text in der nächsten Zeile beginnt:

```
<p>
Waldemar Weber <br>
Kästchenweg 12 <br>
01234 Boxberg
</p>
```

Listing 8.4 Zeilenumbrüche mit

`br` ist ein sogenanntes *leeres Element*, also ein Element ohne Inhalt, und hat deshalb kein Ende-Tag.

Im Fließtext sollten Sie `br` nur sehr sparsam einsetzen, da der Textfluss auf Webseiten durch eine Vielzahl von Faktoren bestimmt wird und anders als auf Papierseiten vom Autor nicht wirklich kontrolliert werden kann.

8.3 Kontaktinformationen auszeichnen mit <address>

Das Element `address` enthält Informationen darüber, wie der Autor oder inhaltlich Verantwortliche einer Website oder auch eines Abschnitts auf einer einzelnen Seite zu erreichen ist. Das kann eine URL, eine E-Mail-Adresse, eine Telefonnummer oder auch eine Postanschrift sein.

Andere Adressen im Fließtext, die nicht zur Kontaktaufnahme mit dem Autor dienen, können Sie mit einem ganz normalen `p`-Element auszeichnen, und eventuelle Zeilenumbrüche erstellen Sie mit einem `br` (siehe Listing 8.4).

Wenn Sie das folgende Beispiel selbst ausprobieren möchten, finden Sie in den Übungsdateien im Ordner zu diesem Kapitel im Unterordner *uebungen* die Datei *address-und-br.html.*

8.3.1 Eine Kontaktadresse auszeichnen mit <address>

Bemerkenswert ist zunächst einmal die Schreibweise von `address`, mit Doppel-d *und* Doppel-s. Innerhalb von `address` können Sie den Inhalt mit Absätzen strukturieren und mit `br` einen Zeilenumbruch erzwingen:

```
<address>
<p>Waldemar Weber <br>
Kästchenweg 12 <br>
01234 Boxberg </p>
<p>Tel.: <a href="tel:010.634.5789">010 634 5789</a></p>
</address>
```

Listing 8.5 Ein Beispiel für das Element »address«

Abbildung 8.4 zeigt, dass das Browser-Stylesheet das Element `address` kursiv darstellt.

Abbildung 8.4 <address> wird vom Browser kursiv dargestellt.

8.3.2 Eine grundlegende Gestaltung für eine Kontaktadresse

Mit einer einzigen CSS-Regel können Sie die Schrift von `address` normal darstellen und die gesamte Adresse optisch etwas hervorheben:

```
address {
  font-style: normal;
  background-color: whitesmoke;
  padding: 0.5rem;
}
```

Listing 8.6 Eine grundlegende Gestaltung für eine Kontaktadresse

Abbildung 8.5 zeigt diese CSS-Regel im Browser.

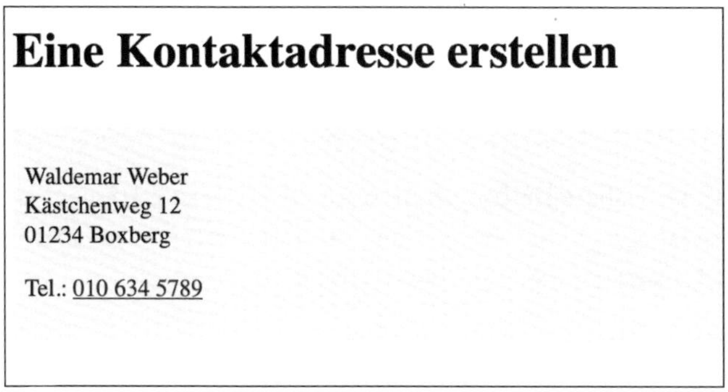

Abbildung 8.5 Eine Kontaktadresse mit grundlegender Gestaltung

8.4 Zeitangaben für Menschen und Maschinen: <time>

Das Element `time` dient zur Auszeichnung eines Datums oder einer Zeitangabe, um diese auch für Computer und Suchmaschinen lesbar zu machen.

Zeit- und Datumsangaben sind für Computer prinzipiell problematisch, denn fast jedes Land auf diesem Planeten hat seine eigene Art, ein Datum zu notieren:

- In Deutschland schreiben wir zuerst den Tag und dann den Monat, Amerikaner hingegen bevorzugen zuerst den Monat und dann den Tag.
- Hier werden Punkte als Trennzeichen benutzt, woanders mal Striche oder Leerstellen.
- Der Monat wird entweder als Name ausgeschrieben, abgekürzt oder als Zahl zwischen 1 und 12 notiert.

Die möglichen Varianten tendieren gegen unendlich, besonders wenn man bedenkt, dass es auch noch ganz andere Kalendersysteme gibt.

Wenn Sie die folgenden Beispiele selbst ausprobieren möchten, finden Sie die Datei *time.html* in den Beispieldateien zu diesem Kapitel.

8.4.1 Datumsangaben mit <time>

Das `time`-Element versucht, der Komplexität von Datumsangaben gerecht zu werden, indem es das Datum in zwei Teilen erfasst:

- Die Zeichen zwischen <time> und </time> erscheinen im Browser. Dort können Sie das Datum so schreiben, wie Sie es möchten. Es muss nicht einmal ein Datum sein. »Mein Geburtstag« ginge auch.
- Das Attribut datetime hingegen enthält eine in der Spezifikation definierte maschinenlesbare Variante des Datums.

Die Reihenfolge für das maschinenlesbare Datum im Attribut datetime ist festgelegt als Jahreszahl, Monat und Tag. Die Jahreszahl hat vier Stellen, Monat und Tag jeweils zwei. Fehlt die vierstellige Jahreszahl, kommt zuerst der Monat und dann der Tag.

Das folgende Listing zeigt ein paar mögliche Datumsvarianten:

```
<time datetime="2022-04-01">1. April 2022</time>
<time datetime="2022-04-01">First of April 2022</time>
<time datetime="2022-04-01">April Fools' Day in 2022</time>
<time datetime="04-01">Jedes Jahr wieder Aprilscherze</time>
```

Listing 8.7 Das Element »time« mit Datumsangaben

Wenn der Text zwischen <time> und </time> bereits ein maschinenlesbares Datum ist, können Sie das Attribut datetime auch weglassen:

```
<time>2022</time>
<time>2022-04-01</time>
```

Listing 8.8 Datumsangabe mit »time« ohne das Attribut »datetime«

8.4.2 Die Uhrzeit mit <time>

Eine Uhrzeit wird im Attribut datetime immer im 24-Stunden-Format notiert. Es gibt also kein angelsächsisches *3 a. m.* oder *12 p. m.* Wenn Datum und Uhrzeit zusammen angegeben werden, wird die Uhrzeit mit einem T oder einer Leerstelle vom Datum getrennt:

```
<time datetime="2022-04-01T13:00">13 Uhr am 1. April</time>
<time datetime="2022-04-01 13:00">13 Uhr am 1. April</time>
<time datetime="22:00">Zehn Uhr abends</time>
```

Listing 8.9 Das Element »time« mit Zeitangaben

Da Webseiten weltweit veröffentlicht werden, ist es bei einer Uhrzeit oft von Vorteil, zu wissen, auf welche Zeitzone sie sich bezieht. Dazu gibt es verschiedene Möglichkeiten.

- Die einfachste Variante ist einfach nur der Buchstabe Z hinter der Uhrzeit. Das bedeutet *UTC* (koordinierte Weltzeit), was letztlich dasselbe ist wie *GMT* (Greenwich Mean Time).
- Bei anderen Zeitzonen folgt nach der Uhrzeit ein Plus- oder Minuszeichen und der Zeitunterschied zur UTC im Format *Stunden:Minuten*.

Das folgende Listing zeigt die Uhrzeit »Zehn Uhr achtundzwanzig« in verschiedenen Zeitzonen:

```
<time datetime="10:28Z">Fast halb elf (das Z steht für UTC)</time>
<time datetime="10:28+00:00">Auch fast halb elf (UTC)</time>
<time datetime="10:28+01:00">In Berlin</time>
<time datetime="10:28-08:00">In San Francisco</time>
<time datetime="10:28+05:45">In Kathmandu (Nepal)</time>
```

Listing 8.10 Uhrzeit plus Zeitzone

8

Zum Schluss noch ein paar Beispiele mit allgemeineren und unvollständigen Datumsangaben wie »April 2022«. Diese sind im Alltag sehr nützlich:

```
<time datetime="2022-04">April 2022</time>
<time datetime="04-01">1. April</time> (egal welches Jahr)
<time datetime="2022-W18">Kalenderwoche 18 in 2022</time>
```

Listing 8.11 Das Element »time« mit ungenauen Datumsangaben

8.5 Ausklappbare Inhalte: <details> und <summary>

Mit den Elementen `details` und `summary` können Sie sehr einfach platzsparende, ausklappbare Inhalte erstellen, die manchmal auch *Akkordeon* genannt werden.

Wenn Sie das folgende Beispiel selbst ausprobieren möchten, finden Sie in den Übungsdateien zu diesem Kapitel im Unterordner *uebungen* die Datei *details-summary.html*.

8.5.1 Das HTML für ausklappbare Inhalte: <details> und <summary>

Mit den Elementen `details` und `summary` bietet HTML eine einfache Möglichkeit zum Verstecken und Anzeigen von längeren Texten.

Das Element `details` enthält eine kurze Zusammenfassung mit `summary`, die immer angezeigt wird, sowie eine ausführliche Beschreibung, die zunächst ausgeblendet wird.

Diese ausführliche Beschreibung kann ganz normale HTML-Elemente wie Überschriften, Absätze und Bilder enthalten.

Das folgende Listing zeigt ein einfaches Beispiel:

```
<details>
  <summary>HTML</summary>
  <p>Die <em>HyperText Markup Language</em> ist [...] </p>
</details>
<details>
  <summary>CSS</summary>
  <p>Die <em>Cascading Style Sheets</em> sind [...] </p>
</details>
<details>
  <summary>JS</summary>
  <p><em>JavaScript</em> ist [...] </p>
</details>
```

Listing 8.12 Ein Beispiel für <details> und <summary>

Nach dem Laden der Seite wird nur die Zusammenfassung angezeigt. Die ausführliche Beschreibung wird erst nach einer Interaktion des Benutzers sichtbar.

Abbildung 8.6 zeigt, dass vor der Zusammenfassung ein kleiner Pfeil nach links steht, der nach dem Öffnen der ausführlichen Beschreibung nach unten zeigt.

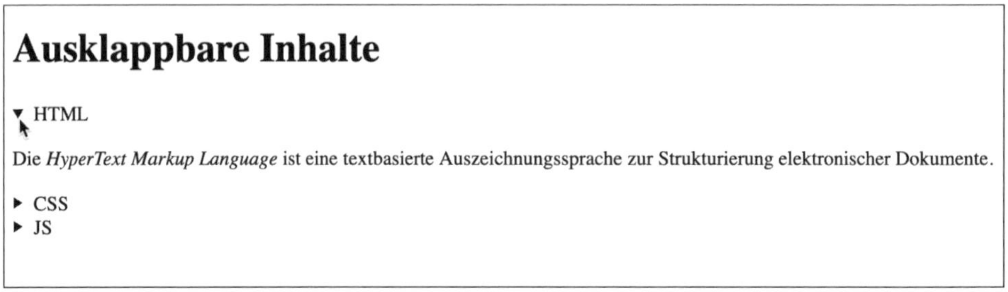

Abbildung 8.6 Ausklappbare Inhalte mit <details> und <summary>

Ältere Browser wie der Internet Explorer, die `details` und `summary` nicht kennen, zeigen die Inhalte in ausgeklapptem Zustand an, sodass der Inhalt in jedem Fall zugänglich bleibt.

Wenn das Element *details* ein Attribut namens *open* hat, zeigt der Browser das Element nach dem Laden der Seite ohne Interaktion durch den Benutzer ausgeklappt an, mit einem Pfeil nach unten:

```
<details open>
  <summary>HTML</summary>
  <p>Die <em>HyperText Markup Language</em> ist [...] </p>
</details>
```

Listing 8.13 Das Element <details> mit dem Attribut »open«

Beim Ausklappen von `details` wird das Attribut `open` im Quelltext automatisch hinzugefügt, sodass man mit einem Attributselektor wie `details[open]` gezielt geöffnete Elemente gestalten kann. Mehr zur Verwendung von Attributselektoren finden Sie in Abschnitt 13.8, »Attributselektoren haben eckige Klammern: [attribut]«.

8.5.2 Eine grundlegende Gestaltung für <details> und <summary>

Eine grundlegende Gestaltung für das umgebende Element `details` könnte so aussehen, dass man ihm eine Hintergrundfarbe, ein bisschen Innenabstand, eine Rahmenlinie und etwas Abstand nach unten gibt.

Mit Ausnahme von `border` zur Erstellung einer Rahmenlinie kennen Sie die entsprechenden CSS-Eigenschaften bereits. Bei der Gestaltung für das `summary`-Element gibt es hingegen auch neue Anweisungen:

- Damit Mausbenutzer sehen, dass die Inhalte mit einem Klick ausgeklappt werden können, wird der Mauszeiger durch `cursor: pointer` wie bei Hyperlinks in eine Hand mit ausgestrecktem Zeigefinger verändert.
- Mit `font-weight: bold` wird der Inhalt von `summary` fett gedruckt.
- Die Anweisung `font-size: 1.25rem` vergrößert die Schrift etwas.

Alles in allem könnte eine grundlegende Gestaltung im CSS so aussehen:

```
details {
  background-color: whitesmoke;
  padding: 1rem;
  border: 1px solid lightgrey;
  margin-bottom: 1rem;
}
summary {
  cursor: pointer;
  font-weight: bold;
  font-size: 1.25rem;
}
```

Listing 8.14 Grundlegende Gestaltung für <details> und <summary>

Abbildung 8.7 zeigt das Ergebnis im Browserfenster.

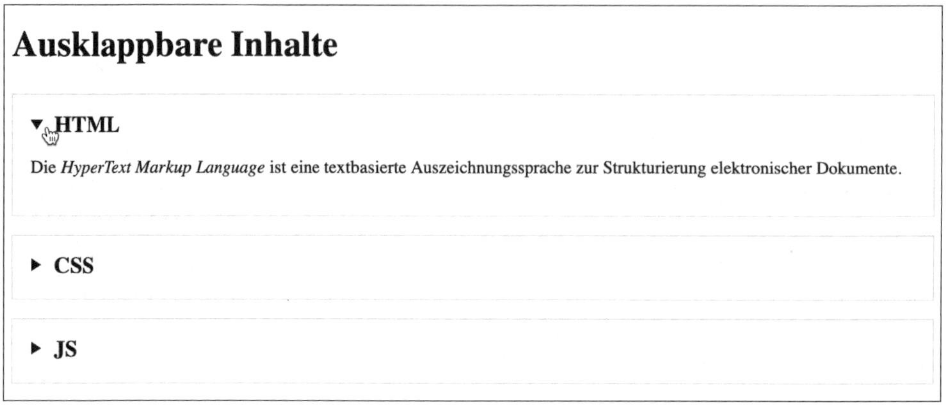

Abbildung 8.7 Grundlegende Gestaltung für <details> und <summary>

8.6 Änderungen am Text dokumentieren: <del> und <ins>

Wenn sich nach der Veröffentlichung eines Textes Änderungen ergeben, können Sie sie mit den zu Unrecht wenig bekannten Elementen `del` und `ins` markieren und gestalten. Besonders in schnelllebigen Blogs oder zur Auszeichnung von Preisen in Shops ist diese Möglichkeit zuweilen sehr praktisch.

Wenn Sie das folgende Beispiel selbst ausprobieren möchten, finden Sie die Datei *del-ins.html* in den Beispieldateien zu diesem Kapitel.

8.6.1 Das HTML für Änderungen am Text

Mit `del` (kurz für *delete*, dt. *löschen*) markieren Sie den zu streichenden Textteil, mit `ins` (wie *insert*, dt. *einfügen*) den neu hinzugekommenen. Das Attribut `datetime` ermöglicht es sogar, im Anfangs-Tag von `del` oder `ins` (oder beiden) das Datum der Änderung anzugeben:

```
<p>1805 komponiert der 35-jährige <del datetime="2022-04-28">Mozart</del>
<ins>Beethoven</ins> die ersten Skizzen für seine 5. Sinfonie.</p>
```

Listing 8.15 Beispiel für die Auszeichnung von Textänderungen

Im Browser sieht dieses HTML ohne weitere Gestaltung ungefähr so aus wie in Abbildung 8.8. Die Durchstreichung von `del` ist deutlich, aber die Einfügung von `ins` mit der Unterstreichung sieht fast aus wie ein Link.

Abbildung 8.8 Nachträgliche Textänderungen mit <del> und <ins>

8.6.2 Eine grundlegende Gestaltung für Änderungen am Text

Mit ein bisschen CSS lässt sich die Gestaltung von `ins` optimieren. Die folgende CSS-Regel entfernt mit der Anweisung `text-decoration: none` die Unterstreichung und gibt dem Text mit `lightyellow` eine Hintergrundfarbe sowie ein bisschen `padding`:

```
ins {
  text-decoration: none;
  background-color: lightyellow;
  padding: 0.25em;
}
```

Listing 8.16 Eine einfache Gestaltung für das Element »ins«

In diesem Beispiel hat die Einheit `em` den Vorteil, dass das `padding` an die Schriftgröße für den Absatz gekoppelt ist: Wird die Schrift größer, wächst auch das `padding`.

Abbildung 8.9 zeigt das Beispiel mit dieser CSS-Regel.

Abbildung 8.9 Eine einfache Gestaltung für das Element <ins>

Die beiden Elemente `ins` und `del` sind übrigens eine Art Zwitter zwischen Block- und Inline-Element:

- Werden sie wie im Beispiel *innerhalb* von *Blockelementen* eingesetzt, verhalten sie sich wie Inline-Elemente.

- *Außerhalb* von Blockelementen werden sie zum Blockelement und können somit andere Blockelemente sowie deren Inhalt einschließen.

Dieses Verhalten ist besonders bei längeren Textpassagen sehr praktisch, denn dadurch können Sie mit `del` nicht nur einzelne Wörter, sondern zum Beispiel auch ganze Abschnitte markieren.

8.7 Kurz vorgestellt: <span>, <hr> und <small>

In diesem Abschnitt stelle ich Ihnen drei Elemente – `span`, `hr` und `small` – kurz vor. Abbildung 8.10 zeigt die drei Kandidaten auf einen Blick, wobei man das `span` nicht sehen kann, da es nur im Quelltext vorhanden ist.

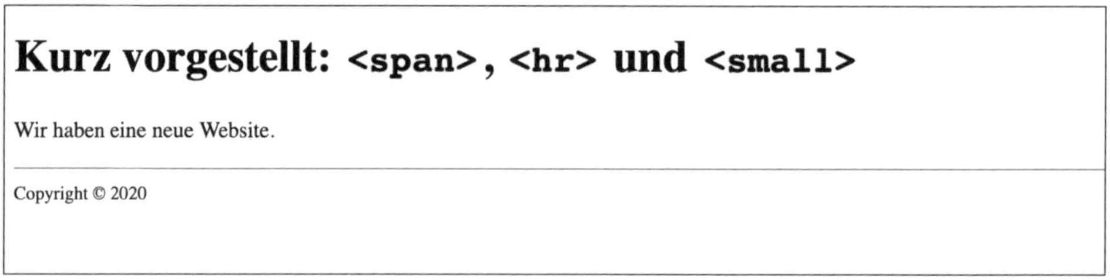

Abbildung 8.10 Die Elemente <span>, <hr> und <small> auf einen Blick

Wenn Sie das folgende Beispiel selbst ausprobieren möchten, finden Sie in den Übungsdateien zu diesem Kapitel im Unterordner *uebungen* die Datei *span-hr-small.html*.

8.7.1 <span> ist ein semantisch neutrales Inline-Element

`span` (»umspannen«) ist ein semantisch neutrales Inline-Element und somit quasi der Inline-Kollege von `div`. Mit `span` und dem Universalattribut `lang` können Sie zum Beispiel einem Wort eine Sprache mit auf den Weg geben, damit es von einem Screenreader korrekt ausgesprochen wird:

```
Wir haben eine neue <span lang="en">Website</span>.
```

Listing 8.17 Ein Beispiel für die Verwendung von »span«

Auch zur Gestaltung mit CSS ist es manchmal sinnvoll, bestimmte Textpassagen mit `span` zu markieren.

8.7.2 <hr> markiert einen inhaltlichen Bruch innerhalb eines Abschnitts

Das Element `hr` (*horizontal rule*, dt. *waagerechte Linie*) erzeugt im Browserfenster einfach nur eine waagerechte Linie, die Bereiche im Dokument voneinander trennt.

Ein typisches Beispiel sind Erzählungen, Romane oder andere längere Texte, bei denen zwischen zwei Absätzen plötzlich eine geschwungene Linie oder drei einsame Sternchen auftauchen. Damit wird angedeutet, dass sich zwischen diesen beiden Absätzen inhaltlich etwas geändert hat.

* * *

Vereinfacht gesagt, ist `hr` immer dann dran, wenn innerhalb eines Textes ein inhaltlicher Bruch oder Wechsel erfolgt, man aber keine Überschrift einsetzen möchte, die diesen Wechsel explizit kennzeichnet. Anders ausgedrückt: Wahrscheinlich werden Sie es nicht so wahnsinnig oft benötigen.

8.7.3 Das sprichwörtliche Kleingedruckte mit <small>

Das Element `small` war früher eine beliebte Art, direkt in HTML kleinere Schrift zu erzeugen.

Das gilt inzwischen als schlechter Stil, denn Gestaltung ist die Aufgabe von CSS, aber statt `small` einfach ersatzlos zu streichen, wurde es in der HTML-Spezifikation sozusagen »semantisiert«: `small` kennzeichnet das sprichwörtliche Kleingedruckte wie Copyright-Infos, Disclaimer, rechtliche Anmerkungen und dergleichen mehr. In der ansonsten eher trockenen HTML-Spezifikation kann das durchaus als Anflug von Humor gelten.

Das folgende Listing zeigt einen Copyright-Hinweis in einem Fußbereich:

```
<footer class="site-footer">
  <small>Copyright &copy; <time datetime="2022">2022</time></small>
</footer>
```

Listing 8.18 Das Kleingedruckte mit »small«

8.8 Weitere Inline-Elemente in der Übersicht

Zum Abschluss zeigt Tabelle 8.1 noch ein paar Inline-Elemente, die nicht sehr häufig verwendet werden, aber trotzdem nicht unerwähnt bleiben sollen.

Element	Funktion	Beispiel
abbr	Abkürzung erläutern	`<abbr title="United States">US</abbr>`
sub	tiefergestellter Text	Wasser ist chemisch H₂O.
sup	höhergestellter Text	Das Zimmer hat 12m².
code	Quelltext auszeichnen	Das Element heißt <code>br</code>.

Tabelle 8.1 Einige seltener verwendete Inline-Elemente

Mit code kann man nicht nur einzelne Begriffe, sondern auch mehrzeilige Quelltextpassagen auszeichnen. Dabei taucht das Problem auf, dass eventuelle Einrückungen am Anfang einer Zeile verschwinden, denn mehrere Leerstellen werden vom Browser zu einer einzigen Leerstelle zusammengefasst.

Wenn Sie zum Beispiel, wie im folgenden Listing gezeigt, eine CSS-Regel auf einer Webseite mit Einrückungen und Umbrüchen darstellen möchten, wird das Element code deshalb oft vom Element pre umgeben, das den darin vorhandenen Weißraum konserviert. Leerzeichen, Tabs und Zeilenumbrüche bleiben also genau so erhalten, wie sie innerhalb von <pre> und </pre> im Quelltext stehen:

```
<p>Eine CSS-Regel zur Gestaltung des Kopfbereiches</p>
<pre><code>header {
  background-color: steelblue;
  color: white;
}</code></pre>
```

Listing 8.19 Eine Möglichkeit zur Darstellung von Quelltext

Mit ein bisschen CSS für Farben und Innenabstand sieht das dann so aus wie in Abbildung 8.11.

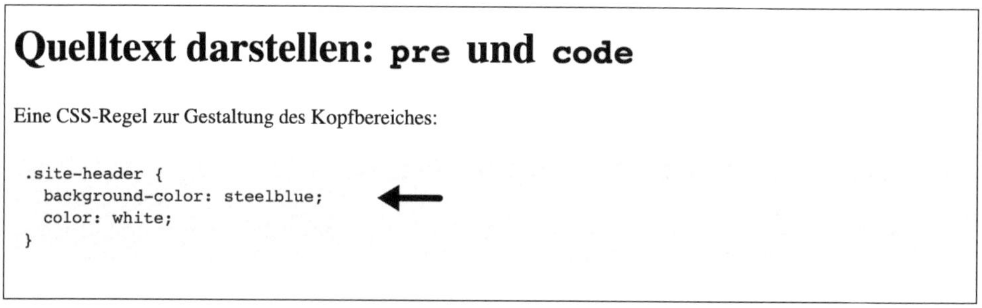

Abbildung 8.11 Eine CSS-Regel mit <pre> und <code>

Weitere Elemente finden Sie in der HTML-Referenz von SelfHTML

Eine komplette HTML-Referenz mit allen Elementen und Attributen finden Sie zum Beispiel im Wiki von SelfHTML:

- *wiki.selfhtml.org/wiki/HTML/Elemente*
- *wiki.selfhtml.org/wiki/HTML/Attribute*

8.9 Know-how: Zeichensätze und Sonderzeichen

Auch im 21. Jahrhundert sind Umlaute und andere Sonderzeichen in mancher Situation noch keine vollwertigen Mitglieder der Buchstabenfamilie. Warum das so ist und wie man sie trotzdem richtig darstellt, erfahren Sie in diesem Abschnitt.

8.9.1 UTF-8: Wissenswertes über Zeichensätze

Auf den meisten Webseiten steht ziemlich am Anfang des Quelltextes ein `meta`-Element, das den Zeichensatz definiert, mit dem der Browser den Text auf der Webseite darstellen soll:

```
<meta charset="utf-8">
```

Listing 8.20 <meta> zur Definition des Zeichensatzes

Diese Angabe ist wichtig zur korrekten Darstellung von Umlauten und anderen Sonderzeichen. Im Arbeitsspeicher eines Computers stehen nämlich keine Buchstaben, sondern Zahlen, die anhand einer Schablone am Bildschirm als Zeichen dargestellt werden. Eine solche Schablone wird *Zeichensatz* genannt und war lange Zeit auf maximal 256 Zeichen begrenzt.

Um die Grenze von 256 Zeichen pro Schablone zu sprengen, wurde *Unicode* erfunden. Das »Uni« im Namen steht für *universell*, und das Ziel war es, einen Zeichensatz für alle auf diesem Planeten verwendeten Zeichen zu erstellen. Das Unicode-Format *UTF-8* zum Beispiel kann bis zu 1.114.112 Zeichen abbilden.

UTF-8 hat sich in den letzten Jahren zum Zeichensatzstandard für das Internet entwickelt, und moderne Betriebssysteme haben damit keine Probleme. Wenn nichts dagegenspricht, sollten Sie immer mit UTF-8 arbeiten.

> **Details zu Zeichensätzen beim W3C**
>
> Eine gelungene Darstellung der Zusammenhänge und Empfehlungen im Umgang mit Zeichensätzen finden sich beim W3C (auf Deutsch):
>
> - *w3.org/International/questions/qa-what-is-encoding.de.php*
> - *w3.org/International/tutorials/tutorial-char-enc/*

8.9.2 Die Kodierung von Sonderzeichen in HTML

Die Kodierung der Sonderzeichen im HTML-Quelltext geschieht in einer besonderen Form.

- Sie beginnen mit dem *Et-Zeichen* &, umgangssprachlich auch bekannt als *Kaufmanns-Und*.
- Gefolgt wird es von einem Kürzel, das eine Buchstaben- oder Zahlenkombination sein kann, wie zum Beispiel *copy*.
- Am Ende der Kodierung steht ein Semikolon.

Hier das Beispiel auf einen Blick:

```
&copy;
```

Listing 8.21 Das Kürzel für das Sonderzeichen zum Copyright

Im Browserfenster wird das Kürzel © durch das Symbol © ersetzt:

- Wenn ein Browser das & sieht, weiß er: »Hier beginnt ein Sonderzeichen.«
- Danach erwartet er ein definiertes Kürzel wie copy.
- Durch das Semikolon weiß der Browser, dass das Sonderzeichen beendet ist und es normal weitergeht.

Tabelle 8.2 zeigt eine Übersicht einiger Sonderzeichen.

Zeichen	Im HTML	Englisch
<	<	less than
>	>	greater than
&	&	ampersand (Et-Zeichen, Kaufmanns-Und)
—	—	m-dash (langer Bindestrich)

Tabelle 8.2 Einige häufig benötigte Sonderzeichen

Zeichen	Im HTML	Englisch
€	€	euro
©	©	copyright
®	®	registered trademark
•	•	bullet
geschützte Leerstelle		non breakable space

Tabelle 8.2 Einige häufig benötigte Sonderzeichen (Forts.)

Streng genommen ist die Kodierung für viele Sonderzeichen nicht wirklich nötig, denn mit UTF-8 sollte alles, was Sie auf der Tastatur im Editor eingeben können, auch beim Besucher im Browser ankommen. Wirklich wichtig ist die Kodierung für in HTML reservierte Zeichen:

- Die Kleiner- und Größer-als-Zeichen < und > kennzeichnen Tags. Wenn Sie möchten, dass diese Zeichen auf einer Webseite dargestellt werden, dann müssen Sie sie kodieren: Um im Browser die mathematische Aussage *3 < 5* zu zeigen, schreiben Sie im Quelltext 3 < 5.
- Das Kaufmanns-Und & leitet wie gesehen ein Sonderzeichenkürzel ein. Soll ein & im Browser dargestellt werden, schreiben Sie im Quelltext &.

Der Vollständigkeit halber zeigt Tabelle 8.3 noch die Kodierung für »German Umlauts«, wie Amerikaner das nennen, und andere Sonderzeichen. Früher war es oft hilfreich, diese Kürzel im Quelltext zu verwenden, mit UTF-8 ist das nicht mehr nötig.

Zeichen	Im HTML	Beschreibung
Ö	Ö	O-Umlaut
ö	ö	o-Umlaut
Ä	Ä	A-Umlaut
ä	ä	a-Umlaut
Ü	Ü	U-Umlaut
ü	ü	u-Umlaut
Ë	Ë	E-Umlaut

Tabelle 8.3 »German Umlauts« und andere Sonderzeichen

Zeichen	Im HTML	Beschreibung
ë	`ë`	e-Umlaut
ß	`ß`	kleines Eszett

Tabelle 8.3 »German Umlauts« und andere Sonderzeichen (Forts.)

Seit dem 29. Juni 2017 ist übrigens das große Eszett (ẞ) Bestandteil der amtlichen deutschen Rechtschreibung. Falls Sie es mal benötigen: `ẞ`

Sonderzeichen im Überblick

Die folgenden Websites eignen sich zum Nachschlagen von HTML-Sonderzeichen:

- *mediaevent.de/tutorial/sonderzeichen.html* (gute Beispiele)
- *wiki.selfhtml.org/wiki/Zeichenreferenz*

Die Referenz von SelfHTML ist übersichtlich und sehr ausführlich.

8.10 Auf einen Blick

Hier sind noch einmal die wichtigsten Punkte im Überblick:

- Zitate werden mit `blockquote` ausgezeichnet. Quellenangaben mit `cite` stehen außerhalb des Zitats.
- Zitat und Quellenangabe kann man mit `figure` und `figcaption` auszeichnen.
- Mit dem Element `br` kann man einen Zeilenumbruch erzwingen.
- `address` dient zur Auszeichnung von Kontaktinformationen.
- Änderungen am Text lassen sich mit `del` und `ins` dokumentieren.
- Das Element `time` ermöglicht Zeitangaben für Menschen und Maschinen.
- Mit `details` und `summary` kann man ausklappbare Inhalte erstellen.
- `span` ist ein semantisch neutrales Inline-Element.
- `hr` erstellt eine waagerechte Linie, die Bereiche im Dokument voneinander trennt.
- `small` markiert das sprichwörtliche Kleingedruckte auf einer Webseite.
- Ein Zeichensatz sorgt dafür, dass Umlaute und andere Sonderzeichen korrekt im Browserfenster erscheinen. UTF-8 hat sich als Zeichensatz im Web durchgesetzt und gilt als Standard.
- Die Kodierung von Sonderzeichen folgt dem Schema `&kuerzel;`

Kapitel 9

HTML-Elemente zum Erstellen von Formularen

Worin Sie die wichtigsten Elemente und Attribute zu HTML-Formularen kennenlernen und dann damit ein DSGVO-kompatibles Kontaktformular erstellen.

Die Themen im Überblick:

In diesem Kapitel lernen Sie die wichtigsten HTML-Elemente für Formulare kennen. Anschließend erstellen Sie mit diesen Bausteinen ein einfaches DSGVO-kompatibles Kontaktformular.

In den Übungsdateien finden Sie im Ordner zu diesem Kapitel im Unterordner *uebungen* diverse Dateien zu den verschiedenen Formularelementen.

9.1 Interaktion mit Besuchern basiert auf HTML-Formularen

Alle Interaktionen zwischen einer Webseite und einem Benutzer basieren im Web auf Formularen. Abbildung 9.1 zeigt das Suchformular von Google, das wohl eines der meistgenutzten Formulare im Web ist, aber von vielen Surfern überhaupt nicht als Formular wahrgenommen wird.

Abbildung 9.1 Das wohl bekannteste Formular im World Wide Web

Egal ob Suchformular einer Suchmaschine, Bestellformular vom Webshop oder Kontaktformular auf Ihrer Website, Interaktion besteht im Web immer aus zwei Teilen:

- einem HTML-Formular zur Erfassung der Daten im Browser
- einem Programm zur Verarbeitung der Daten auf einem Webserver

In diesem Kapitel lernen Sie die wichtigsten Elemente und Attribute für HTML-Formulare kennen.

9.2 Das Element <form> definiert ein Formular

Das Element `form` umschließt das gesamte Formular: Durch das Anfangs-Tag `<form>` weiß der Browser, dass ein Formular beginnt, und durch das Ende-Tag `</form>` wird es beendet.

Das Element `form` hat fast immer die Attribute `action` und `method`:

```
<form action="#" method="post"> ... </form>
```

Listing 9.1 Das Element »form« mit den Attributen »action« und »method«

Das Attribut `action` enthält den Pfad zum Programm, das die vom Benutzer eingegebenen Daten nach dem Abschicken verarbeiten soll. Wenn das Programm noch nicht bekannt ist, nehmen Sie als Platzhalter ein Rautezeichen #.

Das Attribut `method` kennt die beiden Werte `get` und `post`, mit denen festgelegt wird, wie die Formulardaten verschickt werden.

Der Unterschied zwischen diesen beiden Versandmethoden ist im Grunde recht einfach:

- `get` ist die Standardeinstellung. Die Formulardaten werden nach dem Abschicken des Formulars mit einem Fragezeichen am Ende der URL angezeigt. Das ist zum Beispiel bei Suchformularen oft der Fall, denn wenn die Parameter in der URL auftauchen, kann man die Suche als Lesezeichen speichern oder per Mail verschicken.
- `post` wird immer dann verwendet, wenn die verschickten Formulardaten *nicht* in der Adresszeile des Browsers auftauchen sollen. Das ist bei den meisten Formularen der Fall: Kontaktformulare, Anmeldeformulare etc. werden in der Regel per `post` verschickt.

Bei einem per `post` verschickten Formular bleiben die Formulardaten für den Besucher nach dem Verschicken also unsichtbar. Bei einem per `get` verschickten Formular werden die Formulardaten in der Adresszeile des Browsers sichtbar. Abbildung 9.2 zeigt die im Suchformular eingegebenen Suchbegriffe als Werte für den Parameter *q* (steht für *query*, auf Deutsch *Abfrage*) als Teil der URL.

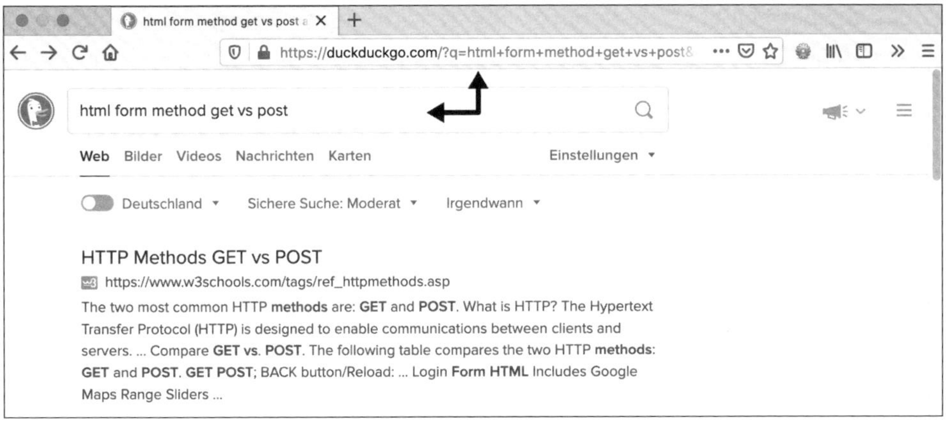

Abbildung 9.2 Die Methode »get« zeigt die Formulardaten in der URL.

9.3 Einzeilige Eingabefelder erstellen und beschriften: <input> und <label>

Einzeilige Eingabefelder werden mit dem Element `input` erzeugt und mit `label` beschriftet. Wenn Sie die folgenden Beispiele selbst ausprobieren möchten, finden Sie Beispiele dazu in den Übungsdateien zu diesem Kapitel.

9.3.1 Ein einzeiliges Eingabefeld für Text: <input type="text">

Das wahrscheinlich am häufigsten verwendete Formularelement ist ein einzeiliges Eingabefeld für Text. Hier ein Beispiel:

```
<input type="text" id="besuchername" name="besuchername">
```

Listing 9.2 Ein einzeiliges Eingabefeld mit den Attributen »id« und »name«

Das Element `input` hat kein Ende-Tag und wird vom Browser durch ein Formularfeld ersetzt. Welches Formularfeld der Browser erzeugt, hängt vom für das Attribut `type` verwendeten Wert ab. Das in Listing 9.2 gezeigte `type="text"` wird zu einem einzeiligen Eingabefeld für beliebigen Text.

Die meisten Formularfelder haben außerdem, wie in Listing 9.2 gezeigt, eine ID und einen Namen, die oft denselben Wert haben. Das erscheint auf den ersten Blick doppelt gemoppelt, aber die beiden Attribute werden für unterschiedliche Zwecke verwendet:

- Das Attribut `id` hilft weiter unten bei der Beschriftung des Feldes mit `label`. Das lernen Sie gleich im nächsten Schritt kennen.
- Das Attribut `name` wird zur Auswertung der Formulardaten durch ein Programm auf dem Webserver benötigt.

Die Werte für `id` und `name` sind im Prinzip frei wählbar und könnten auch unterschiedlich sein, aber Leerzeichen, Umlaute oder sonstige Sonderzeichen sollten nicht darin vorkommen.

9.3.2 Die Beschriftung eines Formularfeldes mit <label>

Ein Formularfeld braucht eine Beschriftung, damit der Besucher weiß, welche Daten er in das Feld eingeben soll. Zur Beschriftung dient das HTML-Element `label`, und dabei gibt es zwei Möglichkeiten, die ich Ihnen kurz vorstellen möchte.

In der ersten Variante umschließt die Beschriftung mit `label` das zu beschriftende Eingabefeld:

```
<label>Ihr Name: <input type="text" name="besuchername"></label>
```

Listing 9.3 <label> umschließt das Eingabefeld.

Durch die Verschachtelung der Elemente ist die Zuordnung von Beschriftung und Formularfeld deutlich und eine ID für das Eingabefeld nicht zwingend notwendig, aber die Verschachtelung schränkt die Gestaltungsmöglichkeiten für das Formular etwas ein.

Abbildung 9.3 zeigt das Eingabefeld mit Beschriftung im Browser.

Abbildung 9.3 Ein einzeiliges Eingabefeld für Text mit Beschriftung

Flexibler und in der Praxis weiter verbreitet ist die zweite Variante, in der Beschriftung und Eingabefeld *nacheinander* stehen:

```
<label>Ihr Name: </label>
<input type="text" name="besuchername">
```

Listing 9.4 <label> und <input> nacheinander

Im Browserfenster hat sich dadurch optisch nichts geändert, aber Beschriftung und Formularfeld sind nicht verschachtelt und dadurch flexibler gestaltbar.

Durch die visuelle Anordnung ist für sehende Benutzer deutlich, dass die Beschriftung für das nachfolgende Formularfeld gilt, aber im HTML gibt es für Screenreader keine erkennbare logische Verbindung zwischen Beschriftung und Eingabefeld. Deshalb wird `label` um ein Attribut namens `for` ergänzt, das als Wert die ID des zu beschriftenden Formularfeldes bekommt:

```
<label for="besuchername">Ihr Name:</label>
<input type="text" id="besuchername" name="besuchername ">
```

Listing 9.5 Beschriftung von Formularfeldern mit »label«

Damit ist auch für Screenreader und andere Programme klar, dass die Beschriftung für das Eingabefeld mit der ID `besuchername` gilt. Ein Formularfeld kann übrigens auch mehrere `label`-Beschriftungen haben.

Ein netter Nebeneffekt der Verbindung von Beschriftung und Formularfeld ist, dass der Benutzer auf die Beschriftung klicken kann, um das Formularfeld zu aktivieren.

9.3.3 Ein Eingabefeld für E-Mail-Adressen: <input type="email">

Nach dem Namen des Besuchers folgt in vielen Kontaktformularen ein Eingabefeld für eine E-Mail-Adresse. Der Aufbau im HTML ist ähnlich wie bei einem Textfeld, aber das Attribut *type* hat jetzt den Wert *email*:

```
<label for="besuchermail">Ihre E-Mail</label>
<input type="email" id="besuchermail" name="besuchermail">
```

Listing 9.6 Ein spezielles Eingabefeld für E-Mail-Adressen

Das Feld sieht im Browserfenster genauso aus wie ein normales Textfeld, aber der Browser weiß durch die Angabe von `type="email"`, dass das Feld für eine E-Mail-Adresse ist, und kann entsprechend darauf reagieren. Auf mobilen Geräten zeigen Browser für ein E-Mail-Feld zum Beispiel eine spezielle virtuelle Tastatur, mit der die Eingabe der E-Mail-Adresse für den Benutzer erleichtert wird (Abbildung 9.4).

Abbildung 9.4 Links ein normales Textfeld, rechts eines vom Typ »email«

Weitere Eingabefelder für URLs, Telefonnummern und mehr

Es gibt noch viele andere Input-Typen, wie zum Beispiel:

- `<input type="url">` für Webadressen
- `<input type="tel">` für Telefonnummern
- `<input type="hidden">` für ein im Browser nicht sichtbares Feld

Eine Übersicht finden Sie zum Beispiel im Wiki von SelfHTML:

- *wiki.selfhtml.org/wiki/HTML/Tutorials/Formulare/input*

9.3.4 Pflichtfelder definieren: das Attribut »required«

Pflichtfelder sind Felder, die vor dem Abschicken des Formulars ausgefüllt oder aktiviert werden müssen. Um ein Formularfeld zu einem Pflichtfeld zu machen, kennt HTML das Attribut `required` (dt. *erforderlich*). Im Quelltext könnte das so aussehen wie im folgenden Listing:

```
<label for="besuchername">Ihr Name:</label>
<input type="text" id="besuchername" name="besuchername" required>
```

Listing 9.7 Ein Formularfeld wird mit »required« zum Pflichtfeld.

Wenn der Browser das Attribut `required` sieht, überprüft er vor dem Abschicken, ob das Feld ausgefüllt wurde. Falls das nicht der Fall ist, bekommt der Benutzer einen entsprechenden Hinweis (Abbildung 9.5).

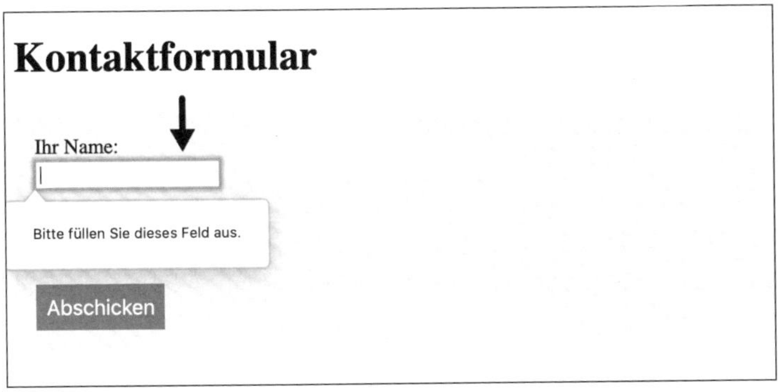

Abbildung 9.5 Pflichtfelder mit »required« werden vom Browser überprüft.

Weitere Attribute für einzeilige Eingabefelder in der Übersicht

Es gibt noch weitere mögliche Attribute für Eingabefelder:

- `size="30"` bewirkt, dass ein Eingabefeld 30 Zeichen breit dargestellt wird. Diese Angabe kann per CSS überschrieben werden.
- `maxlength="50"` ist die maximale Anzahl an Zeichen, die in das Feld eingegeben werden kann. Dabei spielt es keine Rolle, wie groß das Feld visuell dargestellt wird.
- `placeholder=""` dient zur Textvorbelegung von Feldern. Die in den Anführungsstrichen eingegebenen Zeichen erscheinen nach dem Laden der Seite im Formularfeld. `placeholder` ist *kein* Ersatz für eine korrekte Beschriftung mit `label`.
- `autofocus` setzt den Cursor nach dem Laden der Webseite sofort in das Feld. Das Attribut sollte sehr sparsam eingesetzt werden, denn Sie wissen nicht, ob der Benutzer das Formular wirklich ausfüllen oder nur mal schauen möchte.

9.4 Mehrzeilige Eingabefelder erstellen und beschriften: <textarea> und <label>

Ein mehrzeiliges Eingabefeld erstellen Sie mit dem Element `textarea`, und die Beschriftung erfolgt wieder mit `label`. `textarea` kennt diverse Attribute, die im folgenden Listing der Übersichtlichkeit halber untereinanderstehen:

```
<label for="nachricht">Ihre Nachricht: </label>
<textarea id="nachricht"
          name="nachricht"
          cols="30"
          rows="5"></textarea>
```

Listing 9.8 Ein mehrzeiliges Eingabefeld mit diversen Attributen

Abbildung 9.6 zeigt dieses Formularfeld im Browser, und man sieht, dass die Ausrichtung von Beschriftung und Formularfeld ohne weitere Gestaltung nicht unbedingt optimal ist. In Abschnitt 9.8, »Ein DSGVO-kompatibles Kontaktformular erstellen«, sehen Sie, wie man das ändert.

Mit den Attributen `cols` (Spalten, kurz für *columns*) und `rows` (Zeilen) können Sie die Größe des Eingabefeldes angeben. Die Zahlen stehen für die ungefähre Anzahl von Zeichen bzw. Zeilen, die in das Feld passen. Mit CSS können Sie die Größe des Feldes bei Bedarf genauer definieren.

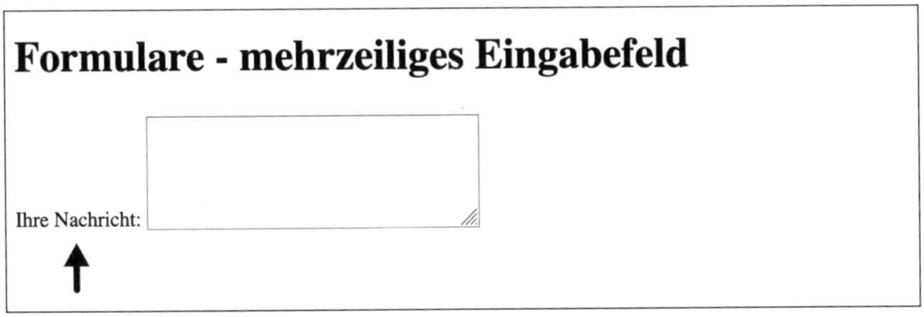

Abbildung 9.6 Ein ungestaltetes, mehrzeiliges Eingabefeld mit Beschriftung

Die Attribute im Anfangs-Tag können Sie, wie in Listing 9.8 gezeigt, bei Bedarf übersichtlich untereinanderstellen, aber achten Sie darauf, dass zwischen der schließenden spitzen Klammer des Anfangs-Tags `<textarea>` und der öffnenden spitzen Klammer des Ende-Tags `</textarea>` nichts steht, auch kein Leerzeichen oder Zeilenumbruch. Viele Browser setzen den Cursor beim Ausfüllen des Formulars sonst nicht an den Anfang des Feldes, sondern mitten hinein, was für den Benutzer ziemlich nervig sein kann.

9.5 Zum Anklicken: eckige Kontrollkästchen, runde Optionsfelder und ausklappbare Auswahllisten

Bei ein- und mehrzeiligen Eingabefeldern kann der Benutzer beliebige Daten eingeben, solange diese dem festgelegten Datentyp entsprechen. In diesem Abschnitt zeige ich Ihnen zwei Arten von Formularfeldern, mit denen Sie dem Benutzer eine Auswahl von Möglichkeiten vorgeben können:

- Kontrollkästchen (eckige Checkboxen)
- Optionsfelder (runde Radiobuttons)
- Auswahllisten

Los geht es mit den Kontrollkästchen. Wenn Sie die folgenden Beispiele selbst ausprobieren möchten, finden Sie die Übungsdateien im Ordner zu diesem Kapitel im Unterordner *uebungen*.

9.5.1 Eckige Kontrollkästchen mit <input type="checkbox">

Kontrollkästchen, auch *Checkboxes* genannt, sind eckig und entweder angekreuzt oder nicht. Sie werden genau wie einzeilige Eingabefelder mit dem Element `input` erzeugt, und zwar mit dem Attribut `type="checkbox"`:

```
<input type="checkbox" id="infomaterial" name="infomaterial" value="ja">
```

Listing 9.9 Eine Checkbox ohne Beschriftung

Ist das Kontrollkästchen beim Abschicken des Formulars aktiviert, schickt der Browser eine Variable mit dem Namen `infomaterial` zum Programm auf dem Server, die den Wert des Attributs `value` enthält, im Beispiel also `ja`.

Die Beschriftung steht bei Checkboxen häufig *nach* dem Formularfeld:

```
<input type="checkbox" id="infomaterial" name="infomaterial" value="ja">
<label for="infomaterial">Bitte schicken Sie mir Infomaterial.</label>
```

Listing 9.10 Eine Checkbox mit einer Beschriftung

Im Browser sehen Kontrollkästchen und Beschriftung zum Beispiel so aus wie in Abbildung 9.7.

Abbildung 9.7 Kontrollkästchen mit Beschriftung

Checkboxen sind Einzelgänger und haben keinerlei Verbindung miteinander. Wenn es in einem Formular also mehrere Checkboxen gibt, kann der Benutzer eines, keines oder mehrere aktivieren, auch wenn diese wie eine Gruppe aussehen.

> **Kontrollkästchen bereits beim Laden ankreuzen mit »checked«**
> Das Attribut `checked` bewirkt, dass das Kontrollkästchen nach dem Laden der Seiten bereits aktiviert ist, aber das benötigt man nur selten.

9.5.2 Runde Optionsfelder mit <input type="radio">

Optionsfelder sind rund und heißen im Englischen *Radiobuttons*, weil sie mit ein bisschen Fantasie aussehen wie die Knöpfe zur Senderwahl an alten Radios.

Optionsfelder sind echte Herdentiere und erscheinen immer nur in Gruppen, in denen immer nur eine Option aktiv sein kann. Optionsfelder, die zusammen eine Gruppe bilden, haben denselben Wert für das Attribut `name`.

Das folgende Listing zeigt drei Optionsfelder, bei denen der Besucher ein Land auswählen kann. Die Beschriftung erfolgt wie gewohnt mit `label`. Die Felder bilden eine Gruppe, weil sie für das Attribut `name` alle drei den Wert `land` haben.

```
<input type="radio" id="de" name="land" value="de">
<label for="de">Deutschland</label>

<input type="radio" id="at" name="land" value="at">
<label for="at">Österreich</label>

<input type="radio" id="ch" name="land" value="ch">
<label for="ch">Schweiz</label>
```

Listing 9.11 Optionsfelder haben denselben Namen, aber andere IDs.

Abbildung 9.8 zeigt die Optionsfelder aus Listing 9.11 im Browser. Eine Besonderheit von Optionsfeldern ist also, dass sie denselben Wert für das Attribut `name`, aber unterschiedliche IDs und Werte für `value` haben.

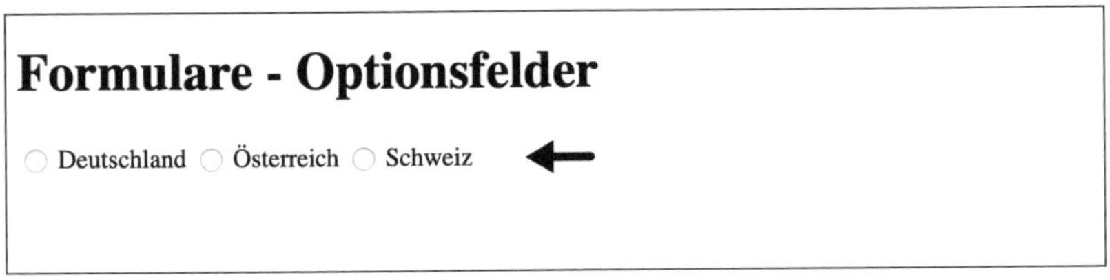

Abbildung 9.8 Optionsfelder sind rund und stehen nebeneinander.

> **Optionsfelder aktivieren mit dem Attribut »checked«**
>
> Das Attribut `checked` bewirkt bei Optionsfeldern, dass das entsprechende Feld nach dem Laden des Formulars bereits ausgewählt ist. Aus einer Gruppe von Optionsfeldern kann immer nur eines `checked` sein.

9.5.3 Auswahllisten mit <select> und <option>

Auswahllisten funktionieren im Prinzip ähnlich wie Optionsfelder: Sie bieten mehrere Optionen an, von denen eine ausgewählt werden kann. Im Unterschied zu Optionsfeldern sind aber nach dem Laden des Formulars nicht alle Optionen sichtbar. Der Benutzer muss also die Liste herausklappen und dann eine Option wählen. Das folgende Listing zeigt ein Beispiel:

```
<label for="land">In welchem Land wohnen Sie?</label>
<select id="land" name="land">
  <option value="">Bitte wählen Sie ein Land aus der Liste: </option>
  <option value="de">Deutschland</option>
  <option value="ch">Schweiz</option>
  <option value="at">Österreich</option>
  <option value="nl">Niederlande</option>
</select>
```

Listing 9.12 Eine Auswahlliste mit <select> und <option>

Auswahllisten sehen für jeden Benutzer etwas anders aus, denn die Umsetzung ist je nach verwendetem Betriebssystem und Browser sehr unterschiedlich. Abbildung 9.9 zeigt dasselbe HTML, links in Firefox unter macOS und rechts in Safari auf einem iPhone.

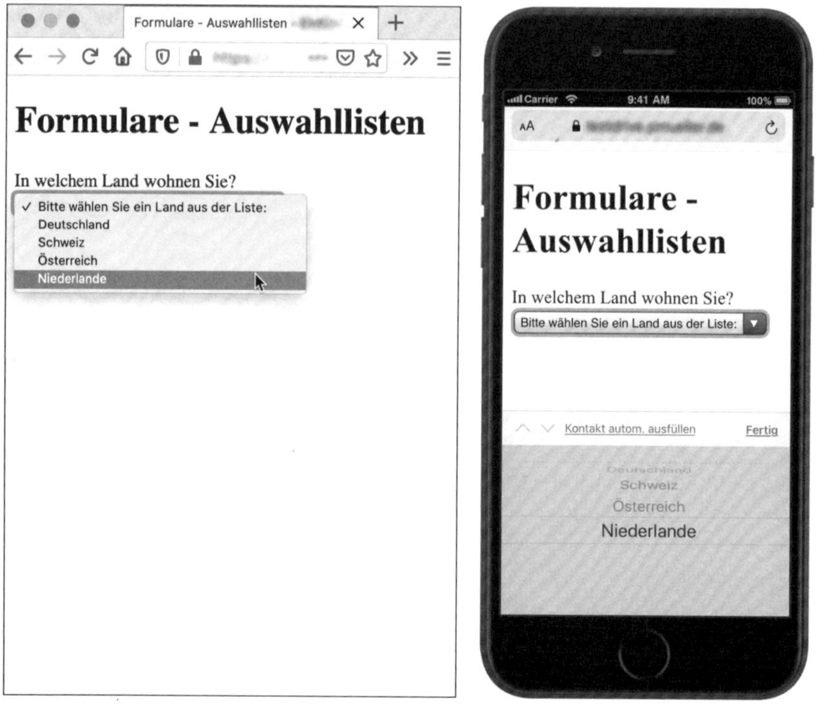

Abbildung 9.9 <select> sieht bei jedem Benutzer etwas anders aus.

9.6 Formularfelder gruppieren mit <fieldset> und die Gruppe beschriften mit <legend>

Das Element `fieldset` ermöglicht eine Gruppierung von zusammengehörigen Formularelementen, und die Gruppe kann man dann mit dem Element `legend` beschriften.

Das folgende Listing zeigt ein paar Optionsfelder, die mit `fieldset` gruppiert und mit `legend` beschriftet werden. Das `input`-Element und die Beschriftung per `label` werden in diesem Beispiel zusätzlich noch von einem `div` umgeben, damit sie im Browserfenster untereinanderstehen:

```
<fieldset>
  <legend>In welchem Land wohnen Sie?</legend>
  <div>
    <input type="radio" id="de" name="land" value="de">
    <label for="de">Deutschland</label>
  </div>
  <div>
    <input type="radio" id="at" name="land" value="at">
    <label for="at">Österreich</label>
  </div>
  <!-- Weitere Optionen -->
</fieldset>
```

Listing 9.13 Formularfelder gruppieren mit <fieldset> und <legend>

Im Browser könnte Listing 9.13 so aussehen wie in Abbildung 9.10. `fieldset` bekommt vom Browser-Stylesheet eine Rahmenlinie, und `legend` wird links oben in dem Rahmen platziert.

Abbildung 9.10 Mit <fieldset> und <legend> gruppierte Optionsfelder

9.7 Ein Button zum Abschicken der Formulardaten

Zum Abschicken der Formulardaten gibt es mehrere Möglichkeiten, eine Schaltfläche (engl. *Button*) zu erzeugen:

- Der Klassiker ist `<input type="submit" value="Abschicken">`. Es gibt kein Ende-Tag, und der Wert von `value` ist zugleich die Beschriftung der Schaltfläche.
- Die Alternative ist `<button type="submit">`. Das `button`-Element hat ein Ende-Tag `</button>`, und zwischen dem Anfangs- und dem Ende-Tag kann beliebiger Text stehen. Sogar Grafiken sind erlaubt.

Beide Arten von Buttons bewirken, dass die vom Benutzer eingegebenen Formulardaten zur Verarbeitung an das im Attribut `action` eingetragene Programm geschickt werden. Das folgende Listing zeigt das Element `button`:

```
<button type="submit">Abschicken</button>
```

Listing 9.14 Ein Button zum Abschicken der Formulardaten

Die Beschriftung zwischen `<button>` und `</button>` darf beliebig lang sein und auch Umlaute oder sonstige Sonderzeichen enthalten, jedenfalls sofern im Head der Webseite der richtige Zeichensatz definiert wurde.

Abbildung 9.11 zeigt diesen Button ungestaltet im Browser, aber auf anderen Betriebssystemen und in anderen Browsern kann der Button etwas anders aussehen.

Abbildung 9.11 Ein ungestalteter <button> in Firefox unter macOS

Um den Button etwas benutzerfreundlicher (und hübscher) zu machen, genügen ein paar einfache CSS-Anweisungen. Das folgende Listing zeigt ein Beispiel:

```
button {
  background-color: gray;
  color: white;
  padding: 0.5rem;
  border: none;
```

```
  font-size: inherit;
  cursor: pointer;
}
```

Listing 9.15 Das Element <button> mit wenigen Anweisungen gestalten

Die Eigenschaften für Farben, Innenabstand und Rahmenlinien kennen Sie bereits. Bei der Hintergrundfarbe ist übrigens statt `gray` auch die englische Schreibweise `grey` erlaubt. Oder Sie wählen eine ganz andere Farbe.

Die beiden folgenden Kandidaten sind neu dabei:

- `font-size: inherit` sorgt dafür, dass der Button die Schriftgröße von den umliegenden Elementen übernimmt. Die Anweisung ist nötig, weil Formularelemente das manchmal sonst nicht machen.
- `cursor: pointer` bewirkt, dass der Mauszeiger wie bei einem Hyperlink zu einer Hand mit einem Klickfinger wird.

Alles in allem sieht der Button mit diesem CSS so aus wie in Abbildung 9.12.

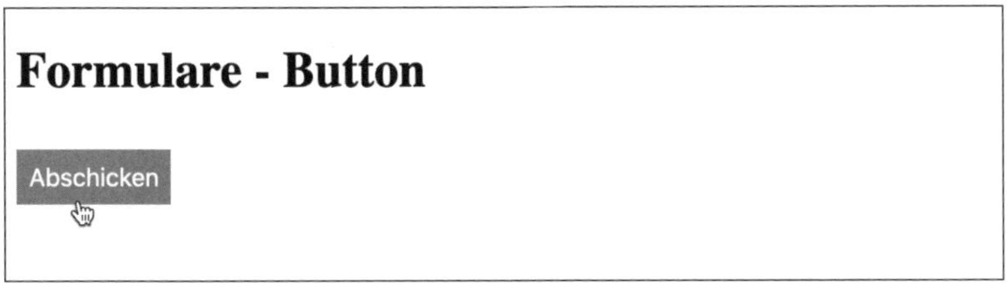

Abbildung 9.12 Ein mit wenigen Anweisungen gestalteter <button>

Buttons gibt es auch außerhalb von Formularen

Das Element `button` kann es auch außerhalb von Formularen geben. In Kapitel 23, »Eine responsive Navigation erstellen«, erstellen Sie mit `button` zum Beispiel einen Menübutton, der per Klick oder Antippen die Navigationsliste einblendet.

9.8 Ein DSGVO-kompatibles Kontaktformular erstellen

Nachdem Sie jetzt die wichtigsten Elemente und Attribute kennengelernt haben, erstellen Sie zum Abschluss des Kapitels ein DSGVO-kompatibles Kontaktformular.

Wenn Sie das folgende Beispiel selbst ausprobieren möchten, finden Sie in den Übungsdateien im Ordner zu diesem Kapitel im Unterordner *uebungen* die Datei *kontaktformular.html*.

9.8.1 Schritt 1: Das HTML für die Eingabefelder

Die Eingabefelder für das Kontaktformular haben Sie im Laufe des Kapitels allesamt kennengelernt. Im folgenden Listing werden die folgenden Felder eingebaut:

- ein einzeiliges Eingabefeld für den Namen
- ein einzeiliges Eingabefeld für eine E-Mail-Adresse
- ein mehrzeiliges Eingabefeld für eine Nachricht

Alle drei Felder bekommen das Attribut `required` und müssen vor dem Abschicken des Formulars ausgefüllt werden. Am besten weisen Sie den Benutzer mit einem einfachen Textabsatz vor dem Formular darauf hin.

Im folgenden Listing werden die Eingabefelder und ihre Beschriftung jeweils in einem `div`-Element gruppiert. Vervollständigt wird das Formular von einem Button zum Abschicken der Formulardaten:

```
<form action="#" method="post">
  <div>
    <label for="besuchername">Ihr Name: </label>
    <input type="text" id="besuchername" name="besuchername" required>
  </div>
  <div>
    <label for="besuchermail">Ihre E-Mail: </label>
    <input type="email" id="besuchermail" name="besuchermail" required>
  </div>
  <div>
    <label for="nachricht">Ihre Nachricht: </label>
    <textarea id="nachricht"
              name="nachricht"
              cols="30"
              rows="5"
              required></textarea>
  </div>
  <button type="submit" value="Abgeschickt">Abschicken</button>
</form>
```

Listing 9.16 Eingabefelder und Button für ein Kontaktformular

Abbildung 9.13 zeigt, dass das Formular nach diesem Schritt noch ziemlich windschief ist und nicht besonders benutzerfreundlich aussieht.

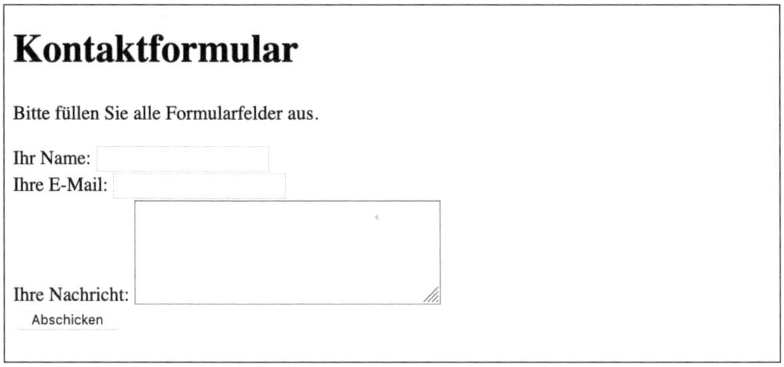

Abbildung 9.13 Kontaktformular mit Eingabefeldern und Button

9.8.2 Schritt 2: DSGVO-Einverständnis per Kontrollkästchen

Die Datenschutz-Grundverordnung (DSGVO) der EU schreibt vor, dass Benutzer sich aktiv mit der Speicherung und Bearbeitung der übermittelten Daten einverstanden erklären. Dazu erstellen Sie in diesem Schritt ein Kontrollkästchen, das mit *label* eine entsprechende Erklärung bekommt, und einen Link zur Datenschutzerklärung.

Beschriftung, Kontrollkästchen und Hyperlink werden wie die anderen Formularfelder von einem `div` umgeben:

```
<div>
  <label><input type="checkbox" id="dsgvo" name="dsgvo" required>
  Mit der Nutzung dieses Formulars erklären Sie sich [...]
  </label> (<a href="#" target="_blank">Datenschutzerklärung</a>).
</div>
```

Listing 9.17 Das HTML für das DSGVO-Kontrollkästchen

Dieses Listing 9.17 hat zwei kleine Besonderheiten:

- Die Beschriftung `label` umschließt das Kontrollkästchen und den darauf folgenden Text. Dadurch kann das Attribut `for` zur logischen Verbindung von Beschriftung und Formularfeld entfallen.
- Der Pflichtlink zur Datenschutzerklärung steht *außerhalb* von `label`, weil er sonst in Screenreadern nicht aktiviert werden kann.

Das Formular ist nach diesem Schritt weder hübsch noch benutzerfreundlich, aber DSGVO-Kontrollkästchen, Erklärung und Link sind drin (Abbildung 9.14).

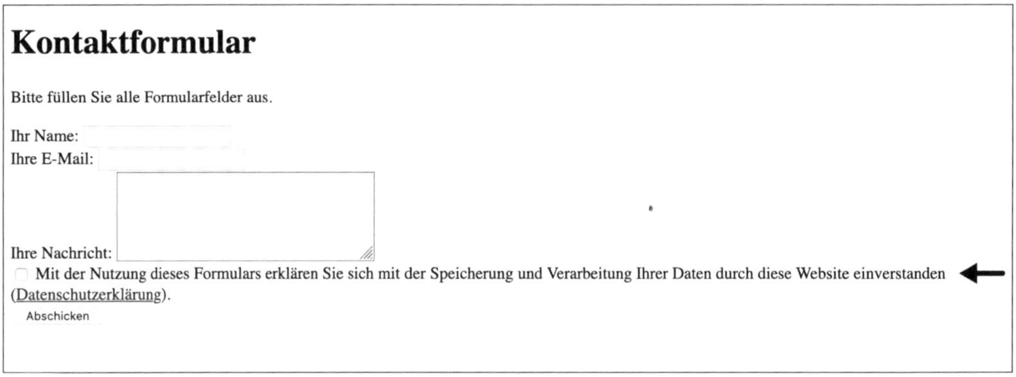

Abbildung 9.14 Das Formular mit einem DSGVO-Kontrollkästchen

9.8.3 Schritt 3: Eine grundlegende Gestaltung für das Formular

Zur grundlegenden Gestaltung des Kontaktformulars bekommt das Formular selbst eine Hintergrundfarbe, einen Innenabstand (`padding`) von `1rem` und wird auf eine maximale Breite (`max-width`) von `400px` begrenzt. Das Formular darf mit dieser Anweisung zum Beispiel auf einem Smartphone durchaus schmaler als 400px sein, wird aber auch in einem breiten Viewport nicht breiter.

Außerdem erhalten die `div`-Elemente zur Gruppierung von Eingabefeld und Beschriftung einen unteren Außenabstand (`margin-bottom`) von `1rem`, und der Mauszeiger wird zu einer Hand mit einem Klickfinger, wenn er sich über dem Element `label` befindet:

```
form {
  max-width: 400px;
  background-color: whitesmoke;
  padding: 1rem;
}
div {
  margin-bottom: 1rem;
}
label{
  cursor: pointer;
}
```

Listing 9.18 Die Gestaltung für <form>, <div> und <label>

Abbildung 9.15 zeigt, dass das Formular mit diesem Schritt schon etwas besser aussieht. Die Ausrichtung von Beschriftung und Eingabefeldern folgt im nächsten Schritt.

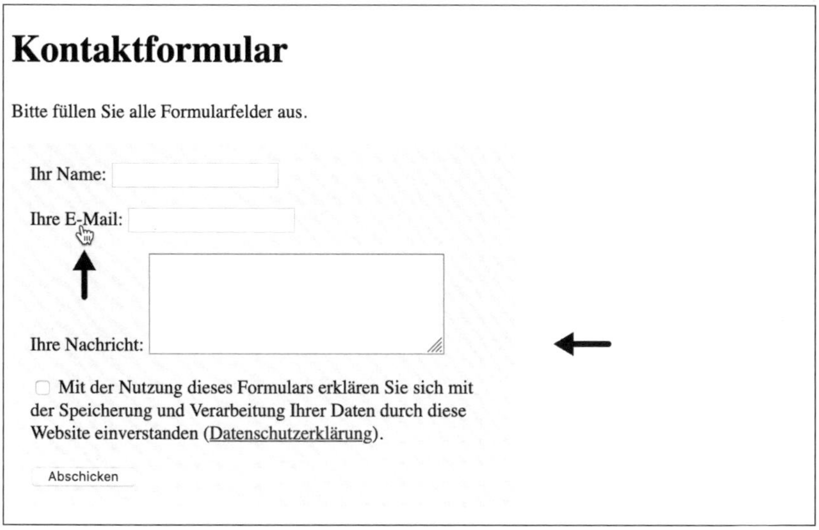

Abbildung 9.15 Das Formular mit einer grundlegenden Gestaltung

9.8.4 Schritt 4: Beschriftung und Formularfelder ausrichten

Um das Formular übersichtlicher und somit benutzerfreundlicher zu machen, werden in diesem Schritt die Beschriftung und die Eingabefelder ausgerichtet, und dabei sehen Sie, dass das Selektieren der richtigen Elemente im CSS erstens sehr wichtig und zweitens nicht immer ganz einfach ist.

Die grundlegende Idee zur Gestaltung des Formulars ist es, die drei Beschriftungen vor den Eingabefeldern mit der Anweisung `display:block` in Blockboxen zu verwandeln. Durch diesen Schritt rutschen die Eingabefelder automatisch in die nächste Zeile:

```
label { display: block; }
```

Listing 9.19 Die Beschriftung wird geblockt.

Abbildung 9.16 zeigt, dass das auf den ersten Blick besser aussieht als vorher. Allerdings wird auch das `label` für die Beschriftung des DSGVO-Kontrollkästchens geblockt, und dadurch rutscht der Link zur Datenschutzerklärung, der im HTML *hinter* dem `label`-Element steht, in die nächste Zeile.

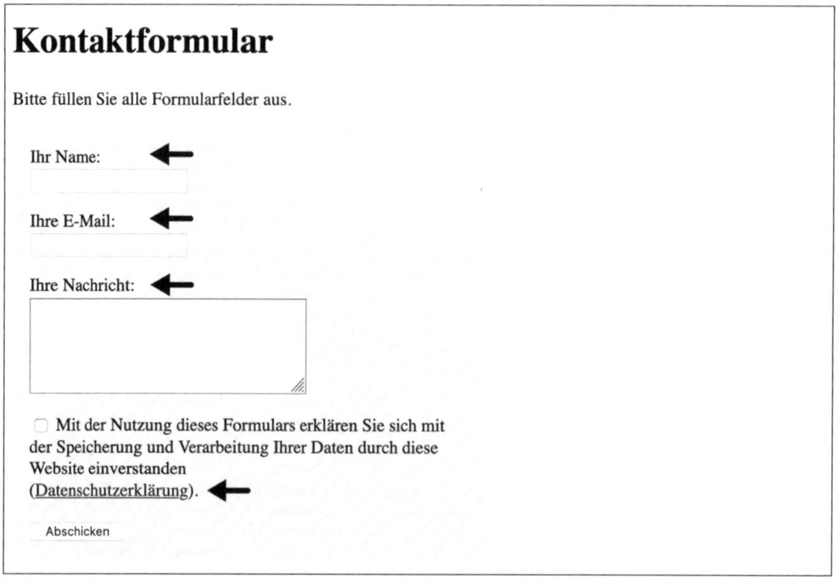

Abbildung 9.16 Die Beschriftung <label> mit »display: block«

Auf der Suche nach einer Lösung lohnt sich fast immer das Studium der zu gestaltenden HTML-Strukturen, und das folgende Listing zeigt die Anfangs-Tags der vier *label*-Elemente aus Listing 9.16 und Listing 9.17. Dabei fällt auf, dass die drei zu gestaltenden Beschriftungen das Attribut *for* haben, das vierte hingegen nicht:

```
<label for="besuchername"> <!-- Beschriftung für Textfeld -->
<label for="besuchermail"> <!-- Beschriftung für E-Mail-Feld -->
<label for="nachricht">    <!-- Beschriftung für textarea -->
<label>      <!-- Beschriftung für DSGVO-Kontrollkästchen -->
```

Listing 9.20 Das Anfangs-Tag für die <label>-Elemente

Um Elemente mit einem bestimmten Attribut zu gestalten, gibt es in CSS die *Attributselektoren*, über die Sie in Abschnitt 13.5 mehr erfahren. Das zu prüfende Attribut wird dabei in eckigen Klammern hinter den Namen des Elements gestellt:

```
label[for] { display: block; }
```

Listing 9.21 <label>-Elemente mit dem Attribut »for« werden geblockt.

Der Selektor `label[for]` bedeutet also im Klartext: »Gestalte alle `label`-Elemente mit dem Attribut `for`.« Abbildung 9.17 zeigt das fertige Kontaktformular, inklusive der CSS-Regel für den Button aus Listing 9.15.

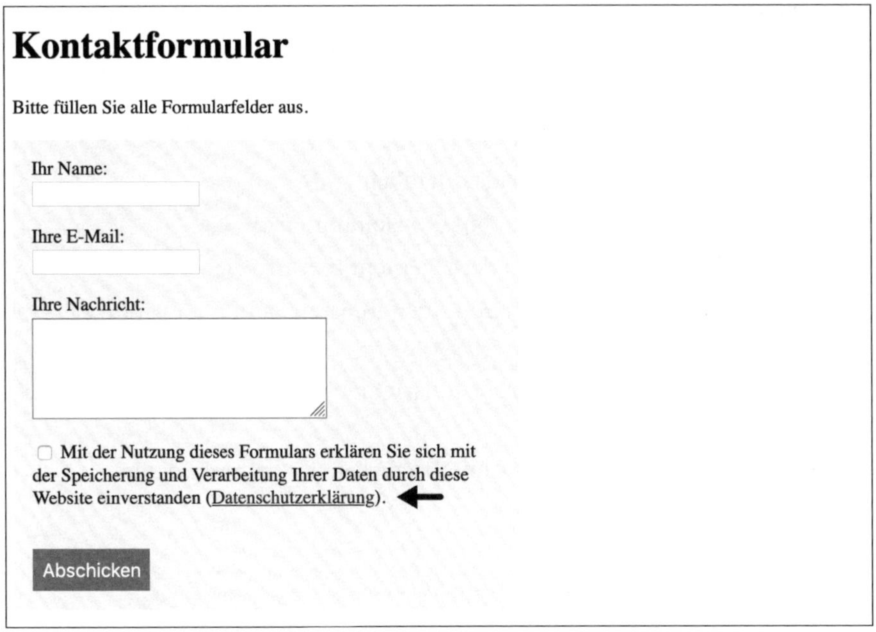

Abbildung 9.17 Das fertige Kontaktformular

Die Formulardaten per E-Mail verschicken

Falls Sie momentan kein Programm zur Verarbeitung von Formulardaten haben, können Sie die Formulardaten mit einem Dienstleister wie dem *Formular-Chef* per E-Mail versenden:

- *formular-chef.de*

Der Formular-Chef ist gratis und benötigt keine Registrierung.

9.9 Auf einen Blick

Hier sind noch einmal die wichtigsten Punkte im Überblick:

- Interaktionen mit den Benutzern basieren im Web auf Formularen und bestehen immer aus zwei Teilen:
  - einem HTML-Formular zur Erfassung der Daten
  - einem Programm auf dem Webserver zur Verarbeitung der Daten
- Das Element `form` umschließt das gesamte Formular.

- Einzeilige Eingabefelder werden mit dem Element `input` und dem Attribut `type` erstellt, das die verschiedenen Arten von Feldern definiert:
  - Textfelder mit `<input type="text">`
  - E-Mail-Felder mit `<input type="email">`
- Das Attribut `required` befördert ein Feld zum Pflichtfeld.
- Zur Beschriftung von Eingabefeldern dient das Element `label`.
- Mehrzeilige Eingabefelder werden mit dem Element `textarea` erstellt.
- Mit Kontrollkästchen, Optionsfeldern und Auswahllisten kann man Benutzern eine vordefinierte Auswahl anbieten.
- Mit dem Element `fieldset` kann man Formularfelder gruppieren und mit `legend` die Gruppe beschriften.
- Jedes Formular braucht einen Button zum Abschicken der Formulardaten.

Kapitel 10

HTML-Elemente zum Erstellen von Tabellen

Worin Sie lernen, wie man mit HTML-Tabellen tabellarische Daten darstellt.

Die Themen im Überblick:

HTML-Tabellen waren in den Anfangsjahren des Web die einzige Möglichkeit, Objekte nebeneinander zu platzieren und Layouts zu erstellen. CSS hat diese Rolle übernommen, und inzwischen werden Tabellen nur noch zur Darstellung tabellarischer Daten eingesetzt. *Back to the roots*, sozusagen.

Wenn Sie die folgenden Beispiele selbst ausprobieren möchten, finden Sie die Beispieldateien dazu im Ordner zu diesem Kapitel.

10.1 Eine einfache HTML-Tabelle: <table>, <tr> und <td>

Zum Erstellen einer einfachen HTML-Tabelle werden nur die folgenden drei Elemente benötigt:

- Die Tabelle: `table`
  Beginn und Ende der Tabelle werden mit den Tags `<table>` und `</table>` markiert.
- Die Tabellenzeilen: `tr`
  Eine Tabellenzeile wird mit den Tags `<tr>` und `</tr>` markiert. `tr` steht für *table row*.

- Die Tabellenzellen: td
  Die Tags <td> und </td> begrenzen die einzelnen Zellen in der Tabelle. *Alle* Textzeichen und Grafiken in der Tabelle stehen zwischen <td> und </td>. td steht für *table data*.

Tabellen sind eigentlich nicht schwierig, aber sie werden im Quelltext schnell unübersichtlich. Achten Sie deshalb von Anfang an auf korrekte Einrückungen, um den Quelltext lesbar und übersichtlich zu halten. Während der Bearbeitung einer Tabelle bietet es sich der Einfachheit halber an, die Rahmenlinien mit dem Attribut border sichtbar zu machen.

Das folgende Listing zeigt eine einfache Tabelle mit zwei Zeilen und zwei Spalten:

```
<table border="1">
  <tr>
    <td>Zeile 1, Spalte 1</td>
    <td>Zeile 1, Spalte 2</td>
  </tr>
  <tr>
    <td>Zeile 2, Spalte 1</td>
    <td>Zeile 2, Spalte 2</td>
  </tr>
</table>
```

Listing 10.1 Eine einfache Tabelle mit zwei Zeilen und zwei Spalten

Im Browser sieht die Tabelle nur mit dem Browser-Stylesheet etwa so aus wie in Abbildung 10.1.

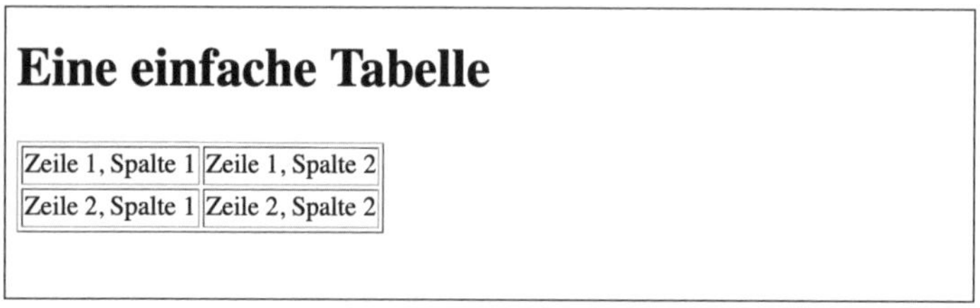

Abbildung 10.1 Eine einfache Tabelle mit zwei Zeilen und zwei Spalten

Im Quelltext stehen Spalten nicht nebeneinander, sondern untereinander.

Tabellen sind im Quelltext verwirrend, weil sie anders aussehen als im Browserfenster:

- Im Browserfenster stehen die Spalten einer Tabelle *nebeneinander*.
- Im Quelltext stehen die Spalten einer Tabelle *untereinander*.

Während eine Tabelle im Browser aus waagerechten Zeilen und senkrechten Spalten besteht, gibt es im Quelltext nur waagerechte Zeilen (tr) und Zellen (td). Es gibt kein Element zur Erstellung von Spalten, denn die Spalten ergeben sich aus der Anzahl der Zellen innerhalb der Zeilen.

10.2 Tabellenüberschriften stehen in <th>

Für Tabellenzellen gibt es neben td noch das Element th wie *table heading*, das in Überschriftzellen anstelle von td benutzt werden kann:

```
<table border="1">
  <tr>
    <th>Überschrift Spalte 1</th>
    <th>Überschrift Spalte 2</th>
  </tr>
  <tr>
    <td>Zeile 2, Spalte 1</td>
    <td>Zeile 2, Spalte 2</td>
  </tr>
  <tr>
    <td>Zeile 3, Spalte 1</td>
    <td>Zeile 3, Spalte 2</td>
  </tr>
</table>
```

Listing 10.2 Eine einfache Tabelle mit Überschriften per »th«

Die meisten Browser-Stylesheets stellen den Zellinhalt zwischen <th> und </th> fett und zentriert dar, aber das kann man per CSS leicht ändern. Im Browser sieht die Tabelle etwa so aus wie in Abbildung 10.2.

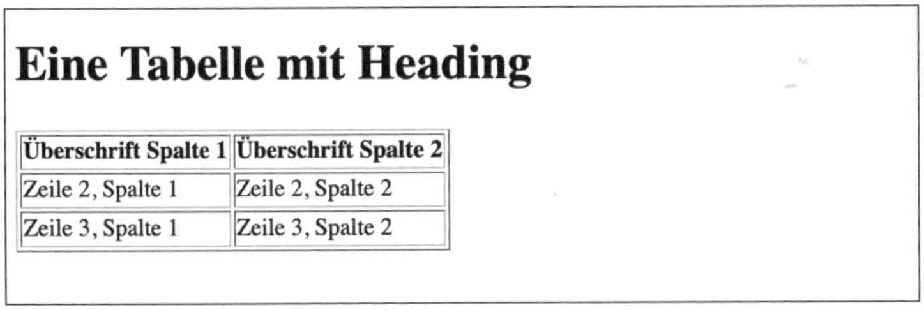

Abbildung 10.2 Tabelle mit Überschrift als »th«

10.3 Tabellen strukturieren: <thead>, <tbody> und <tfoot>

Tabellen können im HTML strukturiert und in logische Bereiche unterteilt werden. Die Elemente dazu heißen thead, tbody und tfoot.

In Tabellenkopf und -fuß stehen Informationen über die Tabellenspalten, zum Beispiel die Überschriften, während in tbody die eigentlichen Daten stehen.

Das folgende Listing zeigt ein Beispiel:

```
<table border="1">
  <thead>
    <tr>
      <th>thead, Spalte 1</th>
      <th>thead, Spalte 2</th>
    </tr>
  </thead>
  <tbody>
    <tr>
      <td>tbody, Zeile 1, Spalte 1</td>
      <td>tbody, Zeile 1, Spalte 2</td>
    </tr>
    <tr>
      <td>tbody, Zeile 2, Spalte 1</td>
      <td>tbody, Zeile 2, Spalte 2</td>
    </tr>
  </tbody>
  <tfoot>
    <tr>
      <td>tfoot, Spalte 1</td>
      <td>tfoot, Spalte 2</td>
    </tr>
  </tfoot>
</table>
```

Listing 10.3 Eine Tabelle mit Kopf-, Rumpf- und Fußbereich

Diese Tabelle sieht im Browser so aus wie in Abbildung 10.3.

Eine Tabelle mit Kopf-, Rumpf- und Fußbereich

thead, Spalte 1	thead, Spalte 2
tbody, Zeile 1, Spalte 1	tbody, Zeile 1, Spalte 2
tbody, Zeile 2, Spalte 1	tbody, Zeile 2, Spalte 2
tfoot, Spalte 1	tfoot, Spalte 2

Abbildung 10.3 Einfache Tabelle mit Kopf, Rumpf und Fuß

Optisch im Browser ändert sich durch die semantische Strukturierung erst einmal nichts, aber durch die Einteilung in Kopf-, Rumpf- und Fußbereiche gibt es neue Möglichkeiten:

- Webseitengestalter können die logischen Bereiche der Tabelle sehr einfach selektieren und gestalten.
- Browser könnten beim Ausdruck einer langen Tabelle die Spaltenüberschriften aus dem Tabellenkopf auf jeder Seite wiederholen.

Das Gestalten dieser Bereiche kommt in Abschnitt 10.5, »HTML-Tabellen erstellen und gestalten – ein Beispiel«.

10.4 Zellen verbinden mit »colspan« und »rowspan«

Mit dem Attribut `colspan` (kurz für das englische *column span*, auf Deutsch etwa »über Spalten erstrecken«) kann eine Zelle mehrere Spalten oder Zeilen »überspannen«. Eine Zelle mit `colspan="2"` steht dabei für zwei Tabellenzellen, sodass man manchmal ein bisschen zählen muss, bis alles passt.

Um die Fußzeile aus dem Beispiel oben über zwei Spalten laufen zu lassen, müssen Sie den Quelltext wie folgt ändern:

```
<tfoot>
  <tr>
    <td colspan="2">Diese Zelle erstreckt sich über 2 Spalten </td>
    <!-- Das zweite td muss im Quelltext entfernt werden -->
  </tr>
</tfoot>
```

Listing 10.4 <tfoot> erstreckt sich mit »colspan« über zwei Spalten.

Im Browserfenster sieht die Tabelle dann so aus wie in Abbildung 10.4. Wenn eine Zelle sich über zwei *Zeilen* erstrecken soll, heißt das Attribut dazu `rowspan`, und es funktioniert im Prinzip genau wie `colspan`.

Eine Tabelle mit colspan

thead, Spalte 1	thead, Spalte 2
tbody, Zeile 1, Spalte 1	tbody, Zeile 1, Spalte 2
tbody, Zeile 2, Spalte 1	tbody, Zeile 2, Spalte 2
Diese Zelle erstreckt sich über 2 Spalten.	

Abbildung 10.4 Tabelle mit durchgehendem Fußbereich

10.5 HTML-Tabellen erstellen und gestalten – ein Beispiel

In diesem Abschnitt erstellen Sie eine komplette HTML-Tabelle und geben ihr eine einfache Gestaltung. Als Beispiel dienen die Top 10 der *500 Greatest Albums of All Time* der Zeitschrift *Rolling Stone*, aber Sie können gerne auch andere Daten nehmen.

Die Tabelle könnte mit einer grundlegenden Gestaltung zum Beispiel so aussehen wie in Abbildung 10.5.

Eine Tabelle mit grundlegender Gestaltung

Nr.	Album	Interpret	Jahr
1.	Sgt. Pepper's Lonely Hearts Club Band	The Beatles	1967
2.	Pet Sounds	The Beach Boys	1966
3.	Revolver	The Beatles	1966
4.	Highway 61 Revisited	Bob Dylan	1965
5.	Rubber Soul	The Beatles	1965
6.	What's Going On	Marvin Gaye	1971
7.	Exile on Main Street	The Rolling Stones	1972
8.	London Calling	The Clash	1980
9.	Blonde on Blonde	Bob Dylan	1966
10.	The White Album	The Beatles	1968

Rolling Stone - 500 Greatest Albums of All Time

Abbildung 10.5 Die Beispieltabelle mit grundlegender Gestaltung

10.5.1 Schritt 1: Das HTML für die Beispieltabelle

Listing 10.5 zeigt das HTML für die Beispieltabelle. Dabei bekommt die Tabelle das Attribut `border="1"`, damit man die Tabellenstruktur während der Arbeit am HTML erkennen kann:

```
<table border="1">
  <thead>
    <tr>
      <th>Nr. </th>
      <th>Album</th>
      <th>Interpret</th>
      <th>Jahr</th>
    </tr>
  </thead>
  <tbody>
    <tr>
      <td>1.</td>
      <td>Sgt. Pepper's Lonely Hearts Club Band</td>
      <td>The Beatles</td>
      <td>1967</td>
    </tr>
    <tr>
      <td>2.</td>
      <td>Pet Sounds</td>
      <td>The Beach Boys</td>
      <td>1965</td>
    </tr>
    <!-- Noch ein paar Tabellenzeilen -->
  </tbody>
  <tfoot>
    <tr>
      <td colspan="4">
      <a href="#" target="_blank">Rolling Stone - 500 Greatest Albums</a>
      </td>
    </tr>
  </tfoot>
</table>
```

Listing 10.5 Das HTML für die Beispieltabelle

Ohne weitere Gestaltung sieht diese Tabelle so aus wie in Abbildung 10.6.

Eine Tabelle mit grundlegender Gestaltung

Nr.	Album	Interpret	Jahr
1.	Sgt. Pepper's Lonely Hearts Club Band	The Beatles	1967
2.	Pet Sounds	The Beach Boys	1966
3.	Revolver	The Beatles	1966
4.	Highway 61 Revisited	Bob Dylan	1965
5.	Rubber Soul	The Beatles	1965
6.	What's Going On	Marvin Gaye	1971
7.	Exile on Main Street	The Rolling Stones	1972
8.	London Calling	The Clash	1980
9.	Blonde on Blonde	Bob Dylan	1966
10.	The White Album	The Beatles	1968
Rolling Stone - 500 Greatest Albums of All Time			

Abbildung 10.6 Die ungestaltete Beispieltabelle

10.5.2 Schritt 2: Eine grundlegende Gestaltung für die Beispieltabelle

Die Tabelle bekommt in diesem Abschnitt eine einfache, grundlegende Gestaltung. Entfernen Sie dazu zunächst das Attribut `border="1"` aus dem Anfangs-Tag `<table>`, und speichern Sie dann das folgende Listing im `<head>`-Bereich der Datei zwischen `<style>` und `</style>`. Am besten speichern Sie die Datei nach jeder CSS-Regel und schauen sich die Auswirkungen im Browser an:

```
thead { background-color: lightgrey; }

tbody { background-color: whitesmoke;}

tfoot { font-size: smaller; }

th, td {
  padding: 0.5rem 1rem; /* ein bisschen Luft in den Zellen */
  text-align: left;     /* th wird sonst zentriert */
  vertical-align: top;  /* Ausrichtung oben (Standard: middle) */
}
```

Listing 10.6 Das CSS für die Beispieltabelle

In den ersten beiden Regeln weisen Sie thead und tbody eine Hintergrundfarbe zu. Danach verkleinern Sie die Schrift in tfoot etwas. Dazu sagen Sie dem Browser ganz wörtlich, dass er die Schriftgröße (font-size) etwas kleiner (smaller) darstellen soll als den Rest. Manchmal ist CSS ganz einfach.

Damit zwischen dem Text und dem Zellenrand ein bisschen Luft ist, bekommen die Zellen (th und td) ein leichtes padding. Außerdem wird der Text in den Tabellenzellen noch etwas anders ausgerichtet:

- text-align: left sorgt für eine horizontale linksbündige Ausrichtung.
- vertical-align: top richtet Zelleninhalt vertikal oben aus.

Ohne diese Anweisungen wird der Text in th horizontal zentriert und in allen Zellen vertikal mittig dargestellt.

10

Die Beispieltabelle sieht danach etwa so aus wie in Abbildung 10.7.

Wenn man genau hinschaut, sieht man, dass die weißen Linien zwischen den Zellen etwas breiter sind als in Abbildung 10.5. Um das Kontrollieren dieses Zwischenraums geht es im nächsten Abschnitt.

Eine Tabelle mit grundlegender Gestaltung

Nr.	Album	Interpret	Jahr
1.	Sgt. Pepper's Lonely Hearts Club Band	The Beatles	1967
2.	Pet Sounds	The Beach Boys	1966
3.	Revolver	The Beatles	1966
4.	Highway 61 Revisited	Bob Dylan	1965
5.	Rubber Soul	The Beatles	1965
6.	What's Going On	Marvin Gaye	1971
7.	Exile on Main Street	The Rolling Stones	1972
8.	London Calling	The Clash	1980
9.	Blonde on Blonde	Bob Dylan	1966
10.	The White Album	The Beatles	1968

Rolling Stone - 500 Greatest Albums of All Time

Abbildung 10.7 Die Beispieltabelle mit Standard-Zwischenraum von 2px

10.5.3 Schritt 3: Zwischenraum kontrollieren mit »border-spacing« und »border-collapse«

Der weiße Zwischenraum in den Tabellen entsteht dadurch, dass im Browser-Stylesheet die Anweisung `border-collapse: separate` steht. Die genaue Breite des Zwischenraums wird ebenfalls im Browser-Stylesheet definiert, und zwar mit der Anweisung `border-spacing: 2px`. Diesen Wert können Sie in Ihrem CSS natürlich überschreiben. Die Tabelle in Abbildung 10.5 am Anfang dieses Abschnitts hat zum Beispiel nur 1px Zwischenraum:

```
table {
  border-spacing: 1px;
}
```

Listing 10.7 Den Zwischenraum für eine HTML-Tabelle definieren

Und zum Abschluss noch zwei kleine Hinweise:

- Falls Sie farbige Zwischenräume bevorzugen, geben Sie `table` einfach eine Hintergrundfarbe. Die scheint dann in den Lücken durch.
- Um den Zwischenraum zu entfernen, genügt folgende Anweisung:
  `table { border-collapse: collapse; }`

10.6 Auf einen Blick

Hier sind noch einmal die wichtigsten Punkte im Überblick:

- HTML-Tabellen dienen zur Darstellung von tabellarischen Daten und nicht zum Nebeneinanderstellen von Objekten oder zum Layouten.
- Eine HTML-Tabelle besteht mindestens aus den Elementen `table`, `tr` (Zeile) und `td` (Zelle).
- Überschriftzeilen werden in Tabellen mit dem Element `th` ausgezeichnet.
- Zum Verbinden von Tabellenzellen gibt es im HTML die Attribute `colspan` und `rowspan`.
- Eine Tabelle kann in logische Bereiche wie `thead`, `tbody` und `tfoot` unterteilt werden. Das ist semantisch sinnvoll und erleichtert die Gestaltung.
- Zwischenräume zwischen den Tabellenzellen werden per CSS kontrolliert:
  - `border-collapse: separate` erzeugt einen Zwischenraum.
  - `border-spacing` definiert die Größe der Zwischenräume.
  - `border-collapse: collapse` erzeugt eine lückenlose Tabelle.

Kapitel 11
Von der Webseite zur Website

Worin Sie die Startseite der Übungswebsite komplettieren und validieren und danach noch weitere Seiten erstellen und mit Inhalten füllen.

Die Themen im Überblick:

Dieses Kapitel ist eine Art *vertiefende Wiederholung* zu HTML, bevor es im nächsten Kapitel mit den Grundlagen zur Gestaltung per CSS weitergeht.

Zunächst perfektionieren Sie die Startseite und überprüfen deren Quelltext mit dem HTML-Validator. Danach erstellen Sie weitere Webseiten und füllen diese mit Inhalt.

Am Ende dieses Kapitels haben Sie eine kleine Übungswebsite mit einer Prise CSS für eine grundlegende Gestaltung, die in den nächsten Kapiteln nach und nach verbessert wird.

11.1 Fine-Tuning für die Startseite

Bevor Sie die Startseite *index.html* mit einem HTML-Validator überprüfen und anschließend als Kopiervorlage für die anderen Seiten benutzen, erledigen Sie in diesem Abschnitt noch drei Dinge:

1. Im Anfangs-Tag von `body` ergänzen Sie die Klasse `startseite`.

2. In der Navigation unterstreichen Sie den aktuellen Menüpunkt und fügen die Dateinamen der noch zu erstellenden Webseiten hinzu.
3. Im Footer fügen Sie Links zu *Impressum* und *Datenschutz* ein.

11.1.1 Eine Klasse für die Seite: <body class="startseite">

In diesem Abschnitt geben Sie dem `body` quasi zur späteren Verwendung eine Klasse namens `startseite` mit auf den Weg:

```
<body class="startseite">
```

Listing 11.1 Das Anfangs-Tag von »body« mit der Klasse »startseite«

Mit dieser Klasse können Sie im CSS den Wirkungsbereich von Regeln auf die Startseite beschränken. Im folgenden Kasten setzen Sie das für die Startseite der Übungswebsite um.

Übungswebsite: Eine Klasse für den <body> der Startseite

1. Öffnen Sie die Datei *index.html* im Editor.
2. Ergänzen Sie `<body>` um die Klasse `startseite` (Listing 11.1).
3. Speichern Sie die HTML-Datei. Im Browserfenster ändert sich nichts.

11.1.2 »Sie sind hier«: Den aktuellen Menüpunkt hervorheben

Viele Stadtpläne bieten den Besuchern mit einem roten Punkt und der Beschriftung »Sie sind hier« zur Orientierung eine optische Rückmeldung, wo sie sich gerade befinden.

Bevor Sie im weiteren Verlauf dieses Kapitels weitere Webseiten erstellen, ergänzen Sie ein solches optisches Feedback in der Navigation:

- Zuerst geben Sie dem Listenelement für den aktuellen Menüpunkt im HTML eine Klasse, die Sie zum Beispiel `current` nennen. Das ist englisch für *aktuell* und ein weit verbreiteter Name für eine solche Klasse.
- Im CSS gestalten Sie diesen Menüpunkt mithilfe dieser Klasse anders als die anderen Menüpunkte.

Außerdem können Sie in den Links die Platzhalter durch die Dateinamen *news.html*, *ueber-uns.html* und *kontakt.html* ersetzen, die Sie in Abschnitt 11.3 erstellen. Alles in allem sieht das HTML für die Navigation danach so aus:

```
<nav class="site-nav">
  <ul>
    <li class="current"><a href="index.html">Startseite</a></li>
    <li><a href="news.html">News</a></li>
    <li><a href="ueber-uns.html">Über uns</a></li>
    <li><a href="kontakt.html">Kontakt</a></li>
  </ul>
</nav>
```

Listing 11.2 Das <li> mit dem Link zur Startseite bekommt »current«.

Im CSS können Sie den aktuellen Menüpunkt mit der Klasse `current` gestalten. Der aktuelle Link wird momentan der Einfachheit halber nur unterstrichen:

```
.current a {
  text-decoration: underline;
}
```

Listing 11.3 Den aktuellen Menüpunkt unterstreichen

Diese Regel muss im Stylesheet nach `.site-nav a` kommen, weil in diesem Fall die Reihenfolge im CSS entscheidend ist. Warum das so ist, erfahren Sie in Abschnitt 14.1, »Die Kaskade: Wichtigkeit, Spezifität und Reihenfolge«.

Im Folgenden setzen Sie die Änderungen an HTML und CSS um.

Übungswebsite: Den aktuellen Menüpunkt optisch hervorheben

1. Öffnen Sie die Datei *index.html* im Editor.
2. Ergänzen Sie, wie in Listing 11.2 gezeigt, das Listenelement für den Link zur Startseite um die Klasse `current`.
3. Ersetzen Sie in den Links in der Site-Navigation und im Inhaltsbereich den Platzhalter # durch die entsprechenden Dateinamen *news.html*, *ueber-uns.html* und *kontakt.html* (ebenfalls Listing 11.2).
4. Speichern Sie die HTML-Datei.
5. Öffnen Sie das Stylesheet *style.css* im Editor.
6. Fügen Sie die in Listing 11.3 gezeigte CSS-Regel zur Hervorhebung des aktuellen Menüpunkts ein, und zwar *nach* der Regel für `.site-nav a`.
7. Speichern Sie das Stylesheet, und prüfen Sie die HTML-Datei im Browser.

Nach diesen Schritten sieht die Navigation im Browser so aus wie in Abbildung 11.1.

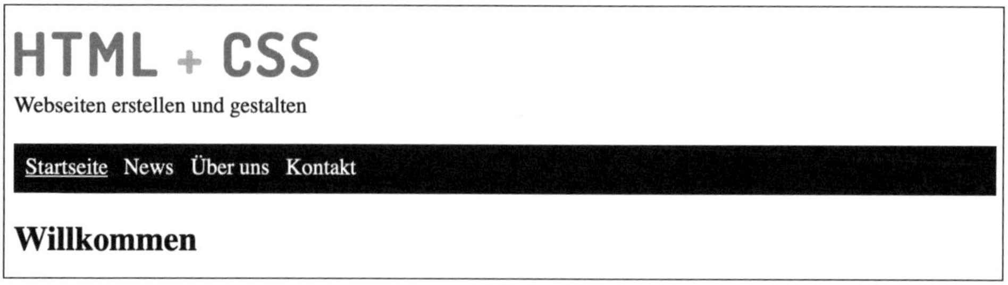

Abbildung 11.1 Der aktuelle Menüpunkt ist unterstrichen.

Sie könnten die Klasse `current` statt an die Listenelemente auch direkt an die Links vergeben. Für die Startseite würde das HTML so aussehen:

```
<nav class="site-nav">
  <ul>
    <li><a href="index.html" class="current">Startseite</a></li>
    <li><a href="news.html">News</a></li>
    <li><a href="ueber-uns.html">Über uns</a></li>
    <li><a href="kontakt.html">Kontakt</a></li>
  </ul>
</nav>
```

Listing 11.4 Die Klasse »current« für den Link statt für das Listenelement

Im CSS müssten Sie dann den Selektor zum Gestalten des aktuellen Links entsprechend anpassen:

```
.current {
  text-decoration: underline;
}
```

Listing 11.5 Bitte das Element mit der Klasse »current« unterstreichen

Ob Sie die Klasse `current` lieber an die Listenelemente oder an die Links vergeben, ist eine Frage der Vorliebe. Für die Übungswebsite bleibe ich bei der Variante mit den Listenelementen.

11.1.3 Im Footer: Links zu Impressum und Datenschutz einfügen

Eine Website unterliegt nach der Veröffentlichung rechtlich der Impressumspflicht, und auch eine Datenschutzerklärung ist erforderlich. In diesem Abschnitt erstellen Sie im Footer Platzhalter für die Links zu den Seiten *Impressum* und *Datenschutz* (siehe dazu auch Abschnitt 11.7).

Im Footer gibt es bereits den Link *Nach oben*, der im folgenden Listing zu einer Footer-Navigation erweitert wird:

```
<footer class="site-footer">
  <nav class="footer-nav">
    <ul>
      <li><a href="#">Impressum</a></li>
      <li><a href="#">Datenschutz</a></li>
      <li><a href="#top">Nach oben</a></li>
    </ul>
  </nav>
</footer>
```

Listing 11.6 Das HTML für die Navigation im Footer

Diese Footer-Navigation soll momentan so ähnlich aussehen wie die Hauptnavigation und wird mit zwei CSS-Regeln gestaltet.

Zunächst wird ein eventueller Außenabstand von `ul` entfernt, und dann werden die Listenelemente nebeneinandergestellt:

```
.footer-nav ul {
  margin: 0;
}
.footer-nav li {
  display: inline;
  margin-right: 0.5rem;
}
```

Listing 11.7 Das CSS zur Gestaltung der Navigation

Im folgenden Kasten erstellen Sie das HTML und CSS für die Footer-Navigation mit den Platzhaltern für die Links zu *Impressum* und *Datenschutz*.

Übungswebsite: Eine Footer-Navigation erstellen und gestalten

1. Öffnen Sie die Webseite *index.html* im Editor.
2. Fügen Sie im Footer die in Listing 11.6 gezeigte Navigation ein.
3. Speichern Sie die Webseite.
4. Öffnen Sie das Stylesheet *style.css* im Editor.

5. Fügen Sie unterhalb der Gestaltung von `.site-footer` die CSS-Regeln aus Listing 11.7 ein.
6. Speichern Sie das Stylesheet, und betrachten Sie die Webseite im Browser.

Nach diesen Schritten sieht der Fußbereich der Startseite so aus wie in Abbildung 11.2. Momentan wird die rechtsbündige Ausrichtung der Anweisung `text-align: right` für den `.site-footer` übernommen.

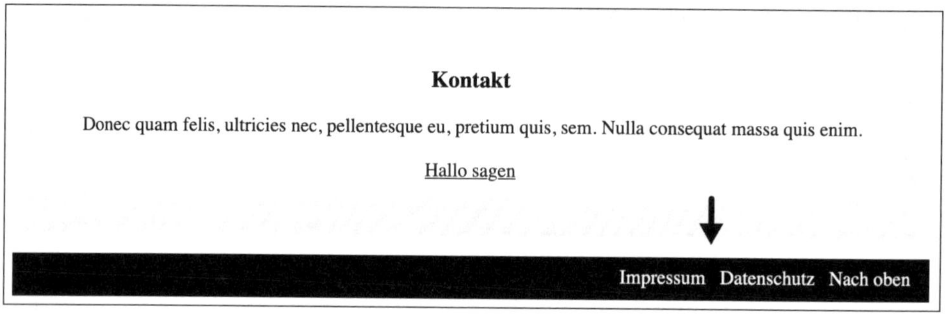

Abbildung 11.2 Footer mit Links zu »Impressum« und »Datenschutz«

Ein Favicon (Website-Icon) ist ein Minilogo für Webseiten

Zur Komplettierung Ihrer Webseiten können Sie ein Favicon einbauen, auch Website-Icon genannt. Das ist eine kleine Grafik, die Ihren Webseiten ein Stück Identität gibt und in Browser-Tabs, Suchmaschinen und anderen Umgebungen angezeigt wird. Eine große Hilfe bei der Einbindung eines solchen Icons ist der *Real Favicon Generator*:

- *realfavicongenerator.net*

Der Dienst generiert alle benötigten Grafiken und den HTML-Code zur Einbindung in diversen Umgebungen, von Windows über macOS und iOS bis zu Android. Da ein Favicon erst nach der Veröffentlichung einer Website wirklich nützlich ist, lasse ich es für die Übungswebsite weg, damit der Code übersichtlicher bleibt.

11.2 Das HTML überprüfen mit dem HTML-Validator

Zum Abschluss der Arbeiten sollten Sie den HTML-Quelltext von einem amtlich geprüften Grammatikkenner begutachten lassen, um zu sehen, ob die HTML-Kästchen solide gebaut sind. Das geht zum Beispiel unter folgender Adresse:

- *validator.w3.org*

Mit dieser URL rufen Sie *The W3C Markup Validation Service* auf, wie der Validator mit offiziellem Namen heißt. Dort haben Sie die Wahl zwischen drei Optionen (siehe Abbildung 11.3).

- Bei VALIDATE BY URI können Sie eine beliebige Webadresse eingeben. Wundern Sie sich nicht über das »I« am Ende. Gemeint ist das, was Sie als URL kennen.
- Mit der Option VALIDATE BY FILE UPLOAD können Sie lokal auf Ihrem Rechner gespeicherte Webseiten validieren.
- VALIDATE BY DIRECT INPUT ermöglicht die Validierung von HTML, das Sie über die Zwischenablage hier einfügen.

11

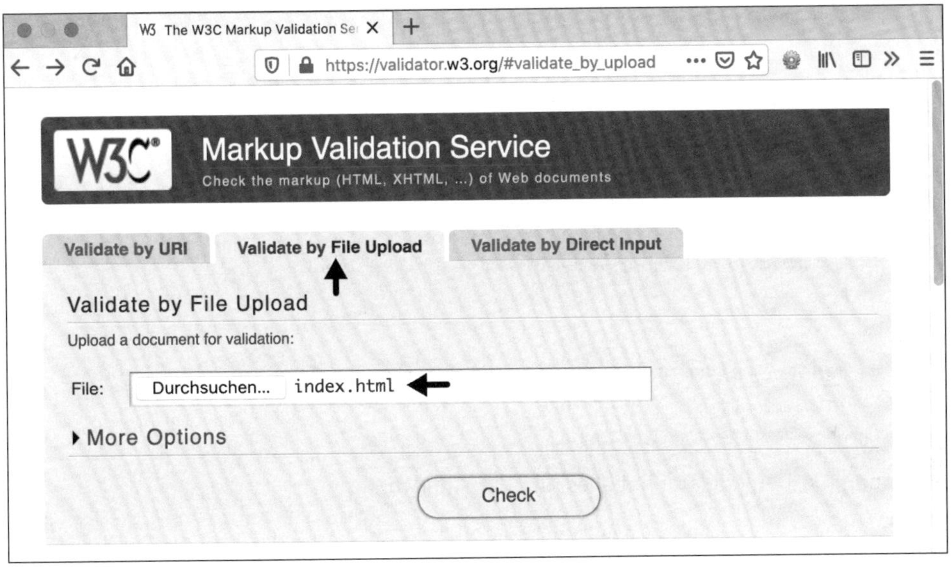

Abbildung 11.3 Der Validator vom W3C

Das Validieren von selbst geschriebenem HTML-Quelltext ist eine gute Angewohnheit, die unter anderem beim Finden von Flüchtigkeitsfehlern hilft. Im folgenden Kasten lassen Sie die Startseite vom Validator überprüfen.

Übungswebsite: Das HTML der Beispielseite validieren

1. Starten Sie einen Browser, und rufen Sie den HTML-Validator auf.
2. Wechseln Sie auf das Register VALIDATE BY FILE UPLOAD.
3. Klicken Sie auf DURCHSUCHEN..., und suchen Sie die Startseite der Übungswebsite *index.html*.
4. Klicken Sie auf die Schaltfläche CHECK, um die Seite zu validieren.

Der Validator des W3C leitet HTML5-Dateien automatisch an den *Nu Html Checker* weiter. Dieser überprüft die Syntax des Quelltextes, speichert diesen aber nicht ab. Ganz oben steht der Name der überprüften Datei, und wenn alles okay ist, sehen Sie die grün hinterlegte Meldung DOCUMENT CHECKING COMPLETED und keine weiteren Fehler. Damit ist gewissermaßen amtlich zertifiziert, dass das HTML auf der geprüften Webseite keine Grammatikfehler enthält (siehe Abbildung 11.4).

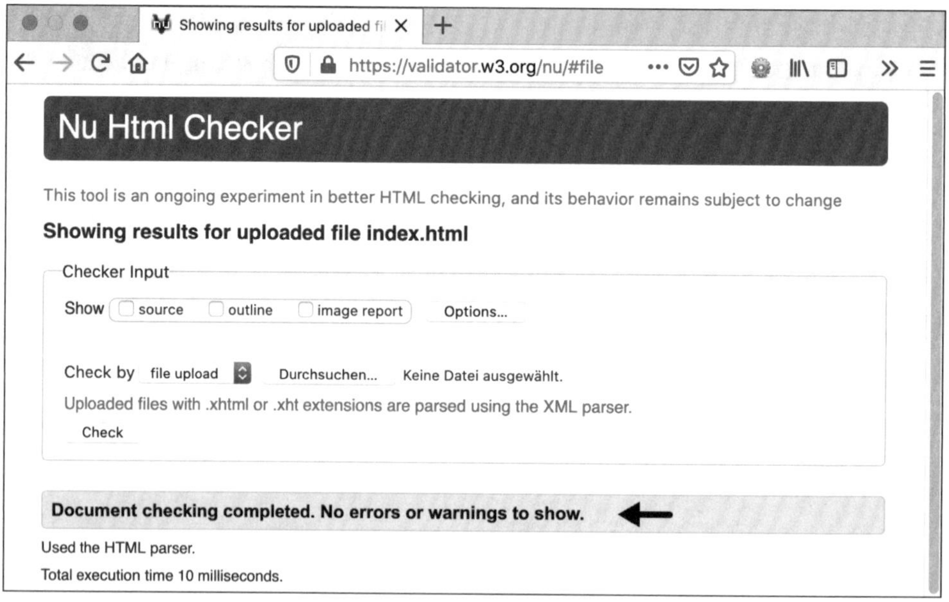

Abbildung 11.4 Der Validator hat alles für gut befunden.

Der Validator ist ein sehr hilfreiches Werkzeug zum Finden von Fehlern, aber kein Selbstzweck. Er überprüft nur die Grammatik, nicht die Eleganz des Quelltextes. Das ist ähnlich wie bei normalen Texten. Wenn ein Aufsatz keinerlei Rechtschreibfehler hat, muss er deswegen noch lange kein guter Aufsatz sein. Und umgekehrt kann es durchaus passieren, dass ein Autor Dinge manchmal absichtlich *föllig valsch* schreibt. Das ist dann zwar nicht valide, aber im Rahmen der dichterischen Freiheit erlaubt.

11.3 Die Seiten »News«, »Über uns« und »Kontakt« erstellen

Bevor es im nächsten Kapitel mit den Grundlagen von CSS richtig losgeht, erstellen und verlinken Sie in diesem Abschnitt die Seiten *News*, *Über uns* und *Kontakt* und fügen dann in den folgenden Abschnitten Inhalte auf diesen Seiten ein. Um Flüchtigkeitsfehler auszuschließen, sollten Sie jede Seite nach der Fertigstellung kurz validieren. Am Ende dieses Kapitels haben Sie eine kleine Übungswebsite mit einer funktionierenden Navigation.

11.3.1 Die Seite »News« erstellen und anpassen

Die Seite *news.html* erstellen Sie am besten als Kopie der Startseite *index.html*, auf der Sie anschließend einige Stellen ändern, die nicht mehr passen:

- den Seitentitel und die Klasse für `body`
- das Logo als Link zur Startseite
- die Navigation mit der Klasse `current`
- die `h2`-Überschrift und die Inhalte in `main`

Im `head` der Seite müssen Sie nur den Seitentitel anpassen. Zum Beispiel so:

```
<title>News - Einstieg in HTML + CSS</title>
```

Listing 11.8 Der Seitentitel für die News-Seite

Ebenso einfach ist die Änderung der Klasse für `body`:

```
<body class="seite-news">
```

Listing 11.9 Das Anfangs-Tag von »body« mit einer Klasse

Im Kopfbereich können Sie das Logo als Link zur Startseite nutzen:

```
<h1 class="site-logo">
  <a href="index.html">
    <img src="bilder/html+css-logo-444.png"
         alt="HTML + CSS"
         width="222"
         height="33">
  </a>
</h1>
```

Listing 11.10 Die Logografik als Link zur Startseite

In der Navigation prüfen Sie, ob der Dateiname *news.html* stimmt, und verschieben die Klasse `current` von der Startseite zur Newsseite:

```
<nav class="site-nav">
  <ul>
    <li><a href="index.html"">Startseite</a></li>
    <li class="current"><a href="news.html">News</a></li>
    <li><a href="ueber-uns.html">Über uns</a></li>
    <li><a href="kontakt.html">Kontakt</a></li>
  </ul>
</nav>
```

Listing 11.11 Das <li> mit dem Link zu »news.html« bekommt »current«.

Im Inhaltsbereich `main` ändern Sie im Abschnitt `content-intro` die `h2`-Überschrift in »News« und löschen alle anderen Inhalte. Danach sieht der Inhaltsbereich so aus:

```
<main class="content">
  <section class="content-intro">
    <h2>News</h2>
    <p>Neues aus der Weltgeschichte. Wir veröffentlichen hier in unregelmäßigen
Abständen neue Beiträge, die Sie hoffentlich interessant finden.</p>
  </section>
</main>
```

Listing 11.12 Der Inhaltsbereich »main« auf der Seite »News«

In Abschnitt 11.4 fügen Sie weiteren Inhalt auf dieser Seite ein, aber jetzt erstellen Sie erst einmal die Seite selbst.

Übungswebsite: Die Seite »News« erstellen und anpassen

1. Erstellen Sie eine Kopie der Startseite *index.html* unter dem Namen *news.html*.
2. Ändern Sie den Titel der Seite (Listing 11.8).
3. Ändern Sie die Klasse für `body` (Listing 11.9).
4. Fügen Sie wie in Listing 11.10 gezeigt einen Link um die Logografik ein.
5. Passen Sie wie in Listing 11.11 gezeigt die Navigation an.
6. Ändern Sie den Inhaltsbereich `main` (Listing 11.12).
7. Speichern Sie die Seite, und betrachten Sie sie in einem Browser.

Fertig. Im Browser sollte die Seite *News* ungefähr so aussehen wie in Abbildung 11.5.

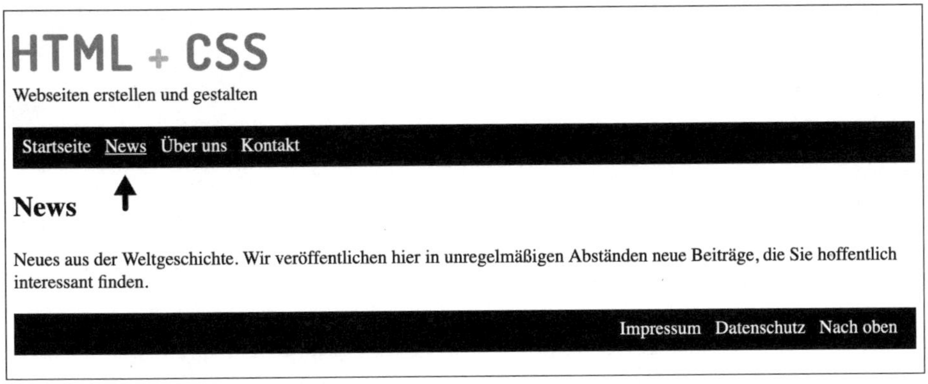

Abbildung 11.5 Die Seite »News« noch (fast) ohne Inhalt

11.3.2 Die Seiten »Über uns« und »Kontakt« erstellen und anpassen

Nach der Schritt-für-Schritt-Anleitung für die Seite *News* wiederholen Sie im folgenden Kasten das Erstellen und Anpassen für die Seiten *Über uns* und *Kontakt*. Übung macht den Meister.

Übungswebsite: Die Seiten »Über uns« und »Kontakt« erstellen

1. Erstellen Sie eine Kopie der Seite *news.html* unter dem Namen *ueber-uns.html*.
2. Ändern Sie den Titel der Seite.
3. Ändern Sie die Klasse für body in <body class="seite-ueber-uns">.
4. Prüfen Sie, ob die Logografik mit der Startseite *index.html* verlinkt ist.
5. Passen Sie die Navigation an.
6. Ändern Sie die h2-Überschrift im Inhaltsbereich im Abschnitt content-intro, fügen Sie einen Absatz mit Fülltext ein (siehe Abbildung 11.6), und entfernen Sie eventuelle andere Inhalte.
7. Speichern Sie die Seite, und betrachten Sie sie in einem Browser.
8. Wiederholen Sie die Schritte mit den entsprechenden Änderungen für die Seite *kontakt.html*. Eine Idee für den einleitenden Text finden Sie in Abbildung 11.7.

Nach diesen Schritten haben Sie eine aus vier Webseiten bestehende Website und können mit der kleinen, aber feinen Navigation zwischen den Seiten hin- und herspringen. Die Seite *Über uns* sieht mit ein bisschen Fülltext so aus wie in Abbildung 11.6. Die Seite *Kontakt* ist ebenfalls erstellt und verlinkt (Abbildung 11.7).

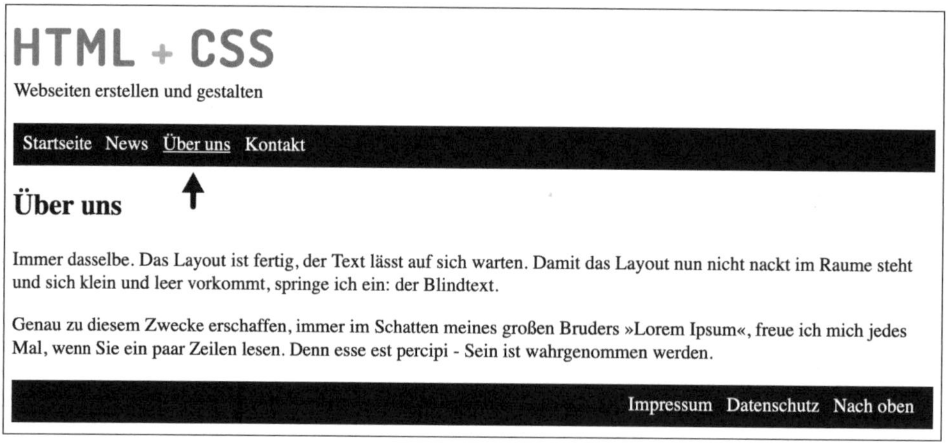

Abbildung 11.6 Die Seite »Über uns« mit ein bisschen Fülltext

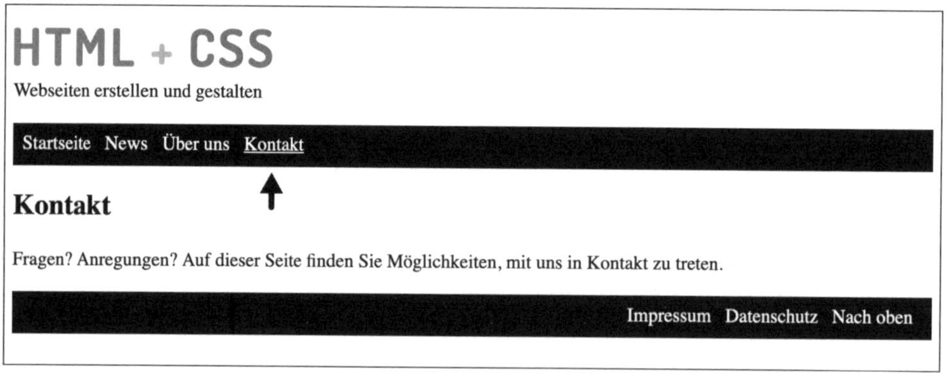

Abbildung 11.7 Die Seite »Kontakt«

11.4 Inhalte für die Seite »News« hinzufügen

Auf der Seite *News* gibt es im Inhaltsbereich `main` bereits einen Abschnitt mit der Klasse `content-intro`, und es sollen noch zwei weitere hinzukommen:

- ein Abschnitt mit einer Beitragsliste, die für jeden Beitrag den Titel, ein paar Metadaten und einen kurzer Anreißer (Teaser) enthält
- ein Bereich mit Linklisten, die in einem mehrspaltigen Layout gut für eine Sidebar geeignet wären

11.4.1 Einen neuen Abschnitt hinzufügen: <section class="beitragsliste">

Abbildung 11.8 zeigt den Abschnitt mit Beiträgen, der im Inhaltsbereich auf der Seite *News* eingebaut werden soll.

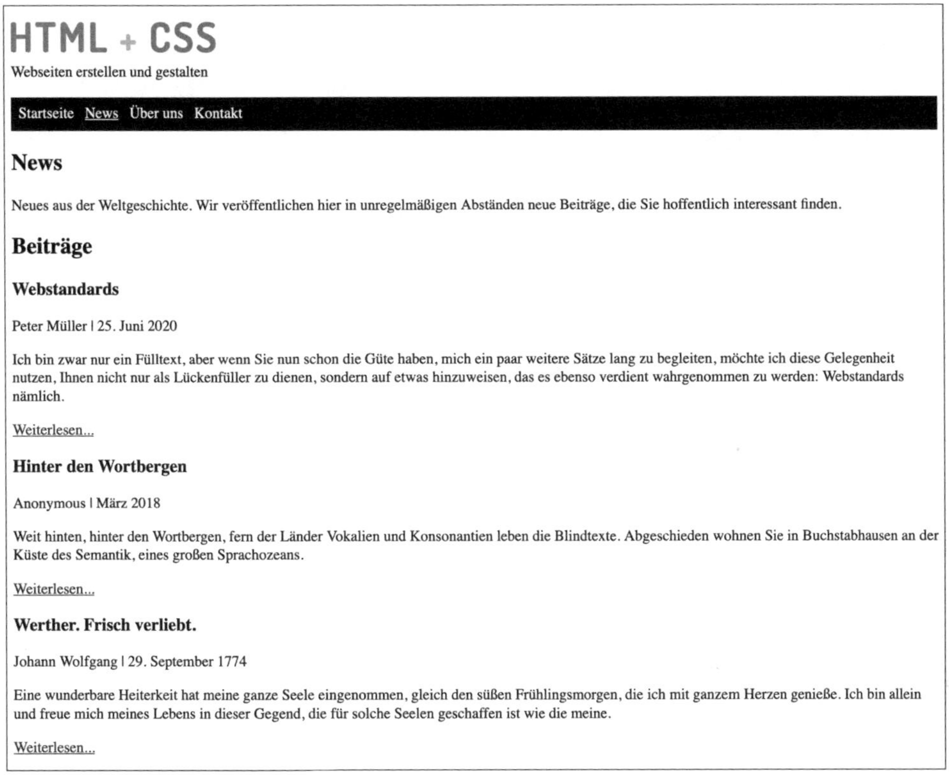

Abbildung 11.8 Die Seite »News« mit einigen Beiträgen

Abschnitte erstellen Sie, wie in Abschnitt 7.6, »Inhaltliche Abschnitte erstellen mit <section>«, gesehen, mit dem Element `section`, und jeder neue Abschnitt sollte mit einer Überschrift anfangen. Das folgende Listing zeigt das HTML für den neuen Abschnitt, der unterhalb des bestehenden Abschnitts mit der Klasse `content-intro` eingefügt werden soll:

```
<section class="beitragsliste">
  <h2>Beiträge</h2>

</section> <!-- Ende .beitragsliste -->
```

Listing 11.13 Der Abschnitt für die Beitragsliste samt Überschrift

Innerhalb dieses Abschnitts erstellen Sie die Teaser mit dem Element `article`, und die Angaben zu Autor und Erscheinungsdatum stehen dabei, wie in Abschnitt 7.2, »Kopfbereiche auszeichnen mit <header>«, gesehen, in einem eigenen `header`-Element. Auf der Übungswebsite sieht ein Teaser so aus wie im folgenden Listing:

```
<article>
  <header>
    <h3>Webstandards</h3>
      <p class="beitragsinfo">
      <span class="autor">Peter Müller</span> |
      <time datetime="2020-06-25"> 25. Juni 2020</time>
      </p>
  </header>
  <p>Ich bin zwar nur ein Fülltext [...]: Webstandards nämlich.</p>
  <p><a href="#" class="read-more-link">Weiterlesen...</a></p>
</article>
```

Listing 11.14 Der Aufbau für einen Teaser

Im folgenden Kasten ergänzen Sie den Inhaltsbereich der Seite *News* um einen Abschnitt mit einigen Beiträgen.

Übungswebsite: Den Inhaltsbereich der Seite »News« ergänzen

1. Öffnen Sie die Datei *news.html* im Editor.
2. Fügen Sie im Inhaltsbereich, wie in Listing 11.13 gezeigt, einen neuen Abschnitt mit der Klasse `beitragsliste` und einer Überschrift ein.
3. Erstellen Sie in diesem Abschnitt einen Teaser mit dem in Listing 11.14 gezeigten Aufbau.
4. Fügen Sie noch einige weitere Teaser mit demselben Aufbau hinzu. Für den Inhalt können Sie sich an Abbildung 11.8 orientieren.
5. Speichern Sie die Seite, und betrachten Sie sie in einem Browser.

Nach diesen Schritten hat die Seite *News* im Inhaltsbereich `main` einen neuen Abschnitt mit einigen Teasern.

11.4.2 Einen Bereich mit Linklisten erstellen: <aside class="linklisten">

Unterhalb des eben eingefügten Abschnitts, aber noch *innerhalb* des Inhaltsbereichs soll auf der Seite *News* ein Bereich mit Linklisten erscheinen.

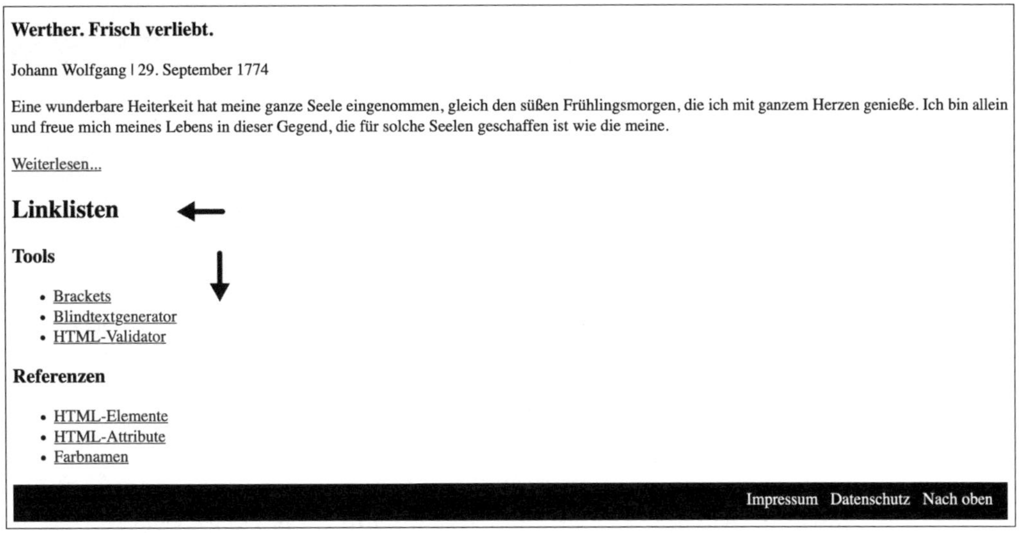

Abbildung 11.9 Linklisten mit <aside> zwischen Inhalts- und Fußbereich

Für diese Linklisten ist, wie im folgenden Listing gezeigt, das Element aside ein guter Kandidat. Die Grundstruktur haben Sie in Abschnitt 7.8, »Bereiche mit zusätzlichen Informationen: <aside>«, bereits kennengelernt:

```
<main class="site-content">
<!-- Die Abschnitte .site-content und .beitragsliste stehen hier -->
  <aside class="linklisten">
    <h2>Linklisten</h2>
    <section class="tools">
      <h3>Tools</h3>
      <ul>
        <li><a href="#">Visual Studio Code</a></li>
        <li><a href="#">Blindtextgenerator</a></li>
        <li><a href="#">HTML-Validator</a></li>
      </ul>
    </section>
    <section class="referenzen">
      <h3>Referenzen</h3>
      <ul>
        <li><a href="#">HTML-Elemente (MDN)</a></li>
        <li><a href="#">HTML-Attribute (MDN)</a></li>
        <li><a href="#">Farbnamen (SelfHTML)</a></li>
      </ul>
    </section>
```

```
  </aside>
</main>
```

Listing 11.15 Eine Linkliste mit zwei Abschnitten

Im Folgenden fügen Sie eine solche Linkliste zur Seite *News* hinzu.

Übungswebsite: Den Inhaltsbereich der Seite »News« ergänzen

1. Öffnen Sie die Datei *news.html* im Editor.
2. Fügen Sie am Ende des Inhaltsbereichs `main`, wie in Listing 11.15 gezeigt, eine Linkliste ein.
3. Speichern Sie die Seite, und betrachten Sie sie in einem Browser.
4. Überprüfen Sie den Quelltext kurz im HTML-Validator.

11.4.3 Eine grundlegende Gestaltung für die Inhalte auf der Seite »News«

Die Inhalte auf der Seite *News* erhalten noch eine einfache Gestaltung:

```
/* Grundlegende Gestaltung der Inhalte auf der Seite News */
.beitragsliste h3, .linklisten h3 {
  padding-top: 0.5rem;
  border-top: 1px solid whitesmoke;
  margin-bottom: 0.25rem;
}
.beitragsliste article, .linklisten section { margin-bottom: 3rem; }
.beitragsinfo { color: gray; }
```

Listing 11.16 Grundlegende Gestaltung für die Inhalte

Im folgenden Kasten ergänzen Sie die Übungswebsite um dieses CSS.

Übungswebsite: Gestaltung der Inhalte auf der Seite »News«

1. Öffnen Sie das Stylesheet *style.css* im Editor.
2. Fügen Sie am Ende des Stylesheets die Regeln aus Listing 11.16 hinzu.
3. Speichern Sie die Datei, und betrachten Sie die Seite *News* im Browser.

11.5 Ein Bild auf der Seite »Über uns« einfügen

Abbildung 11.10 zeigt den Inhaltsbereich der Seite *Über uns* mit einem Bild des Autors der Seiten und einer Beschriftung.

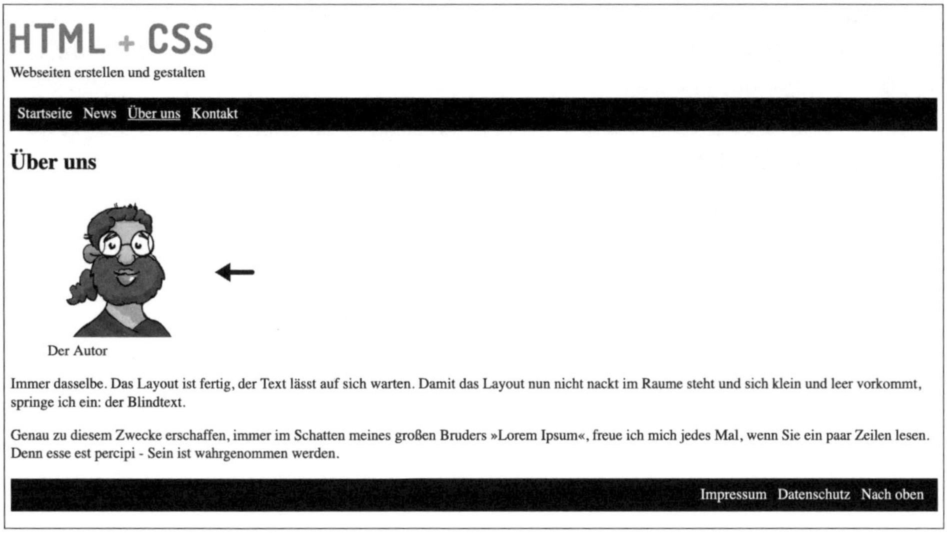

Abbildung 11.10 Die Seite »Über uns« mit Bild und Beschriftung

Das Hinzufügen von Bildern mit einer Beschriftung haben Sie in Abschnitt 6.5, »Abbildungen beschriften: <figure> und <figcaption>«, bereits kennengelernt. Eine passende Grafikdatei finden Sie in den Beispieldateien im Ordner *medienlager*, aber Sie können natürlich auch gerne eine andere nehmen. Der Quelltext für den Inhaltsbereich der Seite *Über uns* könnte so aussehen wie im folgenden Listing:

```
<main class="content">
  <section class="content-intro ">
    <h2>Über uns</h2>
    <figure>
      <img src="bilder/waldemar-weber-150.png"
           srcset="bilder/waldemar-weber-300.png 2x"
           alt="Waldemar Weber"
           width="150"
           height="150">
      <figcaption>Der Autor</figcaption>
    </figure>
    <p>Immer dasselbe [...]: der Blindtext.</p>
    <p>Genau zu diesem Zwecke erschaffen [...]Sein ist wahrgenommen werden. </p>
  </section>
</main>
```

Listing 11.17 Der Inhaltsbereich der Seite »Über uns« mit Bild

Im Folgenden fügen Sie zur Seite *Über uns* ein Bild mit Beschriftung hinzu. Wie man das Bild *neben* den Text stellt, erfahren Sie in Abschnitt 21.1, »Text um eine Abbildung fließen lassen mit ›float‹«.

Übungswebsite: Den Inhaltsbereich der Seite »Über uns« ergänzen

1. Öffnen Sie die Datei *ueber-uns.html* im Editor.
2. Kopieren Sie die gewünschte Bilddatei in den Unterordner *bilder*.
3. Fügen Sie das Bild, wie in Listing 11.17 gezeigt, im Inhaltsbereich ein.
4. Speichern Sie die Seite, und betrachten Sie sie in einem Browser.
5. Überprüfen Sie den Quelltext kurz im HTML-Validator.

11.6 Kontaktdaten und Formular für die Seite »Kontakt«

Auf der Kontaktseite sollen im Inhaltsbereich zwei kurze Abschnitte eingefügt werden, die die Kontaktdaten und ein Formular enthalten. Mit diesen Abschnitten könnte die Kontaktseite so aussehen wie in Abbildung 11.11.

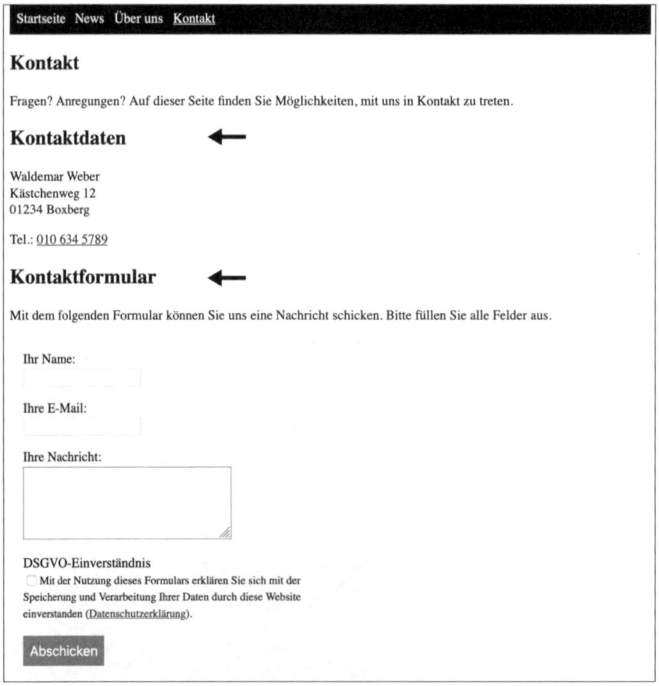

Abbildung 11.11 Die Kontaktseite mit Kontaktdaten und Kontaktformular

11.6.1 Den Abschnitt »Kontaktdaten« hinzufügen

Wie man mit dem Element address Kontaktinformationen hinzufügt, haben Sie in Abschnitt 8.3, »Kontaktinformationen auszeichnen mit <address>«, gesehen. In diesem Abschnitt ergänzen Sie die Kontaktseite um einen Abschnitt mit der Klasse kontaktdaten. Das HTML könnte so aussehen wie im folgenden Listing:

```
<section class="kontaktdaten">
  <h2>Kontaktdaten</h2>

  <address>
  <p>Waldemar Weber <br>
  Kästchenweg 12 <br>
  01234 Boxberg </p>
  <p>Tel.: <a href="tel:010.634.5789">010 634 5789</a></p>
  </address>
</section>
```

Listing 11.18 Ein Abschnitt mit Kontaktinformationen

Mit der folgenden CSS-Regel erreichen Sie, dass die Browser die Schrift von address nicht kursiv darstellen:

```
/* Kontaktadresse nicht kursiv */
address { font-style: normal; }
```

Listing 11.19 Die Schrift von <address> nicht kursiv machen

Im folgenden Kasten fügen Sie das HTML hinzu und gestalten es.

Übungswebsite: Den Abschnitt »Kontaktdaten« hinzufügen

1. Öffnen Sie die Datei *kontakt.html* im Editor.
2. Fügen Sie im Inhaltsbereich wie in Listing 11.18 gezeigt einen Abschnitt mit der Klasse kontaktdaten, einer Überschrift und einer Kontaktadresse ein.
3. Speichern Sie die Datei *kontakt.html*.
4. Öffnen Sie das Stylesheet *style.css* im Editor.
5. Fügen Sie am Ende der Datei die CSS-Regel aus Listing 11.19 ein, um die Adresse mit normaler Schrift darzustellen.
6. Speichern Sie das Stylesheet, und betrachten Sie die Kontaktseite in einem Browser.

11.6.2 Einen Abschnitt mit einem Kontaktformular hinzufügen

Nach dem Abschnitt mit den Kontaktdaten kommt jetzt einer mit einem Kontaktformular, das Sie bereits in Abschnitt 9.8, »Ein DSGVO-kompatibles Kontaktformular erstellen«, gebaut haben.

Das HTML für diesen Abschnitt könnte so aussehen wie im folgenden Listing. Das Anfangs-Tag von section bekommt eine Klasse zur Gestaltung und eine ID, damit man den Abschnitt per Hyperlink direkt aufrufen kann:

```
<section class="kontaktformular" id="kontaktformular">
  <h2>Kontaktformular</h2>
  <p>Mit dem folgenden Formular können Sie uns eine Nachricht schicken.
     Bitte füllen Sie alle Felder aus.</p>

  <!-- Hier das Formular einfügen -->

</section>
```

Listing 11.20 Der Abschnitt für das Kontaktformular

Mit der Klasse kontaktformular wird das CSS im folgenden Listing auf den Abschnitt mit dem Formular beschränkt:

```
/* Grundlegende Gestaltung für das Kontaktformular */
.kontaktformular form {
  max-width: 500px;
  background-color: whitesmoke;
  padding: 1rem;
}
.kontaktformular div { margin-bottom: 1rem; }
.kontaktformular label { cursor: pointer; }
.kontaktformular label[for] { display: block; }
.kontaktformular button {
  background-color: gray;
  color: white;
  padding: 0.5rem;
  border: none;
  font-size: inherit;
  cursor: pointer;
}
```

Listing 11.21 Das CSS zur Gestaltung des Kontaktformulars

Im Folgenden fügen Sie das Kontaktformular ein und gestalten es.

Übungswebsite: Einen Abschnitt mit Kontaktformular einfügen

1. Öffnen Sie die Datei *kontakt.html* im Editor.
2. Fügen Sie im Inhaltsbereich wie in Listing 11.20 gezeigt einen Abschnitt mit der Klasse `kontaktformular`, einer Überschrift und einem einleitenden Absatz ein.
3. Fügen Sie ein Kontaktformular ein. Das HTML dazu finden Sie in Abschnitt 9.8, »Ein DSGVO-kompatibles Kontaktformular erstellen« (Listing 9.16 und Listing 9.17).
4. Speichern Sie die Datei *kontakt.html*.
5. Öffnen Sie das Stylesheet *style.css* im Editor.
6. Fügen Sie am Ende der Datei die CSS-Regeln aus Listing 11.21 ein, um das Kontaktformular zu gestalten.
7. Speichern Sie das Stylesheet, und betrachten Sie die Kontaktseite in einem Browser.
8. Überprüfen Sie den Quelltext im HTML-Validator.

Nach diesen Schritten sollte die Kontaktseite ungefähr so aussehen wie in Abbildung 11.11 zu sehen ist.

11.7 Die Seiten »Impressum« und »Datenschutz«

In Abschnitt 11.1.3 haben Sie im Footer zwei Platzhalter für die Links zu den rechtlichen Pflichtseiten *Impressum* und *Datenschutz* erstellt. Da die beiden Seiten erst nach der Veröffentlichung einer Website relevant sind, lasse ich sie für die Übungswebsite der Übersichtlichkeit halber weg.

Falls Sie Ihre Website veröffentlichen möchten, gibt es im Web diverse Generatoren, die Ihnen bei der Formulierung der Texte behilflich sind. Sehr beliebt ist zum Beispiel die folgende, von RA Dr. Thomas Schwenke betriebene Website:

- *datenschutz-generator.de* (auch für Impressum)

Ebenfalls sehr beliebt sind die folgenden Tools:

- *adsimple.de/impressum-generator/*
- *adsimple.de/datenschutz-generator/*
- *e-recht24.de/impressum-generator.html*
- *e-recht24.de/muster-datenschutzerklaerung.html*

Den fertigen Text können Sie kopieren und falls nötig nach dem Einfügen entsprechend anpassen.

11.8 Auf einen Blick

Hier sind noch einmal die wichtigsten Punkte im Überblick:

- Stylesheets und Bilddateien speichert man am besten in eigenen Ordnern.
- In einer Navigation sollte man den aktuellen Menüpunkt hervorheben.
- Zur Überprüfung des HTML gibt es den Validator vom W3C.
- Zu jeder veröffentlichten Website gehören ein Impressum und eine Datenschutzerklärung.

Kapitel 12

CSS kennenlernen: Syntax, Box-Modell, Farbwerte und Einheiten

Worin Sie die Syntax und das Box-Modell zum Gestalten von HTML-Elementen kennenlernen. Danach erfahren Sie, welche Möglichkeiten zur Definition von Farben es gibt und welche Einheiten beim Gestalten am wichtigsten sind.

Die Themen im Überblick:

Nach einem kleinen Überblick über die in den folgenden Kapiteln behandelten Themen zum Gestalten von Webseiten per CSS lernen Sie die Syntax von CSS-Regeln und das Box-Modell kennen. Danach folgen verschiedene Möglichkeiten zur Definition von Farben und die wichtigsten Einheiten, die Sie beim Gestalten verwenden können.

12.1 Überblick: Webseiten gestalten per CSS

Beim Erstellen der Webseiten mit HTML in Teil II dieses Buches haben Sie CSS bereits kennengelernt und den von HTML erzeugten rechteckigen Kästchen mit einer Prise CSS eine grundlegende Gestaltung mit auf den Weg gegeben.

In den folgenden Kapiteln spielt CSS die Hauptrolle, und nach dem Kennenlernen in diesem Kapitel kann man das Gestalten von Webseiten per CSS grob in folgende Themen unterteilen:

- Selektoren: die gewünschten Kästchen auswählen (Kapitel 13)
- Schrift und Text: den Inhalt der Kästchen gestalten (Kapitel 15)
- Abstände und Rahmenlinien: die Kästchen selbst gestalten (Kapitel 17)
- Positionieren und Layout: die Kästchen flexibel anordnen (Kapitel 20 bis 24)

Zwischendurch gibt es dabei immer mal wieder Wissenswertes zu grundlegenden Konzepten wie Kaskade (Kapitel 14), Box-Modell (Kapitel 16), Organisation von Stylesheets (Kapitel 18) und Media Queries (Kapitel 19), damit Sie das Gelernte auch wirklich *verstehen*. Zum Abschluss lernen Sie in Kapitel 25 SVG-Icons und responsive Bilder kennen.

Los geht es in diesem Kapitel aber ganz einfach mit den wichtigsten Vokabeln und dem Aufbau einer CSS-Regel.

12.2 Wichtige Vokabeln: Der Aufbau einer CSS-Regel

Bei der bisherigen grundlegenden Gestaltung der Webseiten haben Sie bereits einige CSS-Regeln geschrieben, die alle einem bestimmten schematischen Aufbau folgen:

```
Selektor {
  Eigenschaft: Wert;
  Eigenschaft: Wert;
}
```

Listing 12.1 Der Aufbau einer CSS-Regel

Eine CSS-Regel besteht aus den folgenden Einzelteilen:

- **Selektor** (*selector*)
  Der *Selektor* steht vor der geschweiften Klammer und wählt aus (*selektiert*), welche Kästchen auf der Seite gestaltet werden sollen.
- **Eigenschaft** (*property*)
  Die zu gestaltende *Eigenschaft* (Farbe, Schriftart etc.) des Elements wird von einem Doppelpunkt gefolgt. Leerzeichen vor und nach dem Doppelpunkt sind optional, aber meist steht eines nach dem Doppelpunkt.
- **Wert** (*value*)
  Der *Wert* für die Eigenschaft steht nach dem Doppelpunkt. Danach folgt ein Semikolon, das dem Browser mitteilt, dass der Wert hier aufhört.

- **Deklaration** (*declaration*)
  Die Kombination aus Eigenschaft, Doppelpunkt und Wert heißt *Deklaration*. Jede Deklaration wird mit einem Semikolon beendet.

Im Web werden Sie für *CSS-Regel* auch andere Begriffe finden. Einige Kandidaten sind zum Beispiel *Style, Stil, Stilregel, Formatvorlage* oder *Formatdefinition*.

12.3 Es gibt drei verschiedene Möglichkeiten, CSS zu speichern

Insgesamt gibt es drei verschiedene Möglichkeiten, das zur Gestaltung der Webseiten verwendete CSS zu speichern:

- in einem externen Stylesheet mit der Endung *.css*
- im Head einer Webseite im *Element* `<style>`
- im Anfangs-Tag eines HTML-Elements im *Attribut* `style`

Diese drei Möglichkeiten stelle ich Ihnen in diesem Abschnitt vor.

12.3.1 Externes Stylesheet: CSS-Regeln in einer eigenen Datei

Die erste Möglichkeit, CSS zu speichern, ist ein externes Stylesheet. Das ist eine Datei mit der Endung *.css* und der Normalfall.

Auch die CSS-Regeln für die grundlegende Gestaltung der Übungswebsite werden in einer externen Datei mit dem Namen *style.css* aufbewahrt.

Die Verbindung zwischen der Webseite (HTML-Datei) und dem Stylesheet (CSS-Datei) erfolgt mithilfe des Elements `link` im Headbereich der Webseite:

```
<head>
  <!-- Andere HTML-Elemente -->
  <link href="pfad/dateiname.css" rel="stylesheet">
</head>
```

Listing 12.2 Webseite und Stylesheet verbinden mit dem Element »link«

Der große Vorteil dieser Vorgehensweise ist, dass ein externes Stylesheet mit beliebig vielen Webseiten verbunden werden kann. Das ist wie »Gestalten per Fernbedienung«: Sie ändern etwas im CSS, und alle angeschlossenen Webseiten ändern sich ebenfalls.

12.3.2 »Style-Block«: CSS-Regeln mit <style> im <head> einer Webseite

Die zweite Möglichkeit zum Speichern von CSS haben Sie ebenfalls bereits kennengelernt. Bei einigen Übungsdateien wurden die CSS-Regeln mit dem Element `style` im Headbereich der Webseite gespeichert.

Die CSS-Regeln stehen zwischen den Tags `<style>` und `</style>` und bilden so einen *Style-Block*. Das folgende Listing färbt den Hintergrund von `body`, aber nur auf dieser einen Seite:

```
<head>
  <!--  Andere HTML-Elemente  -->
  <style>
    body {
      background-color: pink; /* nur für diese eine Webseite */
    }
  </style>
</head>
```

Listing 12.3 Das HTML-Element <style> im <head> einer Webseite

Der große Unterschied zum externen Stylesheet ist der Wirkungsbereich: In einem Style-Block gespeicherte CSS-Regeln gelten nur für die Webseite, auf der sie gespeichert werden.

12.3.3 »Inline-Styles«: Deklarationen mit dem Attribut »style« im Element

Die dritte Möglichkeit zum Speichern von CSS ist es, Deklarationen mit dem *Attribut* `style` direkt im Anfangs-Tag eines HTML-Elements zu notieren. Diese Methode nennt man auch *Inline-Styles*, weil die CSS-Deklarationen direkt im HTML-Element stehen.

Das folgende Listing gibt nur diesem einen Absatz einen hellgrauen Hintergrund und eine dunkelrote Schrift:

```
<p style="background-color: whitesmoke; color: darkred;">Text</p>
```

Listing 12.4 Das Attribut »style« im Anfangs-Tag eines HTML-Elements

Diese beiden Deklarationen gelten nur für diesen Absatz. Da Inline-Styles direkt im zu gestaltenden Element stehen, fehlen sowohl ein Selektor als auch die geschweiften Klammern.

Beim Gestalten von Webseiten sollten Sie Inline-Styles nur sehr sparsam einsetzen, denn wie Sie in Abschnitt 13.10, »Spezifität: Einige Selektoren sind wichtiger als andere«, sehen werden, sind Inline-Styles wichtiger als andere CSS-Regeln und überschreiben diese. Inline-Styles sind besonders in zwei Situationen sehr hilfreich:

- Beim Experimentieren während der Gestaltung einer Webseite überschreiben Inline-Styles das übrige CSS meist, und man kann sofort sehen, wie es wirkt.
- Für Webredakteure, die Inhalte in Content-Management-Systemen verwalten, sind Inline-Styles oft die einzige Möglichkeit, vom System vorgegebenes CSS zu überschreiben.

12.3.4 Die empfohlene Vorgehensweise: CSS so viel wie möglich in externen Dateien speichern

Die Dreiteilung von CSS in einer externen Datei, im Element `style` im `head` und im Attribut `style` direkt im Anfangs-Tag eines Elements ist sehr praktisch. Es empfiehlt sich die folgende Vorgehensweise:

- Schreiben Sie so viel wie möglich in externe CSS-Dateien.
- Schreiben Sie CSS auf den Webseiten selbst so sparsam wie möglich.

Welche CSS-Regeln Vorrang gegenüber anderen haben, wird übrigens durch die Kaskade von CSS geregelt, die Sie in Abschnitt 14.1, »Die Kaskade: Wichtigkeit, Spezifität und Reihenfolge«, kennenlernen.

12.4 Das Box-Modell kennenlernen: »padding«, »border« und »margin«

Webseiten bestehen aus rechteckigen Kästchen, und diese sind alle nach demselben – *Box-Modell* genannten – Schema aufgebaut. Dabei geht es zunächst um den Aufbau von Blockboxen, die in CSS mit `display: block` erzeugt werden. In Kapitel 16 lernen Sie das Box-Modell im Detail kennen.

Abbildung 12.1 zeigt eine schematische Darstellung des klassischen Box-Modells für Blockboxen.

Alle Blockboxen haben einen Kern aus Inhalt, um den herum die Eigenschaften `padding`, `border` und `margin` liegen, und zwar immer in genau dieser Reihenfolge: p-b-m. Tabelle 12.1 zeigt eine kleine Übersicht der wichtigsten Begriffe und der Übersetzungen ins Deutsche.

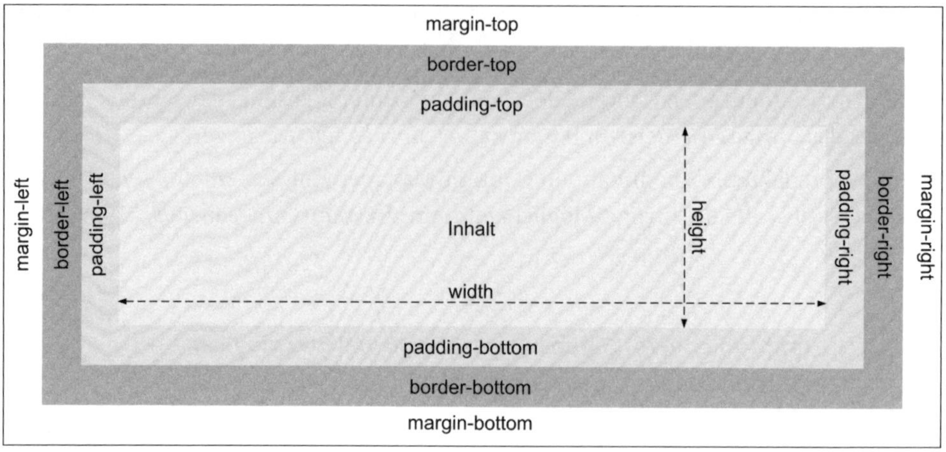

Abbildung 12.1 Das klassische Box-Modell für Blockboxen

Englisch	Deutsch
box model	Box-Modell
content	Inhalt, Inhaltsbereich
padding	Innenabstand
border	Rahmenlinie, Rand
margin	Außenabstand

Tabelle 12.1 Begriffe rund um das Box-Modell und Übersetzungen

12.4.1 Der Inhalt sollte möglichst flexibel bleiben

Text und Grafiken stehen im Inhaltsbereich und bilden den Kern eines Elements. Wenn im Stylesheet keine Angaben zu Breite oder Höhe gemacht wurden, gelten für mit `display: block` erzeugte Blockboxen die folgenden Grundregeln:

- Blockboxen werden automatisch so breit wie die umgebende Box.
- Blockboxen werden so hoch wie ihr Inhalt.

Im modernen CSS-Alltag werden Sie für Blockboxen nur selten eine feste Breite mit `width` und noch seltener eine feste Höhe mit `height` definieren. Meist ist es besser, mit Eigenschaften wie `min-width` (Mindestbreite) und `max-width` (maximale Breite) bzw. `min-height` (Mindesthöhe) und `max-height` (maximale Höhe) flexible Grenzen festzulegen.

Oder Sie bestimmen die Abmessungen der Boxen durch andere Layoutmethoden wie *Flexbox* (Kapitel 22) oder *Grid* (Kapitel 24).

»width« definiert im klassischen Box-Modell die »content-box«

Im klassischen Box-Modell (Abbildung 12.1) definieren `width` & Co nur die Breite für den Inhaltsbereich, im CSS-Jargon auch *content-box* genannt. In Abschnitt 16.8 lernen Sie ein intuitiveres Box-Modell namens *border-box* kennen, in dem `width` & Co die Breite der Box inklusive Innenabstand und Rand definiert.

12.4.2 Der Innenabstand »padding« schafft Platz zwischen Inhalt und Rand

Um den Inhalt herum können Sie in jeder Box ein `padding` definieren, das zwischen dem Inhalt und der Begrenzung der Box (`border`) liegt. `padding` ist also *innerhalb* der Box.

Eine Anweisung wie `padding: 1rem` gibt allen vier Seiten der Box den gleichen Innenabstand, aber Sie können ihn auch für alle vier Seiten einzeln definieren (Abbildung 12.1):

- `padding-top` für den oberen Innenabstand
- `padding-right` für den rechten Innenabstand
- `padding-bottom` für den unteren Innenabstand
- `padding-left` für den linken Innenabstand

Der Innenabstand übernimmt die Farbe vom Inhaltsbereich und wird meist eingesetzt, um ein bisschen Luft zwischen Inhalt und Rand zu schaffen, wenn die Fläche der Box durch eine Hintergrundfarbe oder Rahmenlinie sichtbar wird.

»padding-box« meint den Inhaltsbereich plus den Innenabstand

Der Inhaltsbereich und der Innenabstand zusammen werden auch als *padding-box* bezeichnet.

12.4.3 Die Rahmenlinien drumherum: »border«

Um den Innenabstand kann sich eine Rahmenlinie (`border`) legen, die für alle vier Seiten unterschiedlich sein kann (Abbildung 12.1):

- `border-top` für die Rahmenlinie oben
- `border-right` für die rechte Rahmenlinie
- `border-bottom` für die untere Rahmenlinie
- `border-left` für die linke Rahmenlinie

Jede Rahmenlinie hat eine Breite, einen Stil und eine Farbe. Am häufigsten begegnet man der Kurzschreibweise, bei der alle drei Werte in einer Deklaration notiert werden:

```
border-left: 5px solid steelblue;
```

Listing 12.5 Die Kurzschreibweise für eine Rahmenlinie

In Abschnitt 16.4, »Rahmenlinien gestalten mit ›border‹ und ›border-radius‹«, erfahren Sie mehr über die genaue Syntax zur Gestaltung von Rahmenlinien.

> **»border-box« ist Inhaltsbereich, Innenabstand plus Rahmenlinie**
> Inhaltsbereich plus Innenabstand plus Rahmenlinie bilden zusammen einen Bereich namens *border-box*.

12.4.4 Der Außenabstand »margin« regelt den Abstand zu anderen Boxen

Jede Box kann einen Außenabstand (`margin`) haben, der den Abstand zwischen den Boxen regelt. `margin` kann ebenfalls für alle vier Seiten einzeln definiert werden (Abbildung 12.1):

- `margin-top` für den oberen Außenabstand
- `margin-right` für den rechten Außenabstand
- `margin-bottom` für den unteren Außenabstand
- `margin-left` für den linken Außenabstand

Der Außenabstand liegt *außerhalb* der eigentlichen Box, und er übernimmt die Hintergrundfarbe des *umgebenden* Elements.

Der Außenabstand `margin` darf, im Gegensatz zu `border` und `padding`, auch negative Werte haben. Das braucht man nur selten, aber es kann sehr praktisch sein. In Kapitel 16, »Abstände gestalten mit dem Box-Modell«, sehen Sie, wie man mit `margin` Blockboxen zentrieren kann und was es mit dem Phänomen der *Collapsing Margins* auf sich hat.

> **Eine »margin-box« enthält Inhalt, Innenabstand und Rahmenlinien**
> Die sogenannte *margin-box* umfasst alle vier Bereiche: Inhalt, Innenabstand, Rahmenlinie und Außenabstand.

12.4.5 Der Unterschied zwischen Abständen mit »padding« und »margin«

Anfangs fragt man sich beim Gestalten mit dem Box-Modell oft, ob für einen gewünschten Abstand `padding` oder `margin` besser wäre.

Der folgende Überblick hilft bei der Entscheidung:

- `padding` ist *innerhalb* der Box. Wenn die Begrenzung einer Box durch Hintergrundfarbe oder Rahmenlinie sichtbar wird und Sie den Abstand *zwischen Inhalt und Rand* erhöhen möchten, nehmen Sie `padding`.
- `margin` ist *außerhalb* der Box. Wenn Sie den Abstand *zwischen zwei Boxen* erhöhen möchten, dann ist `margin` meist die richtige Wahl. Der vertikale Abstand zwischen Elementen im Fließtext im Browser-Stylesheet wird zum Beispiel mit `margin` erzeugt.

Wenn benachbarte Elemente die gleiche Hintergrundfarbe und keine Rahmenlinien haben, kann man ohne einen Blick ins CSS nicht erkennen, ob ein Abstand mit `padding` oder `margin` erzeugt wurde.

Die Kurzschreibweise »padding« und »margin«

Die Kurzschreibweise `padding` und `margin` kann unterschiedlich viele Werte haben:

- Bei nur einem Wert gilt dieser für oben, rechts, unten und links.
- Bei zwei Werten gilt der erste für oben *und* unten und der zweite für links *und* rechts.
- Bei drei Werten gilt der erste für oben, der zweite für links *und* rechts und der dritte für unten. Diese Variante finden die meisten Webdesigner schlecht zu merken, und sie wird in der Praxis eher selten verwendet.
- Bei vier Werten gelten diese im Uhrzeigersinn der Reihe nach für oben, rechts, unten und links.

12.4.6 Das Box-Modell im Browser visualisieren

Die Entwicklerwerkzeuge der Browser sind beim Kennenlernen und Analysieren des Box-Modells eine große Hilfe.

Bei Blink-basierten Browsern wie Chrome finden Sie eine Visualisierung des Box-Modells im Tab ELEMENTE in der rechten CSS-Hälfte gleich zweimal: ganz unten im Register STILE und ganz oben im Register BERECHNET.

Firefox bietet im INSPEKTOR (F12) gleich zwei tolle Tools zum Box-Modell:

- Im Register LAYOUT gibt es im Bereich BOX-MODELL eine Visualisierung des Box-Modells für das ausgewählte HTML-Element mit den berechneten Pixelwerten für Inhalt, `padding`, `border` und `margin`.
- Der 3-ANSICHTEN-INSPEKTOR wird mit einem Klick auf den kleinen Pfeil links neben dem Register LAYOUT aktiviert. Er fügt einen dritten Bereich hinzu, sodass man neben den HTML-Elementen und den CSS-Regeln rechts zum Beispiel noch das Box-Modell sieht.

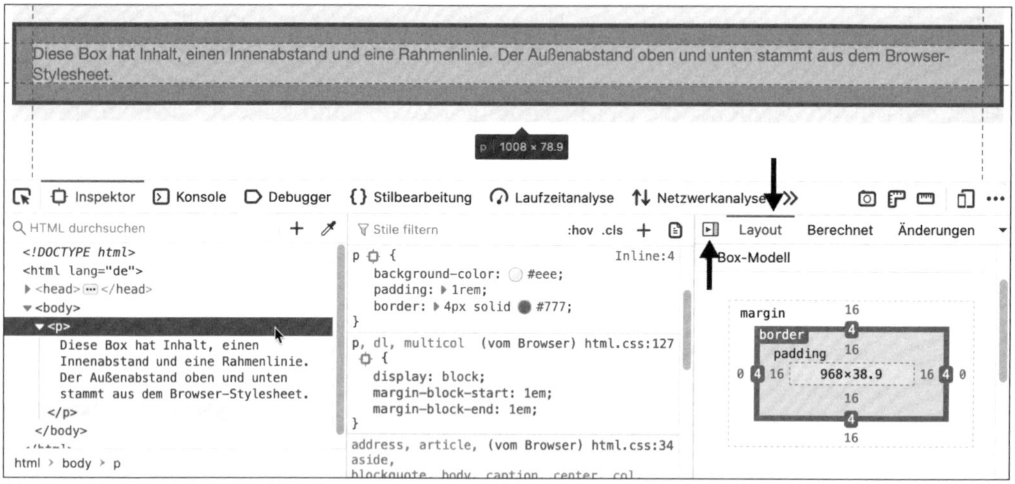

Abbildung 12.2 Der 3-Ansichten-Inspektor in Firefox

Abbildung 12.2 zeigt den 3-Ansichten-Inspektor in Firefox:

- Im linken Fenster ist im HTML ein Absatz ausgewählt.
- Im mittleren Bereich sehen Sie die relevanten CSS-Regeln.
- Im rechten Bereich zeigt der Browser das aus diesen Regeln berechnete Box-Modell mit Pixelwerten für Inhalt, `padding`, `border` und `margin`.

Solange der Mauszeiger im HTML auf den Absatz zeigt, werden die Box-Modell-Eigenschaften auch oben im Browserfenster farbig visualisiert.

12.5 Farbnamen in CSS: Einfach, aber nicht sehr flexibel

Am Bildschirm werden alle Farben aus Licht in den Farben Rot, Grün und Blau gemischt. Zur Definition der jeweiligen Farbanteile gibt es in CSS diverse Möglichkeiten.

Im Stylesheet für die Übungswebsite haben Sie bisher ausschließlich Farbnamen wie `black`, `white` oder `whitesmoke` verwendet. Für den Einstieg hat das den Vorteil, dass man vorab nichts erklären muss, denn zumindest die Grundfarben sind auch auf Englisch verständlich.

Es gibt über 140 (englische) Farbnamen, die in allen modernen Browsern funktionieren, und bei Grautönen können Sie sogar zwischen dem englischen `grey` (mit e) oder dem amerikanischen `gray` (mit a) wählen.

Im Web gibt es einige Referenzen für Farbnamen und die entsprechenden Farbtöne. Übersichtlich ist zum Beispiel die folgende:

- *w3schools.com/colors/colors_names.asp*

Abbildung 12.3 zeigt einen kleinen Ausschnitt daraus.

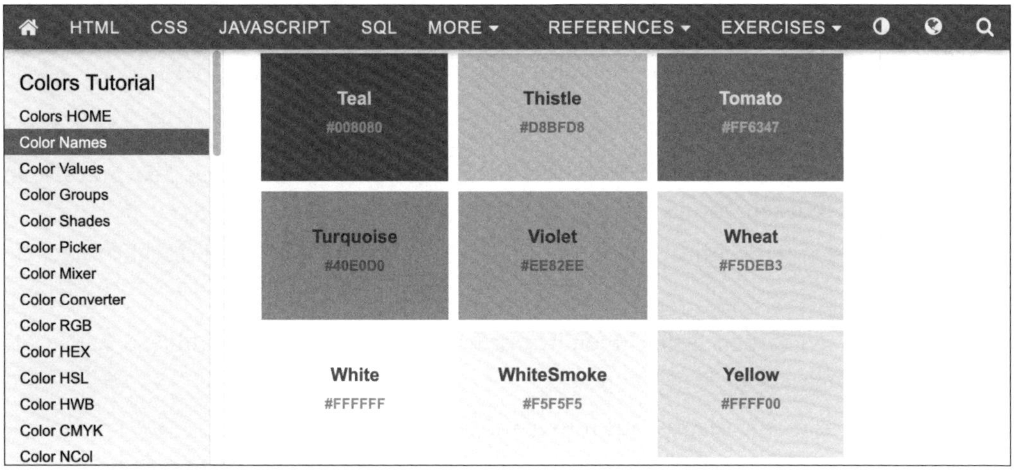

Abbildung 12.3 Farbnamen in der Übersicht bei w3schools.com

Farbnamen sind für den Einstieg okay, haben aber zwei Probleme:

- Jenseits der Grundfarben sind die englischen Bezeichnungen manchmal nicht sehr aussagekräftig. Namen wie `chartreuse` oder `thistle` wecken meist nur wenig farbliche Assoziationen.
- Früher oder später möchte man einen Farbton verwenden, der *zwischen* den definierten Farbnamen liegt, zum Beispiel einen Grauton, der zwischen `black` und dem dunkelsten Grauton `dimgrey` liegt.

Daher gibt es in CSS noch diverse andere Farbmodelle zur Definition von Farbwerten, die ich Ihnen im Folgenden kurz vorstellen möchte.

12.6 Weit verbreitet: Hexadezimale Farbangaben mit #rrggbb

Hexadezimale Farbangaben sind nicht sehr intuitiv, aber die wohl am weitesten verbreitete Schreibweise für Farbwerte.

12.6.1 Der Aufbau eines hexadezimalen Farbwertes

Im hexadezimalen Farbsystem gibt es 16 Zahlen: von `0` bis `9`, und dann weiter mit `a` bis `f`. Die Buchstaben `a` bis `f` sind in hexadezimalen Werten also Zahlen. Dezimal zählt man »9, 10, 11«, hexadezimal hingegen »9, a, b«. Groß- und Kleinschreibung spielt bei den Buchstabenzahlen übrigens keine Rolle.

Hexadezimale Farbwerte sind nach dem Schema `#rrggbb` aufgebaut:

- Am Anfang steht eine Raute `#`.
- Danach folgen je zwei Zeichen für Rot, Grün und Blau.
- Die möglichen Werte reichen von `00` (Null) bis `ff` (255).

Hier ein paar einfache Beispiele:

- `black` ist hexadezimal `#000000` (sechs Nullen). Übersetzt heißt das kein rotes, kein grünes und kein blaues Licht. Licht aus. Schwarz.
- `white` ist `#ffffff`. Rotes, grünes und blaues Licht brennen so hell wie möglich. Spot an. Weiß.

Alle anderen Farben liegen irgendwo dazwischen, und in Abbildung 12.3 haben Sie bereits einige Beispiele gesehen:

- `yellow` ist eine Mischung aus rotem und grünem Licht: `#ffff00`.
- `tomato` ist `#ff6347` und besteht aus viel Rot (`ff`), weniger Grün (`63`) und noch weniger Blau (`47`).
- `whitesmoke` ist ein helles Grau und entspricht dem Wert `#f5f5f5`.

Grautöne erkennen Sie übrigens daran, dass alle drei Zeichenpaare gleiche Werte haben: `#353535` ist ein dunkles Grau, `#efefef` ein helles.

12.6.2 Die hexadezimale Kurzschreibweise: #rgb

Hexadezimale Angaben, bei denen die Werte für Rot, Grün und Blau jeweils gleiche Ziffern haben, kann man in einer Kurzschreibweise notieren:

- Weiß kann man statt `#ffffff` auch `#fff` schreiben.
- Knallgelb könnte statt `#ffff00` auch als `#ff0` auftauchen.

- Ein dunkles Grau wie #333333 kann zu #333 verkürzt werden.

Diese Schreibweise ist praktisch, funktioniert aber nur für bestimmte Farbwerte.

12.6.3 Übersicht: Einige Farbnamen und ihre HEX-Werte

Tabelle 12.2 zeigt einige Farbnamen und ihre hexadezimalen Entsprechungen in normaler und kurzer Schreibweise.

Farbname	Farbton	Hexa normal	Hex kurz
white	Weiß	#ffffff	#fff
black	Schwarz	#000000	#000
red	Knallrot	#ff0000	#f00
maroon	Dunkles Rot	#800000	–
lime	Knallgrün	#00ff00	#0f0
green	Dunkles Grün	#008000	–
blue	Knallblau	#0000ff	#00f
navy	Dunkles Blau	#000080	–
gray / grey	Dunkles Grau	#808080	–
silver	Helleres Grau	#c0c0c0	–
yellow	Knallgelb	#ffff00	#ff0
orange	Orange	#ffa500	–
olive	Oliv	#808000	–
purple	Dunkles Lila	#800080	–
fuchsia / magenta	Helles Lila	#ff00ff	#f0f
aqua / cyan	Türkis	#00ffff	#0ff
teal	Aquamarin	#008080	–

Tabelle 12.2 Einige Farbnamen und ihre hexadezimalen Entsprechungen

12.6.4 HEXen und blaufärben: Farbnamen auf der Übungswebsite ändern

Auf der Übungswebsite gibt es bisher nur sehr wenige Farbangaben, die allesamt mit Farbnamen realisiert wurden:

- `black` als Schriftfarbe und Hintergrund für Navigation und Footer
- `whitesmoke` für den Abschnitt `.infoboxen` und das Kontaktformular
- `gray` für den Button im Kontaktformular
- `white` als Schriftfarbe und für den Hintergrund von `.infobox`

Einige dieser Farbangaben werden in diesem Abschnitt durch einen etwas subtileren Farbton in HEX-Schreibweise ersetzt:

- Navigation und Footer werden etwas heller und bekommen statt `black` das dunkle Grau `#333`.
- Der Hintergrund für das Kontaktformular und den Abschnitt mit den Infoboxen wird etwas dunkler, von `whitesmoke` nach `#eee`.
- Der Button im Kontaktformular bekommt ein dunkles Blau mit dem Wert `#07b`.

Wie immer können Sie auch gerne andere Farbwerte wählen und ausprobieren. Im Folgenden setzen Sie diese Änderungen für die Übungswebsite um.

Übungswebsite: Farbwerte im Stylesheet ändern

1. Öffnen Sie das Stylesheet *style.css* im Editor.
2. Die Hintergrundfarbe für `.site-nav` und `.site-footer` soll `#333` sein.
3. Die Hintergrundfarbe für den Abschnitt *.infoboxen* und das Kontaktformular wird `#eee`.
4. Die Hintergrundfarbe für den Button wird zu `#07b`.
5. Speichern Sie das Stylesheet, und betrachten Sie die Webseiten in einem Browser.

Abgesehen vom Blau des Buttons im Kontaktformular sind die Änderungen sehr dezent, aber mit hexadezimalen Angaben haben Sie mehr Spielraum als mit Farbnamen. Nutzen Sie ihn, und experimentieren Sie ruhig ein bisschen mit den Farben.

12.7 Die Alternative: Farben mit rgb() – auch mit Transparenz

Die hexadezimale Schreibweise ist sehr weit verbreitet, aber mit der Funktion `rgb()` gibt es eine Alternative, bei der man die Anteile für die Farben Rot, Grün und Blau dezimal mit Werten zwischen 0 und 255 angeben kann. Schematisch sieht das so aus:

```
rgb(rrr, ggg, bbb)
```

Listing 12.6 rgb() mit Trennung der Werte durch Komma

Weiß wäre `rgb(255,255,255)`, Schwarz `rgb(0,0,0)` und Gelb `rgb(255, 255, 0)`.

Der Vollständigkeit halber sei erwähnt, dass moderne Browser es erlauben, die Werte mit einer Leerstelle zu trennen: `rgb(255 255 255)`. Mehr dazu finden Sie in den MDN Web Docs:

- *developer.mozilla.org/en-US/docs/Web/CSS/color_value/rgb()*

Wenn Ihnen die `rgb()`-Schreibweise gefällt, können Sie sie gerne nutzen, aber hexadezimale Farbangaben sind weiter verbreitet. Eine Ausnahme sind Farben mit *Transparenz*, bei denen das Format `rgb()` beliebter ist. Dazu notiert man in den Klammern einen vierten Wert für die Transparenz:

```
rgb(255, 255, 255, 0.5)
```

Listing 12.7 Weiß, mit Komma getrennt und einer Transparenz von 0,5

Die ersten drei Werte stehen wie gewohnt für Rot, Grün und Blau, der vierte Wert für die Transparenz ist eine Dezimalzahl zwischen 0 und 1. Eine 0 steht für durchsichtig (*transparent*) und eine 1 für nicht durchsichtig (*opaque*, also nicht transparent).

Wissenswertes Syntaxdetail: Wenn Sie die ersten drei Werte mit einer Leerstelle trennen, steht vor dem vierten Wert ein Schrägstrich:

```
rgb(255 255 255 / 0.5)
```

Listing 12.8 Weiß, mit Leerstelle getrennt und einer Transparenz von 0,5

Abbildung 12.4 zeigt ein Beispiel für Weiß mit verschiedenen Werten für die Transparenz. Die entsprechende Übungsdatei *rgb-transparenz.html* finden Sie im Ordner zu diesem Kapitel im Unterordner *uebungen*.

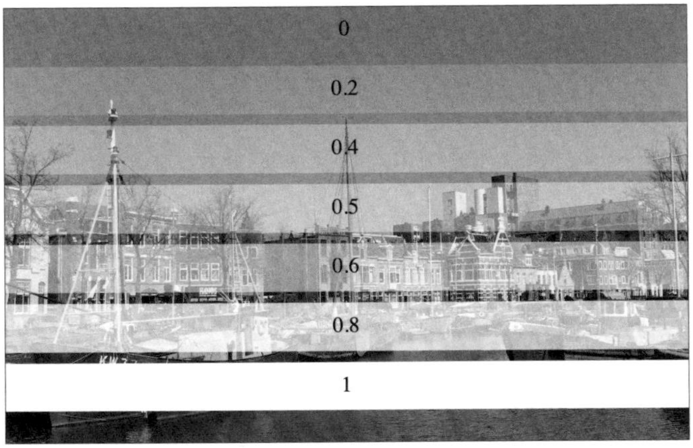

Abbildung 12.4 Unterschiedlich transparentes Weiß mit rgb()

Früher wurden transparente Farben als `rgba()` notiert (*a* wie *Alphakanal*), aber inzwischen fügt man der normalen Schreibweise `rgb()` einfach einen vierten Wert hinzu. Alle modernen Browser verstehen das problemlos:

- *caniuse.com/mdn-css_types_color_rgb_function_accepts_alpha*

Als ob es noch nicht genug verschiedene Möglichkeiten gäbe: In der hexadezimalen Schreibweise kann man auch eine Transparenz definieren. Der HEX-Wert wird dann mit Transparenz achtstellig, also zum Beispiel `#ffffffcc`, wobei die beiden letzten Zeichen die Transparenz definieren. Die meisten Autoren finden `rgb()` aber übersichtlicher.

Noch eine Möglichkeit zum Farbenmischen: hsl()

Das Farbformat HSL mischt eine Farbe nicht mit Anteilen von Rot, Grün und Blau, sondern mit dem *hue* (Farbton), der *saturation* (Sättigung) und der *lightness* (Helligkeit). Ein vierter Wert stellt einen Alphakanal für die Transparenz der Farbe bereit.

Falls Sie mehr über HSL wissen möchten, ist der Artikel »Switching from HEX to HSL« von Sara Soueidan ein guter Einstieg:

- *sarasoueidan.com/blog/hex-rgb-to-hsl/*

Besonders bei Grafikdesignern ist diese Farbmischung sehr beliebt.

12.8 Nützliche Werkzeuge und Websites zur Arbeit mit Farben

Es gibt zahlreiche nützliche Browserwerkzeuge und Websites zur Arbeit mit Farben, von denen ich einige kurz vorstellen möchte.

12.8.1 Firefox hat in den Entwicklerwerkzeugen einen Farbwähler

Manchmal sieht man auf einer Webseite eine Farbe, von der man gerne wissen würde, welchen Farbwert sie hat. In Firefox gibt es dafür in den Entwicklerwerkzeugen einen gut versteckten Farbwähler.

1. Rufen Sie die gewünschte Webseite in Firefox auf.
2. Öffnen Sie den INSPEKTOR (zum Beispiel mit [F12]).
3. Klicken Sie im HTML-Bereich rechts oben auf die Pipette.
4. Fahren Sie mit dem Mauszeiger auf die gewünschte Farbe.
5. Per Klick kopieren Sie den HEX-Wert in die Zwischenablage.

Abbildung 12.5 zeigt, wie Sie mit dem Farbwähler von Firefox den Farbwert für das helle Blau aus der Logografik bekommen.

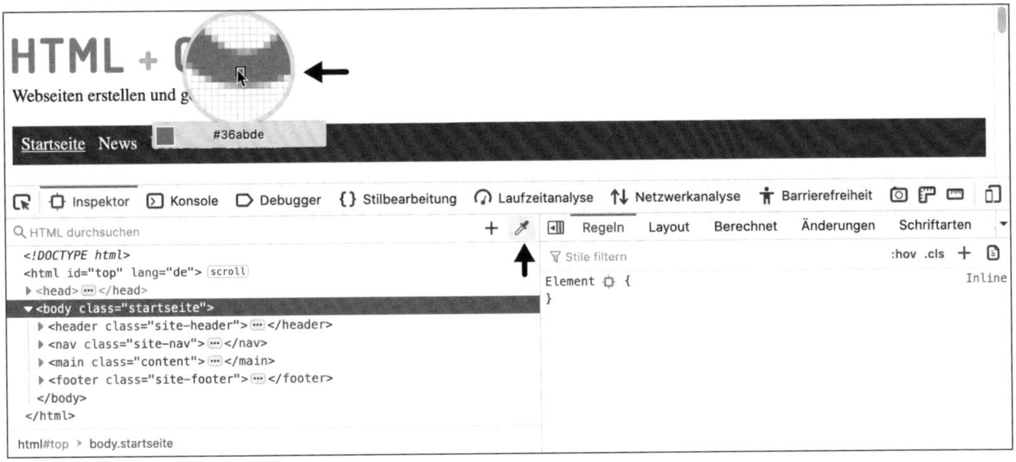

Abbildung 12.5 Firefox hat in den Entwicklerwerkzeugen einen Farbwähler.

ColorZilla – das Farbtool für Chrome und Firefox

Wenn Sie häufiger einen Farbwähler nutzen, schauen Sie sich *ColorZilla* einmal näher an:

- *colorzilla.com*

Das Tool enthält zum Beispiel einen *Webpage Color Analyzer*, der mit einem Klick alle auf einer Webseite verwendeten Farben in einer übersichtlichen Palette listet und sogar anzeigt, für welche Elemente diese Farbe genutzt wird.

12.8.2 Ausführliche Farbauswahl in den Entwicklerwerkzeugen der Browser

In den Entwicklerwerkzeugen von Firefox und Chrome gibt es noch eine weitere Hilfe zur Arbeit mit Farben. Abbildung 12.6 zeigt Firefox in Aktion:

1. Wählen Sie im HTML-Baum ein Element mit einem Farbwert.
2. Zeigen Sie im CSS mit der Maus auf den kleinen Farbkreis.

⇧ + Klick zeigt den Farbwert der Reihe nach in verschiedenen Schreibweisen. Ein normaler Klick öffnet eine Farbauswahl. Abbildung 12.6 zeigt die Farbauswahl in Aktion.

In dem Feld für die Farbauswahl haben Sie diverse Möglichkeiten:

- Ganz unten links ist eine Pipette, die den oben beschriebenen Farbwähler zum Auswählen einer Farbe auf der Webseite startet.
- Der Farbkreis rechts daneben zeigt den Farbnamen, der der aktuell ausgewählten Farbe am ähnlichsten ist.
- Der obere Schieberegler darüber wählt den Farbton (*hue*) aus.
- Der untere Schieberegler stellt die gewünschte Transparenz ein.
- Im großen Farbfeld bestimmen Sie, wie kräftig die Farbe sein soll. Links oben ist Weiß, links unten Schwarz.

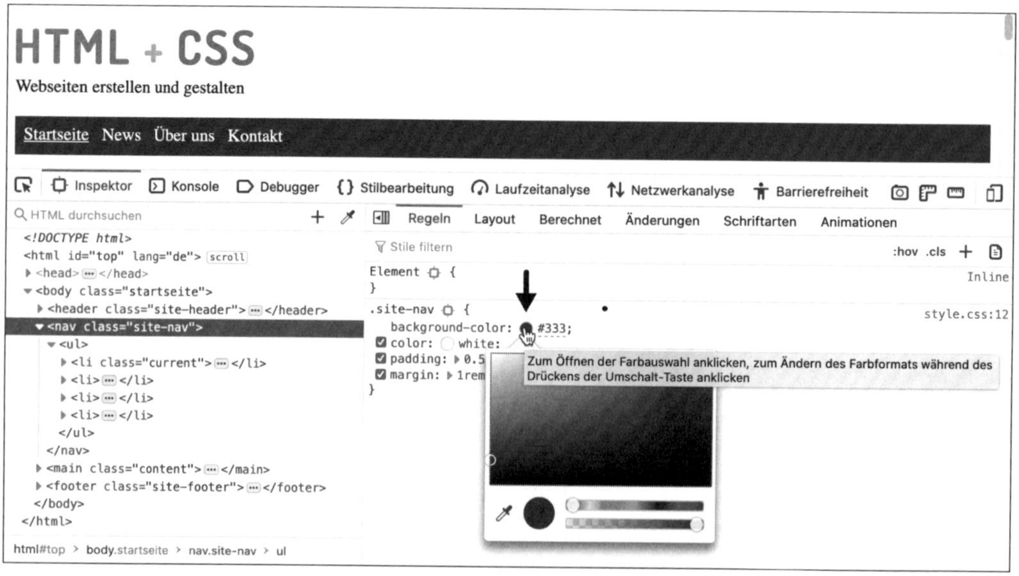

Abbildung 12.6 Im Inspektor von Firefox gibt es eine Farbauswahl.

Nützliche Websites zur Erstellung eines Farbschemas

Eine Schwalbe macht noch keinen Sommer und eine Farbe noch kein Design. Auf der Suche nach einer Farbpalette mit mehreren passenden Farben sind zum Beispiel die folgenden Websites einen Besuch wert:

- *contrast-ratio.com* testet, ob zwei Farben einen ausreichenden Kontrast haben (4.5:1).
- *colorhexa.com* zeigt zahlreiche Infos zu einem bestimmten Farbwert.
- *htmlcolorcodes.com* bietet diverse nützliche Tools zur Farbauswahl.
- *degraeve.com/color-palette/* generiert eine Palette aus einem Foto.
- *color.adobe.com* hilft beim Erstellen von Farbpaletten.
- *happyhues.co* zeigt farbenfrohe Farbschemata anhand einer Beispielseite.

12.9 Wichtige Einheiten: px, em, rem, % & Co

CSS kennt eine große Vielfalt von Einheiten, aber für den Einstieg sind die Längeneinheiten `px`, `em`, `rem` und `%`, die ich Ihnen im Folgenden kurz vorstellen möchte, am wichtigsten. In den folgenden Kapiteln werden Sie diese Einheiten dann beim Gestalten von Text, Boxen und Layoutbereichen genauer kennenlernen.

Tabelle 12.3 zeigt die wichtigsten Einheiten auf einen Blick, jeweils mit einer kurzen Beschreibung.

Klassiker: Pixel und Prozent		
px	*pixel*	`1px` definiert ein *CSS-Pixel* (*Referenzpixel*)
%	*percent*	Angaben in Prozent
Längeneinheiten relativ zur Schriftgröße		
`rem`	*root em*	`1rem` ist die Schriftgröße des Stammelements *html*.
em	*emm* gesprochen	`1em` entspricht der Schriftgröße eines Elements.
`ch`	*character*	`1ch` ist die Breite des Zeichens 0 (Null).
`ex`	*ex* gesprochen	`1ex` ist die Höhe eines kleinen x einer Schriftart.
Längeneinheiten relativ zum Viewport		
vw	*viewport width*	`1vw` entspricht 1 % der Viewportbreite.
vh	*viewport height*	`1vh` entspricht 1 % der Viewporthöhe.
`vmin`	*viewport minimum*	`1vmin` ist `1vw` oder `1vh`, je nachdem, was kleiner ist.
`vmax`	*viewport maximum*	`1vmax` ist `1vw` oder `1vh`, je nachdem, was größer ist.
Absolute Längeneinheiten (nur für den Ausdruck)		
`cm`, `mm`, `in`, `pt`	*centimeter, millimeter, inches, point*	*Zentimeter, Millimeter, Zoll* und *Punkt* sind nur für den Ausdruck sinnvoll und für die Darstellung am Bildschirm nicht geeignet.

Tabelle 12.3 Die wichtigsten Längeneinheiten auf einen Blick

12.9.1 Die Einheit »px«: Ein Pixel ist nicht immer ein Pixel

Alles, was Sie im Web sehen, wird auf dem Bildschirm aus kleinen Lichtpunkten zusammengesetzt, die man *Pixel* nennt. Man könnte also vermuten, dass `px` die ideale Einheit zum Gestalten von Webseiten ist, aber dem ist nicht so.

Das Gestalten mit der Einheit `px` ist nicht per se falsch, und es gibt im Browser auch keine Warnung oder Fehlermeldung. Aber für Schriftgrößen und Abmessungen von Boxen ist es oft besser, flexible Einheiten wie `em`, `rem` oder `%` zu verwenden und die Berechnung der tatsächlich benötigten Pixel dem Browser zu überlassen. Ein Beispiel dafür finden Sie im nächsten Abschnitt zu `em`.

Ein klassisches Einsatzgebiet für `px` ist die Breite von Rahmenlinien:

```
.infobox { border: 1px solid #333; }
```

Listing 12.9 Eine 1px breite durchgezogene dunkelgraue Rahmenlinie

Diese CSS-Regel erzeugt eine durchgezogene dunkelgraue Rahmenlinie mit einer Breite von 1px, und das ist mit anderen Einheiten schwierig zu erreichen.

Mit der Einheit `px` definieren Sie übrigens *logische Pixel*, auch *CSS-Pixel* genannt, und ein solches CSS-Pixel entspricht nicht immer einem echten Gerätepixel:

- Auf traditionellen Bildschirmen wird zur Darstellung eines in CSS definierten Pixels tatsächlich ein physisches Pixel verwendet.
- Moderne, hochauflösende Bildschirme nutzen zur Darstellung von `1px` aber zwei, drei oder sogar vier Gerätepixel.

Die Umrechnung von logischen in physische Pixel nimmt Ihnen der Browser ab, aber es ist durchaus wissenswert, dass die Angabe von `1px` im CSS nicht immer auch ein Pixel auf dem Bildschirm ist.

12.9.2 Die Einheit »em« hat verschiedene Berechnungsgrundlagen

Die Einheit `em` ist relativ zur Schriftgröße eines Elements und wird wirklich »emm« ausgesprochen. `em` ist manchmal etwas verwirrend, denn es hat bei der Gestaltung von Abständen und Schriftgrößen jeweils eine unterschiedliche Berechnungsgrundlage:

- Bei der Gestaltung von Abständen bezieht `em` sich auf die Schriftgröße des Elements, für das der Abstand definiert wurde.
- Bei der Gestaltung einer Schriftgröße hingegen basiert `em` auf der Schriftgröße des *umgebenden* Elements.

Die Einheit `em` wird häufig für vertikale Abstände im Fließtext verwendet. Fließtextelemente wie Absätze und Listen bekommen zum Beispiel bereits im Browser-Stylesheet einen `margin-bottom` von `1em`, sodass dazwischen immer ein bisschen Platz ist.

Bei Abständen ist die Berechnungsgrundlage für `1em` wie gesagt die Schriftgröße des Elements, für das der Abstand definiert wurde. Mit der vom Browser vorgegebenen Standardschriftgröße entspricht `1em` bei einem Absatz also einem unteren Außenabstand von `16px`.

Die Angabe von `1em` ist aber viel flexibler als ein fester Pixelwert wie `16px`:

- `1em` entspricht der Schriftgröße des Absatzes. Wenn die Schrift kleiner oder größer wird, passt sich der `margin-bottom` automatisch an.
- `16px` hingegen sind starr. Bei einer Änderung der Schriftgröße müssten Sie `margin-bottom` von Hand anpassen.

Es ist sehr praktisch, dem Browser mit `1em` einfach zu sagen: »Bitte mache den Abstand nach unten genauso groß wie die Schrift.« Die Berechnung der benötigten Pixelanzahl übernimmt der Browser. Rechnen können die wie gesagt richtig gut.

Für Einsteiger ist die Einheit `em` manchmal etwas schwierig, weil `1em` auf ein und derselben Seite unterschiedlich viel sein kann. Falls Ihnen das auch so geht, schauen Sie sich die im nächsten Abschnitt beschriebene Einheit `rem` einmal genauer an.

Die Einheit »em« und das Element <em> haben nichts miteinander zu tun

Die in CSS verfügbare Einheit `em` hat außer den Buchstaben *e* und *m* nichts, aber auch gar nichts mit dem HTML-Element `<em>` zur Hervorhebung von Text zu tun.

12.9.3 Die Einheit »rem« entspricht der Standardschriftgröße des Browsers

Die Einheit `rem`, kurz für *root em*, ist relativ neu und vereint in gewisser Weise die Vorteile von `px` und `em`.

`rem` ist wie `em` relativ zur Schriftgröße, hat aber als Bezugspunkt *immer* die Schriftgröße des Stammelements *html* (engl. *root element*). `1rem` ist also auf einer Seite immer gleich viel und daher etwas einfacher zu handhaben als `em`.

Das Stammelement übernimmt die Schriftgröße übrigens von den Einstellungen des Browsers, und das sind, sofern der Benutzer nichts geändert hat, in allen Browsern `16px`.

`rem` ist also stabiler als `em`, aber zum Beispiel bei der Gestaltung von Schriftgrößen flexibler als `px`. Kein Wunder, dass `rem` sich als Einheit für Schriftgrößen und für Abstände von Layoutbereichen wachsender Beliebtheit erfreut.

12.9.4 Die Einheit »%« (Prozent) ist meist relativ zum Elternelement

Die Einheit `%` ist immer relativ, sodass bei der Verwendung einer Prozentangabe immer die Frage auftaucht: »Prozent? Wovon?«

In CSS ist die Bezugsgröße meist das Elternelement, also die umgebende Box:

- `max-width: 50%` bedeutet »höchstens halb so breit wie das Elternelement«.
- `font-size: 150%` heißt »150% der Schriftgröße des umgebenden Elements«.

Die genaue Anzahl der zur Darstellung im Viewport benötigten Pixel berechnet der Browser für Sie. Sie wissen schon: Das können die richtig gut.

12.10 Auf einen Blick

Hier sind noch einmal die wichtigsten Punkte im Überblick:

- Beim Aufbau einer CSS-Regel sind die folgenden Begriffe wichtig:
  - Ein *Selektor* wählt aus, welcher Teil der Webseite gestaltet werden soll.
  - Eine *Deklaration* besteht aus einer *Eigenschaft* und einem *Wert* und wird mit einem Semikolon beendet.
  - Eigenschaft und Wert werden durch einen Doppelpunkt getrennt.
- Zur Speicherung von CSS gibt es drei Möglichkeiten:
  - in einem externen Stylesheet mit der Endung *.css*
  - in einem Style-Block im Head zwischen `<style>` und `</style>`
  - im Anfangs-Tag eines Elements mit dem Attribut `style`
- Man sollte CSS möglichst in externen Stylesheet-Dateien speichern.
- Das Box-Modell zum Gestalten von Abständen ist das Schema, nach dem alle Blockboxen aufgebaut sind: Der Kern ist der Inhalt, der von einem Innenabstand mit `padding`, einer Rahmenlinie mit `border` und einem Außenabstand mit `margin` umgeben werden kann.
- Es gibt diverse Möglichkeiten zur Definition von Farben:
  - Farbnamen sind einfach zu verstehen, aber nicht sehr flexibel.
  - Hexadezimale Farben im Format `#rrggbb` sind weit verbreitet, aber für Menschen schlecht lesbar.
  - Weitere Alternativen sind die Formate `rgb()` mit dezimalen Zahlen und `hsl()` mit Werten für *Hue*, *Saturation* und *Lightness*.
  - Ein ausreichender Farbkontrast ist wichtig für die Lesbarkeit von Text.
- Die wichtigsten Einheiten zum Gestalten per CSS sind `px`, `em`, `rem` und `%`, aber es gibt noch eine Menge mehr.

Kapitel 13

Die wichtigsten Selektoren und Spezifität

Worin Sie die wichtigsten Selektoren kennenlernen, Beispiele für deren Einsatz sehen und erfahren, warum einige Selektoren wichtiger sind als andere.

13

Die Themen im Überblick:

Der Umgang mit Selektoren ist eine der wichtigsten Fertigkeiten beim Gestalten per CSS, und deshalb spielen sie in diesem Kapitel die Hauptrolle, zum Kennenlernen und zum Nachschlagen.

Zum Abschluss des Kapitels erfahren Sie im Abschnitt über *Spezifität*, warum einige Selektoren aus Sicht des Browsers wichtiger sind als andere.

13.1 Einfache Selektoren: Elemente, Gruppierung und »*«

Selektoren wählen aus, welche Kästchen auf der Webseite gestaltet werden sollen, und jede CSS-Regel beginnt mit einem *Selektor*. In diesem Abschnitt lernen Sie die ersten genauer kennen. In den Übungsdateien finden Sie im Ordner zu diesem Kapitel im Unterordner *uebungen* dazu die Datei *element-und-universalselektor.html*.

13.1.1 »Der Name der Kiste« – einfache Elementselektoren

Der einfachste Selektor ist der Name der Kästchen, die gestaltet werden sollen. Ein solcher *Elementselektor* wird manchmal auch *Typselektor* genannt, weil er alle Elemente eines bestimmten Typs auswählt:

```
p { color: maroon; }
```

Listing 13.1 Die Textfarbe für alle Absätze gestalten

In diesem Listing selektiert der Selektor `p` *alle* Absätze und färbt deren Text rotbraun.

13.1.2 Mehrere Kästchen zugleich: Selektoren mit einem Komma gruppieren

Manchmal ist es praktisch, Selektoren mit einem Komma zu gruppieren. Schauen Sie sich die folgenden Regeln an:

```
h1 { color: darkred; }
h2 { color: darkred; }
```

Listing 13.2 Zwei sehr ähnliche CSS-Regeln

Für beide Selektoren wird dieselbe Textfarbe definiert. Durch eine Gruppierung der Selektoren mit einem Komma können Sie sich ein bisschen Tipparbeit sparen und die Übersichtlichkeit erhöhen:

```
/* Selektoren mit einem Komma gruppiert */
h1, h2 { color: darkred; }
```

Listing 13.3 Selektoren gruppieren mit einem Komma

Wenn Sie jetzt die Schriftfarbe für beide Überschriftebenen ändern möchten, brauchen Sie nur noch eine Zeile zu ändern.

Bei der Gruppierung sollten Sie aber auf keinen Fall das Komma zwischen den einzelnen Selektoren vergessen, sonst erhalten Sie versehentlich den in Abschnitt 13.5 vorgestellten *Nachfahrenselektor*.

13.1.3 Alle Kästchen auswählen: der Universalselektor »*«

Sie werden ihn nur selten benutzen, aber es gibt ihn: das Sternchen * als universellen Selektor, der *alle* Kästchen selektiert:

```
/* Universalselektor - alle Elemente bekommen eine rote Umrisslinie */
* { outline: 1px solid red; }
```

Listing 13.4 Das Sternchen als universeller Selektor

Dieses Beispiel selektiert *alle* HTML-Elemente und macht sie mit einer 1px breiten durchgehenden roten Linie sichtbar. Mehr zur Eigenschaft `outline` erfahren Sie in Abschnitt 15.9 beim Gestalten von Hyperlinks.

13.2 Klassen sind klasse: Der Selektor mit dem Punkt

Mit der Gruppierung von Typselektoren kann man schon einiges erreichen, aber richtig praktisch wird die Sache erst durch die Möglichkeit, Elementen im HTML mit dem Attribut *class* eigene Namenszusätze zu geben, und im Stylesheet der Übungswebsite werden Klassen bereits ausgiebig genutzt.

13.2.1 Beispiele für den Einsatz von Klassen auf der Übungswebsite

In Abschnitt 7.2, »Kopfbereiche auszeichnen mit <header>«, haben Sie gesehen, dass das Element `header` auf einer Seite mehrfach auftreten kann. Um gezielt nur den Kopfbereich der Seite gestalten zu können, haben Sie ihm auf der Übungswebsite die Klasse `site-header` gegeben:

```
<header class="site-header"> ...
```

Listing 13.5 Das Element <header> bekommt eine Klasse.

Im CSS selektieren Sie Klassen, indem Sie den Namen der Klasse hinschreiben und einen Punkt voranstellen:

```
.site-header { ... }
```

Listing 13.6 Im CSS nutzt man die Klasse als Selektor.

Ein weiteres Beispiel für den Einsatz von Klassen finden Sie auf der Startseite der Übungswebsite. Dort gibt es drei mit einem `article`-Element umgesetzte Infoboxen, die gemeinsam gestaltet werden sollen. Ein Elementselektor wie `article` ist zu ungenau, denn er würde *alle* Artikel auf *allen* mit dem Stylesheet gestalteten Webseiten auswählen. Um im CSS nur die drei Infoboxen auf der Startseite zu gestalten, bekommen sie im HTML eine gemeinsame Klasse:

```
<article class="infobox"><h3>News</h3> ... </article>
<article class="infobox"><h3>Über uns</h3> ... </article>
<article class="infobox"><h3>Kontakt</h3> ... </article>
```

Listing 13.7 Drei Elemente werden mit derselben Klasse gruppiert.

Um diese Elemente zu gestalten, schreiben Sie im CSS wie gehabt einen Punkt, gefolgt vom Namen der Klasse:

```
.infobox {
  text-align: center;
  background-color: white;
  padding: 1rem;
  margin: 1rem;
}
```

Listing 13.8 Der Selektor mit dem Punkt

Dieser Selektor wählt alle Elemente mit der Klasse `infobox` aus.

13.2.2 Gebundene Klassen: Klassen auf einen Elementtyp beschränken

Der Selektor `.infobox` wählt wie gesehen *alle* Elemente aus, die die Klasse `infobox` haben, egal ob es `article`, `section`, `div` oder ganz etwas anderes ist.

Um eine Klasse auf einen bestimmten Elementtyp zu beschränken, können Sie im CSS einen Elementselektor und eine Klasse kombinieren:

```
article.infobox {
  text-align: center;
  background-color: white;
  padding: 1rem;
  margin: 1rem;
}
```

Listing 13.9 Der Selektor mit dem Punkt und dem Namen des Elements

Mit diesem Selektor gestaltet der Browser alle `article`-Elemente mit der Klasse `infobox`. Elemente wie `<div class="infobox">` werden damit *nicht* selektiert. In Abschnitt 13.10,

»Spezifität: Einige Selektoren sind wichtiger als andere«, werden Sie sehen, dass gebundene Klassen etwas wichtiger sind als ungebundene.

13.2.3 Ein HTML-Element kann mehrere Klassennamen haben

Sie können einem HTML-Element mehrere Klassen mit auf den Weg geben, wobei sie durch eine Leerstelle getrennt werden. Im folgenden Listing hat das `body`-Element die Klassen `startseite` und `full-width-content`:

```
<body class="startseite full-width-content"> ... </body>
```

Listing 13.10 Mehrere CSS-Klassen für ein HTML-Element

Das `body`-Element auf dieser Webseite kann sowohl mit `.startseite` als auch mit `.full-width-content` selektiert werden.

Wenn Sie im CSS die Namen der Klassen mit Punkt und *ohne* Leerzeichen hintereinanderschreiben, müssen *alle* Klassen im HTML vorhanden sein:


```
.startseite.full-width-content { ... }
```

Listing 13.11 Ein Element mit mehreren Klassen selektieren

Dieser Selektor gestaltet ein Element nur, wenn es sowohl die Klasse `startseite` als auch die Klasse `full-width-content` hat.

13.3 IDs sind einmalig: Der Selektor mit der Raute

Genau wie mit Klassen können Sie HTML-Elemente mit einer ID um eigene Namenszusätze ergänzen, aber anders als Klassen dürfen IDs frei nach dem Highlander-Motto »Es kann nur einen geben« auf jeder Seite nur ein einziges Mal auftauchen. ID ist die Kurzform für *Identität* und der Satz *Can I see your ID please?* ist im Englischen die Bitte, sich mit einem gültigen Dokument auszuweisen. In Abschnitt 5.7, »Im Fußbereich einen Link ›Nach oben‹ einfügen«, haben Sie dem Stammelement `html` die ID `top` gegeben und diese mit einer Raute davor als Sprungziel für einen Hyperlink genutzt. Das ist das wichtigste Einsatzgebiet für IDs, aber man *kann* sie auch als Selektor im CSS nutzen.

Auf der Übungswebsite hat das HTML-Element `main` das Attribut `id`:

```
<main class="site-content" id="content"> ... </main>
```

Listing 13.12 Das Attribut »id« im HTML

Diese ID können Sie sowohl als Sprungziel für einen Link benutzen als auch als Selektor im CSS. In beiden Fällen schreiben Sie eine Raute vor den Namen der ID, um sie anzusprechen. Das folgende Listing gestaltet den Inhaltsbereich `main` mit einem ID-Selektor:

```
#content { background-color: #eee; color: black; padding: 1rem; }
```

Listing 13.13 Eine ID als Selektor im CSS

Mit IDs als Selektoren im CSS sollten Sie aber sehr vorsichtig sein. In Abschnitt 13.10, »Spezifität: Einige Selektoren sind wichtiger als andere«, sehen Sie, dass IDs anderen Selektoren gegenüber sehr dominant sind.

Hash: Die Doppelrolle des Doppelkreuzes #

Das auch als *Doppelkreuz* oder *Gartenzaun* bekannte *Rautezeichen* # (engl. *hash*) hat im Alltag viele unterschiedliche Namen und Bedeutungen, zum Beispiel in interaktiven Medien wie Twitter oder Instagram als *#hashtag*. Auch in CSS hat das Zeichen mehrere Bedeutungen:

- *Vor* den geschweiften Klammern steht die Raute für einen ID-Selektor: »Gestalte das Element mit dieser ID.«
- *Innerhalb* der geschweiften Klammern leitet die Raute hexadezimale Farbangaben ein und bedeutet: »Das ist ein hexadezimaler Wert.«

Auf *de.wikipedia.org/wiki/Doppelkreuz_(Schriftzeichen)* finden Sie weitere Informationen zu den verschiedenen Verwendungen.

13.4 Überblick: Die HTML-Elemente im DOM-Baum

Bevor Sie in den nächsten Abschnitten Nachfahren- und Kindselektoren kennenlernen, möchte ich Ihnen zunächst einen ganz besonderen Baum vorstellen, den *DOM-Baum*. Nachfahren- und Kindselektoren wählen Elemente nämlich anhand der Position in diesem »Stammbaum« aus.

Eine HTML-Datei ist im Grunde genommen nichts anderes als eine hierarchische Verschachtelung von HTML-Elementen. Wenn ein Browser einen Quelltext bekommt, versucht er zunächst, sich eine Übersicht über diese Hierarchie zu verschaffen, und erstellt dazu ein Modell, das *Document Object Model* (kurz *DOM*) genannt wird, weil es ein Modell der Objekte, also der Dinge auf einer Webseite, ist.

Um sich selbst ein Bild von diesem DOM machen zu können, starten Sie in einem Browser die Entwicklerwerkzeuge, zum Beispiel mit `F12`. In Abbildung 13.1 sehen Sie links die HTML-Struktur von *index.html* als DOM-Baum, dessen Zweige Sie mit der Maus ein- und ausklappen können:

- Das oberste Element ist `html`. Das Stammelement. Die Wurzel.
- Von `html` zweigen `head` und `body` ab. Beide sind *Kinder* von `html` und somit *Geschwister*.
- `body` hat wiederum im Beispiel vier Kinder, nämlich die Elemente `header`, `nav`, `main` und `footer`.

Und so ist das ganze HTML-Dokument eine schrecklich nette Familie mit diversen verwandtschaftlichen Beziehungen.

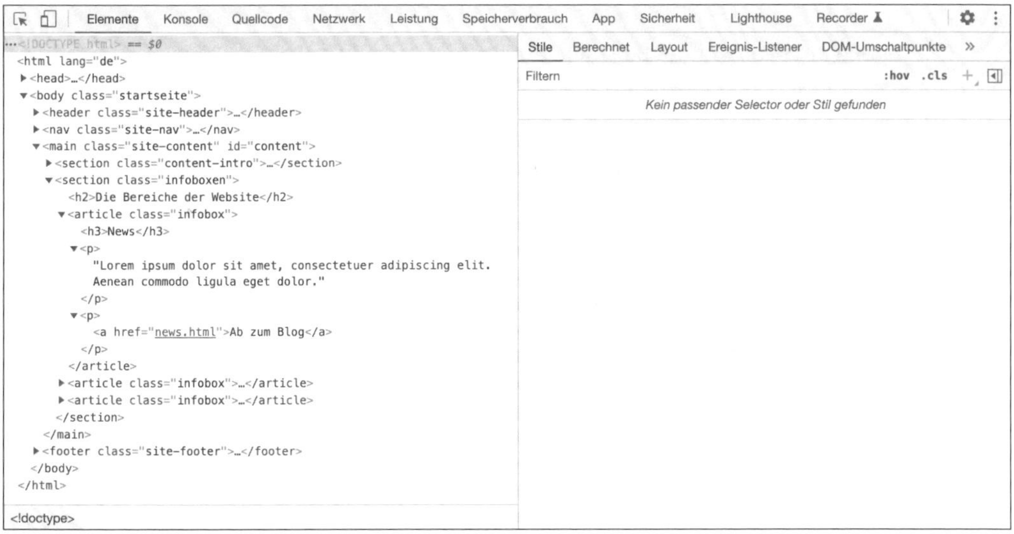

Abbildung 13.1 Der »HTML-Stammbaum« der Startseite

Begriffe wie *Kindelement* oder *Elternelement* sind anfangs etwas ungewohnt, und Sätze »`li` ist ein Kind von `ul`« führen in Seminaren bei Einsteigern manchmal zu einem leichten Lächeln. Aber diese familiären Begriffe umschreiben die Beziehungen der Elemente sehr genau, und man gewöhnt sich recht schnell daran.

Bei der Arbeit mit Selektoren ist die visuelle Darstellung der Hierarchie von HTML-Elementen im Entwicklerwerkzeug sehr hilfreich, da viele Selektoren darauf Bezug nehmen.

13.5 Nachfahren auswählen: Der Selektor mit dem Leerzeichen

Mit *Nachfahren* (engl.: *descendants*) sind Elemente gemeint, die in der DOM-Hierarchie *nach* einem bestimmten Element kommen. Der *Nachfahrenselektor* wird häufig benutzt, um den Wirkungsgrad des CSS auf einen bestimmten Bereich einer Webseite zu beschränken, und wird im Stylesheet der Übungswebsite bereits verwendet.

Die folgende CSS-Regel gestaltet alle Links im Navigationsbereich:

```
.site-nav a {
  color: white;
  text-decoration: none;
}
```

Listing 13.14 Nur die Hyperlinks in der Navigation gestalten

Hier noch ein paar weitere Beispiele für Nachfahrenselektoren:

- `main article` selektiert alle Artikel zwischen `<main>` und `</main>`.
- `ul li` gestaltet die Listenelemente einer Aufzählung.
- `h1 span` gilt für `span`-Elemente innerhalb einer `h1`-Überschrift.

Nachfahrenselektoren zählen zum Grundrepertoire eines jeden CSSlers und werden recht häufig eingesetzt.

13.6 Selektoren zum Auswählen von Kindelementen

Selektoren zum Auswählen von Kindelementen sind bei der Gestaltung von Listen sehr praktisch. Beim Layouten mit modernen Techniken wie Flexbox und Grid spielt das Verhältnis von Eltern- und Kindelementen eine sehr große Rolle, und Selektoren zum Auswählen von Kindelementen sind dabei besonders wichtig.

13.6.1 Der Kindselektor: Der Selektor mit dem »>« (Größer-als-Zeichen)

Der Kindselektor wählt nur Kinder aus, also Nachfahren der ersten Generation. Als Kombinator wird statt einer Leerstelle das Größer-als-Zeichen > genutzt. Hier zwei Beispiele:

- `body > header` selektiert alle `header`-Elemente, die *direkt* von `body` abstammen, also den Kopfbereich der Seite. Ein `header` innerhalb eines Artikels wird von diesem Selektor nicht gefunden.

- `main > article` selektiert alle Artikel, die *direkt* von `main` abstammen. Wenn die Artikel aber innerhalb von `main` noch von einem `section`-Element umgeben werden, greift dieser Selektor nicht.

Kindselektoren sind also präziser als Nachfahrenselektoren, aber manchmal ist dabei Vorsicht geboten, denn das Verhältnis zwischen Eltern und Kindern ist (zumindest in HTML) nicht immer so stabil, wie es auf den ersten Blick wirkt. So kann ein Kind durch ein nachträglich eingefügtes `div` unversehens zu einem Enkel werden, und der Selektor greift dann ins Leere.

Das Leerzeichen vor und nach dem Größer-als-Zeichen ist in einem Kindselektor übrigens optional. Der Selektor `ul>li` ist für den Browser dasselbe wie `ul > li`, für Menschen ist es aber mit Leerzeichen besser lesbar.

13.6.2 Praktisch: Die Pseudoklassen »:first-child« und »:last-child«

Pseudoklassen haben einen Doppelpunkt davor, und sie heißen so, weil man damit mehrere Elemente auswählen kann, ohne dass im HTML das Attribut `class` vorhanden ist.

13

Die Pseudoklassen `:first-child` und `:last-child` dienen dazu, das erste und das letzte Kindelement auszuwählen. So möchte man in Navigationsleisten häufig, dass der erste oder der letzte Menüpunkt etwas anders aussieht (siehe Übungdatei *navlist-last-child.html*).

Gegeben sei folgendes HTML:

```
<nav>
  <ul>
    <li><a href="#">Startseite</a></li>
    <li><a href="#">News</a></li>
    <li><a href="#">Über uns</a></li>
    <li><a href="#">Kontakt</a></li>
  </ul>
</nav>
```

Listing 13.15 Eine einfache Navigationsliste

Die Listenelemente werden im folgenden Listing nebeneinandergestellt und bekommen mit `border-left` eine linke Rahmenlinie:

```
nav > ul { padding: 0; margin: 0; }
/* Alle Listenelemente gestalten */
nav li {
  display: inline;
  padding-right: 0.5rem;
  padding-left: 0.5rem;
  border-left: 1px solid #333;
}
```

Listing 13.16 Listenelemente nebeneinander, Rahmenlinie links

Wenn der erste Menüpunkt links *keine* Rahmenlinie bekommen soll, können Sie ihn mit der Pseudoklasse `:first-child` selektieren und die Linie mit `border-left: none` entfernen:

```
/* Das erste Listenelement bekommt keine Rahmenlinie links */
nav li:first-child { border-left: none; }
```

Listing 13.17 Keine Rahmenlinie links für »:first-child«

Abbildung 13.2 zeigt diese Navigation im Browser, und links vom Menüpunkt *Startseite* fehlt die mit `:first-child` entfernte Rahmenlinie. Dieselbe Gestaltung können Sie natürlich auch mit der Pseudoklasse `:last-child` und der Eigenschaft `border-right` erreichen.

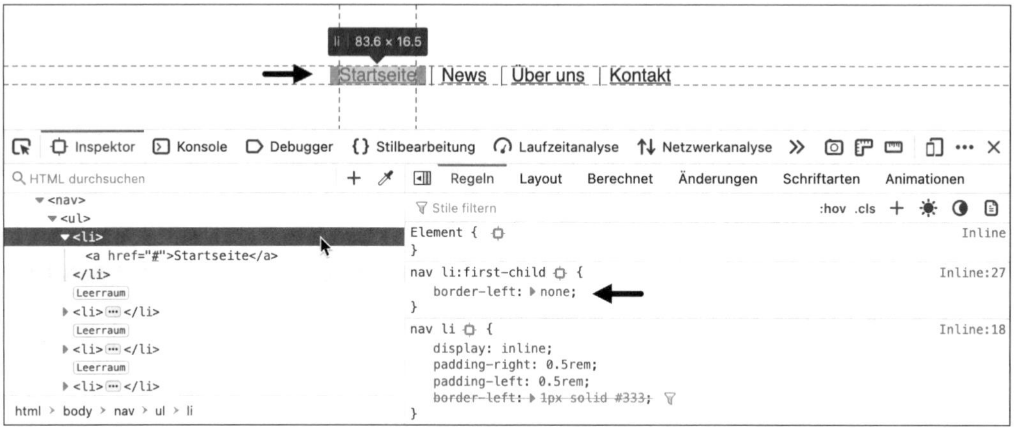

Abbildung 13.2 Der Selektor »:first-child« entfernt die Rahmenlinie links.

13.6.3 Der Zauberstab zum Auswählen von Kindern: »:nth-child()«

Sie können mit Pseudoklassen, wie eben gesehen, ganz einfach das erste und das letzte Kind eines Elements ansprechen, aber das ist noch lange nicht alles, denn mit `:nth-child()` können Sie richtiggehend zaubern.

Der englische Ausdruck *the nth child* heißt frei übersetzt so viel wie »das n-te Kind« oder auch »das soundsovielte Kind«. Das »n« ist ein Platzhalter für Ordnungszahlen wie *first, second, third* und so weiter.

Die Zaubertricks zum Auswählen von Kindelementen werden durch das Klammernpaar nach der Pseudoklasse möglich. Zunächst einmal kann man dort einfache ganze Zahlen notieren:

- `:nth-child(1)` selektiert das erste Kind.

Das macht genau dasselbe wie die Pseudoklasse `:first-child` aus dem vorherigen Abschnitt. Aber `:nth-child()` ist flexibler, denn die Klammer kann auch andere Zahlen enthalten:

`:nth-child(2)` wählt zum Beispiel das zweite Kind aus.

Und so weiter und so fort. Wenn Sie also den vier Listenelementen der Navigation aus Listing 13.15 unterschiedliche Hintergrundfarben zuweisen möchten, geht das mit `:nth-child()` ganz einfach:

```
nav li:nth-child(1) { background-color: #058; }
nav li:nth-child(2) { background-color: #069; }
nav li:nth-child(3) { background-color: #07b; }
nav li:nth-child(4) { background-color: #08c; }
```

Listing 13.18 Listenelemente auswählen

Weitere Infos und Tools zu »:nth-child()«

Die Klammern von `:nth-child()` können auch Werte wie `:nth-child(even)` für alle geraden und `:nth-child(odd)` für alle ungeraden Kindelemente enthalten. Sogar einfache Ausdrücke wie `:nth-child(an+b)` sind erlaubt.

Auf *css-tricks.com* gibt es einen guten Beitrag und ein schönes Tool zum Üben:

- Beitrag: *css-tricks.com/how-nth-child-works/*
- Üben: *css-tricks.com/examples/nth-child-tester/*

13.7 Nachbar- und Geschwisterselektoren mit + und ~

Nachbar- und Geschwisterselektoren braucht man im Alltag eher selten, aber man sollte wissen, dass es sie gibt. Nachbarn und Geschwister sind Elemente, die im DOM auf derselben Stufe stehen:

- Das Pluszeichen + ist der *Nachbarselektor* (*adjacent sibling combinator,* wörtlich *benachbarter Geschwisterselektor*), der *nur das direkt folgende Element* auswählt. Das ist immer nur eins.
- Die Tilde ~ ist der *Geschwisterselektor* (*general sibling combinator,* wörtlich *allgemeiner Geschwisterselektor*), der *alle nachfolgenden Geschwister* auswählt. Das können beliebig viele sein.

Der Unterschied wird an einem einfachen Beispiel deutlich, das Sie in der Übungsdatei *nachbar-und-geschwisterselektoren.html* finden:

```
<header>
  <h3>Die Selektoren + und ~</h3>
  <p>Diesen Absatz finden beide Selektoren nicht.</p>
</header>
<p>Diesen Absatz finden beide Selektoren [...] </p>
<p>Diesen Absatz findet nur der Selektor mit ~ [...] </p>
<p>Auch diesen Absatz findet nur der Selektor mit ~ [...] </p>
```

Listing 13.19 Ein kurzer Artikel für die Geschwisterselektoren

Dieses HTML wird von den folgenden CSS-Regeln gestaltet:

```
/* Der Nachbarselektor + selektiert nur den ersten Absatz */
header + p { border-left: 5px solid lightblue; }

/* Der Geschwisterselektor ~ findet mehrere Elemente */
header ~ p { border-right: 5px solid pink; }
```

Listing 13.20 Die Geschwisterselektoren in Aktion

Abbildung 13.3 zeigt die unterschiedlichen Auswirkungen dieser beiden Selektoren im Browser. Der Nachbarselektor `header + p` wählt nur den ersten Absatz aus, der auf der gleichen Ebene wie `header` steht. Der Geschwisterselektor `header ~ p` hingegen selektiert auch alle weiteren Absätze.

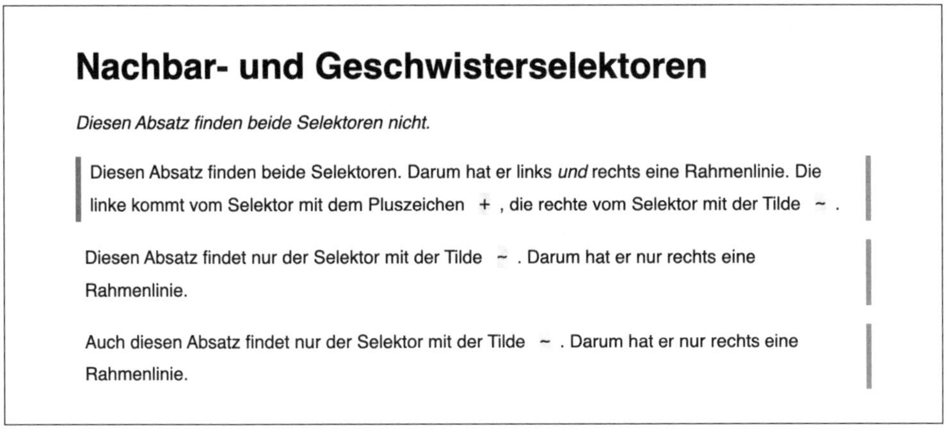

Abbildung 13.3 Nachbar- und Geschwisterselektoren im Einsatz

13.8 Attributselektoren haben eckige Klammern: [attribut]

Attributselektoren ist die Position des Elements im DOM-Baum völlig egal, denn wie ihr Name bereits andeutet, kümmern sie sich ausschließlich um Attribute.

Attributselektoren wählen Elemente also unter Berücksichtigung bestimmter Attribute aus, und man erkennt sie auf Anhieb an den eckigen Klammern, die Sie unter Windows mit den Tastenkürzeln `Alt` + `8` und `Alt` + `9` und unter macOS mit `⌥` + `5` und `⌥` + `6` bekommen.

In diesem Abschnitt stelle ich Ihnen sieben Attributselektoren kurz vor:

- Bei den ersten drei müssen die gesuchten Zeichen komplett mit dem in HTML gefundenen Attributwert übereinstimmen.
- Die nächsten vier Attributselektoren mit senkrechtem Strich, Hütchen, Dollar und Sternchen finden hingegen auch Teilübereinstimmungen.

Tabelle 13.1 zeigt eine Übersicht über die in diesem Abschnitt vorgestellten Attributselektoren.

Der Attributselektor ...	... selektiert ein Element, wenn das Attribut ...
`[attribut]`	vorhanden ist, egal mit welchem Wert.
`[attribut="wert"]`	*genau* diesen Wert hat.

Tabelle 13.1 Attributselektoren auf einen Blick

<table>
<tr><th>Der Attributselektor …</th><th>… selektiert ein Element, wenn das Attribut …</th></tr>
<tr><td>[attribut~="wert"]</td><td>unter anderem diesen Wert hat.</td></tr>
<tr><td>[attribut|="wert"]</td><td>genau diesen Wert hat oder mit diesem Wert gefolgt von einem Bindestrich anfängt.</td></tr>
<tr><td>[attribut^="wert"]</td><td>am Anfang des Wertes die Zeichen "wert" hat.</td></tr>
<tr><td>[attribut$="wert"]</td><td>am Ende des Wertes die Zeichen "wert" hat.</td></tr>
<tr><td>[attribut*="wert"]</td><td>irgendwo im Wert die Zeichen "wert" hat.</td></tr>
</table>

Tabelle 13.1 Attributselektoren auf einen Blick (Forts.)

13.8.1 Der Selektor [attribut] prüft nur, ob es das Attribut gibt

Der Selektor `[attribut]` ist recht einfach und heißt im Klartext:

> *»Selektiere alle Elemente, die dieses Attribut haben.«*

Der Browser schaut einfach nur, ob im Anfangs-Tag des Elements das angegebene Attribut vorhanden ist oder nicht. Der Wert des Attributs spielt dabei keine Rolle. Hier ein paar Beispiele:

- `[class]` selektiert alle Elemente, die das Attribut `class` haben.
- `a[rel]` findet alle Hyperlinks, die das Attribut `rel` haben.
- `label[for]` findet alle `label`-Elemente mit dem Attribut `for`.

Das letzte Beispiel haben Sie in Abschnitt 9.8, »Ein DSGVO-kompatibles Kontaktformular erstellen«, bereits in Aktion gesehen.

13.8.2 Attributselektoren mit einem Gleichheitszeichen: [attribut="wert"]

Ein Attributselektor mit einem Gleichheitszeichen hat folgenden Auftrag:

> *»Selektiere alle Elemente, bei denen der Wert des Attributs genau die gesuchten Zeichen hat.«*

Dieser Selektor ist ideal, um einzeilige Eingabefelder in Formularen zu gestalten, bei denen das Attribut `type` unterschiedliche Werte hat:

- `input[type="text"]` findet `<input type="text">`.
- `input[type="email"]` selektiert `<input type="email">`.

13.8.3 Attributselektoren mit Tilde und Gleichheitszeichen: [attribut~="wert"]

Wenn bei einem Attributselektor vor dem Gleichheitszeichen eine Tilde steht, darf das Attribut in HTML auch mehrere Werte haben:

> *»Selektiere alle Elemente, bei denen der Wert des Attributs die gesuchten Zeichen in einer mit Leerstellen getrennten Werteliste enthält.«*

Puh. Langer Satz. Ein Beispiel macht die Sache deutlicher. Hier zunächst ein Tilde-Attributselektor in CSS, der einen Artikel selektiert, wenn dieser die Klasse `infobox` hat:

```
article[class~="infobox"]
```

Listing 13.21 Ein Attributselektor mit Tilde

Dieser Selektor findet alle Absätze mit der Klasse `infobox`, und zwar auch dann, wenn noch andere Klassen vorhanden sind. Die Reihenfolge der Werte im Attribut spielt dabei wie immer keine Rolle:

```
<article class="wichtig infobox hinweis">
```

Listing 13.22 Ein Element mit mehreren Klassen

13.8.4 Attributselektoren mit senkrechtem Strich und Gleichheitszeichen: [attribut|="wert"]

Ein senkrechter Strich und ein Gleichheitszeichen bedeuten in einem Attributselektor Folgendes:

> *»Selektiere alle Elemente, wenn das Attribut genau diesen Wert hat oder wenn der Wert mit diesen Zeichen anfängt und mit einem Bindestrich weitergeht.«*

Dieser Attributselektor wird nur selten benötigt, ist aber zum Beispiel beim Auswählen von Elementen mit bestimmten Sprachen praktisch:

```
[lang|="de"]
```

Listing 13.23 Ein Attributselektor mit senkrechtem Strich

Dieser Selektor findet alle Elemente, bei denen das Attribut `lang` den Wert `de` hat oder wenn der Wert mit `de-` anfängt. Es werden also auch Werte wie `de-DE`, `de-CH` oder `de-AT` gefunden.

Der folgende Attributselektor mit Hütchen und Gleichheitszeichen würde in diesem Beispiel aber genauso gut funktionieren.

13.8.5 Attributselektoren mit Hütchen und Gleichheitszeichen: [attribut^="wert"]

Hütchen und Gleichheitszeichen bedeuten in einem Attributselektor Folgendes:

> *»Selektiere alle Elemente, bei denen in HTML das Attribut einen Wert hat, der mit den gesuchten Zeichen beginnt.«*

Hier ein konkretes Beispiel für diesen Selektor:

```
a[href^="http"]
```

Listing 13.24 Ein Attributselektor mit Hütchen

Dieser Selektor findet alle Links, bei denen das Attribut `href` einen Wert hat, der mit `http` beginnt. Beide im Folgenden gezeigten Links werden selektiert:

```
<a href="http://w3.org">Startseite des W3C</a>
<a href="https://w3.org">Startseite des W3C</a>
```

Listing 13.25 Hyperlinks mit http und https

Mit einem solchen Attributselektor können Sie externe Links auf Ihren Webseiten automatisch mit einem Symbol kennzeichnen (siehe Abschnitt 15.11, »Externe Hyperlinks kennzeichnen mit ›::after‹«).

13.8.6 Attributselektoren mit Dollar und Gleichheitszeichen: element[attribut$="zeichen"]

Ein Dollar vor dem Gleichheitszeichen bedeutet in einem Attributselektor Folgendes:

> *»Selektiere alle Elemente, bei denen in HTML das Attribut einen Wert hat, der mit dieser Zeichenfolge endet.«*

Das kann zum Aufspüren und Gestalten von PDF-Links dienen:

```
a[href$=".pdf"]
```

Listing 13.26 Ein Attributselektor mit einem $

Dieser Selektor findet alle Links, bei denen das Attribut `href` einen Wert hat, der mit den Zeichen `.pdf` endet. Oder, einfacher gesagt, alle Links, die auf eine PDF-Datei zeigen. Hier ein Beispiel:

```
<a href="download/es-ist-ein.pdf" download>PDF-Download</a>
```

Listing 13.27 Ein Hyperlink zu einem PDF

13.8.7 Attributselektoren mit Sternchen und Gleichheitszeichen: element[attribut*="zeichen"]

Last, but not least kann vor dem Gleichheitszeichen auch ein Sternchen stehen. Dieses Sternchen spielt wie so oft die Rolle des Jokers und bedeutet:

> *»Selektiere alle Elemente, bei denen in HTML das Attribut einen Wert hat, in dem irgendwo diese Zeichen stehen.«*

Das folgende Beispiel zeigt das Sternchen im Einsatz. Zunächst der Selektor:

```
a[href*="wikipedia.org"]
```

Listing 13.28 Ein Attributselektor mit einem Sternchen

Dieser Selektor findet alle Hyperlinks, bei denen im Attribut `href` irgendwo die Zeichen »wikipedia.org« stehen, wie bei diesem:

```
<a href="https://de.wikipedia.org/wiki/Html">Zur Wikipedia</a>
```

Listing 13.29 Ein Hyperlink zur Wikipedia

13.9 Quellen zum Nachschlagen von weiteren Selektoren

Die in diesem Kapitel vorgestellten Selektoren sind ein guter Einstieg, aber es gibt noch viele andere, und in den folgenden Kapiteln lernen Sie auch noch weitere Selektoren kennen. So nutzen Sie in Kapitel 15, »Schrift und Text gestalten per CSS«, Pseudoklassen wie `:link`, `:visited`, `:hover`, `:focus` und `:active` zum Gestalten von Hyperlinks, und in Kapitel 17, »Boxen gestalten per CSS«, kommen Pseudoelemente wie `::before` und `::after` an die Reihe.

Auf den folgenden Webseiten finden Sie (fast) alle Selektoren mit Beispielen:

- *wiki.selfhtml.org/wiki/CSS/Selektoren*
- *css-tricks.com/almanac/selectors/*
- *developer.mozilla.org/en-US/docs/Web/CSS/CSS_Selectors*

Diese Seiten sind ideal zum Nachschlagen, falls Ihnen irgendwo ein unbekannter Selektor begegnet und Sie wissen möchten, was genau der macht.

13.10 Spezifität: Einige Selektoren sind wichtiger als andere

Für die Browser sind Selektoren unterschiedlich wichtig, und das System zur Beurteilung der Selektoren heißt *specificity*, auf Deutsch *Spezifität*. Diese Spezifität kann man sich wie ein Punktesystem vorstellen, bei dem der Browser im Konfliktfall den Selektor mit den meisten Punkten wählt. *Spezifität* ist der Teil der *Kaskade*, die Sie in Kapitel 14, »Der Browser und das CSS: Kaskade, Vererbung oder Standardwert«, ausführlich kennenlernen.

13.10.1 Einer wird gewinnen: So funktioniert Spezifität

Spezifität können Sie sich wie eine Art Punktesystem für Selektoren vorstellen, und Tabelle 13.2 zeigt die Anzahl der Punkte, die verschiedene Arten von Selektoren bekommen.

Selektortyp	Beispiel	Punkte
Universalselektor	`*`	0
Elementselektor (und Pseudoelement)	`p`	1
Klasse, Pseudoklasse und Attributselektor	`.infobox` `[target]`	10
ID	`#content`	100
Attribut `style=" "`	`style="color: red;"`	1.000

Tabelle 13.2 »Spezifität« als Punktesystem für Selektoren

Darauf aufbauend zeigt Tabelle 13.3 ein paar Beispiele.

Selektor	Beschreibung	Punkte	Gesamt
`body`	Element	1	1
`h1, h2`	Elemente gruppiert	je 1	je 1
`.infobox`	ungebundene Klasse	10	10
`article.infobox`	gebundene Klasse	1 + 10	11
`a[target]`	Element plus Attribut	1 + 10	11

Tabelle 13.3 Beispiele für die Spezifität von Selektoren

Selektor	Beschreibung	Punkte	Gesamt
`.site-nav a.current`	Nachbarselektor mit verschiedenen Klassen	10 + 1 + 10	21
`<p style="color: red;">`	Attribut `style`	1.000	1.000

Tabelle 13.3 Beispiele für die Spezifität von Selektoren (Forts.)

Bei einem Unentschieden gibt es übrigens weder Verlängerung noch Elfmeterschießen, denn bei gleichem Punktestand entscheidet die Reihenfolge im Stylesheet: Es gewinnt die am weitesten unten notierte Regel, getreu dem Motto »Die Letzten werden die Ersten sein«.

Bei der Gestaltung per CSS sollten Sie versuchen, die Spezifität der Selektoren so niedrig wie möglich zu halten, und zum Beispiel nicht ohne Grund eine ID verwenden, wenn eine Klasse ausreicht.

Genau genommen ist »Spezifität« eine Matrix ...

Besonders für Einsteiger ist es hilfreich, sich die Spezifität wie in diesem Abschnitt beschrieben als Punktesystem vorzustellen, und in CSS 1 hat das W3C Spezifität auch tatsächlich als Punktesystem (*score*) beschrieben:

- *w3.org/TR/CSS1/#cascading-order*

In CSS 2.1 wurde die Berechnung der Spezifität dann etwas abstrakter als eine Matrix aus vier voneinander getrennten Werten dargestellt:

- *w3.org/TR/CSS21/cascade.html#specificity*

Der Unterschied ist aber eher akademischer Natur, denn solange ein Selektor nicht mehr als zehn Klassen oder IDs aufweist, kommt man mit beiden Methoden zum selben Ergebnis.

13.10.2 Ganz sparsam benutzen: »!important« macht Anweisungen WICHTIG!

Mit dem Zusatz `!important` gibt es eine Möglichkeit, dem Browser zu sagen, dass er eine ganz bestimmte Deklaration auf jeden Fall verwenden soll, unabhängig davon, was bei der Berechnung der Spezifität herauskommt oder wo sie im CSS steht:

```
h2 { color: red !important; }
```

Listing 13.30 Eine »wichtige« Deklaration

Beachten Sie, dass die Zeichenfolge `!important` *vor* dem abschließenden Semikolon steht. `!important` ist ungefähr so, als ob Sie den Browser laut anschreien, und genau so sollte man es auch benutzen.

13.11 Auf einen Blick

Hier sind noch einmal die wichtigsten Punkte im Überblick:

- Ein Element- oder Typselektor ist der Name eines Elements: `p`
- Selektoren können mit Komma gruppiert werden: `header, footer`
- Der Universalselektor * selektiert *alle* Elemente einer Seite.
- Mit den Attributen `class` und `id` können Sie eigene Namenszusätze für HTML-Elemente vergeben und diese im CSS selektieren.
- Wenn ein Browser den Quelltext einer Webseite erhält, erstellt er einen DOM-Baum (*Document Object Model*).
- Selektoren können mit einer Leerstelle kombiniert werden, um den Wirkungsbereich einzuschränken: `.site-nav a`
- Kindelemente kann man zum Beispiel mit Selektoren wie `.site-nav > a` oder mit den Pseudoklassen `:first-child` oder `:last-child` auswählen.
- Nachbar- und Geschwisterselektoren werden mit + und ~ kombiniert.
- Attributselektoren selektieren Elemente anhand von Attributen und Werten. Man erkennt sie an den eckigen Klammern.
- *Spezifität* (*specificity*) hilft dem Browser, die Wichtigkeit von Selektoren zu bewerten.
- Den Zusatz `!important` sollte man nur in Ausnahmefällen nutzen.

Kapitel 14
Der Browser und das CSS: Kaskade, Vererbung oder Standardwert

Worin Sie erfahren, warum die Kaskade in CSS so wichtig ist und was es mit Vererbung und Standardwert auf sich hat.

Die Themen im Überblick:

In diesem kurzen, aber wichtigen Kapitel erfahren Sie, was es mit der namensgebenden *Kaskade* der *Cascading Style Sheets* auf sich hat und welche Rolle *Vererbung* und *Standardwert* dabei spielen.

Dieses Kapitel ist eher theoretischer Natur, und wenn Sie gerade keine Lust auf Theorie haben, können Sie es ruhig erst einmal überspringen. Falls Sie in Ihren Stylesheets allerdings vor scheinbar seltsamen Phänomenen stehen, kommen Sie zurück, und lesen Sie sich dieses Kapitel ganz in Ruhe durch. Es ist die Antwort auf viele Rätsel.

14.1 Die Kaskade: Wichtigkeit, Spezifität und Reihenfolge

Sobald Stylesheets ein bisschen länger werden, gibt es für die CSS-Eigenschaften eines Elements fast zwangsläufig mehrere sich widersprechende Werte. Die Frage ist, wie der Browser in solchen Konfliktfällen entscheidet, und die Antwort ist die *Kaskade*, die den *Cascading Style Sheets* ihren Namen gegeben hat.

14.1.1 Die Kaskade hilft dem Browser, genau eine Anweisung zu finden

Bei der Gestaltung eines Elements sammelt der Browser zunächst für jede CSS-Eigenschaft alle relevanten Deklarationen und schreibt sie auf einen imaginären Zettel.

Ziel der Kaskade ist es, dass der Browser genau *einen* Wert findet, den er dann anwendet. Wenn es für eine Eigenschaft mehrere Werte gibt, durchläuft er einen mehrstufigen Entscheidungsprozess namens *Kaskade*:

1. Zunächst sortiert der Browser nach *Wichtigkeit*. Er schaut dabei unter anderem, ob es einen Wert mit `!important` gibt. Gibt es genau einen Wert mit `!important`, nimmt er diesen und beendet die Kaskade.
2. Gibt es keine oder mehrere Werte mit `!important`, prüft der Browser die *Spezifität*. Hat ein Selektor mehr Punkte als alle anderen, wird der entsprechende Wert angewendet und die Kaskade ist beendet.
3. Haben mehrere Selektoren dieselbe Punktzahl, geht es um die *Reihenfolge* im CSS, und dabei kann es kein Unentschieden mehr geben. Der Browser nimmt den zuletzt notierten Wert.

Im Folgenden erkläre ich diese drei Schritte genauer. Dabei liegt der Schwerpunkt auf den wichtigsten Funktionsprinzipien der Kaskade und nicht auf der Vollständigkeit aller vom Browser durchlaufenen Schritte.

14.1.2 Die Ausgangssituation: Das Beispiel im Überblick

Die in diesem Kapitel verwendete Datei *kaskade.html* finden Sie in den Übungsdateien im Ordner zu diesem Kapitel im Unterordner *uebungen*. Das HTML in der Datei ist sehr übersichtlich und besteht nur aus einer Überschrift und zwei Absätzen, von denen der erste die Klasse `intro` hat:

```
<h1>Die Kaskade</h1>
<p class="intro">Lorem ipsum dolor sit amet, ... </p>
<p>Donec quam felis, ultricies nec, ...</p>
```

Listing 14.1 Eine Überschrift und zwei Absätze

Schriftgröße und Zeilenabstand werden mit den Eigenschaften `font-size` und `line-height` entsprechend den Vorgaben vom Browser-Stylesheet gestaltet:

```
/* Entspricht der grundlegenden Gestaltung vom Browser-Stylesheet */
p {
  font-size: 1rem;
  line-height: normal;
}
```

Listing 14.2 Die Standardgestaltung für Absätze

Nur mit diesen Browser-Styles sieht das HTML so aus wie in Abbildung 14.1.

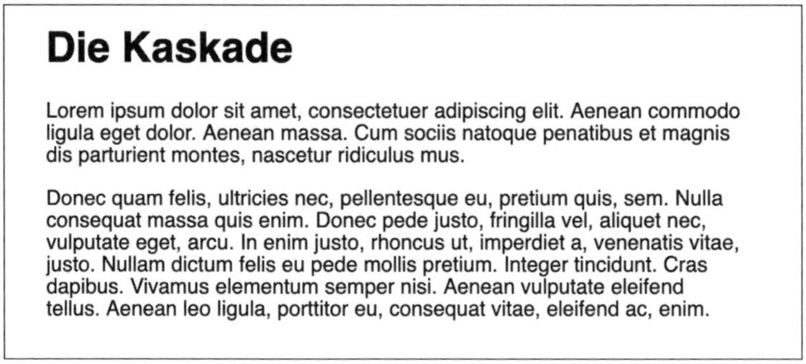

Abbildung 14.1 Die Ausgangssituation

14.2 Intuitiv: Die Reihenfolge im CSS entscheidet

In diesem Abschnitt werden die Vorgaben vom Browser mit einer CSS-Regel überschrieben, die den Zeilenabstand `line-height` auf das Anderthalbfache der Schriftgröße erhöht:

```
/* Entspricht der grundlegenden Gestaltung vom Browser-Stylesheet */
p { font-size: 1rem; line-height: normal; }

/* Eigenes CSS überschreibt die Vorgaben vom Browser */
p { line-height: 1.5; }
```

Listing 14.3 Der Wert für »line-height« wird auf 1,5 erhöht.

In Listing 14.3 hat der Browser jetzt zwei Deklarationen für den Zeilenabstand:

- Zunächst gibt es mit `line-height: normal` die Vorgabe vom Browser.
- Danach folgt die Deklaration `line-height: 1.5`.

Um herauszufinden, welche der beiden Deklarationen er zur Gestaltung der Absätze nehmen soll, durchläuft der Browser blitzschnell die Kaskade:

1. Es gibt keine Deklaration mit dem Zusatz `!important`.
2. Die Selektoren haben die gleiche Spezifität.
3. Die Reihenfolge im Quelltext ergibt `line-height: 1.5`.

Abbildung 14.2 zeigt, dass die zweite Deklaration gewinnt und der Zeilenabstand für die Absätze erhöht wird.

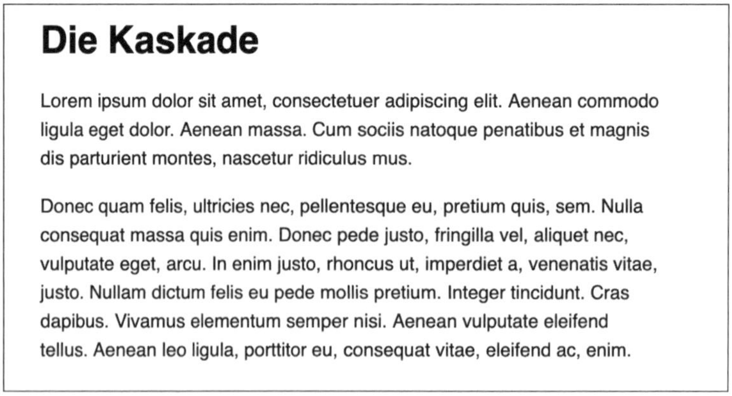

Abbildung 14.2 Die Reihenfolge zählt, und der Zeilenabstand wird erhöht.

Bei gleicher Wichtigkeit und Spezifität zählt die *Reihenfolge* der Deklarationen im CSS. Wenn Sie die beiden Regeln in Listing 14.3 umdrehen, ist der Zeilenabstand `normal`. Probieren Sie es ruhig einmal aus.

14.3 Ungewohnt: Spezifität ist wichtiger als Reihenfolge

Dass die Reihenfolge im CSS zählt und weiter unten notierte Deklarationen gewinnen, finden die meisten Menschen intuitiv richtig, einfach verständlich und wenig überraschend. Aber das ändert sich, wenn wie in diesem Abschnitt die Spezifität ins Spiel kommt.

Im folgenden Listing wird das bisherige CSS um eine Regel für die Klasse `intro` ergänzt. Die Schriftgröße wird darin auf `1.25rem` erhöht:

```
p { font-size: 1rem; line-height: normal; }
p { line-height: 1.5; }
p.intro { font-size: 1.25rem; }
```

Listing 14.4 Die Schriftgröße für den ersten Absatz wird erhöht.

Abbildung 14.3 zeigt, dass die Schrift im ersten Absatz mit der Klasse `intro` mit diesem CSS etwas größer wird.

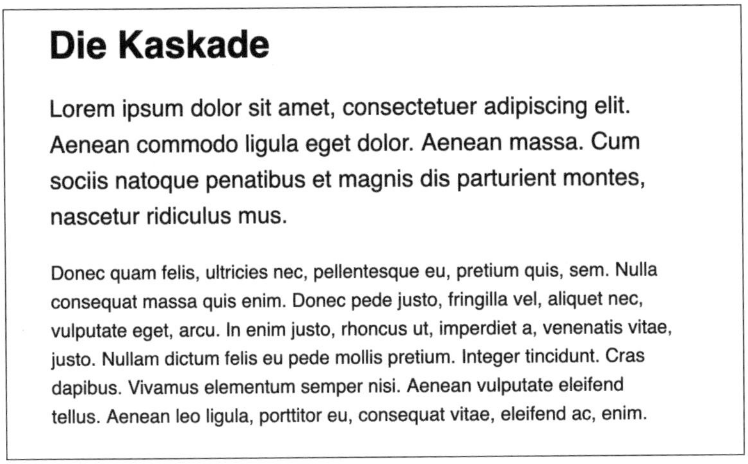

Abbildung 14.3 Die Schriftgröße für die Klasse »intro« wird erhöht.

Bemerkenswert ist dabei, dass in diesem Fall wirklich die *Spezifität* entscheidend ist und *nicht* die Reihenfolge der Regeln. Die Kaskade funktioniert in diesem Beispiel so:

1. Keine der Deklarationen hat `!important`.
2. Der Selektor `p.intro` gewinnt mit 11 Punkten gegen `p` mit nur 1 Punkt.

Treffer. Versenkt. An dieser Stelle ist die Entscheidung gefallen und die Kaskade beendet. Der Grund für die größere Schrift im ersten Absatz ist die höhere Spezifität von `p.intro` und *nicht* die Reihenfolge der CSS-Regeln.

Um das deutlich zu machen, steht im folgenden Listing die Regel mit `font-size: 1.25rem` ganz am Anfang:

```
p.intro { font-size: 1.25rem; }
p { font-size: 1rem; line-height: normal; }
p { line-height: 1.5; }
```

Listing 14.5 Die Reihenfolge verliert gegen die Spezifität.

Die Schrift im ersten Absatz bleibt groß, und das nachfolgende `font-size: 1rem` für alle Absätze wird für den ersten Absatz nicht angewendet, obwohl die Regel im CSS danach kommt. Spezifität ist wichtiger als Reihenfolge.

Und an dieser Stelle entfernt sich die Erwartung von CSS-Einsteigern oft von der Realität der Kaskade:

- Das Prinzip der *Reihenfolge* ist auch ohne CSS-Kenntnisse intuitiv verständlich.
- Das Konzept der *Spezifität* hingegen muss man gelernt und verstanden haben, um es nachvollziehen und anwenden zu können.

Merke: *Spezifität* ist wichtiger als die *Reihenfolge* im Quelltext.

Grundregel: Halten Sie die Spezifität so niedrig wie möglich

Spezifität ist also wichtiger als die Reihenfolge im Stylesheet, und das ist auch der Grund, warum man die Spezifität der Selektoren möglichst niedrig halten sollte. IDs und Inline-Styles haben mit 100 bzw. 1.000 Punkten eine Spezifität, die man ohne `!important` kaum noch überbieten kann.

14.4 Ausnahme: »!important« gewinnt immer

Die Verwendung von `!important` ist wie gesagt so, als ob Sie den Browser anschreien. Das folgende Beispiel zeigt, dass `!important` die Stufen 2 und 3 der Kaskade außer Kraft setzt:

```
p { font-size: 1rem !important; line-height: normal; }
p { line-height: 1.5; }
p.intro { font-size: 1.25rem; }
```

Listing 14.6 Die Schriftgröße für den ersten Absatz wird erhöht.

Durch `!important` werden *Spezifität* und *Reihenfolge* komplett ignoriert:

1. Nur die erste Anweisung hat `!important`. Fertig. Kaskade beendet.
2. Der Selektor `p.intro` würde gegen den Elementselektor `p` von der Spezifität her gewinnen, aber das zählt nicht mehr.
3. Auch die Reihenfolge im CSS spielt in diesem Falle keine Rolle.

Abbildung 14.4 zeigt, dass die Schriftgröße für die Absätze `1rem` ist.

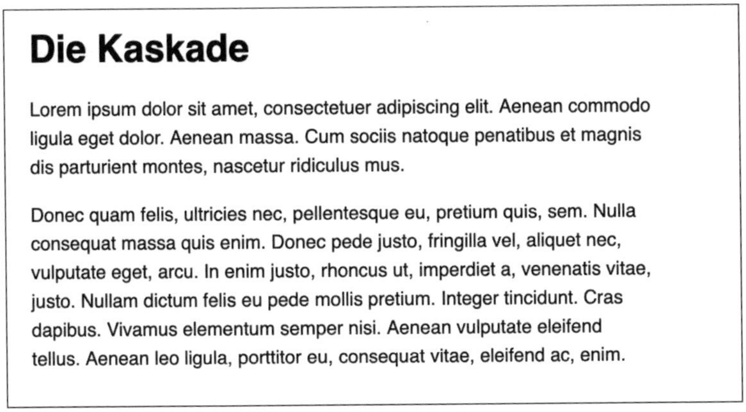

Die Kaskade

Lorem ipsum dolor sit amet, consectetuer adipiscing elit. Aenean commodo ligula eget dolor. Aenean massa. Cum sociis natoque penatibus et magnis dis parturient montes, nascetur ridiculus mus.

Donec quam felis, ultricies nec, pellentesque eu, pretium quis, sem. Nulla consequat massa quis enim. Donec pede justo, fringilla vel, aliquet nec, vulputate eget, arcu. In enim justo, rhoncus ut, imperdiet a, venenatis vitae, justo. Nullam dictum felis eu pede mollis pretium. Integer tincidunt. Cras dapibus. Vivamus elementum semper nisi. Aenean vulputate eleifend tellus. Aenean leo ligula, porttitor eu, consequat vitae, eleifend ac, enim.

Abbildung 14.4 »!important« gewinnt gegen Spezifität und Reihenfolge.

»!important« so wenig wie möglich nutzen

Man sollte `!important` in seinen Stylesheets also so sparsam wie möglich nutzen, da der Zusatz die Kaskade weitgehend aushebelt. Ausnahmen von dieser Regel sind das Testen von bestimmten Deklarationen und akute Notfälle wie das Gestalten in Content-Management-Systemen, wenn man im eigenen CSS Deklarationen aus anderen Quellen mit hoher Spezifität überschreiben möchte.

14.5 Nichts gefunden? Vererbung oder Standardwert

Wenn der Browser für eine Eigenschaft *keinen Wert* findet, kommen die Konzepte *Vererbung* und *Standardwert* in Aktion.

14.5.1 »Vererbung« macht ein Stylesheet übersichtlicher

Vererbung (engl. *inheritance*) bedeutet, dass bestimmte Eigenschaften von Vorfahren an Nachfahren weitergegeben werden. Schauen Sie sich zum Beispiel die folgende Regel an:

```
body { font-family: sans-serif; }
```

Listing 14.7 Alle Nachfahren von »body« erben die Schriftart.

Diese Deklaration für die Schriftart gilt nicht nur für `body`, sondern auch für alle Nachfahren. Im Prinzip gilt diese Regel also für *alle* Elemente im Browserfenster, für die keine eigene Schriftart definiert wurde.

Wenn es das Prinzip der Vererbung nicht geben würde, müssten Sie alle Elemente namentlich erwähnen, und die gleiche Regel könnte ungefähr so aussehen:

```
body, h1, h2, p, ul, li, a, strong, em, address {
   font-family: sans-serif;
}
```

Listing 14.8 Ohne Vererbung müsste man alle Selektoren notieren.

Das ist deutlich umständlicher. Der geschickte Einsatz von Vererbung macht ein Stylesheet also übersichtlicher.

Vererbt wird übrigens nicht der im Stylesheet definierte Wert (*specified value*), sondern der vom Browser berechnete Wert (*computed value*), den Sie sich in den Entwicklerwerkzeugen der Browser anzeigen lassen können.

14.5.2 Bestimmte Eigenschaften werden nicht vererbt

Ausnahmen bestätigen die Regel, und einige Eigenschaften, wie zum Beispiel die Box-Modell-Eigenschaft `border`, werden gar nicht vererbt. Der Grund liegt auf der Hand:

- Stellen Sie sich ein Dokument vor, in dem für `body` mit der Eigenschaft `border` eine 1px breite rote Rahmenlinie definiert wurde, die um die gesamte Seite geht.
- Wenn `border` vererbt werden würde, hätte *jedes* Element auf der Seite einen roten Rahmen drumherum ...

Die wichtigsten nicht vererbbaren Eigenschaften sind:

- `display`
- `width`, `height`, `padding`, `border` und `margin`. Diese Eigenschaften lernen Sie in Kapitel 16, »Abstände gestalten mit dem Box-Modell«, kennen.
- `background` & Co. In Kapitel 17, »Boxen gestalten per CSS«, erfahren Sie mehr darüber.
- `position`, `top`, `right`, `bottom`, `left`. Die Positionierung ist in Kapitel 20, »Der Flow und die Eigenschaft ›position‹«, an der Reihe.
- `float` und `clear`. Die beiden werden in Kapitel 21, »Schweben und schweben lassen: ›float‹«, vorgestellt.

Als Faustregel kann man sich merken, dass Eigenschaften zur Gestaltung von Schrift und Text vererbt werden, Eigenschaften zur Positionierung, zum Layouten und zur Gestaltung mit dem Box-Modell hingegen *nicht*.

Mit dem Wert »inherit« können Sie eine Vererbung erzwingen

Mit dem Wert `inherit` kann ein Webautor erreichen, dass der vom Browser für das Elternelement errechnete Wert auf jeden Fall übernommen wird. Bei der Gestaltung des Buttons in Abschnitt 9.7, »Ein Button zum Abschicken der Formulardaten«, haben Sie `inherit` bereits in Aktion gesehen.

14.5.3 Falls er gar nichts findet, nimmt der Browser den »Standardwert«

Wenn der Browser trotz aller Bemühungen für eine bestimmte Eigenschaft keine einzige Anweisung findet, nimmt er den in der CSS-Spezifikation festgelegten Standardwert, auf Englisch *initial value* genannt.

Auf den Webseiten des W3C gibt es dazu eine lange Liste mit dem schönen Namen *Property Index* (*Verzeichnis der Eigenschaften*):

- *w3.org/TR/CSS/#properties*

Den Standardwert finden Sie in der Kurzbeschreibung für eine Eigenschaft in der Zeile *Initial*. Darunter wird in der Zeile *Inherited* auch gleich vermerkt, ob die Eigenschaft vererbt wird. Dieser Property Index ist die definitive Quelle für diese Art von Info.

14.6 Die Kaskade im Browser analysieren

In einem modernen Desktop-Browser wie Chrome oder Firefox können Sie die Auswirkungen der Kaskade sehr schön analysieren und nachvollziehen.

Abbildung 14.5 zeigt die Übungsseite in Firefox. Im INSPEKTOR ist der Absatz mit der Klasse `intro` markiert. Rechts daneben sehen Sie die CSS-Regeln aus Listing 14.6, und zwar in umgekehrter Reihenfolge, von unten nach oben.

Im Rahmen der Kaskade überschriebene Deklarationen werden durchgestrichen:

- Für die Schriftgröße steht in Listing 14.6 das `!important` in der ersten Regel hinter `font-size: 1rem`.
- Etwas weiter oben ist `font-size: 1.25rem` durchgestrichen, weil es durch das `!important` überschrieben wird.

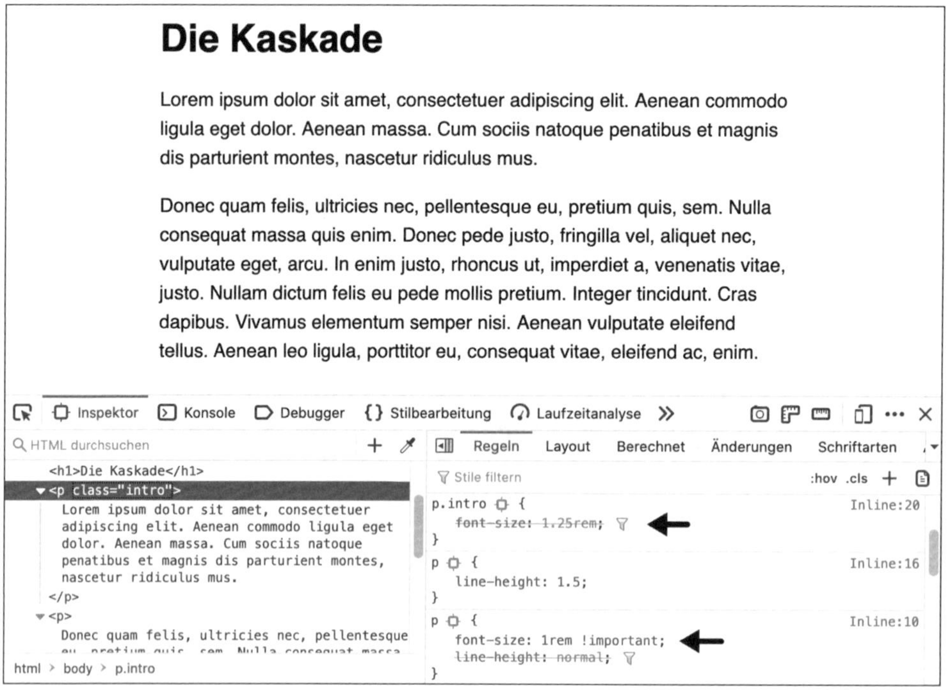

Abbildung 14.5 Die Kaskade im Entwicklerwerkzeug von Firefox

Beim Zeilenabstand ist es ähnlich:

- Ganz unten ist `line-height: normal` durchgestrichen, denn die Anweisung wird im Rahmen der Kaskade von einer folgenden Anweisung überschrieben.
- Und zwar von `line-height: 1.5` direkt darüber, mit dem der Zeilenabstand im Absatz gestaltet wird.

Zum Analysieren der Kaskade sind die Entwicklerwerkzeuge der Browser also eine große Hilfe. Falls beim Gestalten etwas nicht so klappt wie erwartet, hilft es oft, das CSS im Inspektor zu analysieren und sich anzuschauen, wie der Browser das CSS anwendet.

14.7 Übersicht: Kaskade, Vererbung oder Standardwert

Für *jedes* HTML-Element im DOM-Baum muss der Browser für *jede* CSS-Eigenschaft *genau einen* Wert finden. Um das zu erreichen, sammelt er zunächst alle relevanten Regeln und entscheidet dann, welchen Wert er nehmen soll. Dabei helfen ihm die drei Konzepte *Kaskade, Vererbung* und *Standardwert*:

1. Wenn der Browser *gar keinen Wert* findet, gibt es zwei Möglichkeiten:
   - Zunächst prüft er die *Vererbung*. Gibt es einen vererbten Wert, ist er fertig.
   - Wird die Eigenschaft nicht vererbt oder gibt es keinen vererbten Wert, nimmt er den in der Spezifikation festgelegten *Standardwert*.
2. Wenn er *genau einen Wert* findet, ist er fertig.
3. Wenn er *mehrere Werte* findet, hilft die *Kaskade*. Die gefundenen Werte werden nach *Wichtigkeit*, *Spezifität* und *Reihenfolge* sortiert, bis ein eindeutiger Gewinner feststeht.

Abbildung 14.6 zeigt diesen Prozess auf einen Blick.

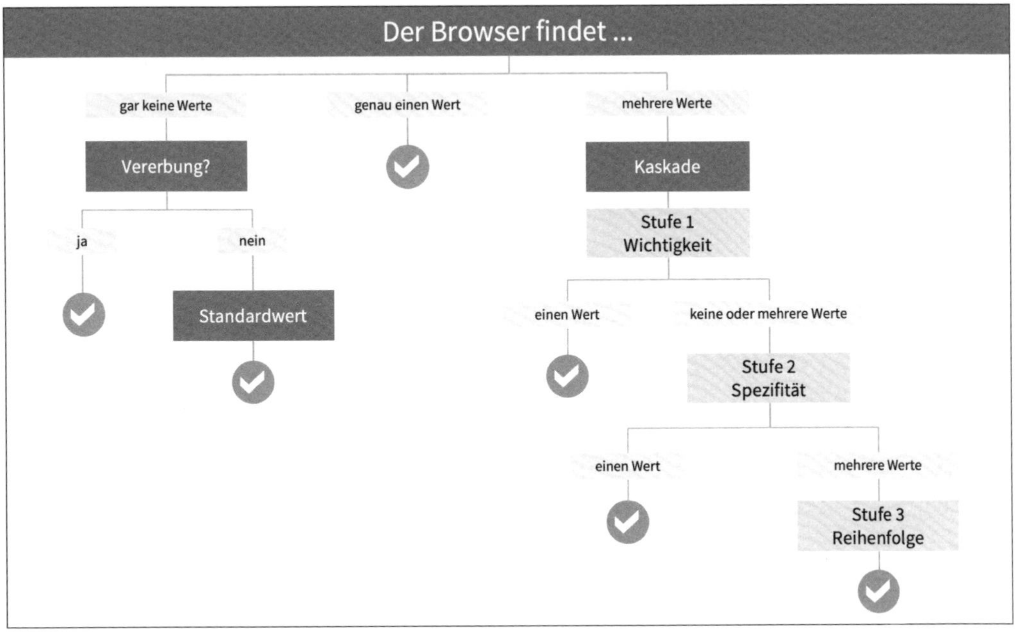

Abbildung 14.6 Vererbung, Standardwert oder Kaskade auf einen Blick

Die komplette Kaskade auf einer wunderhübschen Webseite

Amelie Wattenberger hat auf ihrer Website eine der besten und hübschesten Erklärungen der Kaskade veröffentlicht:

- *wattenberger.com/blog/css-cascade*

Dort werden Sie sehen, dass die komplette Kaskade noch etwas komplexer ist als die in diesem Kapitel gezeigte grundlegende Variante.

14.8 Auf einen Blick

Hier sind noch einmal die wichtigsten Punkte im Überblick:

- Die *Kaskade* hilft dem Browser, zu entscheiden, welchen von mehreren Werten er zur Gestaltung der Eigenschaft nimmt:
  - Stufe 1: Wichtigkeit (`!important`)
  - Stufe 2: Spezifität des Selektors
  - Stufe 3: Reihenfolge im CSS
- *Vererbung* (*inheritance*): Findet der Browser für eine Eigenschaft gar keine Werte, prüft er, ob die Eigenschaft vererbt wird.
- *Standardwert* (*initial value*): Falls der Browser für eine Eigenschaft keinen Wert findet und diese Eigenschaft nicht vererbt wird, nimmt er den in der Spezifikation festgelegten *Standardwert*.
- Zum Analysieren der Kaskade sind die Entwicklerwerkzeuge im Browser eine große Hilfe.

Kapitel 15
Schrift und Text gestalten per CSS

Worin Sie CSS-Eigenschaften zum Gestalten von Schrift und Text kennenlernen, inklusive Aufzählungszeichen und Hyperlinks.

Die Themen im Überblick:

In diesem Kapitel geht es nach dem Kennenlernen der grundlegenden Konzepte von CSS so richtig los mit dem Gestalten. Zunächst geht es dabei um die Gestaltung von Schrift und Text, dann sehen Sie, wie man Aufzählungszeichen und Hyperlinks gestalten kann, und zum Schluss gibt es noch einen Überblick über weitere Eigenschaften in der Kurzvorstellung.

15.1 Klassische Schriftarten mit und ohne Serifen im Web

Bevor Sie die Schrift auf der Übungswebsite gestalten, ein kurzer Blick auf klassische Schriftarten für das Web.

15.1.1 Es gibt Schriftarten mit und ohne »Serifen«

Bei Schriftarten für normalen Text unterscheidet man zwischen solchen mit oder ohne *Serifen*. Diese Serifen sind feine Linien, die einen Buchstaben quer zu seiner Laufrichtung abschließen und die man beim kleinen »i« oft besonders gut erkennen kann. Bei einer Schrift ohne Serifen (*sans-serif*) ist das kleine »i« nur ein gerader Strich.

Klassische Serifenschriften sind *Times New Roman* (Windows) und *Times* (macOS), die im Web auch als Standardschriftart für die Browser-Stylesheets genutzt werden. Andere weit verbreitete Serifenschriften sind *Georgia*, *Garamond* oder *Palatino*.

Klassische serifenlose Schriften sind *Arial* (Windows) und *Helvetica* bzw. deren Nachfolgerin *Helvetica Neue* (macOS). Andere weit verbreitete Schriftarten ohne Serifen sind *Verdana*, *Gill Sans* oder *Trebuchet MS*.

15.1.2 Sehr praktisch: Die Schriftgestaltung in Firefox analysieren

Firefox bietet in den Werkzeugen für Webentwickler eine sehr übersichtliche Analyse der Schriftgestaltung. Abbildung 15.1 zeigt den INSPEKTOR, in dem nach dem Aufrufen mit F12 links im HTML das body-Element markiert ist. Rechts im CSS-Bereich wurde das Register SCHRIFTARTEN aktiviert.

Abbildung 15.1 Die verwendete Schriftart im Inspektor von Firefox

Wenn im CSS nichts anderes definiert wurde, sehen die Standardeinstellungen der Browser so aus wie in Abbildung 15.1:

- VERWENDETE SCHRIFTARTEN sind Serifenschriften wie *Times* (macOS) oder *Times New Roman* (Windows).
- Die GRÖSSE ist `16px`.
- ZEILENHÖHE und ZEICHENABSTAND sind `normal`.
- Die STRICHSTÄRKE ist `400` (fett wäre zum Beispiel `700`).

Mit den Schiebereglern können Sie die Werte verändern. Die Auswirkungen werden direkt im Browserfenster sichtbar.

Wenn Sie eine bestimmte Webseite besonders gut lesbar finden ...

... und gerne mehr über deren Schriftgestaltung wissen möchten, rufen Sie sie einfach in Firefox auf und lassen sich dann im INSPEKTOR auf dem Register SCHRIFTARTEN die verwendeten Einstellungen anzeigen.

15.2 Die Schriftart definieren mit »font-family«

In diesem Abschnitt sehen Sie, wie Sie mit der Eigenschaft `font-family` auf Webseiten die Schriftart gestalten können.

15.2.1 Bitte eine Schriftart ohne Serifen mit »font-family«

Für den normalen Text finden viele Benutzer serifenlose Schriften am Bildschirm besser lesbar, und in diesem Abschnitt stellen Sie die Beispielseiten um. Die Schriftart gestalten Sie in CSS mit der Eigenschaft `font-family`.

Da Sie als Autor des Stylesheets nicht wissen, welche Schriften auf dem Gerät des Besuchers zur Verfügung stehen, äußern Sie einfach mehrere Wünsche, jeweils durch Komma getrennt. Im folgenden Listing weisen Sie `body` eine serifenlose Schrift zu. Dabei wird der Name der Schriftart zwischen Anführungsstrichen notiert, wenn er aus mehreren Wörtern besteht:

```
body {
  font-family: "Helvetica Neue", Arial, sans-serif;
}
```

Listing 15.1 Eine serifenlose Schrift mit »font-family«

Für den Browser heißt diese Anweisung:

> *»Bitte benutze die Schriftart ›Helvetica Neue‹. Wenn die nicht da ist, schau mal, ob es Arial gibt. Wenn die auch nicht verfügbar ist, nimm bitte irgendeine Schrift ohne Serifen.«*

Im folgenden Kasten setzen Sie dieses Listing um und gestalten die Übungswebsite mit einer serifenlosen Schrift.

Übungswebsite: »Bitte eine Schrift ohne Serifen nutzen«

1. Öffnen Sie das Stylesheet *style.css* im Editor.
2. Fügen Sie nach dem Anfangskommentar die CSS-Regel zur Schriftgestaltung aus Listing 15.1 ein.
3. Speichern Sie das Stylesheet, und betrachten Sie die Webseiten im Browser.

Abbildung 15.2 zeigt, dass die Beispielseiten nach diesen Schritten eine Schrift ohne Serifen haben.

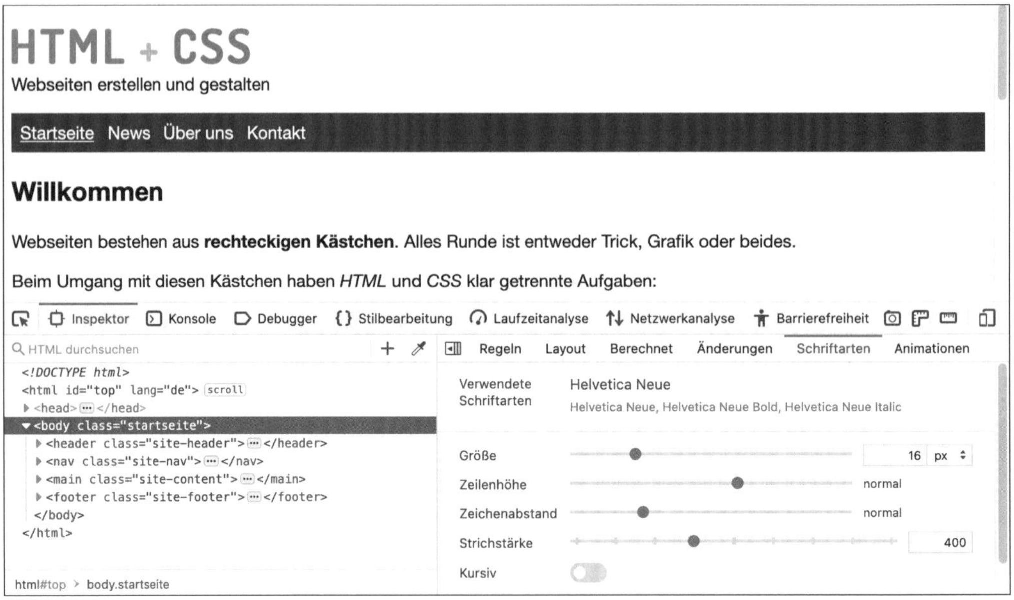

Abbildung 15.2 Die Startseite mit einer serifenlosen Schriftart

Vererbung: Die für <body> definierte Schriftart gilt für die ganze Webseite

Für die Schriftart und viele andere CSS-Eigenschaften gilt das *Vererbungsprinzip*: Solange für ein Element nichts anderes definiert wurde, erben (fast) alle Elemente innerhalb von `body` dessen Schriftart. Mehr zur Vererbung finden Sie in Abschnitt 14.5, »Nichts gefunden? Vererbung oder Standardwert«.

15.2.2 Generische Schriftfamilien im Überblick

Die Liste der gewünschten Fonts endet immer mit der Angabe einer generischen Schriftfamilie, die der Browser verwendet, falls die gewünschten Schriftarten nicht verfügbar sind. Tabelle 15.1 zeigt die möglichen Werte auf einen Blick.

Schriftfamilie	Beschreibung
`serif`	Schrift mit Serifen wie *Times* oder *Times New Roman*
`sans-serif`	Schrift ohne Serifen wie *Arial* oder *Helvetica*
`monospace`	Schreibmaschinenschrift wie *Courier* oder *Courier New*
`cursive`	an Handschrift erinnernde Schriften wie *Comic Sans* oder *Apple Chancery*
`fantasy`	dekorative Schriften wie *Papyrus*
`system-ui`	die Systemschrift des Geräts (siehe Abschnitt 15.3)

Tabelle 15.1 Übersicht der möglichen generischen Schriftfamilien

15.3 Die Systemschrift des Geräts: Gut lesbar und echt schnell

Eine sehr interessante Möglichkeit zur Definition von Schriftarten ist die in Tabelle 15.1 gezeigte Angabe von `system-ui`. Das bedeutet für den Browser: »Bitte nimm die Systemschrift des Geräts, auf dem du die Webseite darstellst.«

Diese Systemschrift hat diverse Vorteile, denn sie ist erstens definitiv vorhanden, zweitens optimiert für das Betriebssystem und drittens für den Benutzer ein vertrauter Anblick.

Außerdem benötigt sie viertens überhaupt keine Ladezeit, was der Performance der Webseiten zugutekommt.

Im Idealfall würde eine Anweisung zur Nutzung der Systemfonts so aussehen:

```
body { font-family: system-ui; }
```

Listing 15.2 »Die Systemschrift, bitte«

Kurz und bündig, aber (noch) zu schön, um wahr zu sein, denn einige Browser kennen den Wert `system-ui` nicht oder unterstützen ihn nur unzureichend.

Momentan müssen Sie den Browsern den Wunsch zur Nutzung der Systemschriftart daher etwas ausführlicher mitteilen, und das ergibt dann eine Anweisung wie die folgende, die der Übersichtlichkeit halber auf zwei Zeilen verteilt wird, im Editor aber auch in einer stehen kann:

```
body {
  font-family: system-ui, -apple-system, "Segoe UI", Roboto,
               "Helvetica Neue", Arial, sans-serif;
}
```

Listing 15.3 »Die Systemschrift, bitte«

Diese Regel erweitert die Anweisung für die serifenlosen Schriften aus Listing 15.1 um verschiedene Systemfonts:

- `system-ui` verstehen noch nicht alle Browser.
- `-apple-system` lädt die Apple-Systemschrift in Safari und Firefox.
- `Segoe UI` ist die Systemschrift für Windows (seit Version 10).
- `Roboto` ist der Standardfont für Android.

Wenn auf einem System alle diese Schriften nicht vorhanden sind, werden die weiter oben beschriebenen Wünsche für serifenlose Schriften der Reihe nach abgearbeitet.

Im folgenden Kasten setzen Sie Listing 15.3 um und gestalten die Übungswebsite so, dass der Text möglichst mit dem Systemfont des Geräts dargestellt wird.

Übungswebsite: »Bitte die Systemschrift des Geräts nutzen«

1. Öffnen Sie das Stylesheet *style.css* im Editor.
2. Fügen Sie unter dem vorhandenen CSS die Regel aus Listing 15.3 ein.
3. Speichern Sie das Stylesheet, und betrachten Sie die Webseiten im Browser.

Abbildung 15.3 zeigt im Inspektor von Firefox, dass nach diesen Schritten auf einem aktuellen macOS die Systemschrift *San Francisco* genutzt wird, deren Codename *.SF NS* ist.

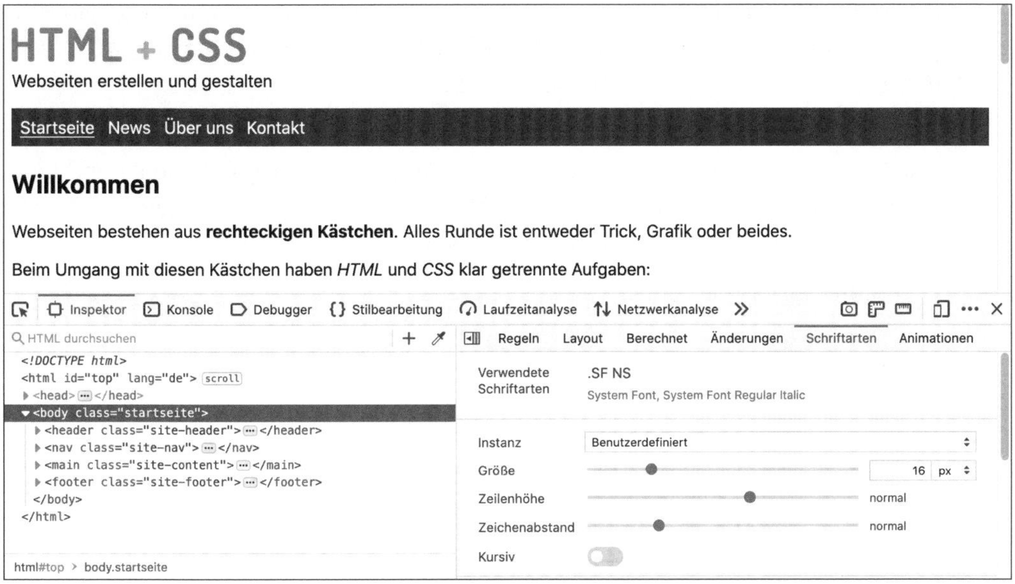

Abbildung 15.3 Die Startseite mit der Systemschrift von macOS

15.4 Webfonts – die Schriftart gleich mitliefern

Das klassische Problem bei der Verwendung von Schriftarten im Web besteht wie gesehen darin, dass die gewünschte Schrift auf dem Computer des Besuchers vorhanden sein muss.

Webfonts ist ein Sammelbegriff für verschiedenste Bestrebungen mit dem Ziel, diese Einschränkung aufzuheben und die gewünschte Schriftart zusammen mit dem Quelltext auszuliefern.

In CSS gibt es für Webfonts mit `@font-face` eine Möglichkeit zur Einbindung von Schriftdateien auf Webseiten, aber lange Zeit verhinderten rechtliche und technische Probleme deren Verbreitung:

- Rechtlich ging es um Lizenzen. Viele Fonts durften via `@font-face` nicht verwendet werden, da die Besucher der Webseiten, deren Browser ja die Schriftart darstellt, keine Lizenz zur Nutzung haben.
- Technisch tobte der Streit lange Zeit um die genaue Syntax von `@font-face` sowie um das richtige Dateiformat. Das Ergebnis war eine verwirrende Vielfalt mit so schönen Abkürzungen wie EOT (*Embedded Open Type*) und WOFF (*Web Open Font Format*).

Der lizenzrechtlich sicherste und technisch problemloseste Weg, auf den eigenen Webseiten beliebige Schriften einsetzen zu können, führt über Hosting Services wie *Typekit* (*fonts.adobe.com/typekit*) von Adobe.

Diese Dienste stellen qualitativ hochwertige Schriften in webgerechten Formaten auf zentralen Servern bereit, erzeugen die zur Einbindung benötigten Befehle und kümmern sich um die Lizenzen mit den Schriftherstellern, aber preislich lagen sie für viele Websitebetreiber jenseits des verfügbaren Budgets.

Und dann kam Google Fonts.

Hosting Services für Webfonts und der Datenschutz

Hosting Services für Webfonts sind datenschutzrechtlich nicht unumstritten, da die IP-Adresse Ihrer Besucher ohne deren Wissen oder Einverständnis zur Auslieferung der Schriftdateien an die Hosting Services übermittelt wird, und das ist auch bei den Google Fonts nicht anders.

Daher zeige ich Ihnen im Folgenden die Google Fonts gleich zweimal:

- Zunächst sehen Sie in Abschnitt 15.5, wie man die Google Fonts direkt von Google einbindet. Das ist schnell und einfach, aber wie gesagt mit datenschutzrechtlichen Bedenken.
- Danach zeige ich Ihnen in Abschnitt 15.6, wie Sie Google Fonts herunterladen und vom eigenen Webspace aus servieren können. Das ist etwas mehr Handarbeit, aber vom Datenschutz her unbedenklich.

Sie können dann selbst entscheiden, ob und wie Sie Google Fonts einsetzen.

15.5 Schnell und einfach: Google Fonts direkt von Google

Google stellt mit seinen Google Fonts hochwertige Schriften kostenlos zur Verfügung:

- *fonts.google.com*

Momentan können Sie aus weit über tausend Schriftarten wählen, und die beiden beliebtesten sind *Roboto* und *Open Sans* (Abbildung 15.4).

Besonders gelungen ist die einfache Einbindung der Schriften direkt von Googles Servern, denn Sie müssen nichts herunterladen oder installieren. Der gewünschte Font wird einfach als Stylesheet eingebunden, das beim Laden der Webseite zusammen mit den Schriftdateien direkt von *fonts.google.com* geholt wird.

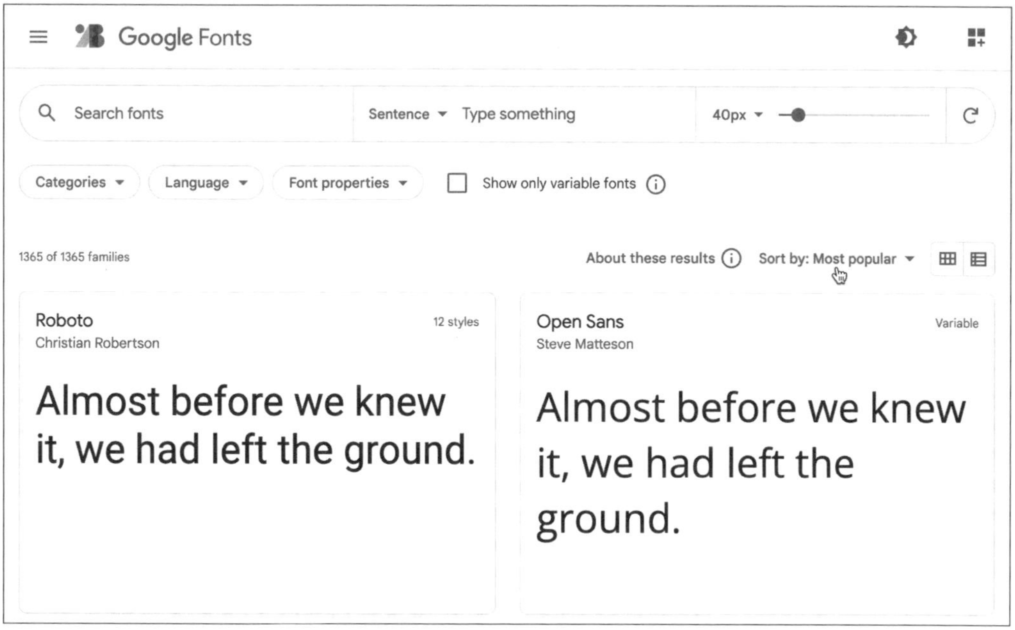

Abbildung 15.4 Google Fonts mit den beiden beliebtesten Schriftarten

15.5.1 Schritt 1: Schriftart und Schriftschnitte auswählen

Im ersten Schritt suchen Sie sich eine Schriftart, die Ihnen gefällt, und wählen sie dann mit einem Klick aus. Als Beispiel dient im Folgenden die von Adobe bei Google Fonts kostenlos bereitgestellte Schriftart *Source Sans Pro*.

Nach der Auswahl der Schriftart bestimmen Sie die gewünschten Schriftschnitte (STYLES). Je mehr Sie auswählen, desto mehr Daten werden von Google zu den Besuchern Ihrer Website übertragen. Sinnvoll sind Styles für normalen, kursiven und gefetteten Text, und in Abbildung 15.5 wurden diese mit einem Klick auf + SELECT THIS STYLE selektiert:

- REGULAR 400 (normale Strichstärke)
- REGULAR 400 ITALIC (normale Strichstärke und kursiv)
- BOLD 700 (fett)

Die ausgewählten Styles erscheinen nach einem Klick auf das Symbol VIEW YOUR SELECTED FAMILIES ganz rechts oben in der Seitenleiste REVIEW.

Abbildung 15.5 »Source Sans Pro« mit drei »Styles« im Tab »Review«

15.5.2 Schritt 2: Den Code für die Schriftart kopieren und einfügen

Nach der Auswahl der gewünschten Styles klicken Sie rechts oben auf das Register EMBED. Dort sehen Sie den Code zur Einbindung der Schriftart auf Ihren Webseiten. Dabei können Sie zwischen zwei Varianten wählen:

- <LINK> bindet den Font mit einem `link`-Element im `head`-Bereich der HTML-Seiten ein.
- @IMPORT bietet den Code für die Einbindung per CSS.

Google empfiehlt die Standardeinstellung per <LINK>. Um die gewünschte Schrift einzubinden, markieren Sie den in Abbildung 15.6 gezeigten <LINK>-Code, kopieren ihn in die Zwischenablage und fügen ihn dann im Editor im `<head>` auf allen Webseiten ein, am besten *vor* dem `<link>` zu Ihrem Stylesheet.

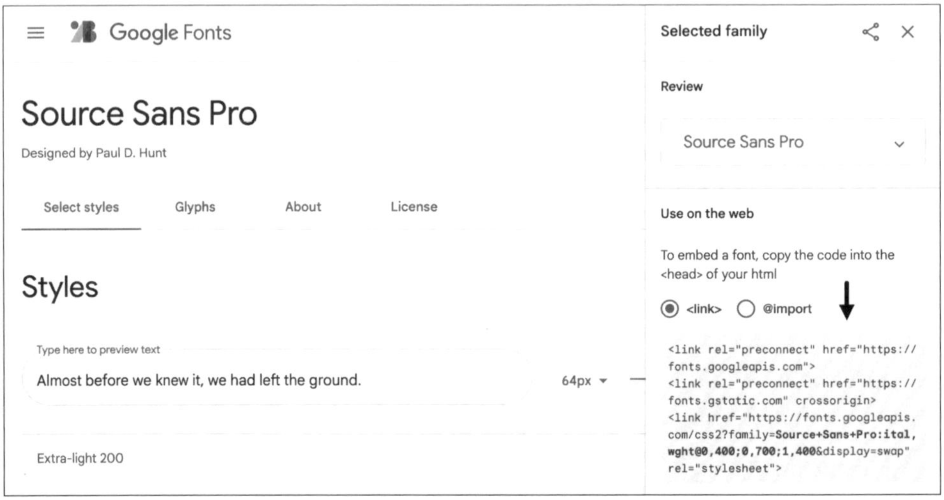

Abbildung 15.6 Der Code zum Einbetten eines Fonts – kopieren und einfügen

Nach der Einbindung können Sie die Schriftart in Ihrem CSS ganz normal einsetzen:

```
body { font-family: "Source Sans Pro", sans-serif; }
```

Listing 15.4 Die Gestaltung des Fließtextes mit »Source Sans Pro«

Abbildung 15.7 zeigt die Startseite mit der neuen Schriftart.

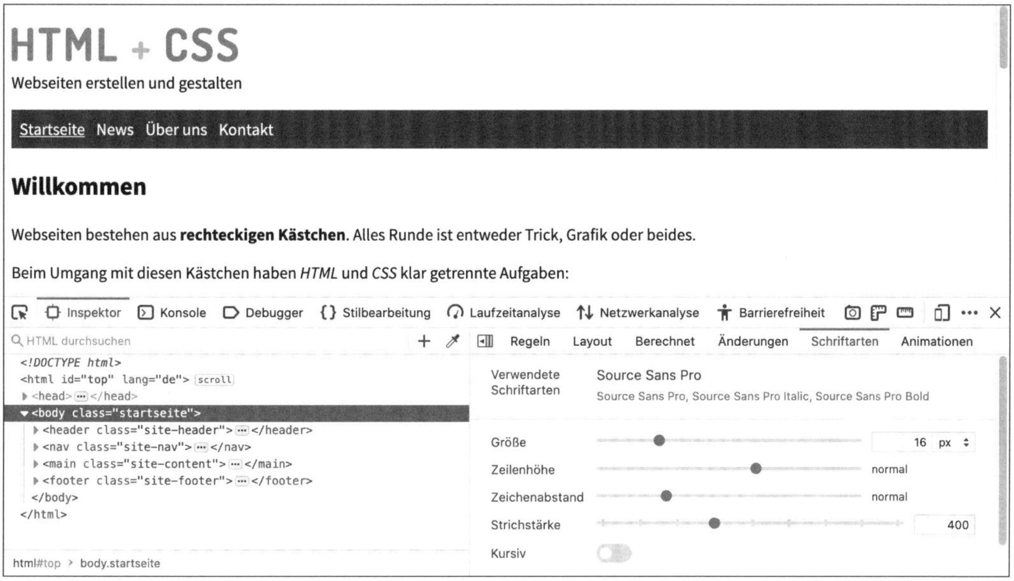

Abbildung 15.7 Die Startseite mit der Schriftart »Source Sans Pro«

15.6 Auf der sicheren Seite: Google Fonts selbst ausliefern

Die Einbindung der Fonts direkt von Google ist sehr einfach, aber wie gesagt datenschutzrechtlich nicht unumstritten, da die IP-Adresse Ihrer Besucher ohne deren Wissen oder Einverständnis zur Auslieferung der Schriftdateien an Google übermittelt wird.

Um mögliche Probleme zu vermeiden, können Sie die Schriftdateien herunterladen und vom eigenen Webspace aus servieren. Das erfordert zwar etwas Handarbeit bei der Einrichtung, aber dabei hilft die folgende Website:

- *https://google-webfonts-helper.herokuapp.com*

Dieses von Mario Ranftl (*mranftl.com*) programmierte Tool führt Sie Schritt für Schritt zu selbst gehosteten Google Fonts.

15.6.1 Schritt 1: Schriftart und Zeichensatz auswählen

Nach der Auswahl der Schriftart bestimmen Sie im ersten Schritt einen Zeichensatz. Die in Abbildung 15.8 gezeigte Vorauswahl LATIN reicht für westeuropäische Sprachen aus und enthält alle Umlaute. Falls osteuropäische Sprachen genutzt werden sollen, fügen Sie noch die Option LATIN-EXT hinzu.

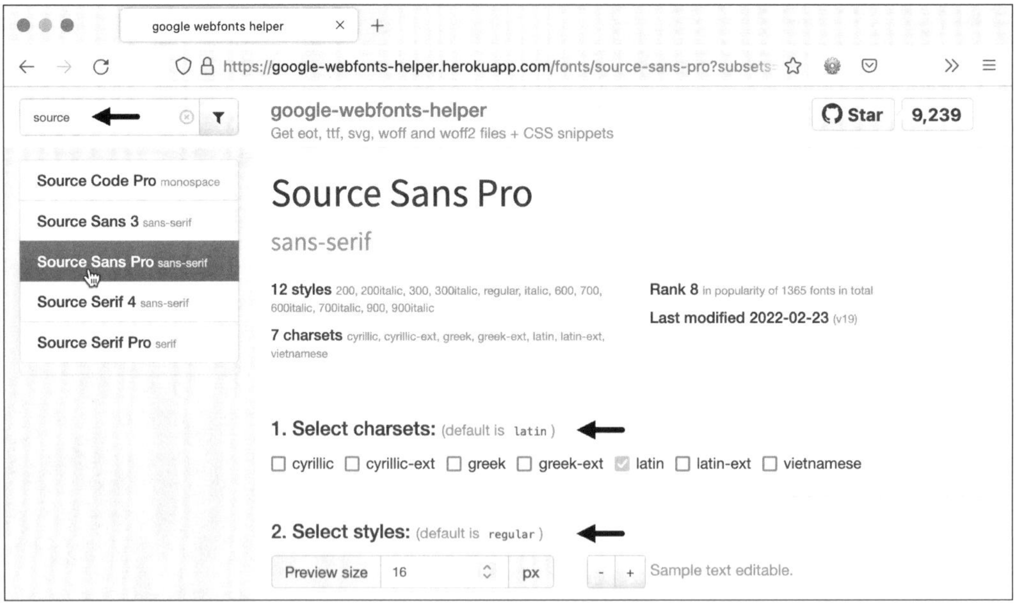

Abbildung 15.8 Schriftart, Zeichensatz und Schriftschnitte auswählen

15.6.2 Schritt 2: Die gewünschten Styles festlegen

In Schritt 2 legen Sie die gewünschten Schriftschnitte (STYLES) fest (Abbildung 15.8). Die folgenden drei sind für die meisten Websites eine sinnvolle Auswahl:

- REGULAR (normale Strichstärke von 400)
- ITALIC (normale Strichstärke kursiv)
- 700 (fett)

Bei Bedarf können Sie den Beispieltext und dessen Schriftgröße ändern. Weiter geht's danach mit Schritt 3.

15.6.3 Schritt 3: Den Code für die Schriftarten kopieren und einfügen

Vor dem Kopieren des CSS müssen Sie entscheiden, ob Sie nur moderne oder auch ältere Browser unterstützen möchten:

- Die Auswahl MODERN BROWSERS reicht aus, denn der *google webfonts helper* stammt aus dem Jahre 2014, und was damals modern war, gilt heute schon als alt.
- Mit der Option BEST SUPPORT werden sogar noch Internet Explorer 6 bis 8 unterstützt, und das ist nicht mehr nötig. Wer heute noch mit dem IE8 im Internet unterwegs ist, hat ziemlich sicher noch ganz andere Probleme als eine fehlende Schriftart.

Wenn Sie die Auswahl getroffen haben, klicken Sie einfach auf das hellgraue Feld, um das CSS zu markieren, und wählen dann im Kontextmenü den Befehl KOPIEREN (Abbildung 15.9). Das kopierte CSS fügen Sie nach dem einleitenden Kommentar am Anfang von *style.css* ein.

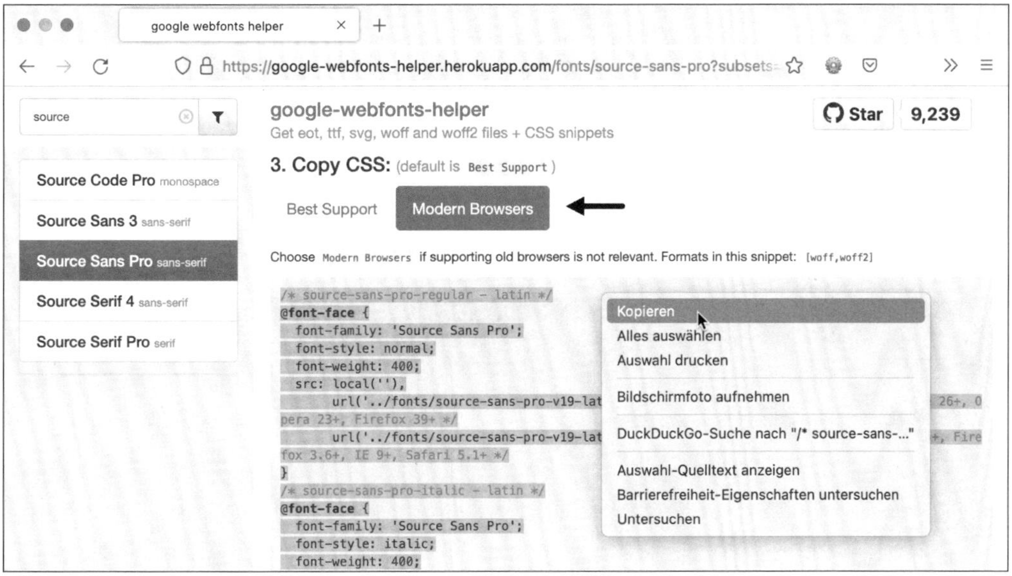

Abbildung 15.9 Die CSS-Regeln mit »@font-face« markieren und kopieren

15.6.4 Schritt 4: Schriftdateien herunterladen und im Ordner »font« speichern

Damit ist im CSS alles vorbereitet, und Sie müssen nur noch die Schriftdateien herunterladen und im richtigen Ordner speichern. Abbildung 15.10 zeigt den Button zum Herunterladen der ZIP-Datei.

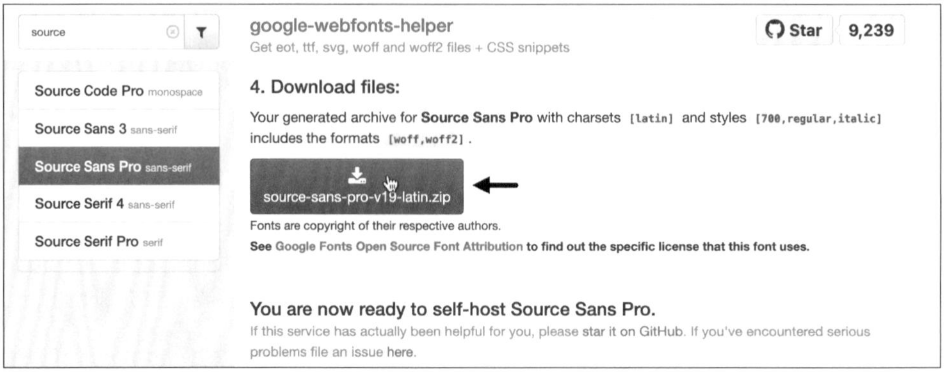

Abbildung 15.10 Die Schriftartdateien herunterladen

Nach dem Entpacken der ZIP-Datei sehen Sie die Schriftdateien mit den Endungen *.woff* und *.woff2*. Erstellen Sie im Ordner mit den Webseiten der Übungswebsite einen Unterordner namens *fonts*, und kopieren oder verschieben Sie dann die Schriftdateien in diesen Ordner.

Abbildung 15.11 zeigt den Editor Visual Studio Code mit den `@font-face`-Regeln aus Schritt 3 und den Schriftdateien im Ordner *font*:

- *style.css* mit den `@font-face`-Anweisungen liegt im Ordner *css*.
- Die Schriftdateien befinden sich im Ordner *fonts*.

Abbildung 15.11 Das CSS in »style.css« und die Dateien im Ordner »/font«

Die Pfadangabe in den `@font-face`-Anweisungen wird vom Stylesheet aus gesehen und lautet *../fonts/*. Die zwei Punkte stehen für »Gehe einen Ordner höher«, und von dort aus geht es dann in den Ordner *fonts*. Wenn alles geklappt hat, können Sie *Source Sans Pro* jetzt zur Gestaltung der Webseiten benutzen, und zwar ohne sich über den Datenschutz Gedanken machen zu müssen. Die Seiten der Übungswebsite sehen genauso aus wie bei der Einbindung direkt von Google (siehe Abbildung 15.7 weiter oben).

Nachteil: Sie bekommen nicht automatisch die neueste Version der Schrift

Die Fonts von Google werden ständig optimiert, und die selbst gehostete Einbindung hat anders als bei der Auslieferung direkt von Google den Nachteil, dass Sie nicht automatisch die neueste Version bekommen. Sie können aber manuell die neueste Version herunterladen und im Ordner *fonts* einfügen.

15.7 Gut lesbarer Text: »font-size« und »line-height«

Die Lesbarkeit des Fließtextes ist das Ergebnis eines Prozesses, der mit dem Schreiben beginnt und über die Auswahl der richtigen HTML-Elemente bis hin zu deren optischer Gestaltung geht. Neben der Nutzung von Überschriften, kurzen Absätzen, dem Einsatz von Listen und einer geeigneten Schriftart leisten die Schriftgröße und der Zeilenabstand einen wichtigen Beitrag zu gut lesbarem Text.

15.7.1 Schriftgröße definieren mit »font-size« und einer Längeneinheit

Über die ideale Methode zur Definition der Schriftgröße gibt es im Web intensive Diskussionen, denn für die Eigenschaft `font-size` können Sie verschiedene Einheiten oder Schlüsselwörter nutzen. Tabelle 15.2 zeigt einige Möglichkeiten im Überblick.

Einheit	Beispiel	Anmerkung
`rem`	`font-size: 1rem`	relativ zur Schriftgröße von `<html>`
`em`	`font-size: 1em`	relativ zur Schriftgröße des Elternelements
`%`	`font-size: 100%`	relativ zur Schriftgröße des Elternelements
`px`	`font-size: 16px`	absolute Angabe, fest zementiert
`smaller`	`font-size: smaller`	etwas kleiner als das Elternelement

Tabelle 15.2 Einige Möglichkeiten zur Definition von Schriftgrößen

Die Schriftgröße wird genau wie die Schriftart vererbt, und daher gibt `body` wieder eine allgemeine Einstellung vor. Die Einheit `rem` vereint die Vorteile von `px` und `em`. Das folgende Listing ergänzt daher die Regel für body und setzt die Schriftgröße explizit auf 1rem:

```
body {
  font-family: system-ui, -apple-system, "Segoe UI", Roboto,
               "Helvetica Neue", Arial, sans-serif;
  font-size: 1rem;
}
```

Listing 15.5 Die Schriftgröße für »body« explizit auf 1rem setzen

Dadurch ändert sich auf den Webseiten optisch nichts, da 1rem ohnehin der Standardwert ist, aber die Deklaration bestätigt diesen explizit im CSS und dient als Erinnerung.

15.7.2 Die Schriftgröße für die Überschriften ändern

Die Schriftgröße für die Überschriften wird im Browser-Stylesheet definiert, und daher erben Überschriften nicht die für body definierte Schriftgröße.

Das folgende Listing definiert eigene Größen für Überschriften. Mit diesen Angaben werden die Überschriften etwas größer als im Browser-Stylesheet vorgegeben:

```
h1 { font-size: 2.5rem; }
h2 { font-size: 2rem; }
h3 { font-size: 1.75rem; }
h4 { font-size: 1.5rem; }
h5 { font-size: 1.25rem; }
h6 { font-size: 1rem; }
```

Listing 15.6 Eigene Schriftgrößen für Überschriften

Überschriften werden vom Browser-Stylesheet fett dargestellt, und das entspricht im CSS der Deklaration font-weight: 700 (siehe dazu weiter unten auch den Abschnitt 15.12.2, »Schrift gestalten: fett, kursiv, Kapitälchen und Zeichenabstand«).

Bei einer kräftigen Schriftart kann man die Strichstärke für Überschriften etwas reduzieren, damit sie nicht ganz so mächtig wirken. Das könnte zum Beispiel so aussehen:

```
h1, h2, h3, h4 { font-weight: 500; }
```

Listing 15.7 Überschriften etwas weniger fett

Der Browser berechnet diese leichte Einfettung problemlos selbst, wenn er dafür keinen speziellen Schriftschnitt zur Verfügung hat. Im folgenden Kasten definieren Sie die Schriftgröße für body und Überschriften für die Übungswebsite.

Übungswebsite: Schriftgröße für »body« und Überschriften

1. Öffnen Sie das Stylesheet *style.css* im Editor.
2. Ergänzen Sie wie in Listing 15.5 gezeigt die Regel für `body`.
3. Fügen Sie darunter das CSS für die Überschriften aus Listing 15.6 ein.
4. Probieren Sie, ob Ihnen die Überschriften mit der reduzierten Strichstärke aus Listing 15.7 besser gefallen. Wenn ja, fügen Sie die Regel in *style.css* ein.
5. Speichern Sie das Stylesheet, und betrachten Sie die Webseiten im Browser.

15.7.3 Schriftgröße definieren mit »font-size« und einem Wort

Neben der Definition der Schriftgröße mit Längeneinheiten (`px`, `em`, `rem`) und Prozenten gibt es noch die Möglichkeit von Schlüsselwörtern (*Keywords*). Sehr praktisch sind zum Beispiel `smaller` oder `larger`, die den Browser bitten, die Schrift etwas kleiner bzw. größer zu machen als die vom Elternelement.

Im folgenden Listing sehen Sie die Anweisung `font-size: smaller`, die die Schrift im Fußbereich verkleinert:

```
.site-footer {
  font-size: smaller;
  background-color: #333;
  color: white;
  text-align: right;
  padding: 0.5rem;
}
```

Listing 15.8 Die Schriftgröße für ».site-footer« bitte etwas kleiner

Mit dieser Anweisung legen Sie keine feste Pixelgröße fest, sondern bitten den Browser, die Schrift im Fußbereich etwas kleiner zu machen als die auf dem Rest der Seite. Im folgenden Kasten setzen Sie diese Idee für die Übungswebsite um.

Übungswebsite: Die Schriftgröße für den Footer verkleinern

1. Öffnen Sie das Stylesheet *style.css* im Editor.
2. Ergänzen Sie im Stylesheet die vorhandene Regel für `.site-footer` um die Gestaltung der Schriftgröße (siehe Listing 15.8).
3. Speichern Sie das Stylesheet, und betrachten Sie die Webseiten im Browser.

Mit dem Keyword `smaller` hat die Schrift bei einer Standardgröße von 16px für `body` im Fußbereich noch 13,3333px (Abbildung 15.12).

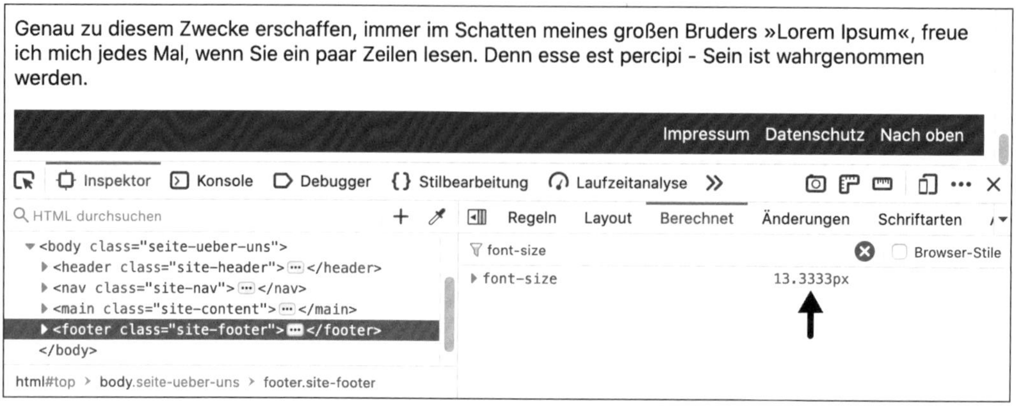

Abbildung 15.12 Die Schrift im Fußbereich ist 13,3333px groß.

Alle Keywords für »font-size« in der Übersicht

Die Keywords `smaller` und `larger` sind sehr praktisch, aber zum Beispiel im Wiki von SelfHTML finden Sie noch eine Menge mehr:

- *https://wiki.selfhtml.org/wiki/CSS/Eigenschaften/font-size*

15.7.4 Wichtig für die Lesbarkeit: Der Zeilenabstand mit »line-height«

Ein ausreichender Zeilenabstand ist ein wichtiger Faktor für die Lesbarkeit von Text. Der Standardwert ist `normal`, und er liegt je nach Browser und Schriftart ungefähr zwischen dem 1,05- bis 1,2fachen der Schriftgröße.

Für den Text im Inhaltsbereich ist das zu wenig, denn der ist mit mindestens dem Anderthalbfachen der Schriftgröße wesentlich besser lesbar.

Um den Zeilenabstand mit `line-height` zu definieren, geben Sie als Wert eine Dezimalzahl ohne Einheit ein. Die folgende Regel definiert für den Inhaltsbereich einen Zeilenabstand von 1,5:

```
/* Zeilenabstand für den Inhaltsbereich erhöhen */
.site-content { line-height: 1.5; }
```

Listing 15.9 Zeilenabstand von 1,5 für den Fließtext

Im Folgenden setzen Sie dieses Listing für die Übungswebsite um.

Übungswebsite: Den Zeilenabstand für den Inhaltsbereich erhöhen

1. Öffnen Sie das Stylesheet *style.css* im Editor.
2. Fügen Sie vor der Gestaltung der `.infoboxen` die in Listing 15.9 gezeigte Regel für den Inhaltsbereich hinzu, um den Zeilenabstand zu erhöhen.
3. Speichern Sie das Stylesheet, und betrachten Sie die Webseiten im Browser.

Bei einer Schriftgröße von 16px entspricht der Faktor 1,5 einem gut lesbaren Zeilenabstand von 24px (Abbildung 15.13).

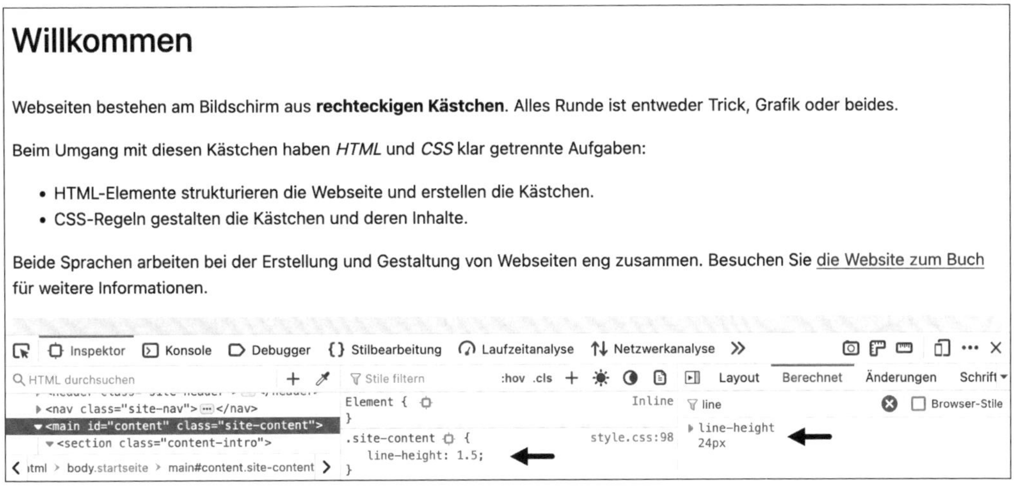

Abbildung 15.13 »line-height: 1.5« für den Inhaltsbereich

Der Abstand nach unten: »margin-bottom: 1em«

Ein weiterer Faktor für die Lesbarkeit von Text ist ein ausreichender Abstand zwischen den Absätzen. Im Browser-Stylesheet ist dieser für Elemente wie Absätze und Listen auf `1em` festgelegt, und das kann erstmal so bleiben. Die Einheit `em` bezieht sich auf die Schriftgröße des Elements, und für die Absätze im Inhaltsbereich ist das eine gute Einstellung.

15.8 Listen: Aufzählungszeichen gestalten per CSS

In diesem Abschnitt sehen Sie, wie man die Aufzählungszeichen von Listen per CSS gestaltet. Dazu lernen Sie zunächst die Voreinstellungen vom Browser-Stylesheet kennen und sehen dann, wie man diese mit der CSS-Eigenschaft `list-style` und dem

Pseudoelement `::marker` anpasst. Die Übungsdateien finden Sie im Ordner zu diesem Kapitel im Unterordner *uebungen*.

15.8.1 Die Gestaltung von Listen in den Browser-Stylesheets

Die Browser-Stylesheets geben jeder Liste eine grundlegende Gestaltung mit auf den Weg. Das umgebende `ul`-Element wird vom Browser-Stylesheet in allen modernen Browsern sinngemäß ungefähr so gestaltet:

```
ul {
  display: block;
  list-style-type: disc;
  padding-left: 40px;
  margin: 1em 0;
}
```

Listing 15.10 Die grundlegende Gestaltung für »ul« im Browser-Stylesheet

Die Eigenschaft `list-style-type` definiert das Aufzählungszeichen, und `padding-left: 40px` erzeugt links einen Einzug, in dem das Aufzählungszeichen dargestellt wird.

Innerhalb der Liste steht jeder Listenpunkt in einem eigenen `li`-Element, das von den Browser-Stylesheets eine ganz spezielle Anweisung bekommt:

```
li {
  display: list-item;
}
```

Listing 15.11 Die Vorgabe für »li« im Browser-Stylesheet

Das Besondere an `display: list-item` ist, dass es zwei Boxen erzeugt:

- eine Blockbox für den Inhalt des Listenelements
- davor eine Inline-Box für das Aufzählungszeichen

Die Aufzählungszeichen übernehmen die für das Listenelement berechnete Farbe.

Geordnete Listen funktionieren ähnlich

Geordnete Listen mit `ol` funktionieren genauso, bekommen als Standardwert aber mit `list-style-type: decimal` eine Dezimalzahl. Zur Gestaltung der Nummerierung gibt es aber jede Menge verschiedener Keywords:

- *developer.mozilla.org/en-US/docs/Web/CSS/list-style-type*

15.8.2 Aufzählungszeichen gestalten mit »list-style« & Co

Es gibt mit `list-style-type`, `list-style-position` und `list-style-image` drei Eigenschaften zur Gestaltung von Listenelementen.

Zur Gestaltung des Aufzählungszeichens gibt es für `list-style-type` zunächst einmal einige Keywords (Abbildung 15.14):

- `list-style-type: disc` ist ein ausgefüllter Kreis.
- `list-style-type: circle` ist ein leerer Kreis.
- `list-style-type: square` ist ein ausgefülltes Quadrat.
- `list-style-type: none` erzeugt gar kein Aufzählungszeichen.

Man kann als Wert aber auch ein Unicode-Zeichen oder eine andere Zeichenfolge eingeben. Unicode-Zeichen werden dabei von Anführungsstrichen umgeben und mit einem Backslash eingeleitet. Hier ein paar Beispiele, bei denen nach dem Aufzählungszeichen eine geschützte Leerstelle (`00A0`) folgt:

- `list-style-type: "\2014\00A0"` ist ein langer Bindestrich (EM-Dash).
- `list-style-type: "\2192\00A0"` ist ein Pfeil nach rechts.
- `list-style-type: "\2713\00A0"` ist ein Häkchen (*check*).

Abbildung 15.14 zeigt diese Beispiele im Browser.

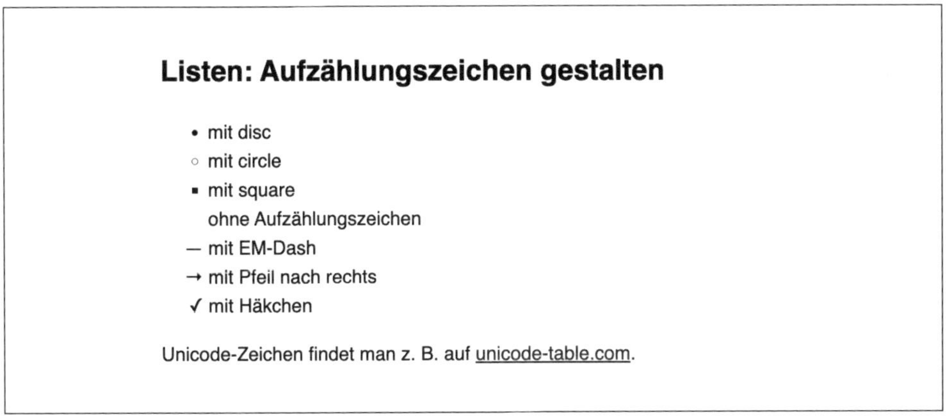

Abbildung 15.14 Aufzählungszeichen gestalten mit »list-style-type«

Die beiden anderen Eigenschaften zur Gestaltung von Aufzählungszeichen sind weniger wichtig:

- `list-style-position` bestimmt die Position der Box für das Aufzählungszeichen. Der Standardwert `outside` platziert die Box vor dem Inhalt, die Alternative `inside` innerhalb der Blockbox.
- `list-style-image` ermöglicht zwar die Einbindung einer Grafik als Aufzählungszeichen, aber da man die Grafik nicht am Text ausrichten kann, wird das eher selten genutzt.

Wenn Sie die Kurzschreibweise `list-style` verwenden, werden alle nicht gelisteten Eigenschaften auf ihren Standardwert gesetzt.

15.8.3 Aufzählungszeichen gestalten mit dem Pseudoelement »::marker«

Die Aufzählungszeichen einer Liste werden in der CSS-Spezifikation als *Marker* bezeichnet, und die Inline-Box, die das Aufzählungszeichen enthält, wird dort entsprechend Marker-Box genannt.

Seit einiger Zeit gibt es das Pseudoelement `::marker`, mit dem man das Aufzählungszeichen selektieren und zum Beispiel die Farbe getrennt vom Listenelement gestalten kann:

```
li::marker {
  color: #aaa;
}
```

Listing 15.12 Dem Aufzählungszeichen eine andere Farbe geben

Außer mit `color` können Sie `::marker` auch mit Eigenschaften zur Schriftgestaltung wie `font-weight` oder `font-size` gestalten. Abbildung 15.15 zeigt eine Liste mit einem eingefärbten Aufzählungszeichen.

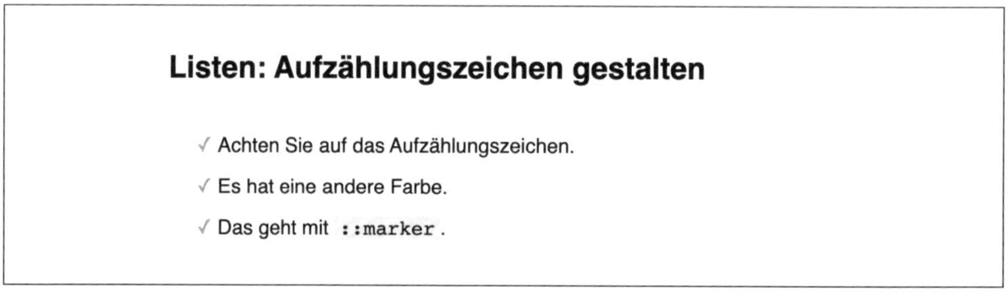

Abbildung 15.15 Das Aufzählungszeichen hat eine eigene Farbe

15.9 Hyperlinks: Unterstreichung gestalten mit »text-decoration«

Die Eigenschaft `text-decoration` hat den Standardwert `underline` und dient zur Unterstreichung von Links. Mit dem Wert `none` haben Sie in Abschnitt 5.6, »Eine grundlegende Gestaltung für die Navigation«, die Unterstreichung von den Links in der Navigation entfernt. In diesem Abschnitt lernen Sie weitere Eigenschaften zur Unterstreichung von Hyperlinks kennen.

15.9.1 Zusätzliche Eigenschaften zur Unterstreichung von Links

Im Laufe der Zeit ist `text-decoration` um zusätzliche Eigenschaften zur Platzierung, Farbe, Art und Dicke der Linie erweitert worden und wurde dadurch zu einer Kurzschreibweise. Außerdem wurde eine Eigenschaft zur Positionierung der Unterstreichung im Verhältnis zum Text erfunden. Tabelle 15.3 zeigt alle Eigenschaften zur Unterstreichung von Links auf einen Blick.

Eigenschaft	Beschreibung
`text-decoration`	Kurzschreibweise für alle anderen Eigenschaften (mit Ausnahme von `text-underline-offset`)
`text-decoration-line`	Art der Linie `underline` (unterstrichen, Standard) `none` (keine Linie) `line-through` (durchgestrichen) `overline` (überstrichen)
`text-decoration-style`	Stil der Linie: `solid` (durchgezogen, Standard) `dashed` (gestrichelt) `dotted` (gepunktet) `double` (doppelt) `wavy` (wellenförmig)
`text-decoration-color`	Farbe der Linie. Standard ist `currentColor` (Schriftfarbe des Elements).
`text-decoration-thickness`	Dicke der Linie. Mit Standardwert `auto` entscheidet der Browser, wie dick die Unterstreichung wird.

Tabelle 15.3 Eigenschaften zur Gestaltung der Linien für Hyperlinks

Eigenschaft	Beschreibung
`text-underline-offset`	Positionierung der Unterstreichung im Verhältnis zum Text. Gilt nur für `underline` und ist *nicht* Teil der Kurzschreibweise.

Tabelle 15.3 Eigenschaften zur Gestaltung der Linien für Hyperlinks (Forts.)

15.9.2 Die Unterstreichung der Links gestalten

Zum Kennenlernen dieser Eigenschaften möchte ich Ihnen zeigen, wie man die Unterstreichung für die Links auf der Übungswebsite gestalten kann. Ziel ist es, dass die Linkunterstreichung in allen Browsern nur 1px dick ist und dass die Linie bei normaler Schriftgröße 3px weiter unten steht:

```
/* Unterstreichung für Hyperlinks gestalten */
a {
  text-decoration-thickness: 1px;
  text-underline-offset: 0.1875em;
}
```

Listing 15.13 Die Unterstreichung für Hyperlinks gestalten

Der Wert von 0.1875em hat gegenüber der Angabe von 3px den Vorteil, dass der Abstand sich an der Schriftgröße der Links orientiert und gegebenenfalls mitwächst. Die Berechnung erfolgt so:

- Die Standardschriftgröße in allen Browsern ist 16px.
- Die Linie soll bei dieser Schriftgröße 3px nach unten.
- Die Rechenaufgabe 3 ÷ 16 hat als Lösung 0,1875.

Im Folgenden ändern Sie die Unterstreichung der Links für die Übungswebsite.

Übungswebsite: Die Unterstreichung für Hyperlinks ändern

1. Öffnen Sie das Stylesheet *style.css* im Editor.
2. Fügen Sie nach der Gestaltung der Überschriften die in Listing 15.13 gezeigten Regeln zur Gestaltung von unbesuchten und besuchten Links ein.
3. Speichern Sie das Stylesheet, und betrachten Sie die Webseiten im Browser.

Nach diesen Schritten sieht die Unterstreichung der Links etwas anders aus als vorher (Abbildung 15.16).

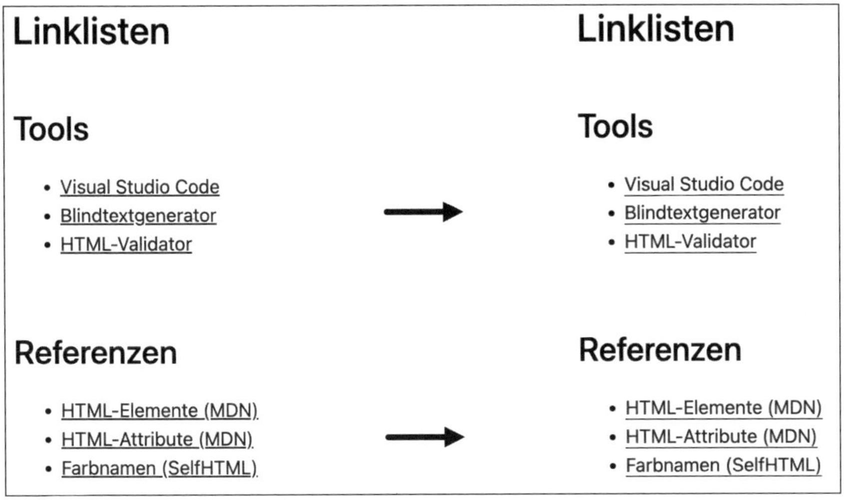

Abbildung 15.16 Unterstreichung vorher und nachher in Chrome (macOS)

Sie können natürlich gerne auch noch die Farbe (`text-decoration-color`) und die Art (`text-decoration-style`) der Unterstreichung ändern. Probieren Sie einfach aus, was Ihnen gefällt.

15.10 Hyperlinks: Linkzustände gestalten mit Pseudoklassen

In diesem Abschnitt finden Sie eine kleine Einführung zur Gestaltung der verschiedenen Zustände von Hyperlinks mit den Pseudoklassen `:link`, `:visited`, `:hover`, `:focus` und `:active`.

15.10.1 Besuchte und nicht besuchte Hyperlinks mit »:link« und »:visited«

Links können je nach Zustand ihr Aussehen verändern: Unbesuchte Hyperlinks werden vom Browser traditionell blau dargestellt, besuchte lila. Ob ein Link bereits besucht wurde, erkennt der Browser anhand seiner eigenen Surfgeschichte, die je nach Browser *Chronik* oder *Verlauf* genannt wird. Wenn Sie diese löschen, gelten alle Links wieder als unbesucht, was zum Beispiel beim Testen manchmal sehr hilfreich ist.

Die beiden Zustände *unbesucht* und *besucht* können Sie mit den Pseudoklassen `:link` und `:visited` gestalten. *Pseudoklassen* erkennt man am Doppelpunkt, und sie heißen so, weil damit mehrere Elemente gestaltet werden, aber im HTML kein Attribut `class` vorhanden ist. Tabelle 15.4 zeigt die beiden Pseudoklassen auf einen Blick.

Hyperlink	CSS-Selektor
zu einer noch nicht besuchten Seite	`a:link`
zu einer besuchten Seite	`a:visited`

Tabelle 15.4 Pseudoklassen für besuchte und nicht besuchte Hyperlinks

Im folgenden Listing sehen Sie ein Beispiel für die Formatierung von besuchten und nicht besuchten Hyperlinks:

```
/* Hyperlinks im Inhaltsbereich gestalten */
.site-content a:link { color: #07b; }
.site-content a:visited { color: #3ad; }
```

Listing 15.14 Die Gestaltung der Links im Inhaltsbereich, Teil 1

Unbesuchte Hyperlinks bekommen in diesem Listing ein dunkles Blau (`#0b74b8`), besuchte das helle Blau aus dem Logo. Die Gestaltung für die Pseudoklasse `:visited` ist auf farbliche Eigenschaften wie `color` oder `background-color` beschränkt. Im folgenden Kasten gestalten Sie die Links im Inhaltsbereich der Übungswebsite.

Übungswebsite: Farben für unbesuchte und besuchte Links ändern

1. Öffnen Sie das Stylesheet *style.css* im Editor.
2. Fügen Sie nach der Gestaltung der Überschriften die in Listing 15.14 gezeigten Regeln zur Gestaltung von unbesuchten und besuchten Links ein.
3. Speichern Sie das Stylesheet, und betrachten Sie die Webseiten im Browser.

Nach diesen Schritten haben unbesuchte Links im Fließtext ein dunkles Blau, das für besuchte Links etwas heller wird.

Der Doppelpunkt und die Leerstellen

Wie das Rautezeichen hat auch der Doppelpunkt in CSS eine doppelte Funktion:

- Ein Doppelpunkt im Selektor, also *vor* den geschweiften Klammern, verbindet den Namen eines Elements mit einer Pseudoklasse: `a:link`. Hier darf vor oder nach dem Doppelpunkt *keine Leerstelle* stehen.
- *Innerhalb* der geschweiften Klammern trennt ein Doppelpunkt Eigenschaft und Wert, zum Beispiel `color: #3ad`. Hier sind Leerstellen vor und nach dem Doppelpunkt erlaubt.

15.10.2 Benutzeraktionen gestalten mit »:hover«, »:focus« und »:active«

CSS kennt noch weitere Pseudoklassen zur Gestaltung von bestimmten Maus- oder Tastaturaktionen des Benutzers. Diese Pseudoklassen können anders als `:link` und `:visited` nicht nur für Hyperlinks, sondern auch für andere Elemente wie zum Beispiel Absätze, Listenelemente oder Tabellenzeilen eingesetzt werden. Tabelle 15.5 zeigt eine Übersicht.

Hyperlink	CSS-Selektor
Wenn der Mauszeiger darüber schwebt	`:hover`
Beim Durchsteppen per [Tab]-Taste	`:focus`
Im Moment der Aktivierung (Klicken, Tippen)	`:active`

Tabelle 15.5 Weitere Pseudoklassen für Links

Die Pseudoklassen `:hover` und `:focus` ähneln sich in gewisser Weise, während `:active` etwas ganz anderes macht:

- `:hover` gestaltet den Hyperlink, wenn der Mauszeiger darüber schwebt. Der Hover-Effekt ist sehr beliebt, ist aber nicht mehr so wichtig wie früher, denn auf Touchscreens gibt es keinen Mauszeiger und somit auch kein `:hover`.
- `:focus` gestaltet den Hyperlink, wenn er den Fokus erhält, zum Beispiel wenn der Benutzer per Tastatur mit der [Tab]-Taste von Link zu Link springt, und ist in gewisser Weise die Tastaturentsprechung zu `:hover`.
- `:active` formatiert den Hyperlink, wenn er per Mausklick, [Enter]-Taste oder mit einem Fingerdruck aktiviert wird.

In der Praxis werden Sie `:hover` und `:focus` häufig gemeinsam gestalten. Das folgende Listing zeigt ein Beispiel:

```
.site-content a:hover, .site-content a:focus { color: #f63; }
.site-content a:active { color: #ec3; }
```

Listing 15.15 Die Gestaltung der Links im Inhaltsbereich, Teil 2

Im Folgenden speichern Sie dieses Listing für die Übungswebsite.

Übungswebsite: Pseudoklassen für Benutzeraktionen gestalten

1. Öffnen Sie das Stylesheet *style.css* im Editor.
2. Fügen Sie unterhalb der weiter oben eingefügten Gestaltung der Hyperlinks die in Listing 15.15 gezeigten Regeln zur Gestaltung von Benutzeraktionen ein.
3. Speichern Sie das Stylesheet, und betrachten Sie die Webseiten im Browser.

Im Entwicklerwerkzeug der Browser können Sie die Pseudoklassen einzeln simulieren, indem Sie sie mit einem Klick auswählen. So können Sie in Ruhe prüfen, ob die gewählte Gestaltung gelungen ist. Abbildung 15.17 zeigt einen Link auf der Startseite der Übungswebsite in Firefox.

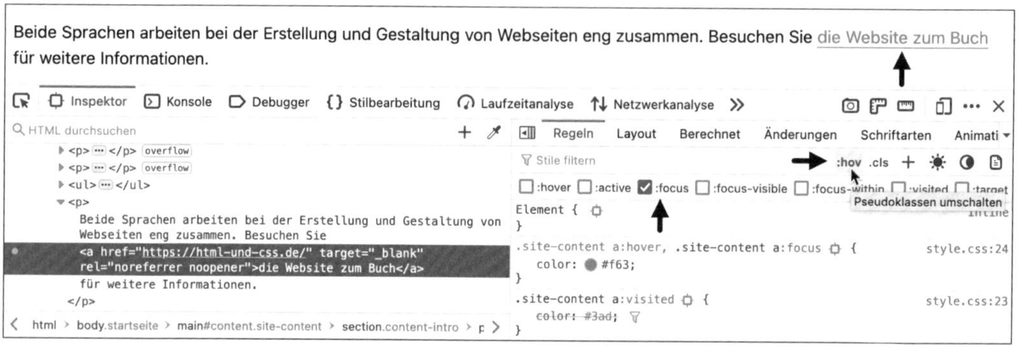

Abbildung 15.17 Im Inspektor können Sie Pseudoklassen einzeln simulieren.

Beim Gestalten der Pseudoklassen von Links sollten Sie in Ihrem Stylesheet die richtige Reihenfolge beachten, damit sich die Angaben nicht überschreiben. Empfohlen ist:

1. `a:link`
2. `a:visited`
3. `a:hover` und `a:focus`
4. `a:active`

Ein Merkspruch wäre **l**o**v**e-**ha**te. Darin ist zwar kein f enthalten, aber `:focus` und `:hover` gehören wie gesagt oft zusammen.

Die Umrisslinie für Links mit Fokus gestalten: »outline«

Wenn Hyperlinks den Fokus erhalten, bekommen sie in Browsern eine Umrisslinie, was zum Beispiel bei der Navigation per Tastatur mit ⇆ sehr hilfreich ist.

Diese Umrisslinie beansprucht anders als Rahmenlinien keinen Platz im Layout und kann mit der Eigenschaft `outline` gestalten werden. Die folgende Regel gibt Links mit Fokus eine dunkelrote Umrandung:

```
a:focus { outline: 2px solid darkred; }
```

Sie sollten bei der Gestaltung auf jeden Fall darauf achten, dass der Link mit dem Fokus optisch deutlich erkennbar ist.

15.11 Externe Hyperlinks kennzeichnen mit »::after«

Externe Links sind Links zu einem Ziel außerhalb der eigenen Website. Ein Symbol zur Kennzeichnung externer Links können Sie auch ganz normal im HTML einfügen, aber dann müssen Sie jeden Link einzeln bearbeiten. Praktischer ist es, die Sache im CSS zentral zu steuern. Dazu benötigen Sie die folgenden Zutaten:

1. einen Attributselektor zum Auswählen externer Links
2. das Pseudoelement `::after` und die Eigenschaft `content`
3. ein Symbol zur Kennzeichnung der Links (Unicode-Zeichen)

Los geht es wie immer mit dem Selektor.

15.11.1 Schritt 1: Externe Hyperlinks auswählen mit einem Attributselektor

Auf der Übungswebsite beginnt die URL von externen Links im Attribut `href` mit *http* oder mit *https*. Daher können Sie mit folgendem Attributselektor im Inhaltsbereich alle externen Links auswählen:

```
.site-content a[href^="http"]
```

Listing 15.16 Alle Hyperlinks, deren URL mit »http« beginnt

15.11.2 Schritt 2: Das Pseudoelement »::after« und die Eigenschaft »content«

Pseudoelemente werden mit einem *doppelten* Doppelpunkt an bestehende Selektoren gehängt, und sie heißen so, weil sie virtuelle Elemente erzeugen, die im HTML nicht vorhanden sind. Mit dem Pseudoelement `::first-letter` gestalten Sie zum Beispiel den ersten Buchstaben einer Box, mit `::first-line` die erste Zeile.

Die Pseudoelemente `::before` und `::after` ermöglichen es, mit der Eigenschaft `content` auf einer Webseite Inhalte per CSS einzufügen. Genau genommen werden die Inhalte *in* das Element eingefügt, und zwar *vor* bzw. *nach* dem Inhaltsbereich.

Der folgende Selektor wählt alle externen Hyperlinks und fügt nach dem Inhaltsbereich der Box den gezeigten Text ein:

```
.site-content a[href^="http"]::after {
  content: " (in neuem Tab oder Fenster)";
}
```

Listing 15.17 Externe Links mit einem Text dahinter

Abbildung 15.18 zeigt einen so gestalteten Link im Browser.

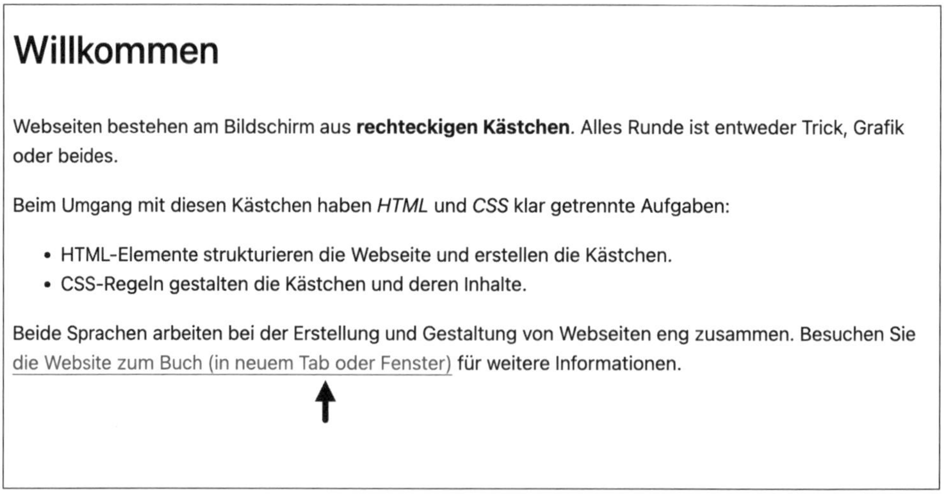

Abbildung 15.18 Ein mit »::after« und »content« eingefügter Text

15.11.3 Schritt 3: Links kennzeichnen mit einem Unicode-Symbol

Statt eines Textes können Sie mit der Eigenschaft `content` auch eine Grafik oder ein Symbol einfügen. Der Unicode-Zeichensatz ist im Internet zum internationalen Standard geworden ist, und daher bieten sich Unicode-Symbole an.

Ein in nordöstlicher Richtung zeigender Pfeil hat zum Beispiel den Wert `2197`. Um externe Links mit einem solchen Symbol zu kennzeichnen, tragen Sie diese Zahl als Wert für die Eigenschaft `content` ein, und zwar mit einer Leerstelle und einem Backslash davor:

```
.site-content a[href^="http"]::after {
  content: " \2197";
}
```

Listing 15.18 Externe Links bekommen ein Unicode-Symbol.

Der Backslash sagt dem Browser, dass er den Wert `2197` nicht als Text anzeigen, sondern als Unicode-Zeichen darstellen soll. Weitere Werte für Unicode-Zeichen finden Sie zum Beispiel auf *unicode-table.com*.

Im Folgenden kennzeichnen Sie die Links auf der Übungswebsite.

Übungswebsite: Externe Hyperlinks mit einem Symbol kennzeichnen

1. Öffnen Sie das Stylesheet *style.css* im Editor.
2. Fügen Sie am Ende des Stylesheets das CSS aus Listing 15.18 ein.
3. Speichern Sie die Datei, und betrachten Sie die Webseiten im Browser.

Abbildung 15.19 zeigt, dass nach einem externen Link eine Leerstelle und ein Symbol eingefügt werden. Auch die Links in den Linklisten auf der Seite *News* haben dieses Symbol dahinter. Interne Links hingegen, deren URL nicht mit `http` oder `https` beginnt, bleiben unverändert.

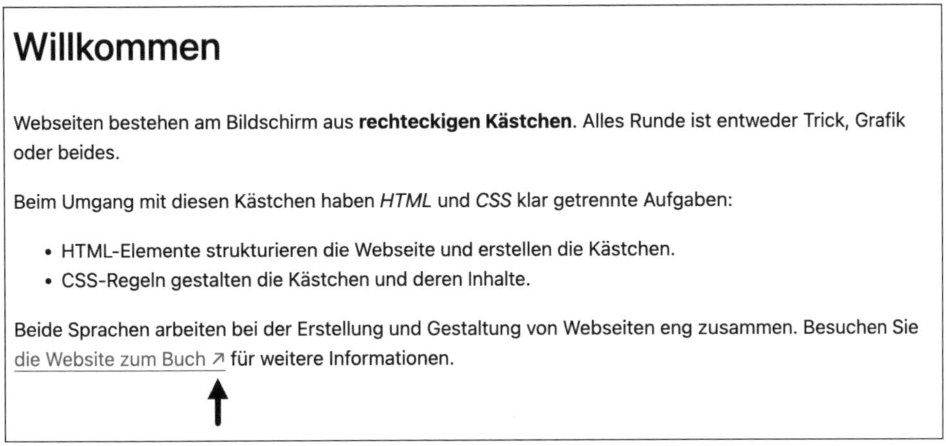

Abbildung 15.19 Externer Link mit einem Unicode-Symbol

15.11.4 Alternative: Externe Links mit »target="_blank"« selektieren

Falls Sie auf Ihren Webseiten alle externen Links mit `target="_blank"` in einem neuen Tab oder Fenster öffnen, könnten Sie auch den folgenden Attributselektor zum Selektieren der Links nutzen:

```
.site-content a[target="_blank"]
```

Listing 15.19 Alle Links im Inhaltsbereich mit »target« und »_blank«

Das komplette Listing mit Symbol hinter den Links sieht dann so aus:

```
.site-content a[target="_blank"]::after {
  content: " \2197";
}
```

Listing 15.20 Externe Links mit einem Symbol dahinter

15.12 Weitere Eigenschaften zur Gestaltung von Schrift und Text

Zum Abschluss dieses Kapitels sehen Sie alle in diesem Kapitel gezeigten Eigenschaften auf einen Blick und lernen dabei gleich noch ein paar weitere kennen.

15.12.1 Die wichtigsten Eigenschaften zur Schrift- und Textgestaltung

Tabelle 15.6 zeigt die wichtigsten Eigenschaften zur Schrift- und Textgestaltung auf einen Blick.

Eigenschaft	Beschreibung
`font-family`	Schriftart gestalten
`font-size`	Schriftgröße definieren
`line-height`	Zeilenhöhe definieren
`color`	Schriftfarbe definieren
`font-weight`	Strichstärke von `100` bis `900`; `normal` (`400`), `bold` (`700`)
`font-style`	`normal` oder `italic` (kursiv)
`font-variant`	`small-caps` = Kapitälchen (kleine Großbuchstaben)
`letter-spacing`	Zeichenabstand, zum Beispiel `letter-spacing: 1px`
`text-decoration`	Unterstreichung von Links
`text-align`	Absätze ausrichten: `left`, `center`, `right`, `justify`
`text-indent`	Einzug der ersten Zeile
`text-shadow`	Textschatten
`text-transform`	Groß-/Kleinschreibung: `uppercase`, `lowercase` u. a.

Tabelle 15.6 Die wichtigsten Eigenschaften zur Schrift- und Textgestaltung

15.12.2 Schrift gestalten: fett, kursiv, Kapitälchen und Zeichenabstand

Die Eigenschaften zur Gestaltung von Schriftart und -größe haben Sie ebenso kennengelernt wie `line-height` für den Zeilenabstand. Bleiben noch drei Eigenschaften, die mit der Vorsilbe `font-*` anfangen:

- `font-weight` dient zur Änderung der Strichstärke, die in Hunderterschritten zwischen 100 und 900 angegeben wird. Außerdem gibt es noch Schlüsselwörter wie `normal`, das einer Strichstärke von `400` entspricht, und `bold` (`700`).

- `font-style: italic` macht eine Schrift kursiv. Falls ein Element wie `address` bereits kursive Schrift hat, können Sie die Buchstaben mit `font-style: normal` wieder gerade hinstellen.
- `font-variant: small-caps` verändert die Buchstaben in Kapitälchen und wird nicht besonders häufig eingesetzt.

15.12.3 Die Kurzschreibweise »font«

Erwähnt werden soll noch die Kurzschreibweise `font`, die zahlreiche Anweisungen in einer zusammenfassen kann, aber dafür etwas unübersichtlicher ist. Sie müssen mindestens eine Schriftgröße und eine Schriftfamilie angeben, und zwar in genau der Reihenfolge. Das folgende Listing zeigt ein Beispiel für eine `h2`-Überschrift:

```
h2 { font: 500 2rem/1.5 "Helvetica Neue", Arial, sans-serif }
```

Listing 15.21 Ein Beispiel für die Kurzschreibweise »font«

Diese Anweisung entspricht ungefähr der folgenden Regel:

```
h2 {
  font-weight: 500;
  font-style: normal;
  font-variant: normal;
  font-size: 2rem;
  line-height: 1.5;
  font-family: "Helvetica Neue", Arial, sans-serif;
}
```

Listing 15.22 Das Beispiel für »font« im Klartext

Beachten Sie, dass in der Kurzschreibweise nicht gelistete Eigenschaften auf ihre Standardwerte zurückgesetzt werden. Im Beispiel betrifft das `font-style` und `font-variant`.

Fazit: Die Kurzschreibweise `font` ist praktisch, hat aber ihre Eigenheiten und ist nur zu empfehlen, wenn man sie regelmäßig nutzt und die Tücken kennt. Viele CSS-Autoren finden daher das Notieren der einzelnen Eigenschaften übersichtlicher, leichter lesbar und mit weniger Kopfschmerzen verbunden.

15.12.4 Text ausrichten und die erste Zeile einrücken

Die nächsten vier Eigenschaften fangen alle mit der Vorsilbe `text-` an, und `text-decoration` zur Unterstreichung von Links kennen Sie bereits.

`text-align` dient zur Ausrichtung von mehrzeiligem Text. Die Werte `left` (linksbündig), `center` (zentriert) und `right` (rechtsbündig) sind selbsterklärend. Außerdem gibt es noch `justify` für Blocksatz, der aber ohne Silbentrennung nicht sinnvoll ist (siehe Kasten).

Die Eigenschaft `text-indent` rückt die erste Zeile eines Elements ein:

- Ein positiver Wert wie `text-indent: 2em` schiebt die erste Zeile nach rechts.
- Ein negativer Wert wie `text-indent: -2em` schiebt die erste Zeile nach links und erzeugt einen hängenden Einzug.

Bleibt nur noch `text-shadow`, dessen Syntax etwas komplexer ist und im folgenden Abschnitt erläutert wird.

Silbentrennung im Web mit »hyphens: auto«

Zur Aktivierung einer automatischen Silbentrennung gibt es in CSS die Deklaration `hyphens: auto`, und die Unterstützung der Browser wird immer besser:

- *caniuse.com/css-hyphens*

Damit der Browser das richtige Wörterbuch zur Hand nehmen kann, sollten Sie mit dem Attribut `lang` die Sprache für die Webseite definieren. Für die Übungswebsite haben Sie das in Kapitel 2, »HTML kennenlernen: Die erste Webseite erstellen«, bei der Erstellung des HTML-Grundgerüsts gemacht.

15.12.5 Schatten im Text: »text-shadow«

Die Eigenschaft `text-shadow` dient, wie der Name bereits andeutet, zur Definition von Schatten um Text. Die Eigenschaft eignet sich hauptsächlich für Überschriften oder andere kurze Textpassagen und kennt vier Werte:

```
text-shadow: offset-x offset-y blur-radius farbwert
```

Listing 15.23 Syntax und Beispiel für »text-shadow«

Die ersten beiden Werte bestimmen die Positionierung des Schattens, der dritte bestimmt den Grad der Weichzeichnung und der vierte die Farbe:

- Der erste Wert bestimmt die horizontale Verschiebung (*offset*) des Schattens auf der x-Achse. Ein positiver Wert verschiebt den Schatten nach rechts, ein negativer nach links.
- Der zweite Wert definiert die vertikale Verschiebung. Ein positiver Wert verschiebt den Schatten nach unten, ein negativer nach oben.

- Der dritte Wert ist optional und bestimmt die Größe sowie den Grad der Verschwommenheit (*blur-radius*) des Schattens. Standardwert ist 0. Negative Werte sind nicht erlaubt. Je höher der Wert, desto größer und heller wirkt der Schatten.
- Der vierte Wert bestimmt die Farbe des Schattens und kann auch *vor* den drei anderen Werten stehen. RGBA- und HSLA-Werte sind erlaubt.

Listing 15.24 zeigt als Beispiel die Gestaltung für eine `h1`-Überschrift: Die Schriftart Tangerine ist ein Google Font, und Abbildung 15.20 zeigt das Ergebnis im Browser. Keine Grafik. Nur Text und CSS.

```
h1 {
  font-family: Tangerine, serif;
  font-size: 4rem;
  text-shadow: 4px 4px 4px rgba(170,170,170,0.5);
}
```

Listing 15.24 Eine Überschrift mit einem Textschatten

Abbildung 15.20 Eine Überschrift mit »Tangerine« und »text-shadow«

15.13 Auf einen Blick

Hier sind noch einmal die wichtigsten Punkte im Überblick:

- Mit `font-family` können Sie die gewünschte Schriftart angeben.
- Da die Schriftart auf dem Gerät des Besuchers verfügbar sein muss und wir nicht wissen, welche das sind, geben wir mehrere Wünsche an, die der Browser der Reihe nach prüft: `"Helvetica Neue", Arial, sans-serif`.
- Gut lesbar, ohne Ladezeit verfügbar und somit zur Darstellung von normalem Text optimal geeignet ist die Systemschrift auf dem Gerät der Besucher.
- Mit Webfonts wie den Google Fonts können Sie Schriftarten gleich mitliefern, sowohl direkt von Google als auch selbst gehostet.
- Die Eigenschaften `font-size` (Schriftgröße) und `line-height` (Zeilenabstand) sind wichtig für einen gut lesbaren Fließtext.
- Aufzählungszeichen kann man mit `list-style` und `::marker` gestalten.

- Die Unterstreichung von Hyperlinks wird mit `text-decoration` gestaltet.
- Hyperlinks können verschiedene Zustände haben, für die es die Pseudoklassen `:link`, `:visited`, `:hover`, `:focus` und `:active` gibt.
- Pseudoelemente wie `::before` oder `::after` erkennt man am doppelten Doppelpunkt.
- Mit der Eigenschaft `content` kann man Inhalte in die Pseudoelemente `::before` und `::after` einfügen.
- Text lässt sich per CSS fett drucken (`font-weight`), kursiv stellen (`font-style`) oder zu Kapitälchen befördern (`font-variant`).
- Der Zeichenabstand wird mit `letter-spacing` definiert.
- Text können Sie innerhalb einer Blockbox mit `text-align` ausrichten.
- Zur Einrückung der ersten Zeile eines Elements dient `text-indent`.
- Mit `text-shadow` können Sie einen Textschatten erzeugen.

Kapitel 16
Abstände gestalten mit dem Box-Modell

Worin Sie das Box-Modell genauer kennenlernen und sehen, wie man damit Abstände gestaltet.

Die Themen im Überblick:

Webseiten bestehen aus rechteckigen Kästchen, und diese sind alle nach demselben Schema aufgebaut, dem *Box-Modell*. Neben dem Gestalten von Abständen mit `padding`, `border` und `margin` lernen Sie in diesem Kapitel ein merkwürdiges Phänomen namens *Collapsing Margins*, ein alternatives Box-Modell namens *Border-Box* und das Box-Modell für Inline-Boxen kennen.

Je besser Sie das Box-Modell und seine Eigenschaften verstehen, desto leichter wird Ihnen das Gestalten von Webseiten mit CSS fallen.

16.1 Das klassische Box-Modell für Blockboxen

Abbildung 16.1 zeigt die schematische Darstellung des klassischen Box-Modells für Blockboxen, die ich Ihnen in Abschnitt 12.4, »Das Box-Modell kennenlernen: ›padding‹, ›border‹ und ›margin‹«, bereits einmal vorgestellt habe.

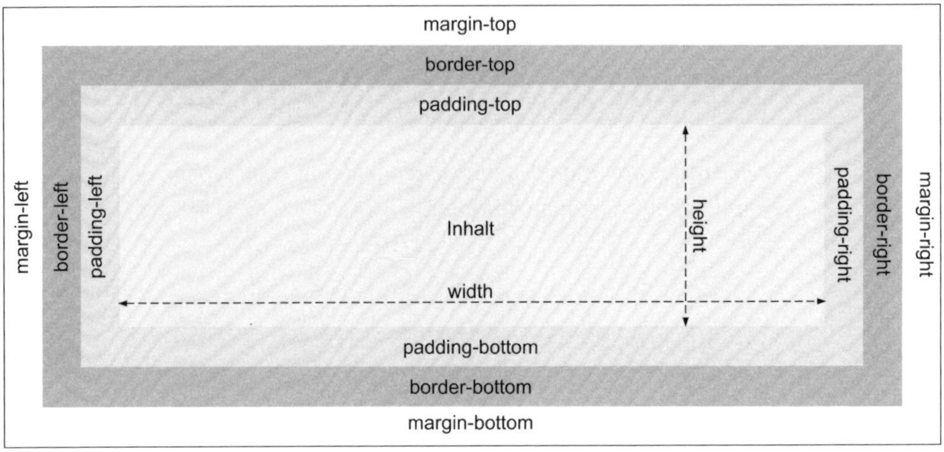

Abbildung 16.1 Das klassische Box-Modell für Blockboxen (Content-Box)

Da Eigenschaften wie `width` und `height` nur die Breite und Höhe des Inhaltsbereichs definieren, nennt man dieses klassische Box-Modell auch *Content-Box*.

Alle Blockboxen haben einen Inhalt, um den herum die Eigenschaften `padding`, `border` und `margin` liegen, die Sie bereits kennen. In den folgenden Abschnitten möchte ich Ihnen zeigen, wie man mit diesen Eigenschaften Abstände gestalten kann und was man dabei beachten sollte.

16.2 Die Breite begrenzen: »min-width« und »max-width«

In einem schmalen Viewport sieht die Übungswebsite schon ganz okay aus, aber in der Desktop-Ansicht fließen die Seiten von ganz links bis ganz rechts und werden so zu breit. In diesem Abschnitt begrenzen Sie deshalb die Breite der Seiten und zentrieren den Inhalt im Viewport.

Webseiten sollten sich der Umgebung, in der sie dargestellt werden, möglichst flexibel anpassen. Deshalb geben Sie dem Browser nicht mit `width` eine feste Breite vor, sondern setzen mit den Eigenschaften `min-width` und `max-width` Unter- und Obergrenzen für die Breite der Seite.

Im folgenden Listing weisen Sie `body` eine minimale Breite von 320px und eine maximale Breite von 600px zu. Außerdem bekommen `body` und das Stammelement `html` eine Hintergrundfarbe:

```
html { background-color: whitesmoke; }
body {
  background-color: white;
  min-width: 320px;
  max-width: 600px;
}
```

Listing 16.1 Begrenzung der Seitenbreite und Hintergrundfarben

Die maximale Breite von 600px gibt den momentan noch einspaltigen Inhalten genügend Platz, und wenn Sie später mehrspaltige Layouts erstellen, können Sie die Breite auf 960px oder mehr erhöhen. Im folgenden Kasten weisen Sie der Übungswebsite diese Regeln zu.

Übungswebsite: Begrenzung der Seitenbreite mit »max: width«

1. Öffnen Sie das Stylesheet *style.css* im Editor.
2. Fügen Sie nach dem einleitenden Kommentar die Regel für `html` aus Listing 16.1 ein.
3. Ergänzen Sie die bereits vorhandene Regel für `body` um die in Listing 16.1 gezeigten Deklarationen für `background-color`, `min-width` und `max-width`.
4. Speichern Sie das Stylesheet, und betrachten Sie die Webseiten im Browser.

Mit einer Begrenzung durch `min-width` und `max-width` bleibt die Seite flexibel. Einen schmalen Viewport füllt die Seite problemlos aus. Wird der Viewport breiter, nimmt die Seite bis zu einer Breite von `600px` mehr Platz ein. Abbildung 16.2 zeigt, dass danach rechts davon der hellgraue Hintergrund von `html` sichtbar wird. Auch oberhalb des Kopfbereichs ist ein hellgrauer Abstand sichtbar, der im nächsten Abschnitt aber wieder verschwindet.

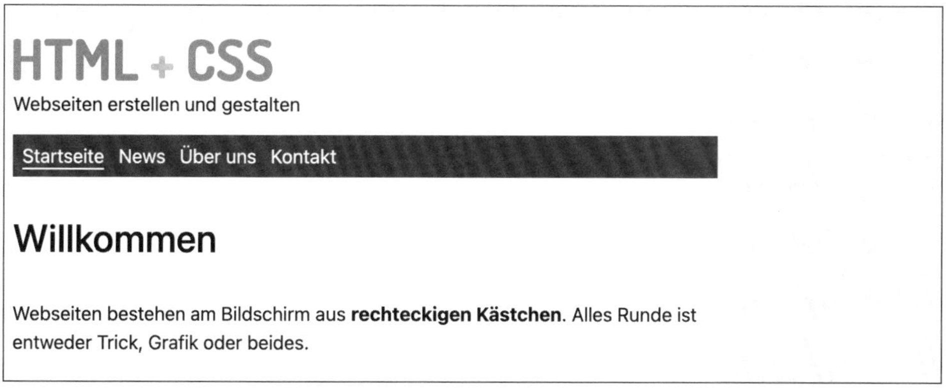

Abbildung 16.2 »body« hat eine maximale Breite von 600px.

In Abschnitt 16.5, »Blockboxen horizontal zentrieren mit »margin: auto««, wird der weiße Bereich im Viewport zentriert, jetzt geht es zunächst einmal um den mit padding definierten Innenabstand.

16.3 Der Abstand zum Rand: »padding«

Der Inhalt von body klebt momentan sehr dicht am Rand. Die Eigenschaft, um zwischen Inhalt und Rand etwas Abstand zu bekommen, heißt padding, und in diesem Abschnitt weisen Sie jedem der vier Layoutbereiche einen maßgeschneiderten Innenabstand zu.

16.3.1 Das »padding« für den Kopfbereich der Seite

Der Kopfbereich soll oben, rechts und links ein padding von 1rem bekommen. Nach unten hingegen soll sich nichts verändern und das padding auf 0 bleiben. In CSS sieht das zum Beispiel so aus:

```
.site-header {
  padding-top: 1rem;
  padding-right: 1rem;
  padding-bottom: 0;
  padding-left: 1rem;
}
```

Listing 16.2 Das »padding« für den Kopfbereich mit vier Deklarationen

Diese vier Deklarationen können Sie auch in einer zusammenfassen:

```
.site-header { padding: 1rem 1rem 0 1rem; }
```

Listing 16.3 Das »padding« für den Kopfbereich mit einer Deklaration

Der erste Wert steht für oben, und dann geht es im Uhrzeigersinn weiter: *top – right – bottom – left*. Im Folgenden setzen Sie dieses Listing für die Übungswebsite um.

Übungswebsite: Das »padding« für den Kopfbereich der Seite

1. Öffnen Sie gegebenenfalls das Stylesheet *style.css* im Editor.
2. Erstellen Sie am Ende des Stylesheets einen Kommentar:
   `/* Innenabstände für die Layoutbereiche */`
3. Fügen Sie darunter die in Listing 16.3 gezeigte Regel mit dem Innenabstand für den Kopfbereich ein.
4. Speichern Sie das Stylesheet, und betrachten Sie die Webseiten im Browser.

Abbildung 16.3 zeigt die Startseite nach diesen Schritten. Links und rechts ist ein Innenabstand von `1rem`, aber oben stimmt etwas nicht:

- Der Innenabstand oben im Kopfbereich scheint viel größer als `1rem`.
- Der im vorigen Abschnitt plötzlich aufgetauchte hellgraue Außenabstand oberhalb des Kopfbereichs ist wieder verschwunden.

Die Auflösung dieses Phänomens folgt in Abschnitt 16.7 über *Collapsing Margins*. Der kleine hellgraue Abstand links und oben ist übrigens der im Browser-Stylesheet vorgegebene `margin` für `body`.

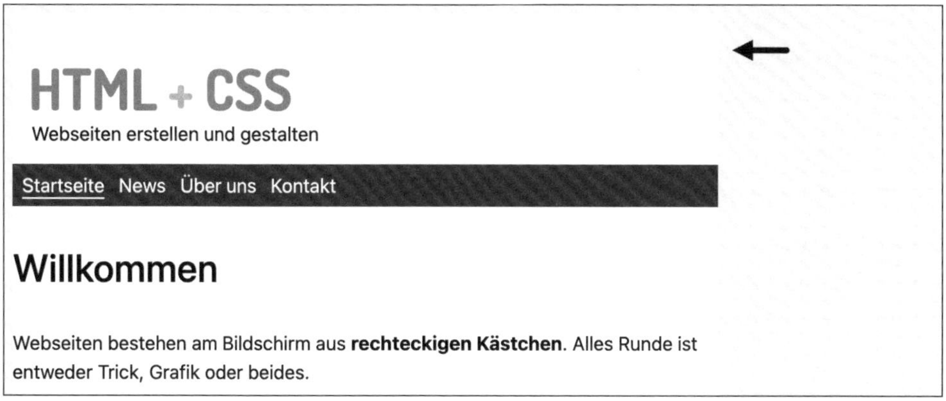

Abbildung 16.3 Der Kopfbereich mit »padding«

16.3.2 Das »padding« für die Navigation und den Fußbereich

Navigations- und Fußbereich haben auf der Übungswebsite bereits ein `padding` von `0.5rem`. Oben und unten soll das so bleiben, links und rechts soll es aber wie im Kopfbereich auf `1rem` erhöht werden:

```
.site-nav, .site-footer {
  padding-top: 0.5rem;
  padding-right: 1rem;
  padding-bottom: 0.5rem;
  padding-left: 1rem;
}
```

Listing 16.4 Das »padding« für die Navigation mit vier Deklarationen

Diese vier Deklarationen können Sie wieder in einer zusammenfassen. Dabei bekommen der Navigations- und der Fußbereich jeweils eine eigene Regel, damit man die Gestaltung später bei Bedarf leichter anpassen kann:

```
.site-nav { padding: 0.5rem 1rem; }
.site-footer { padding: 0.5rem 1rem; }
```

Listing 16.5 Das »padding« für die Navigation mit einer Deklaration

Der erste Wert gilt jeweils für oben *und* unten, der zweite für links *und* rechts. Im folgenden Kasten weisen Sie diese Regeln der Übungswebsite zu.

Übungswebsite: »padding« für Navigations- und Fußbereich

1. Öffnen Sie gegebenenfalls das Stylesheet *style.css* im Editor.
2. Fügen Sie am Ende der Datei die in Listing 16.5 gezeigte Regel mit dem Innenabstand für den Navigations- und Fußbereich ein.
3. Speichern Sie das Stylesheet, und betrachten Sie die Webseiten im Browser.

16.3.3 Das »padding« für den Inhaltsbereich

Oben und unten soll der Inhaltsbereich kein `padding` haben, da der Abstand zur Navigation und zum Fußbereich bereits durch einen `margin` geregelt wird, aber links und rechts bekommt er genau wie die anderen Layoutbereiche ein `padding` von `1rem`.

```
.site-content {
  padding-top: 0;
  padding-right: 1rem;
  padding-bottom: 0;
  padding-left: 1rem;
}
```

Listing 16.6 Das »padding« für den Inhaltsbereich – vier Deklarationen

Die vier Deklarationen können Sie auch wieder in einer Zeile schreiben:

```
.site-content { padding: 0 1rem; }
```

Listing 16.7 Das »padding« für den Inhaltsbereich in Kurzform

Im folgenden Kasten fügen Sie diese Regel zum Stylesheet hinzu.

Übungswebsite: »padding« für Navigations- und Fußbereich

1. Öffnen Sie gegebenenfalls das Stylesheet *style.css* im Editor.
2. Fügen Sie am Ende der Datei die in Listing 16.7 gezeigte Regel mit dem Innenabstand für den Inhaltsbereich ein.
3. Speichern Sie das Stylesheet, und betrachten Sie die Webseiten im Browser.

Listing 16.8 zeigt die CSS-Regeln für den Innenabstand der Layoutbereiche auf einen Blick:

```
/* Innenabstände für die Layoutbereiche */
.site-header { padding: 1rem 1rem 0 1rem; }
.site-nav { padding: 0.5rem 1rem; }
.site-content { padding: 0 1rem; }
.site-footer { padding: 0.5rem 1rem; }
```

Listing 16.8 Die Innenabstände für die Layoutbereiche auf einen Blick

Horizontal haben jetzt alle vier Inhaltsbereiche links und rechts ein `padding` von `1rem`. Vertikal bekommt der Kopfbereich oben `1rem` und unten nichts. Navigations- und Fußbereich haben oben und unten jeweils `0.5rem`, da sie einen farbigen Hintergrund haben und etwas Luft zwischen Inhalt und dem Rand haben sollen.

16.4 Rahmenlinien gestalten mit »border« und »border-radius«

Nach Inhalt und Padding kommen im Box-Modell die Rahmenlinien, die Sie in diesem Abschnitt näher kennenlernen. Die Übungsdateien finden Sie im Ordner zu diesem Kapitel im Unterordner *uebungen*.

16.4.1 Die Eigenschaften zum Gestalten von Rahmenlinien

Beim Gestalten von Rahmenlinien vergibt man in der Regel drei Werte für die Breite, Art und Farbe der Linie. Das folgende Listing erzeugt auf allen vier Seiten eine 3px dicke, durchgezogene, blaue Rahmenlinie.

```
div { border: 3px solid #07b; }
```

Listing 16.9 Eine Rahmenlinie rundherum

Die Eigenschaft `border` ist genau genommen eine Kurzschreibweise für die drei Eigenschaften `border-width`, `border-style` und `border-color`, und ausgeschrieben sähe das CSS aus Listing 16.9 so aus:

```
div {
  border-width: 3px;
  border-style: solid;
  border-color: #07b;
}
```

Listing 16.10 Die Eigenschaften für Breite, Stil und Farbe einer Rahmenlinie

Da man jede Seite einer Box unterschiedlich gestalten kann, gibt es für die Rahmenlinien einer einzigen Box bis zu zwölf verschiedene Deklarationen, mit so wunderschönen Namen wie `border-top-width`, `border-right-color` oder `border-bottom-style`. Abbildung 16.4 zeigt alle diese Eigenschaften auf einen Blick im Entwicklertool.

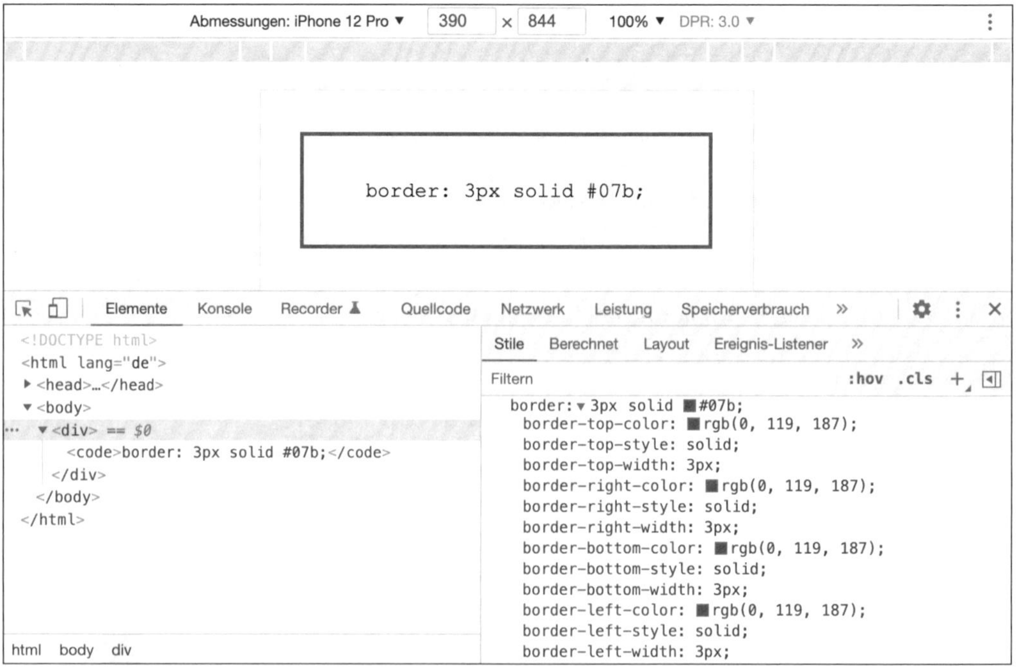

Abbildung 16.4 »border« ist eine Kurzschreibweise

Für die Linienbreite können Sie als Einheit die üblichen Verdächtigen wie px, em, rem oder % benutzen, und Farbwerte werden in allen gängigen Schreibweisen akzeptiert. Zur Gestaltung der Linien mit `border-style` gibt es diverse mögliche Schlüsselwörter, die Tabelle 16.1 im Überblick zeigt.

Wert für border-style	Beschreibung
solid	durchgezogene Linie
dashed	gestrichelte Linie
dotted	gepunktete Linie
double	doppelte Linie

Tabelle 16.1 Mögliche Werte für »border-style«

Wert für border-style	Beschreibung
groove	Bilderrahmen, Gegenstück von ridge
ridge	Bilderrahmen, Gegenstück von groove
inset	Bilderrahmen, Gegenstück von outset
outset	Bilderrahmen, Gegenstück von inset
none	keine Rahmenlinie

Tabelle 16.1 Mögliche Werte für »border-style« (Forts.)

Abbildung 16.5 zeigt jeweils ein Beispiel für diese Werte (mit Ausnahme von none). Beachten Sie, dass bei dashed und dotted in den Zwischenräumen die Hintergrundfarbe der Box sichtbar wird. Die für ein Element definierte Hintergrundfarbe reicht im Box-Modell also bis unter die Rahmenlinie.

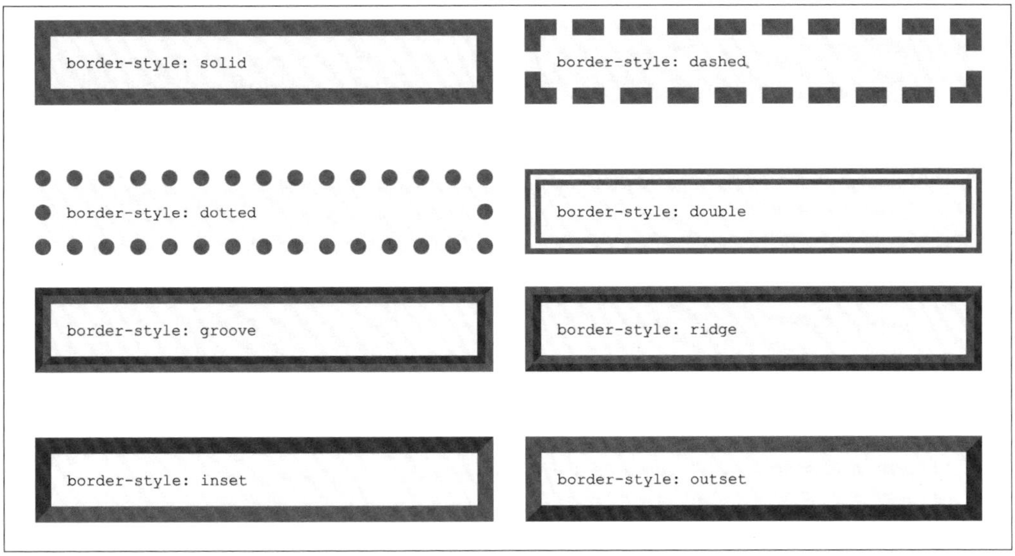

Abbildung 16.5 Mögliche Werte für »border-style«

Weitere Informationen zu »border«

Details zum Einsatz von border finden Sie bei den MDN Web Docs:

- *developer.mozilla.org/en-US/docs/Web/CSS/border*

16.4.2 Abgerundete Ecken mit »border-radius«

Das Erstellen von abgerundeten Ecken ist mit der Eigenschaft `border-radius` denkbar einfach. Zum Abrunden der Ecken ist es egal, ob Boxen eine mit `border` definierte Rahmenlinie haben oder nicht.

Die Syntax für `border-radius` ist ähnlich wie bei anderen Box-Modell-Eigenschaften:

- Wenn nur ein Wert angegeben wird, gilt dieser für alle vier Ecken.
- Als Einheiten können Sie `px`, `em`, `rem` oder `%` verwenden.

Das folgende Listing definiert eine Box mit vier gleich abgerundeten Ecken:

```
border-radius: 1rem;
```

Listing 16.11 Abgerundete Ecken mit einem Radius von 1rem

Abbildung 16.6 zeigt Boxen mit einem `border-radius` von `1rem`, links mit einer Rahmenlinie und rechts ohne.

Abbildung 16.6 Boxen mit vier gleich abgerundeten Ecken

Möchten Sie die einzelnen Ecken verschieden stark abrunden, hat die Eigenschaft mehrere Werte. Dabei ist der erste für die linke obere Ecke zuständig, und danach geht es wie immer im Uhrzeigersinn weiter:

```
/* links oben, rechts oben, rechts unten und links unten */
border-radius: 4px 96px 24px 48px;
```

Listing 16.12 Verschieden stark abgerundete Ecken

Abbildung 16.7 zeigt dieses Listing einmal mit und einmal ohne Rahmenlinie.

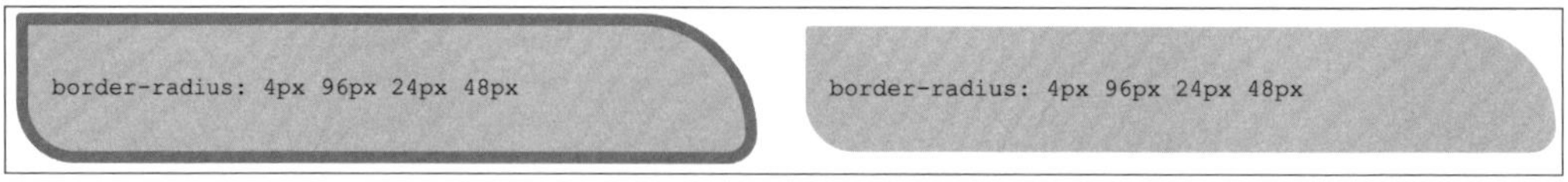

Abbildung 16.7 Boxen mit unterschiedlich stark abgerundeten Ecken

Auch `border-radius` ist eine Kurzschreibweise, und ausgeschrieben sieht das CSS aus Listing 16.12 so aus:

```
border-top-left-radius: 4px;
border-top-right-radius: 96px;
border-bottom-right-radius: 24px;
border-bottom-left-radius: 48px;
```

Listing 16.13 »border-radius« in der ausführlichen Schreibweise

Weitere Informationen zu »border-radius«

Details und Beispiele zum Einsatz von `border-radius` finden Sie unter anderem bei den MDN Web Docs:

- *developer.mozilla.org/en-US/docs/Web/CSS/border-radius*

16.5 Blockboxen horizontal zentrieren mit »margin: auto«

Text und Inline-Elemente kann man mit der Deklaration `text-align: center` zentrieren, aber bei Blockboxen ist diese Deklaration wirkungslos. Die klassische Art zur horizontalen Zentrierung von Blockboxen ist `margin: auto`, und das funktioniert so:

- Wenn `margin` auf *automatisch* steht, macht der Browser den Außenabstand links und rechts gleich groß.
- Falls Weißraum vorhanden ist, wird dieser auf beiden Seiten gleichmäßig verteilt und die Box dadurch horizontal zentriert.

Platz zum Verteilen gibt es natürlich nur, wenn das umgebende Element (in diesem Fall `html`) breiter ist als die zentrierte Box (in diesem Fall `body`).

Für die Übungswebsite sieht die Gestaltung von `body` mit Zentrierung so aus:

```
body {
  margin: auto;
}
```

Listing 16.14 Eine Blockbox zentrieren mit »margin: auto«

Im folgenden Kasten setzen Sie diese für die Übungswebsite um.

Übungswebsite: »body« zentrieren mit »margin: auto«

1. Öffnen Sie gegebenenfalls das Stylesheet *style.css* im Editor.
2. Ergänzen Sie die bereits vorhandene Regel für `body` um die Deklaration aus Listing 16.14.
3. Speichern Sie die Datei, und betrachten Sie die Seiten im Browser.

Abbildung 16.8 zeigt die Startseite. `body` wird im Browser horizontal zentriert. Der kleine hellgraue obere Außenabstand aus Abbildung 16.3 ist verschwunden, da die Vorgabe aus dem Browser-Stylesheet nicht mehr gilt.

Abbildung 16.8 Blockboxen zentrieren mit »margin: auto«

Flexbox: Boxen horizontal und vertikal zentrieren mit »margin: auto«

Die Deklaration `margin: auto` zentriert eine Blockbox wirklich nur horizontal. Die *vertikale* Zentrierung von Blockboxen galt lange Zeit als hohe Kunst der Gestaltung mit CSS, wird aber mit modernen Layouttechniken wie *Flexbox* deutlich einfacher. Mehr dazu erfahren Sie in Abschnitt 22.6, »Automatische Abstände für Flex-Items mit ›margin‹«).

16.6 Abstände zwischen den Elementen mit »margin«

In diesem Abschnitt geht es um den vertikalen Abstand zwischen den Layoutbereichen. Bisher hat nur der Navigationsbereich oben und unten einen `margin` von `1rem`, die anderen Abstände zwischen Kopf- und Navigationsbereich und zwischen Inhalts- und Fußbereich ergeben sich durch Zufall.

Zwischen den Layoutbereichen sollen folgende Abstände gelten:

- Zwischen Kopf- und Navigationsbereich soll `1rem` Platz sein.
- Unter dem Navigationsbereich soll ein bisschen mehr Platz sein, bevor der Inhaltsbereich beginnt. `2rem` sind dafür ausreichend.
- Zwischen Inhalts- und Fußbereich soll ebenfalls ein Abstand von `2rem` sein.

Im CSS könnte das so aussehen:

```
/* Vertikale Außenabstände für die Layoutbereiche */
.site-header { margin-bottom: 1rem; }
.site-nav { margin-bottom: 2rem; }
.site-content { margin-bottom: 2rem; }
```

Listing 16.15 Vertikale Abstände für die Layoutbereiche

Im folgenden Kasten setzen Sie dieses Listing um und entfernen vorher noch die bereits vorhandenen vertikalen Außenabstände für den Navigationsbereich.

Übungswebsite: »margin-bottom« für die Layoutbereiche

1. Öffnen Sie gegebenenfalls das Stylesheet *style.css* im Editor.
2. Entfernen Sie die Deklaration für `margin` aus der bereits bestehenden Regel für `.site-nav`.
3. Fügen Sie am Ende der Datei die in Listing 16.15 gezeigten Regeln ein.
4. Speichern Sie das Stylesheet, und betrachten Sie die Webseiten im Browser.

Der Abstand zwischen Kopf- und Navigationsbereich hat sich nach diesen Schritten nicht verändert, aber der Abstand zwischen Navigations- und Inhaltsbereich sowie zwischen Inhalts- und Fußbereich ist etwas größer geworden.

16.7 »Collapsing Margins«: Vertikale Außenabstände kollabieren

Außenabstände mit `margin` regeln den Abstand zwischen den Boxen und sind relativ leicht zu verstehen, mit Ausnahme der *Collapsing Margins*, die beim Gestalten per CSS oft für Kopfschmerzen sorgen. In diesem Abschnitt zeige ich Ihnen, was es damit auf sich hat und wie man es vermeiden kann.

16.7.1 Praktisch: Vertikale Außenabstände aufeinanderfolgender Elemente kollabieren

Das Browser-Stylesheet sorgt für eine grundlegende Gestaltung von HTML-Elementen, und Absätze bekommen dort oben *und* unten einen `margin` von `1em` zugewiesen. Abbildung 16.9 zeigt das an einem Beispieltext, den Sie in den Übungsdateien im Ordner *uebungen* zu diesem Kapitel in der Datei *lorem-ipsum.html* finden.

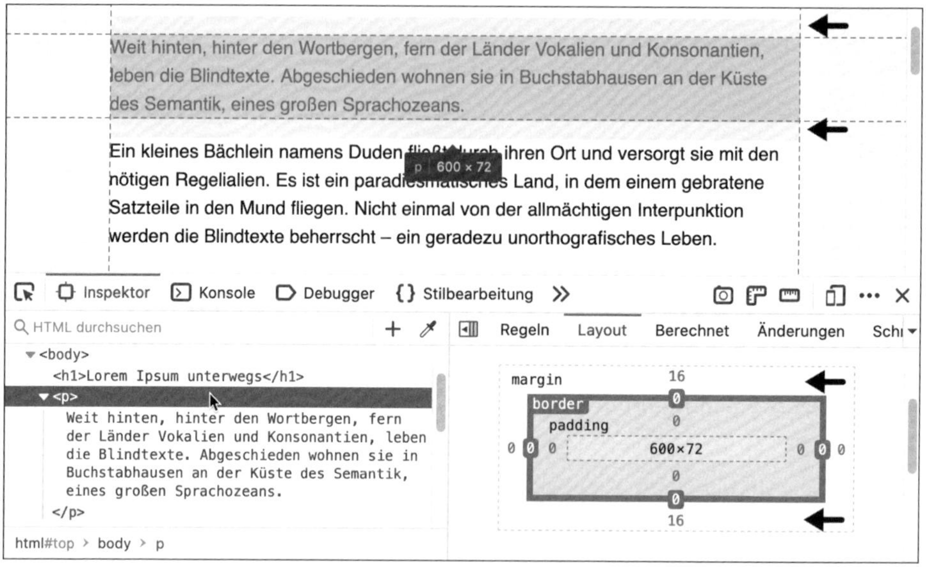

Abbildung 16.9 Absätze haben oben und unten einen »margin« von 1em.

Rein rechnerisch müsste zwischen aufeinanderfolgenden Absätzen also ein Abstand von `2em` sein, aber tatsächlich beträgt er nur `1em`. Abbildung 16.10 zeigt, dass der `margin-top` des zweiten Absatzes den gleichen Platz einnimmt wie der `margin-bottom` des ersten Absatzes.

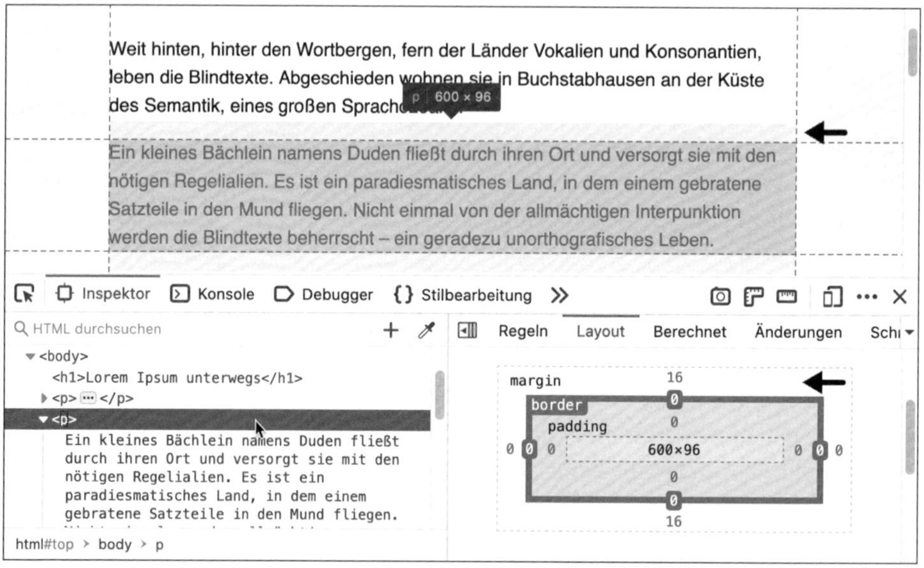

Abbildung 16.10 Zwischen den Absätzen ist nur 1em Abstand.

Des Rätsels Lösung ist eine Besonderheit von `margin`:

- Wenn vertikale Außenabstände zweier Boxen einander berühren, kollabieren bzw. verschmelzen die beiden Margins.
- Haben sie gleiche Werte, wird nur einer von beiden übernommen.
- Haben sie unterschiedliche Werte, bleibt der größere erhalten.

Auf Englisch heißt dieses Phänomen *Collapsing Margins* (oder auch *margin collapsing*). Übersetzt heißt das so viel wie *zusammenfallende* oder *kollabierende Außenabstände*.

16.7.2 Problematisch: Außenabstände kollabieren nicht nur bei aufeinanderfolgenden Elementen

Im Fließtext, wenn mehrere Absätze direkt aufeinanderfolgen, sind *Collapsing Margins* wie gesehen relativ leicht verständlich und sogar ganz praktisch.

Für meist eher unliebsame Überraschungen sorgt aber der Umstand, dass Außenabstände nicht nur bei aufeinanderfolgenden Elementen verschmelzen, sondern auch sozusagen generationenübergreifend zwischen Eltern, Kindern, Enkeln und sonstigen Nachfahren:

- Wenn der `margin-top` einer Blockbox nicht durch `border`, `padding` oder Inhalt vom `margin-top` einer darin enthaltenen Blockbox getrennt wird, verschmelzen beide.
- Der neu erzeugte, kombinierte Außenabstand erscheint *außerhalb* des *umgebenden* Elements.

Dasselbe gilt natürlich auch für `margin-bottom`.

16.7.3 Beispiel: Ein Kopfbereich mit Überschrift und »Collapsing Margins«

Sie haben dieses Phänomen bereits in Aktion gesehen. Als Sie in Abschnitt 16.3.1 dem Kopfbereich ein `padding-top` gegeben haben, verschwand der hellgraue Abstand oberhalb des Kopfbereichs. Abbildung 16.11 zeigt den Kopfbereich zunächst *ohne* `padding-top` für den Header. *Oberhalb* des Kopfbereichs erscheint ein hellgrauer Abstand.

Abbildung 16.11 Ohne »padding-top« für den Kopfbereich

In den Entwicklerwerkzeugen sieht man, dass der hellgraue Abstand vom `margin-top` der `h1`-Überschrift *im* Kopfbereich verursacht wird (Abbildung 16.12).

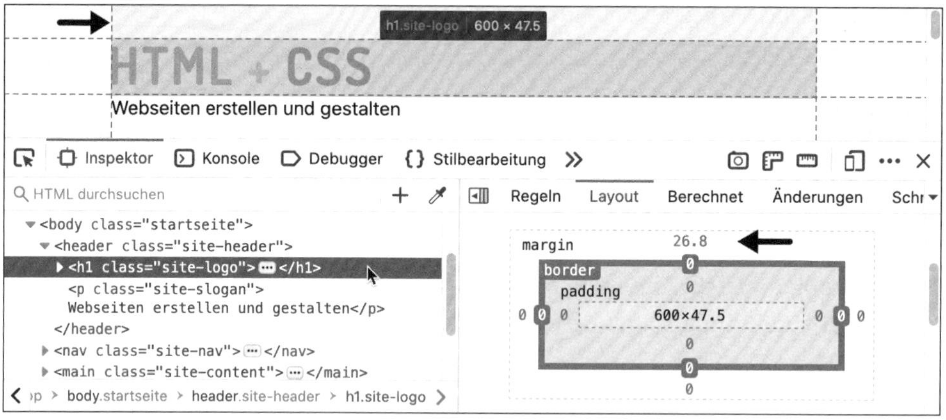

Abbildung 16.12 »margin-top« von »h1« erscheint oberhalb des Headers.

Vom HTML her würde man erwarten, dass der `margin-top` der `h1`-Überschrift *innerhalb* des Kopfbereichs erscheint und somit weiß ist. Warum erscheint dieser Außenabstand *oberhalb* des Kopfbereichs und mit dem *Hellgrau* vom Stammelement `html`?

Die Antwort auf diese Fragen sind *Collapsing Margins*. Das passiert wie gesagt nicht nur bei aufeinanderfolgenden Elementen, sondern auch bei Kindern, Enkeln und sonstigen Nachfahren:

- Der `margin-top` von `body` wird nicht durch `border`, `padding` oder Inhalt vom `margin-top` für `h1` getrennt.
- Wie beschrieben, verschmelzen die beiden deshalb, obwohl dazwischen noch der Kopfbereich `header` liegt.

Das neu entstandene `margin-top` erscheint *außerhalb* des umgebenden Elements `body` und übernimmt daher die hellgraue Hintergrundfarbe vom Stammelement `html`.

Bis der Kopfbereich ein `padding-top` bekommt.

16.7.4 »padding-top« für den Kopfbereich verhindert das Kollabieren der Außenabstände

Abbildung 16.13 zeigt den Kopfbereich *mit* `padding-top`. Der hellgraue Abstand oberhalb des Kopfbereichs ist verschwunden, und der weiße `body` reicht bis an den oberen Rand des Browserfensters.

Abbildung 16.13 Mit »padding-top« für den Kopfbereich

Die oberen Außenabstände von `h1` und `body` kollabieren nicht mehr, da sie durch das `padding-top` für den Kopfbereich getrennt werden. Der `margin-top` der `h1`-Überschrift bleibt dann *innerhalb* des Kopfbereichs und sorgt zusammen mit dem gerade hinzugefügten `padding-top` des Kopfbereichs für einen ziemlich großen Abstand (Abbildung 16.14).

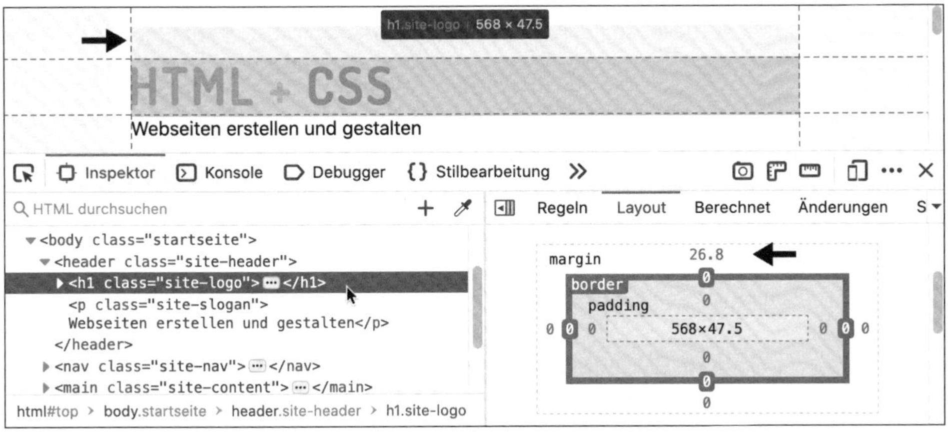

Abbildung 16.14 Der »margin-top« der Überschrift kollabiert nicht mehr.

»Mastering margin collapsing«

Collapsing Margins bereiten auch erfahrenen CSSlern immer wieder Probleme. Falls Sie es einmal wirklich genau wissen wollen, wird das Phänomen beim MDN ausführlich erläutert:

- *devdocs.io/css/css_box_model/mastering_margin_collapsing*

devdocs.io präsentiert als Suchmaschine Ergebnisse aus den MDN Web Docs.

16.7.5 Nützlich: Eine CSS-Regel zur Vermeidung von »Collapsing Margins«

Collapsing Margins können im CSS-Alltag eine ziemlich nervige Sache sein, werden aber oft gar nicht als Ursache für ein Problem im Layout erkannt. So erstellt man unabsichtlich ein Mikado-Layout, bei dem ein veränderter Wert alles ins Rutschen bringt, und das macht wenig Spaß.

Eine Ursache für das Problem ist, dass Überschriften, Absätze, Listen und Zitate im Browser-Stylesheet `margin-top` *und* `margin-bottom` bekommen. Ein einfaches Mittel dagegen ist es, den `margin-top` für diese Elemente zu entfernen:

```
/* Collapsing Margins vermeiden */
h1, h2, h3, h4, h5, h6,
p, ul, ol, blockquote {
  margin-top: 0;
}
```

Listing 16.16 CSS-Regel zur Vermeidung von »Collapsing Margins«

Ohne den `margin-top` für diese Elemente sinkt die Chance auf sich zufällig berührende Außenabstände enorm.

Im folgenden Listing geben Sie dem `body` etwas Außenabstand, damit über dem Kopfbereich und unter dem Fußbereich etwas Abstand zum Rand des Browserfensters ist. Dazu ändern Sie in der bestehenden Regel für `body` die Deklaration für `margin` wie folgt:

```
body { margin: 0.25rem auto; }
```

Listing 16.17 Oben und unten einen »margin« von »0.25rem« für »body«

Wenn `margin` zwei Werte hat, gilt der erste genau wie bei `padding` für oben und unten und der zweite für rechts und links.

Im Folgenden fügen Sie diese Regeln zum Stylesheet hinzu und geben `body` damit noch einen kleinen Außenabstand nach oben.

Übungswebsite: CSS-Regel zur Vermeidung von »Collapsing Margins«

1. Öffnen Sie gegebenenfalls das Stylesheet *style.css* im Editor.
2. Fügen Sie nach der bereits vorhandenen Gestaltung der Überschriften die CSS-Regel zur Vermeidung von *Collapsing Margins* aus Listing 16.16 ein.
3. Ergänzen Sie in der bestehenden Regel für `body` die `margin`-Deklaration wie in Listing 16.17 beschrieben um den Wert `0.25rem`.
4. Speichern Sie das Stylesheet, und betrachten Sie die Webseiten im Browser.

Nach diesen Schritten sieht der Kopfbereich so aus wie in Abbildung 16.15.

Abbildung 16.15 Der Kopfbereich mit einem Abstand zum Browserfenster

In Flexbox und CSS-Grid kollabieren Margins nicht

Moderne Layouttechniken wie Flexbox und CSS-Grid kennen übrigens keine *Collapsing Margins*. Flexbox lernen Sie in Kapitel 22 kennen, CSS-Grid in Kapitel 24.

16.8 Das intuitivere Box-Modell: »box-sizing: border-box«

Bisher haben Sie das klassische Box-Modell für Blockboxen genutzt, bei dem `width` die Breite des Inhaltbereichs definiert, der auch als `content-box` bezeichnet wird.

Beim Layouten ist das klassische Box-Modell manchmal ein bisschen umständlich, und deshalb hat sich in den letzten Jahren eine Alternative durchgesetzt, bei der `width` die Breite der `border-box` misst. Das ist intuitiver, weil es dann so ist wie bei einer physischen Box im analogen Alltag: Die Breite definiert den Platzbedarf einer Box, inklusive Rand.

In diesem Abschnitt zeige ich Ihnen, was es damit auf sich hat und wie Sie es für die Übungswebsite aktivieren.

16.8.1 Das Border-Box-Modell in der Übersicht

Grafisch dargestellt sieht das Border-Box-Modell so aus wie in Abbildung 16.16. Dabei sind die Pfeile für `width` und `height` etwas länger als bei dem klassischen in Abbildung 16.1 gezeigten Box-Modell.

Der Aufbau einer Border-Box ist mit Inhalt, `padding`, `border` und `margin` unverändert. Der Unterschied ist lediglich, dass `padding` und `border` im Wert für `width`, `min-width` und `max-width` bzw. `height`, `min-height` und `max-height` bereits enthalten sind.

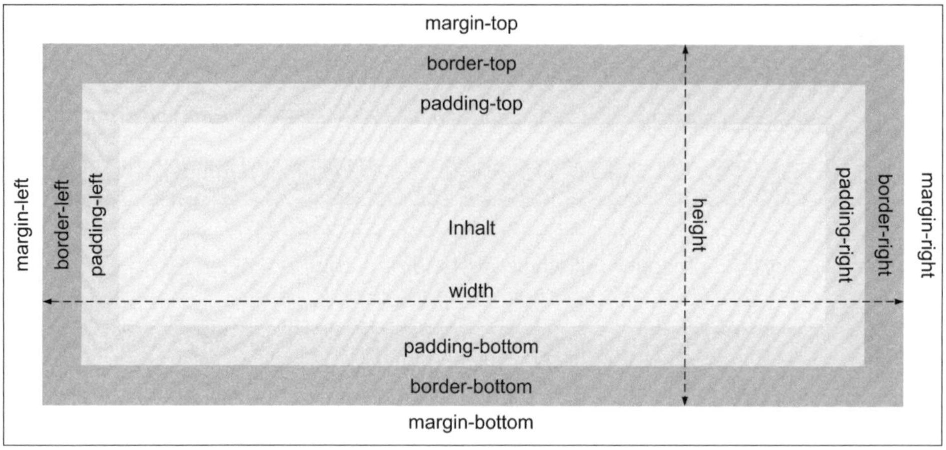

Abbildung 16.16 Boxen mit »box-sizing: border-box«

Aktiviert wird das neue Box-Modell mit der Eigenschaft `box-sizing`. Diese hat standardmäßig den Wert `content-box`. Um den Browsern zu sagen, dass sie auf Border-Box umstellen sollen, reicht folgende Deklaration:

```
box-sizing: border-box
```

Listing 16.18 Die Deklaration zur Aktivierung der Border-Box

16.8.2 Das Border-Box-Modell aktivieren mit »box-sizing: border-box«

Das Border-Box-Modell hat sich wie gesagt in den letzten Jahren auf breiter Front durchgesetzt, und deshalb soll es auf der Übungswebsite aktiviert werden, und zwar gleich für alle HTML-Elemente. Dabei hilft der Universalselektor *.

Im folgenden Listing ändern Sie das Box-Modell auch für per CSS erzeugte Inhalte in den Pseudoelementen `::before` und `::after`:

```
/* border-box aktivieren */
*, *::before, *::after { box-sizing: border-box; }
```

Listing 16.19 Bitte alle Elemente mit »border-box« berechnen

Im folgenden Kasten fügen Sie diese Regel dem Stylesheet hinzu.

Übungswebsite: »box-sizing: border-box« aktivieren

1. Öffnen Sie gegebenenfalls das Stylesheet *style.css* im Editor.

2. Fügen Sie am Anfang des Stylesheets nach dem einleitenden Kommentar die Regel zur Aktivierung des Border-Box-Modells aus Listing 16.19 ein.
3. Speichern Sie das Stylesheet.

Da Sie auf der Übungswebsite momentan für kein Element sowohl Breite als auch Innenabstand oder Rahmenlinien definiert haben, ändern sich die Abmessungen nicht, aber mit dieser Regel steht das Stylesheet auf einem stabilen Fundament.

Das Box-Modell für Blockboxen interaktiv erforschen

Beim Gestalten mit dem Box-Modell macht Übung den Meister, aber auf der folgenden Webseite gibt es zum Ausprobieren der Eigenschaften und ihres Verhaltens ein interaktives Box-Modell:

- *codepen.io/carolineartz/full/ogVXZj*

Hier können Sie die Einstellungen für `width`, `height`, `padding`, `border` und `margin` mit einem Schieberegler per Maus verändern, und das Tool zeigt die Auswirkungen auf die Box in der Mitte, wahlweise für Content-Box oder Border-Box.

16.9 Das Box-Modell für Inline-Boxen

Inline-Boxen haben bezüglich des Box-Modells kleine Besonderheiten, die in diesem Abschnitt erläutert werden. Semantische Inline-Elemente wie `strong`, `em` oder `a` erzeugen von Haus aus Inline-Boxen, Blockelemente wie `li` können durch `display: inline` dazu überredet werden. Abbildung 16.17 zeigt das Box-Modell für Inline-Boxen auf einen Blick.

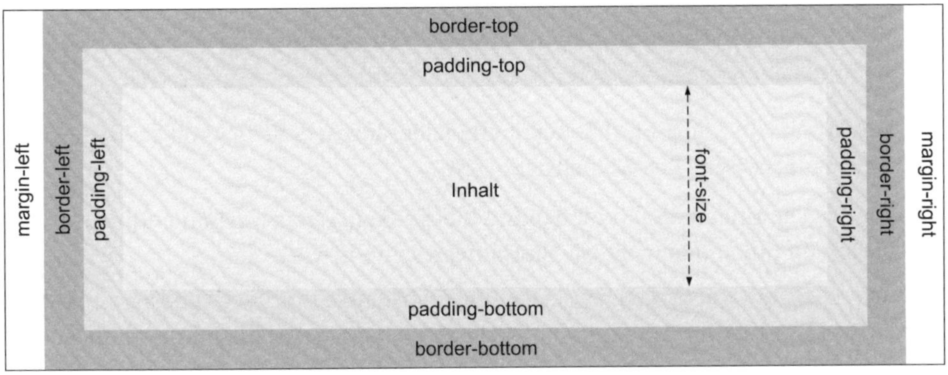

Abbildung 16.17 Das Box-Modell für Inline-Boxen

Inline-Boxen haben gegenüber Blockboxen einige Besonderheiten. Zunächst einmal können sie keine feste Höhe oder Breite bekommen:

- Inline-Boxen werden so breit und so hoch wie der Inhalt.
- Eigenschaften zur Definition von Breite oder Höhe wie `max-width`, `min-height` & Co sind bei Inline-Boxen wirkungslos.
- Die Höhe einer Inline-Box wird durch Eigenschaften wie `font-size` und `line-height` beeinflusst.

Auch bei Innen- und Außenabständen gibt es Unterschiede zu Blockboxen. Links und rechts verhalten sich `padding`, `border` und `margin` wie gewohnt, aber oben und unten muss man aufpassen:

- `margin-top` und `margin-bottom` gibt es nicht. Vertikale Außenabstände haben bei Inline-Boxen keinerlei Effekt.
- `padding-top`, `padding-bottom`, `border-top` und `border-bottom` funktionieren, aber die Zeilenhöhe wird dadurch nicht verändert, sodass sich die Zeilen unter ungünstigen Umständen überlappen können und der Text unleserlich wird.

Beim Einsatz von vertikalen Innenabständen und Rahmenlinien in Inline-Boxen müssen Sie also ein bisschen aufpassen.

16.10 Inline-Block: Blockboxen, aber nebeneinander

Neben Blockboxen und Inline-Boxen gibt es auch noch den Wert `display: inline-block`:

- Inline-Blockboxen können mit allen Box-Modell-Eigenschaften für Blockboxen gestaltet werden.
- Inline-Blockboxen haben aber keinen integrierten Zeilenumbruch und stehen daher wie Inline-Boxen nebeneinander.

Zur Gestaltung von Inline-Blockboxen können Sie, abgesehen von zwei kleinen Unterschieden, das klassische Box-Modell benutzen:

- Ohne Angabe einer Breite werden Inline-Blockboxen, genau wie Inline-Boxen, nur so breit wie ihr Inhalt und nicht wie Blockboxen so breit, wie es geht.
- Es gibt keine kollabierenden vertikalen Außenabstände. `margin-top` und `margin-bottom` von zwei sich berührenden Inline-Blockboxen verschmelzen nicht. Das findet kaum jemand schlimm.

Ansonsten funktionieren die Box-Modell-Eigenschaften `max-width`, `padding`, `border` und `margin` genau wie bei Blockboxen.

»inline-block« ist beim Gestalten vielseitiger als »inline«

Auf der Übungswebsite könnten Sie die Listenelemente in der Navigation statt mit `display:inline` auch mit `display: inline-block` nebeneinanderstellen. Dadurch könnten Sie für die Listenelemente dann zum Beispiel Eigenschaften wie `min-width`, `margin-top` bzw. `margin-bottom` verwenden.

16.11 Auf einen Blick

Hier sind noch einmal die wichtigsten Punkte im Überblick:

- Das Box-Modell ist das Schema, nach dem alle Blockboxen aufgebaut sind:
  - im Kern der Inhalt mit Eigenschaften wie `width`, `min-width` oder `max-width`
  - der Innenabstand mit `padding`
  - die Rahmenlinie mit `border`
  - der Außenabstand mit `margin`
- Das klassische Box-Modell heißt *Content-Box*, weil `width` und `height` die Abmessungen für den Inhaltsbereich definieren. `padding` und `border` werden addiert.
- Der mit `padding` definierte Innenabstand sitzt innerhalb der Box zwischen Inhalt und Rahmenlinie.
- Die Rahmenlinien einer Box kann man mit `border` gestalten.
- Mit `border-radius` kann man die Ecken einer Box abrunden.
- Horizontal zentriert wird eine Blockbox mit `margin: auto`.
- Abstände zwischen Boxen werden mit `margin` definiert.
- *Collapsing Margins* bezeichnet das etwas seltsame Verhalten von vertikalen Außenabständen (`margin-top` und `margin-bottom`). Diese kollabieren unter bestimmten Umständen und rufen dabei seltsame Effekte hervor.
- Das Border-Box-Modell ist eine beliebte Alternative zur Content-Box, weil Innenabstand und Rahmenlinien in `width` bzw. `height` enthalten sind. Das ist dann wie bei physischen Boxen.
- Das Box-Modell für Inline-Boxen ist etwas anders:
  - Die Breite einer Inline-Box wird durch ihren Inhalt bestimmt, die Höhe durch die Schriftgestaltung.

  - Inline-Boxen kennen keine definierte Breite oder Höhe und keine vertikalen Außenabstände.
- Inline-Blockboxen stehen wie Inline-Boxen nebeneinander, können aber wie Blockboxen eine definierte Breite oder Höhe sowie vertikale Außenabstände bekommen.

Kapitel 17
Boxen gestalten per CSS

Worin Sie sehen, wie man Boxen am Bildschirm mit dem Box-Modell und diversen Effekten gestaltet. Außerdem verwandeln Sie Zitate in Kundenstimmen, Links in Buttons und blenden Boxen am Bildschirm aus.

Die Themen im Überblick:

In diesem Kapitel gestalten Sie Boxen am Bildschirm mit Eigenschaften für Hintergründe, Farbverläufe und Schatten. Diese Effekte nutzen Sie zur Gestaltung von Kundenstimmen und Buttons. Zum Abschluss sehen Sie, wie man Boxen nur am Bildschirm ausblenden kann. Die Übungsdateien finden Sie wie immer im Ordner zu diesem Kapitel im Unterordner *uebungen*.

17.1 Hintergrundgrafiken per CSS einbinden und gestalten

Eine Hintergrundfarbe fügen Sie mit der Eigenschaft `background-color` hinzu, und die haben Sie in den bisherigen Kapiteln bereits oft genutzt. Für Hintergrundgrafiken hingegen gibt es gleich eine ganze Reihe von Eigenschaften, die Sie in diesem Abschnitt kennenlernen.

17.1.1 Hintergrundgrafiken einbinden: »background-image«

Grafiken mit Informationsgehalt, wie zum Beispiel das Logo im Kopfbereich, werden mit dem Element `img` in den HTML-Quelltext eingebunden. Dekorative Grafiken hingegen werden im CSS als Hintergrundgrafiken eingebaut.

Die Aufgabe einer Hintergrundgrafik ist es, eine Fläche interessant zu füllen, ohne dabei großartig aufzufallen. Dabei sind zwei Dinge bemerkenswert:

- Hintergrundgrafiken legen sich *über* die Hintergrundfarbe. Sie sollten immer eine `background-color` angeben, denn wenn das `background-image` nicht angezeigt werden kann, fällt der Browser zurück auf die Farbe.
- Hintergrundgrafiken werden im Browser gekachelt, also horizontal und vertikal so lange wiederholt, bis der zur Verfügung stehende Raum aufgebraucht ist.
- Hintergrundgrafiken und -farben reichen bis unter die Rahmenlinie. Falls eine Rahmenlinie also gestrichelt oder gepunktet ist, kann man in den Zwischenräumen den Hintergrund sehen.

Abbildung 17.1 zeigt die in diesem Abschnitt verwendete Grafikdatei.

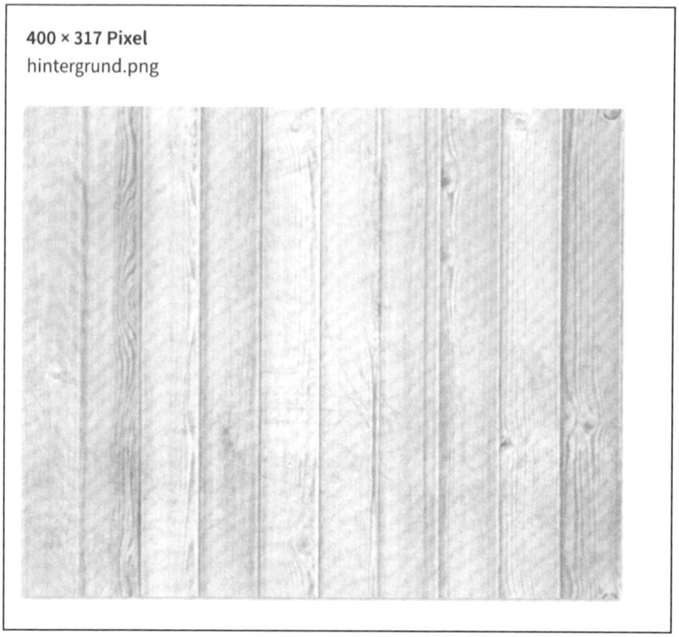

Abbildung 17.1 »hintergrund.png« ist 400 × 317 Pixel groß.

Im folgenden Listing binden Sie diese im Unterordner *bilder* gespeicherte Datei als Hintergrundgrafik auf der Übungsseite ein:

```
html {
  background-color: whitesmoke;
  background-image: url(bilder/hintergrund.png);
}
```

Listing 17.1 Eine Hintergrundgrafik einbinden

Abbildung 17.2 zeigt, dass die Hintergrundfarbe überdeckt und dass das Bild gekachelt wird.

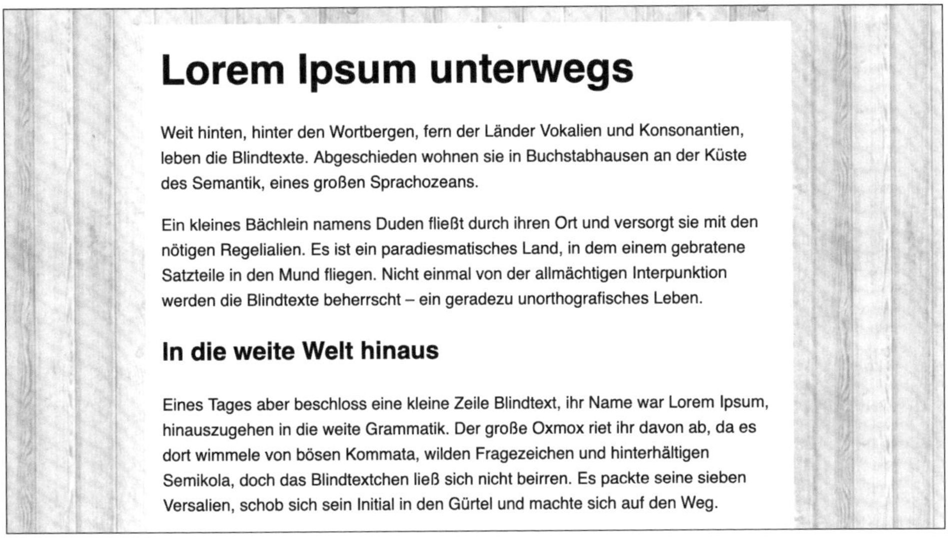

Abbildung 17.2 Die kleine Grafik wird zum Hintergrund mit Täfelung.

Dezente Hintergrundgrafiken gibt es auf »subtlepatterns.com«

Die im Beispiel verwendete Hintergrundgrafik mit der Täfelung stammt von *subtlepatterns.com*. Auf dieser Website gibt es eine umfangreiche Sammlung interessanter, aber unauffälliger Hintergrundgrafiken. Subtile Muster – der Name ist Programm.

17.1.2 Hintergrundgrafiken wiederholen: »background-repeat«

Eine Hintergrundgrafik wird also wie gesehen horizontal und vertikal so lange wiederholt, bis der zur Verfügung stehende Platz gefüllt ist. Diese Standardeinstellung heißt `background-repeat: repeat`, aber es gibt noch drei weitere Optionen, um die Art der Wiederholung zu kontrollieren:

- Eine *vertikale* Wiederholung entlang der y-Achse (untereinander) erreichen Sie mit `background-repeat: repeat-y`.
- Eine *horizontale* Wiederholung entlang der x-Achse (nebeneinander) definieren Sie mit `background-repeat: repeat-x`.
- Wenn eine Hintergrundgrafik nur einmal erscheinen und gar nicht wiederholt werden soll, gibt es `background-repeat: no-repeat`.

Die Standardeinstellung ist implizit immer vorhanden, wird in diesem Abschnitt, um sie sichtbar zu machen, aber explizit hinzugefügt:

```
html {
  background-color: whitesmoke;
  background-image: url(bilder/hintergrund.png);
  background-repeat: repeat;
}
```

Listing 17.2 Hintergrundgrafik horizontal und vertikal wiederholen

17.1.3 Hintergrundgrafiken positionieren: »background-position«

Hintergrundgrafiken können mit `background-position` innerhalb der Box positioniert werden. Dabei werden in der Regel zwei Werte angegeben, von denen der erste die horizontale (x-*Achse*) und der zweite die vertikale Position (*y-Achse*) bestimmt.

Mögliche Werte sind Schlüsselwörter wie `left`, `right`, `top`, `bottom` oder `center` oder Längenangaben mit `%` oder `px`.

Der Standardwert ist `background-position: left top`, sodass die Grafik links oben in der Box steht. Auch diese Anweisung fügen Sie im folgenden Listing zur Regel hinzu:

```
html {
  background-color: whitesmoke;
  background-image: url(bilder/hintergrund.png);
  background-repeat: repeat;
  background-position: left top;
}
```

Listing 17.3 Die Hintergrundgrafik beginnt links oben.

Der Bezugspunkt für `left top` ist die linke obere Ecke des Innenabstands.

Details zu »background-position«

Weitere Informationen und Beispiele zur Anwendung von `background-position` finden Sie zum Beispiel im Wiki von SelfHTML:

- *https://wiki.selfhtml.org/wiki/CSS/Eigenschaften/background-position*

17.1.4 Hintergrundgrafiken fixieren: »background-attachment«

Normalerweise bewegt sich die Hintergrundgrafik beim Scrollen im Browserfenster zusammen mit der Webseite nach oben und nach unten. Dafür zeichnet die Eigenschaft `background-attachment` mit dem Standardwert `scroll` verantwortlich.

Mit dem Wert `fixed` können Sie die Hintergrundgrafik fixieren. Probieren Sie es ruhig einmal aus:

```
html {
  background-color: whitesmoke;
  background-image: url(bilder/hintergrund.png);
  background-repeat: repeat;
  background-position: left top;
  background-attachment: fixed;
}
```

Listing 17.4 Die Hintergrundgrafik fixieren

Wenn die Hintergrundgrafik fixiert ist, bleibt die Holzwand stehen, und der Inhalt rollte beim Scrollen darüber hinweg. Probieren Sie es im Browser aus. Das ist ein interessanter Effekt, kommt aber in einer statischen Abbildung nicht wirklich rüber, deshalb geht es gleich weiter zu `background-size`.

17.1.5 Die Größe der Hintergrundgrafik definieren: »background-size«

In CSS gibt es mit der Eigenschaft `background-size` die Möglichkeit, die Größe eines Hintergrundbildes zu beeinflussen.

Diese Option ist durch die Schlüsselwörter `contain` und `cover` besonders interessant, wenn Sie statt kleiner, gekachelter Grafiken lieber ein einziges großes Hintergrundbild einfügen möchten:

- `background-size: contain` sorgt dafür, dass die Box das Hintergrundbild enthält (*contain*). Das bedeutet, dass das Bild immer komplett zu sehen ist, auch wenn es nicht die gesamte Fläche ausfüllt.

- `background-size: cover` ist das Gegenteil: Die gesamte Fläche der Box wird bedeckt (*cover*), auch wenn dabei die Grafik nicht komplett zu sehen ist. Wahrscheinlich werden Sie diese Option häufiger nutzen als *contain*.

Beide Optionen behalten das Seitenverhältnis des Hintergrundbildes bei. Welche Option besser geeignet ist, müssen Sie einfach ausprobieren; das hängt vom Bild, dem Motiv darauf und dem gewünschten Effekt ab.

Abbildung 17.3 zeigt als Beispiel ein großes Bild mit dem Wert `background-size:cover`. Die gesamte Viewport-Fläche wird ausgefüllt, auch wenn das Bild eventuell nicht vollständig zu sehen sein sollte.

Abbildung 17.3 »background-size: cover« in Aktion

Beim Einbinden großer Bilder sollten Sie die Wiederholung deaktivieren und dafür sorgen, dass das Bild die Box bedeckt:

```
html {
  background-color: whitesmoke;
  background-image: url(bilder/schiermonnikoog-strand.jpg);
  background-repeat: no-repeat;
  background-position: left top;
  background-attachment: fixed;
  background-size: cover;
}
```

Listing 17.5 Eine große Grafik als CSS einbinden

Was manchmal beeindruckend aussieht, bringt Nachteile bei der Performance mit sich, denn ein flächendeckendes Hintergrundbild ist naturgemäß recht groß. Das Beispielbild hat 2.048 × 1.536 Pixel und wiegt trotz Optimierung noch über 400 Kilobyte.

17.1.6 Die Kurzschreibweise: »background«

Für Einsteiger ist die in Listing 17.5 gezeigte ausführliche Schreibweise leicht lesbar, aber es gibt auch eine Kurzschreibweise namens `background`, die die Gestaltung des Hintergrunds in einer Anweisung zusammenfasst. Listing 17.6 zeigt die Farbe, die Grafikdatei und dann die Werte zur Wiederholung, Positionierung und Fixierung:

```
html {
  background: whitesmoke url(bilder/hintergrund.png) repeat left top fixed;
}
```

Listing 17.6 Die Kurzschreibweise für »background«

Wichtig ist dabei die Tatsache, dass die Kurzschreibweise alle nicht gelisteten Eigenschaften auf ihren Standardwert setzt. Betrachten Sie zum Beispiel folgende CSS-Regel:

```
html { background: whitesmoke; }
```

Listing 17.7 Die Hintergrundfarbe per Kurzschreibweise

Mit dieser Anweisung definieren Sie nicht nur die Hintergrundfarbe, sondern setzen alle nicht explizit erwähnten Eigenschaften auf Standard. Der Browser übersetzt die Kurzschreibweise aus Listing 17.7 ungefähr so:

```
html {
  background-color: whitesmoke;
  background-position: left top;
  background-repeat: repeat;
  background-attachment: scroll;
  background-image: none;
  background-size: auto;
}
```

Listing 17.8 Die Kurzschreibweise definiert nicht nur die Farbe.

Wenn genau das beabsichtigt ist, spart `background` eine Menge Tipparbeit. Wenn das *nicht* beabsichtigt ist, kann es Nebenwirkungen geben.

17.1.7 Das Box-Modell und die dritte Dimension

Das Box-Modell hat so etwas wie eine dritte Dimension, denn `margin`, `background-color`, `background-image`, `padding`, `border` und Inhalt (*content*) werden gestapelt (Abbildung 17.4).

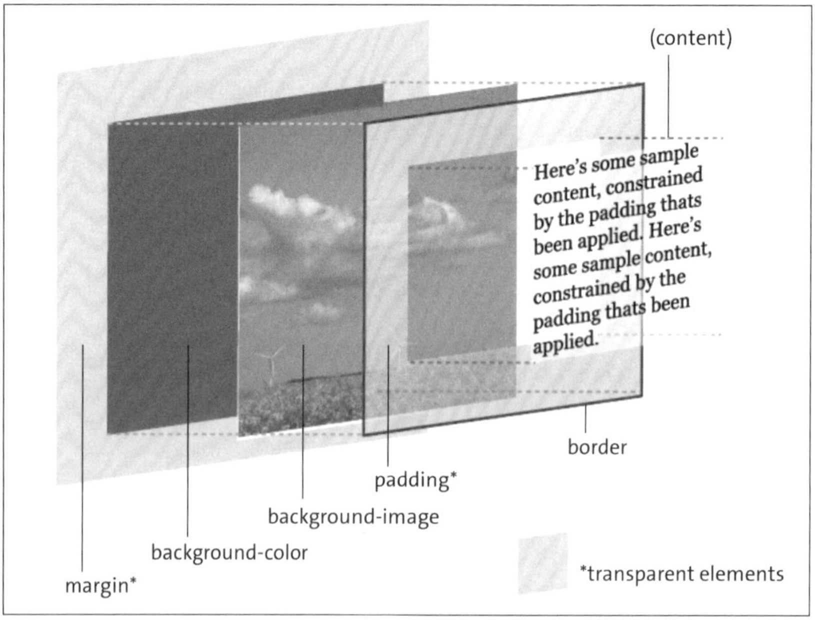

Abbildung 17.4 Das Box-Modell und die dritte Dimension

Dieses 3D-Box-Modell wurde von Jon Hicks entworfen:

- *hicks.design/journal/3d-css-box-model*

17.2 Lineare Farbverläufe: »background-image« und »linear-gradient()«

Lineare Farbverläufe werden technisch gesehen vom Browser als Grafiken erzeugt, und deshalb heißt die Eigenschaft zum Erstellen von Farbverläufen `background-image`. Der Farbverlauf wird dann mit der Funktion `linear-gradient()` nach Ihren Wünschen live und in Farbe vom Browser erstellt.

Ein einfacher Farbverlauf sieht in CSS so aus:

```
background-image: linear-gradient(steelblue, lightsteelblue)
```

Listing 17.9 Ein linearer Farbverlauf von oben nach unten

Ohne Angabe einer Richtung geht der Farbverlauf immer von oben nach unten. Abbildung 17.5 zeigt das Ergebnis im Browserfenster.

Statt der Namen können Sie die Farben natürlich auch in anderen Formaten wie hexadezimal, `rgb()` oder auch `hsl()` angeben.

Abbildung 17.5 Ein einfacher Farbverlauf von oben nach unten

Um eine bestimmte Richtung vorzugeben, nutzen Sie das Schlüsselwort `to`, gefolgt von der Richtung, in die der Farbverlauf gehen soll:

- `to bottom` ist der Standardwert. Von oben *nach unten*.
- `to top` verläuft umgekehrt von unten *nach oben*.
- `to right` geht von links *nach rechts*.
- `to left` beginnt rechts und verläuft *nach links*.

Abbildung 17.6 zeigt den gleichen Farbverlauf wie oben, aber er läuft mit dem Keyword `to right` von links nach rechts:

```
background-image: linear-gradient(to right, steelblue, lightsteelblue)
```

Listing 17.10 Ein linearer Farbverlauf von links nach rechts

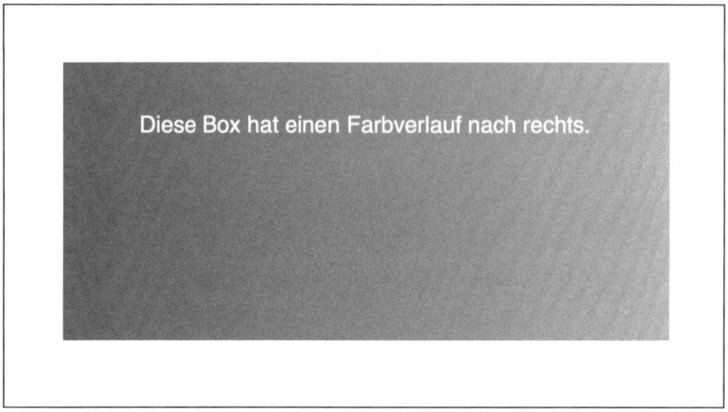

Abbildung 17.6 Ein einfacher Farbverlauf von links nach rechts

Diagonale Farbverläufe erreichen Sie durch die Kombination von zwei Richtungsangaben:

- `to right bottom` definiert einen diagonalen Farbverlauf von links oben *nach rechts unten*.
- `to left top` verläuft umgekehrt von rechts unten *nach links oben*.

Weitere Infos zu »linear-gradient()«

Die Funktion `linear-gradient()` ist sehr vielseitig, und man kann u. a. auch drei oder mehr verschiedene Farben oder Zwischenstopps für den Verlauf definieren. Weitere Infos gibt es zum Beispiel in der *CSS Reference* von *CoDrops*, mit kreativen Beispielen und allem Drum und Dran:

- *tympanus.net/codrops/css_reference/linear-gradient/*

17.3 Schattenboxen mit »box-shadow«

Leichte Schattierungen verleihen Elementen und Texten auf Webseiten oft das gewisse Etwas. Mit CSS wird die Erstellung von Schatten fast zum Vergnügen, denn dazu gibt es eine Eigenschaft namens `box-shadow`. Hier ein Beispiel (Abbildung 17.7):

```
box-shadow: 4px 4px 10px rgb(0,0,0,0.5)
```

Listing 17.11 Syntax und Beispiel für »box-shadow«

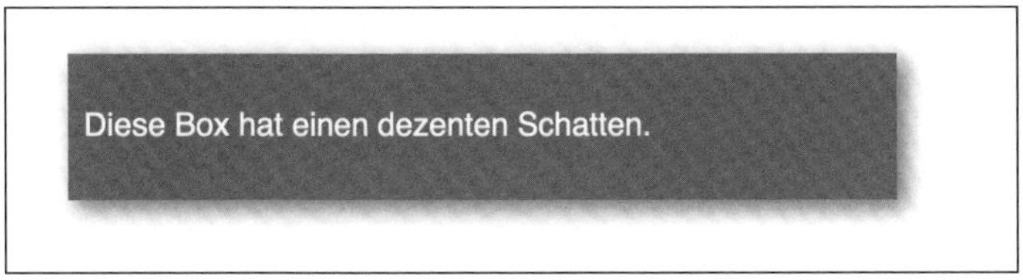

Abbildung 17.7 Eine Box mit einem dezenten Schatten

Die Syntax ist ähnlich wie bei der Eigenschaft `text-shadow`, die Sie in Abschnitt 15.12.5, »Schatten im Text: ›text-shadow‹«, kennengelernt haben. Die ersten beiden Werte bestimmen die Positionierung des Schattens, der dritte bestimmt den Grad der Verschwommenheit und der vierte die Farbe:

- `offset-x` kümmert sich um die horizontale Verschiebung (*offset*) des Schattens. Ein positiver Wert verschiebt den Schatten nach rechts, ein negativer nach links.
- `offset-y` legt die vertikale Verschiebung fest. Ein positiver Wert verschiebt den Schatten nach unten, ein negativer nach oben.
- `blur-radius` ist optional und bestimmt Größe sowie Grad der Verschwommenheit. Je höher der Wert, desto größer und heller wirkt der Schatten. Standardwert ist 0, negative Werte sind nicht erlaubt.
- `spread-distance` ist ebenfalls optional und vergrößert den Schatten in alle Richtungen.
- Der letzte Wert schließlich definiert die Farbe des Schattens, und er kann auch *vor* den anderen Werten stehen. Mit einer Transparenz wirken Schatten insbesondere bei einem nicht weißen Hintergrund hübscher.

Die folgende Anweisung erzeugt einen Schatten ganz ohne Versatz und nur mit `blur-radius`, der dann so aussieht, als ob er hinter der Box liegt (Abbildung 17.8):

```
box-shadow: 0px 0px 50px rgb(0,0,0,0.5)
```

Listing 17.12 Verschwommener Schatten ohne Versatz

Abbildung 17.8 Ein verschwommener Schatten ohne Versatz

17

Durch einen Schatten wird die Box übrigens nicht größer. Der Schatten steht außerhalb des Box-Modells und ragt effektiv in den Zwischenraum zwischen Boxen hinein. Ist der Zwischenraum zu klein oder der Schatten zu groß, könnte ein Schatten sogar in eine benachbarte Box hineinragen.

Die mit `box-shadow` erzeugten Schatten sind ein Effekt und sollten wie das sprichwörtliche »Salz in der Suppe« eingesetzt werden: Wenn man es sofort durchschmeckt, ist es zu viel.

17.4 Gestalten mit dem Box-Modell: Zitate als Kundenstimmen

In diesem Abschnitt fügen Sie auf der Startseite einen Abschnitt mit ein paar Zitaten von zufriedenen Kunden ein, die Sie dann mit dem Box-Modell gestalten. In Abschnitt 24.5, »Grid-Items manuell platzieren mit nummerierten Grid-Linien«, werden diese Kundenstimmen dann per *Grid-Layout* nebeneinandergestellt.

17.4.1 Das HTML: »section« und »blockquote«

Kundenstimmen sind im Grunde genommen Zitate von Kunden, und dafür nutzen Sie die in Abschnitt 8.1, »Zitate auszeichnen mit <blockquote> und <cite>«, beschriebene HTML-Struktur mit `figure`, `blockquote` und `figcaption`.

Im folgenden Listing fügen Sie einen Abschnitt mit der Klasse `kundenstimmen` (Plural), eine `h2`-Überschrift und einige Zitate mit der Klasse `kundenstimme` (Singular) ein:

```
<section class="kundenstimmen">
  <h2>Das sagen die Kunden</h2>

  <figure class="kundenstimme">
    <blockquote>
      <p>Wundervoll leichter Einstieg</p>
    </blockquote>
    <figcaption>&mdash; Anna</figcaption>
  </figure>

  <figure class="kundenstimme">
    <blockquote>
      <p>Absolut genial</p>
    </blockquote>
    <figcaption>&mdash; Belle</figcaption>
```

```
  </figure>

  <figure class="kundenstimme">
    <blockquote>
      <p>Besser geht's nicht</p>
    </blockquote>
    <figcaption>&mdash; Thomas</figcaption>
  </figure>

</section>
```

Listing 17.13 Das HTML für die Zitate

Im folgenden Kasten ergänzen Sie dieses Listing auf der Startseite, im nächsten Abschnitt werden die Kundenstimmen gestaltet.

Übungswebsite: Das HTML für die Zitate einfügen

1. Öffnen Sie die Startseite *index.html* im Editor.
2. Fügen Sie im Inhaltsbereich `main` unterhalb des bestehenden Abschnitts mit den Infoboxen das HTML aus Listing 17.13 ein.
3. Speichern Sie die Datei, und betrachten Sie sie im Browser.

17.4.2 Zitate gestalten mit den Box-Modell-Eigenschaften

Nach dem Einfügen des HTML werden die Zitate in diesem Abschnitt gestaltet. Der Text wird mit `text-align: center` zentriert, und der Hintergrund erhält eine Farbe, einen leichten Verlauf sowie einen dezenten Schatten. Zum Schluss werden noch die Abstände und eine farbige Rahmenlinie links definiert:

```
/* Grundlegende Gestaltung für die Kundenstimmen */
.kundenstimme {
  text-align: center;
  background-color: #eee;
  color: black;
  background-image: linear-gradient(to right, #eee, whitesmoke);
  box-shadow: 0 1px 3px rgb(51,51,51,0.3);

  padding: 1rem;
  border-left: 5px solid #07b;
  margin: 0;
```

```
  margin-bottom: 1rem;
}
.kundenstimme blockquote {
  margin: 0;
}
.kundenstimme p:first-child {
  font-size: 1.25rem;
  font-weight: bold;
}
```

Listing 17.14 Gestaltung der Zitate mit dem Box-Modell

In dieser CSS-Regel werden die Eigenschaften um den Inhalt herum in genau der Reihenfolge gelistet, in der sie im Box-Modell auftauchen: p-b-m. So gewöhnen Sie sich schon beim Schreiben an den Aufbau der Boxen:

- Durch die Hintergrundfarbe wird der Rand der Box sichtbar, und das `padding` sorgt dafür, dass der Text nicht zu dicht am Rand steht.
- `border-left` erzeugt eine Rahmenlinie links, die die Zitate optisch etwas hervorhebt.
- `margin` entfernt den im Browser-Stylesheet vergebenen Außenabstand für `figure` und `blockquote` und sorgt für ein bisschen vertikalen Abstand zwischen den Kundenstimmen.

Falls es Ihnen seltsam erscheint, den Außenabstand mit `margin: 0` zu entfernen, nur um ihn in der nächsten Zeile mit `margin-bottom: 1rem` unten wieder hinzuzufügen: Grund dafür ist, dass es so beim Überfliegen des CSS leicht lesbar ist: *margin weg, margin unten 1rem*.

Die Kurzschreibweise `margin: 0 0 1rem 0` bewirkt exakt dasselbe, ist aber für Einsteiger auf den ersten Blick schlechter lesbar. Nehmen Sie einfach die Variante, die Ihnen besser gefällt.

Übungswebsite: Die Zitate mit den Kundenstimmen gestalten

1. Öffnen Sie das Stylesheet *style.css* im Editor.
2. Fügen Sie nach der grundlegenden Gestaltung für die Infoboxen die in Listing 17.14 gezeigten Regeln zur Gestaltung der Kundenstimmen ein.
3. Am besten speichern Sie nach jeder Anweisung das Stylesheet kurz zwischen und betrachten die Änderungen im Browser.

Nach diesen Schritten sieht der untere Teil der Startseite mit dem Feedback der Kunden etwa so aus wie in Abbildung 17.9.

Abbildung 17.9 Die Kundenstimmen im Browser

17.5 »Call to Action«: Hyperlinks in Buttons verwandeln

In diesem Abschnitt verwandeln Sie ganz normale Hyperlinks in hübsche Buttons. Abbildung 17.10 zeigt vorab schon einmal das fertige Beispiel.

Abbildung 17.10 Die Buttons sind gestaltete Hyperlinks.

In diesem Beispiel kommen viele bisher gezeigte Techniken zum Einsatz: Die Überschrift ist ein hübscher Webfont mit einem Textschatten, und die Grafik ist optimiert für hochauflösende Bildschirme, passt sich flexibel der Breite des Viewports an und hat ebenfalls einen dezenten Schatten. In diesem Abschnitt konzentrieren Sie sich auf die Gestaltung der Hyperlinks.

17.5.1 Die Ausgangssituation: Zwei ganz normale Hyperlinks

Abbildung 17.11 zeigt die Übungsdatei mit ganz normalen Links unter dem Bild. Im HTML sehen diese beiden Links wie folgt aus:

```
<a href="#" class="button-primary">Jetzt buchen</a>
<a href="#" class="button-secondary">Mehr Infos</a>
```

Listing 17.15 Das HTML für die beiden Links

Die einzige Besonderheit sind die Klassen `button-primary` und `button-secondary`, mit denen Sie die Links unterschiedlich gestalten können.

Abbildung 17.11 Zwei ganz normale Hyperlinks

17.5.2 Schritt 1: Die grundlegende Gestaltung für beide Links

Die Verwandlung der Links zu hübschen Buttons ist wenig mehr als die kreative Anwendung der bisher kennengelernten Eigenschaften.

Im ersten Schritt legen Sie die grundlegende Gestaltung für beide Buttons fest.

- Mit `display: inline-block` stehen die Links nebeneinander, können aber wie Blockboxen gestaltet werden.
- Die Schrift wird zentriert, die Unterstreichung entfernt und der Abstand zwischen den Buchstaben etwas erhöht.

- Die Buttons sollen minimal 10rem breit sein, haben etwas Innenabstand, eine farbige Rahmenlinie und einen Außenabstand von 1rem (nur unten nicht).

Das könnte zum Beispiel so aussehen wie im folgenden Listing:

```
.button-primary,
.button-secondary {
  display: inline-block;
  text-align: center;
  text-decoration: none;
  letter-spacing: 1px;
  min-width: 10rem;
  padding: 1rem;
  border: 2px solid #07b;
  margin: 1rem 1rem 0 1rem;
}
```

Listing 17.16 Grundlegende Gestaltung für beide Buttons

Abbildung 17.12 zeigt die beiden Links mit diesem CSS im Browser. Schauen Sie sich das Beispiel auch einmal in einem schmalen Viewport an. Dort stehen die Buttons zentriert untereinander.

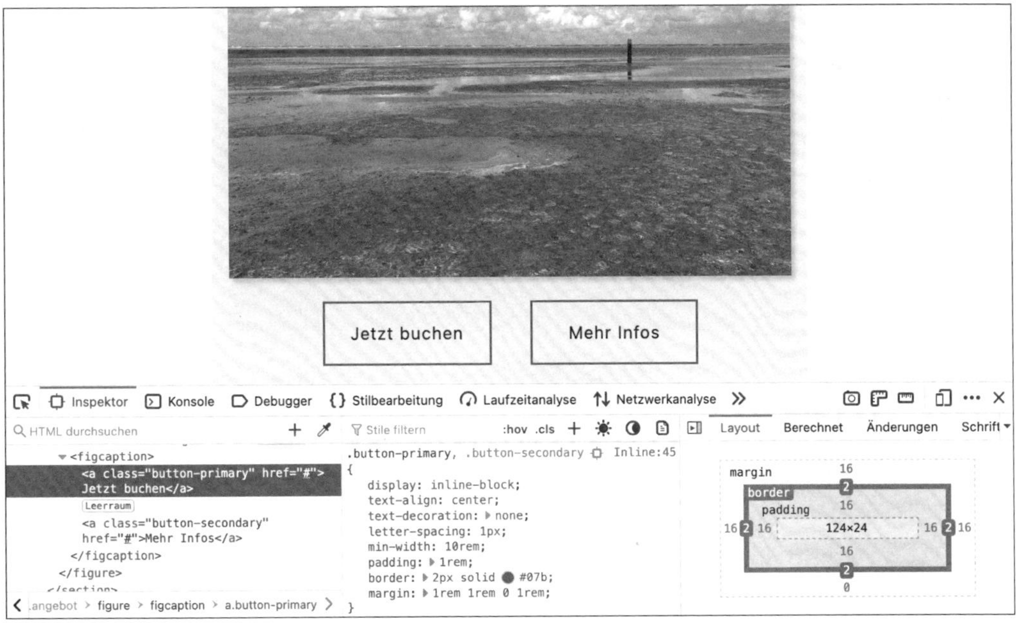

Abbildung 17.12 Die grundlegende Gestaltung für beide Buttons

17.5.3 Schritt 2: Die Unterschiede – primäre und sekundäre Buttons

Der primäre Button soll die Aufmerksamkeit auf sich ziehen. Er bekommt eine Hintergrundfarbe, weiße Schrift, und der Text soll nur mit Großbuchstaben dargestellt werden:

```
.button-primary {
  background: #07b;
  color: white;
  text-transform: uppercase;
}
```

Listing 17.17 Gestaltung für den primären Button

Der sekundäre Button soll etwas weniger auffallen und bekommt daher einen transparenten Hintergrund. Dadurch scheint die Farbe des Elternelements durch, und der Button ist nur noch umrandet:

```
.button-secondary {
  background: transparent;
  color: #07b;
}
```

Listing 17.18 Gestaltung für den sekundären Button

Abbildung 17.13 zeigt die beiden Buttons mit diesem CSS.

Abbildung 17.13 »Links de luxe« – Hyperlinks als Buttons

17.5.4 Schritt 3: Die Linkzustände der Buttons gestalten

Das folgende Listing gestaltet die Linkzustände der beiden Buttons mit den Pseudoklassen `:hover`, `:focus` und `:active`. Der primäre Button wird dunkelrot, der sekundäre blau, und beide werden im Moment des Klicks knallrot:

```
.button-primary:hover,
.button-primary:focus {
  background-color: #b44;
  color: white;
  border: 2px solid #b44;
}
.button-secondary:hover,
.button-secondary:focus {
  background-color: #07b;
  color: white;
}
.button-primary:active,
.button-secondary:active {
  background-color: red;
  color: white;
  border: 2px solid red;
}
```

Listing 17.19 Die Linkzustände der Buttons gestalten

Optisch hat sich außer der Hintergrundfarbe nicht viel geändert, aber die verschiedenen Linkzustände sollten Sie sich live im Browser anschauen. Das gilt ganz besonders für den im nächsten Abschnitt beschriebenen sanften Übergang mit `transition`.

17.5.5 Schritt 4: Einen sanften Übergang mit »transition« hinzufügen

Hover-Effekte sind recht hübsch, aber ein bisschen sehr abrupt. Ein sanfter Übergang zwischen den beiden Zuständen wäre sehr viel schöner anzusehen, und den erzeugt die Eigenschaft `transition`.

Die Eigenschaft `transition` kennt mehrere Werte, die durch eine Leerstelle getrennt hintereinandergeschrieben werden. Im folgenden Listing vergeben Sie die Deklaration direkt an die beiden Links:

```
.button-primary,
.button-secondary {
  transition: all 0.2s ease;
  display: inline-block;
  text-align: center;
  text-decoration: none;
  letter-spacing: 1px;
```

```
  min-width: 10rem;
  padding: 1rem;
  border: 2px solid #07b;
  margin: 1rem 1rem 0 1rem;
}
```

Listing 17.20 Buttons mit »transition«

Die Anweisung `transition: all 0.2s ease` ist eine Kurzschreibweise für die folgenden Eigenschaften:

- `transition-property` gibt an, welche Eigenschaft der selektierten Elemente animiert werden soll. Der Wert `all` besagt, dass alle Eigenschaften animiert werden. Es wäre auch möglich, nur bestimmte Eigenschaften wie `background` oder `width` zu animieren.
- `transition-duration` definiert die zeitliche Dauer des Effekts und wird in Sekunden gemessen. `1s` steht für eine Sekunde, `0.2s` entspricht zwei Zehntelsekunden.
- Optional ist die `transition-timing-function`, die die Art der Beschleunigung angibt und so definiert, wie die Beschleunigung erfolgt. Standardwert ist `ease`, andere Möglichkeiten sind `ease-in`, `ease-out`, `ease-in-out` und `linear`. Einfach ausprobieren, aber der Unterschied ist meist kaum wahrnehmbar.
- Ebenfalls optional ist die Eigenschaft `transition-delay`, mit der beim Start eine Verzögerung in Sekunden festgelegt wird.

Beim Testen lange Animationszeiten, danach kurze

Beim Testen der Links können Sie die Animationsdauer ruhig auf `2s` oder noch länger setzen, damit man den Effekt gut beobachten kann, aber ansonsten sollten Sie die `transition-duration` kurz halten, um Ihre Besucher nicht zu nerven.

17.6 Boxen am Bildschirm ausblenden: »visually-hidden«

Auf Webseiten gibt es manchmal Elemente, die zwar im Quelltext und für Benutzer mit einem Screenreader sinnvoll, in einem visuellen Layout aber nicht wirklich nötig sind.

Auf der Übungswebsite gilt das zum Beispiel für einige `h2`-Überschriften, die in diesem Abschnitt so versteckt werden, dass sie am Bildschirm keine Box erzeugen, im Quelltext und für Screenreader aber vorhanden sind. Abbildung 17.14 zeigt die Startseite links mit und rechts ohne die Überschrift *Die Bereiche der Website*.

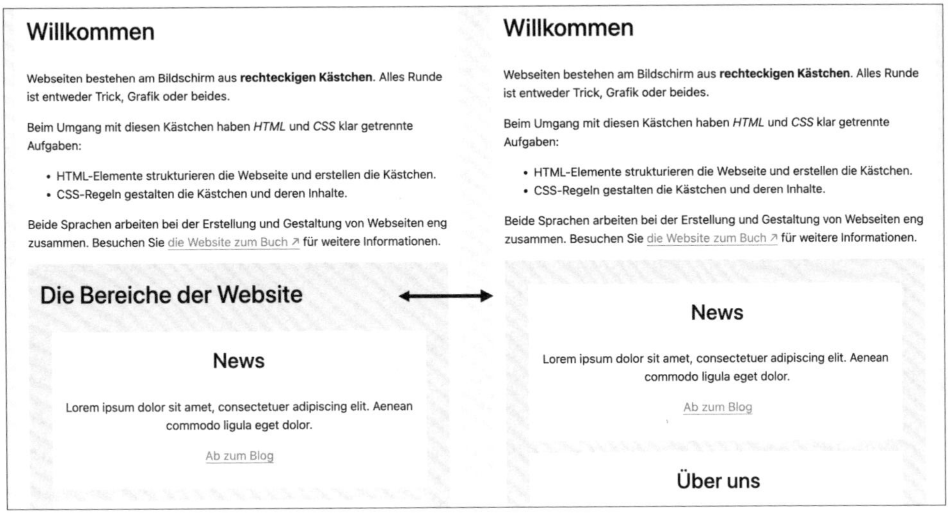

Abbildung 17.14 Die Überschrift »Die Bereiche der Website« wird versteckt.

17.6.1 Schritt 1: Die Klasse »visually-hidden« erstellen

In diesem Abschnitt erstellen Sie eine Klasse namens `visually-hidden`, die Sie den gewünschten HTML-Elementen zuweisen können.

Die im folgenden Listing gezeigte CSS-Regel ist ein ganz schöner Brocken, stellt aber den momentan zuverlässigsten Weg dar, um HTML-Elemente nur am Bildschirm zu verstecken. Hier erst einmal das CSS, die Erklärung folgt nach dem Listing:

```
/* Boxen am Bildschirm ausblenden */
.visually-hidden {
  position: absolute !important;
  clip: rect(0, 0, 0, 0) !important;
  overflow: hidden !important;
  white-space: nowrap !important;

  width: 1px !important;
  height: 1px !important;
  padding: 0 !important;
  border: 0 !important;
  margin: -1px !important;
}
```

Listing 17.21 Eine Klasse zum Ausblenden von Boxen am Bildschirm

Die Deklarationen in dieser Regel funktionieren so:

- `position: absolute` hebt vereinfacht gesagt ein Element aus dem Dokument heraus, sodass es im Layout keinen Platz beansprucht.
- Die Eigenschaft `clip` wird außer in dieser Regel fast nie genutzt und bestimmt, welcher Bereich eines absolut positionierten Elements sichtbar ist. `rect(0, 0, 0, 0)` definiert ein `0px` großes Rechteck.
- `white-space: nowrap` verhindert, dass Leerstellen entfernt werden und der Text dadurch nicht mehr vorgelesen werden kann.
- Die Box-Modell-Eigenschaften legen die Abmessungen fest. Man könnte eine Box auf eine `width/height` von `0` setzen, aber da sie dann von einigen Screenreadern ignoriert wird, definiert man zunächst `width/height` von `1px` und reduziert die Größe dann mit einem negativen `margin` von `-1px` auf `0`. Von hinten durch die Brust ins Auge sozusagen.
- Die Anweisung `overflow: hidden` schneidet eventuell überfließenden Inhalt ab, sodass von der Box am Bildschirm wirklich gar nichts zu sehen ist.

Bemerkenswert ist, dass alle Deklarationen den Zusatz `!important` bekommen. Damit stellen Sie sicher, dass Boxen nicht wegen ungenügender Spezifität plötzlich doch am Bildschirm erscheinen. Im folgenden Kasten fügen Sie dem Stylesheet die Regel aus Listing 17.21 hinzu.

Übungswebsite: Die Klasse »visually-hidden« erstellen

1. Öffnen Sie das Stylesheet *style.css* im Editor.
2. Fügen Sie am Ende des Stylesheets das CSS aus Listing 17.21 ein.
3. Speichern Sie das Stylesheet.

Noch hat sich auf den Webseiten nichts geändert, denn die Klasse wird im HTML noch nicht angewendet. Das geschieht im nächsten Abschnitt.

17.6.2 Schritt 2: Den Elementen die Klasse »visually-hidden« zuweisen

Die Klasse ist im CSS gespeichert und kann im HTML den gewünschten Elementen zugewiesen werden. Als Beispiel dient die Überschrift *Die Bereiche der Website* im Abschnitt `infoboxen` auf der Startseite *index.html*:

```
<section class="infoboxen">
  <h2 class="visually-hidden">Die Bereiche der Website</h2>
```

Listing 17.22 Die Überschrift wird mit der Klasse ausgeblendet.

Weitere Kandidaten zum Ausblenden sind die folgenden Überschriften:

- *news.html*: `<h2>Beiträge</h2>` und `<h2>Linklisten</h2>`
- *kontakt.html*: `<h2>Kontaktdaten</h2>` und `<h2>Kontaktformular</h2>`

Im folgenden Kasten blenden Sie diese Überschriften aus, indem Sie ihnen die Klasse `visually-hidden` zuweisen.

Übungswebsite: Die Klasse »visually-hidden« zuweisen

1. Öffnen Sie die Seiten *index.html*, *news.html* und *kontakt.html* im Editor.
2. Weisen Sie den in diesem Abschnitt gelisteten `h2`-Überschriften die Klasse `visually-hidden` zu (Listing 17.22).
3. Speichern Sie die Dateien, und betrachten Sie sie im Browser.

Nach diesen Schritten sind die Überschriften im Quelltext vorhanden, sodass Suchmaschinen und Screenreader sie problemlos finden, am Bildschirm aber sind sie nicht mehr sichtbar.

»display: none« versteckt die Box nicht nur am Bildschirm

Man kann HTML-Elemente auch mit `display: none` ausblenden:

```
.visually-hidden { display: none; }
```

Das sieht wesentlich einfacher aus als die Deklarationen aus Listing 17.21, versteckt das Element aber auch vor Screenreadern, und für die sind die Überschriften ja durchaus sinnvoll.

17.7 Auf einen Blick

Hier sind noch einmal die wichtigsten Punkte im Überblick:

- Ziergrafiken werden im CSS als Hintergrundgrafik eingebunden.
- Die wichtigsten Eigenschaften zur Hintergrundgestaltung sind:
  - `background-color` für die Hintergrundfarbe
  - `background-image` für eine Hintergrundgrafik
  - `background-repeat` für die Art der Wiederholung
  - `background-position` zur Positionierung der Grafik
  - `background-attachment` zur Fixierung der Grafik
  - `background-size` zur Definition der Größe der Grafik

- Die Kurzschreibweise `background` ermöglicht es, alle Eigenschaften in einer Regel zusammenzufassen.
- Lineare Farbverläufe werden mit der Eigenschaft `background-image` und der Funktion `linear-gradient()` erzeugt.
- Die Eigenschaft `box-shadow` gibt Boxen einen Schatten.
- Hyperlinks kann man per CSS in hübsche Buttons verwandeln.
- Mit der Eigenschaft `transition` kann man Hover-Effekte mit einem sanften Übergang animieren.
- Um Boxen am Bildschirm auszublenden, erstellt man eine spezielle CSS-Klasse, die man den gewünschten Elementen dann zuweist.

Kapitel 18

Ordnung halten: Stylesheets organisieren

Worin Sie einige Anregungen zur Organisation Ihrer Stylesheets bekommen und das CSS validieren. Danach erstellen Sie ein zentrales Stylesheet und verteilen das CSS auf mehrere kleine Stylesheets.

Die Themen im Überblick:

Dieses Kapitel ist eine Art *vertiefende Wiederholung* zu den Grundlagen von CSS, bevor es im nächsten Teil mit dem Layouten per CSS richtig losgeht.

»Ordnung ist das halbe Leben« und bei CSS manchmal auch ein bisschen mehr. Das Stylesheet für die Übungswebsite wird langsam, aber sicher unübersichtlich, und in diesem Kapitel möchte ich Ihnen ein paar Tipps zum Schreiben von CSS-Regeln und zur Organisation von Stylesheets geben.

Dabei erstellen Sie ein zentrales Stylesheet und verteilen das vorhandene CSS auf mehrere Module. Zum Abschluss bekommt die Übungswebsite mit einem neuen Modul ein modernes Layout, das über die volle Breite der Seite geht.

Wichtig ist, dass Sie sich in Ihrem CSS gut zurechtfinden ...

Ob und wie ausführlich Sie die in diesem Kapitel gezeigten Ideen umsetzen, hängt unter anderem von Ihrem persönlichen Ordnungsbedürfnis ab. Wichtig ist, dass *Sie* in Ihrem CSS den Überblick behalten, und ich hoffe, Ihnen dafür ein paar brauchbare Anregungen zu geben.

18.1 Stylesheets strukturieren mit Kommentaren

Stylesheets sind nicht selten mehrere Hundert oder gar Tausende Zeilen lang. Deshalb sollten Sie von Beginn an versuchen, das CSS so übersichtlich wie möglich zu schreiben, und das beginnt bereits mit so etwas Einfachem wie Kommentaren.

18.1.1 Der Kommentar am Anfang des Stylesheets

Am Dateinamen eines Stylesheets kann man nicht immer erkennen, zu welcher Site es gehört und welchen Zweck es erfüllt. Darum empfiehlt es sich, am Anfang jeder CSS-Datei die wichtigsten Informationen in einem Kommentar festzuhalten.

Wie ausführlich dieser Kommentar ausfällt, hängt von Ihren persönlichen Vorlieben, Ihrem Ordnungsbedürfnis und der Komplexität des Projekts ab. Im Folgenden sehen Sie zwei Beispiele zur Anregung.

Zunächst eine Minimalvariante:

```
/* Stylesheet für die Übungswebsite zu "Einstieg in HTML und CSS" */
```

Listing 18.1 CSS-Kommentar am Anfang – Minimalvariante

Wenn jemand dieses Stylesheet das erste Mal sieht oder es nach ein paar Wochen oder Monaten wieder öffnet, weiß er bzw. sie wenigstens noch, wofür es geschrieben wurde.

Die folgende Variante ist etwas ausführlicher:

```
/* ================================================================
   Stylesheet für die Übungswebsite zu "Einstieg in HTML und CSS"
```

```
    Datei: style.css
    Datum: ...
    Autor: ...
    ================================================================ */
```

Listing 18.2 CSS-Kommentar am Anfang – ausführliche Variante

Je nach Lust und Laune können Sie hier auch noch die verschiedenen Abschnitte des Stylesheets oder das verwendete Farbschema dokumentieren.

18.1.2 Ein Stylesheet mit Kommentaren in Abschnitte unterteilen

Zum Ordnunghalten bietet es sich an, ein Stylesheet mit mehrzeiligen Kommentaren in verschiedene Abschnitte zu unterteilen. Das könnte zum Beispiel so aussehen:

```
/** ============================================
  * 1. Allgemeine Einstellungen
  */


/** ============================================
  * 2. Grundlegende Text- und Schriftgestaltung
  */
```

Listing 18.3 Ein Stylesheet mit Kommentaren in Abschnitte unterteilen

In diesem Abschnitt werden zur optischen Gestaltung des Kommentars Gleichheitszeichen oder Sternchen verwendet, Sie können aber gerne auch andere Zeichen nutzen. Wichtig ist nur, dass der Kommentar mit /* anfängt und mit */ endet. Dazwischen haben Sie gewisse gestalterische Freiheiten.

18.2 Verschiedene Schreibweisen für CSS-Regeln

In diesem Abschnitt finden Sie ein paar Gedanken und Empfehlungen zum übersichtlichen Aufbau von Styles.

18.2.1 Übersichtlich und weit verbreitet: Auf jeder Zeile eine Deklaration

Eine typische CSS-Regel sieht ungefähr so aus:

```
body {
  font-family:  sans-serif;
  font-size: 1rem;
  background-color: white;
  color: black;
  max-width: 960px;
  margin: 0.25rem auto;
}
```

Listing 18.4 Eine typische CSS-Regel in klassischer Schreibweise

Der Aufbau dieser Regel ist recht übersichtlich und folgt einigen bisher unausgesprochenen Konventionen:

- In der ersten Zeile stehen nur Selektoren und die öffnende geschweifte Klammer.
- Zwischen den geschweiften Klammern steht in jeder Zeile leicht eingerückt eine Deklaration.
- Jede Deklaration endet mit einem Semikolon.
- Eigenschaft und Wert werden durch einen Doppelpunkt getrennt, und nach dem Doppelpunkt folgt eine Leerstelle.
- Die schließende geschweifte Klammer steht in einer eigenen Zeile, bündig mit dem ersten Zeichen des Selektors.

Das ist eine sinnvolle und weit verbreitete Art, CSS-Regeln zu notieren, aber es ist eine Konvention und nicht streng vorgeschrieben.

18.2.2 Kurze Regeln: Alles in einer Zeile

Bei Styles mit nur einer Deklaration liegt es nahe, alles in eine Zeile zu schreiben. Der Einzeiler spart Platz und ist übersichtlich:

```
h2 { font-size: 2rem; }
```

Listing 18.5 Eine CSS-Regel in einer Zeile

Manche Autoren schreiben auch Styles mit nur einer Deklaration konsequent nach dem mehrzeiligen Schema, andere hingegen setzen mehrere Deklarationen in eine Zeile, weil es Platz spart.

Die genaue CSS-Schreibweise ist eine Frage des Stils und manchmal auch einfach nur von der Tagesform abhängig.

18.2.3 Übersichtlich: Mehrere Selektoren auf Zeilen verteilen

Gruppierte Selektoren werden mit einem Komma getrennt, und man kann sie einfach auf einer Zeile schreiben:

```
h1, h2, h3, h4 { font-weight: 500; }
```

Listing 18.6 Gruppierte Selektoren hintereinander in einer Zeile

Ab einer gewissen Länge wird das aber unübersichtlich, und man kann die Selektoren dann auf mehrere Zeilen verteilen:

```
h1, h2, h3, h4, h5, h6,
p, ul, ol, blockquote {
  margin-top: 0;
}
```

Listing 18.7 Gruppierte Selektoren auf mehrere Zeilen verteilen

Bei komplexeren Selektoren ist manchmal übersichtlicher, pro Zeile nur einen Selektor zu schreiben. Betrachten Sie zum Beispiel folgenden Unterschied. Zunächst zwei Nachfahrenselektoren in einer Zeile:

```
.site-content a:hover, .site-content a:focus {
  ...
}
```

Listing 18.8 Mehrere Nachfahrenselektoren in einer eigenen Zeile

Diese Regel wird leichter lesbar, wenn pro Zeile nur ein Selektor steht. Nach dem letzten Selektor folgt dann statt des Kommas die öffnende geschweifte Klammer:

```
.site-content a:hover,
.site-content a:focus {
  ...
}
```

Listing 18.9 Nur ein Nachfahrenselektor pro Zeile

18.2.4 Reihenfolge der Deklarationen: 1. Am Box-Modell orientieren

Schauen Sie sich folgende fiktive CSS-Regel an:

```
.site-header {
  display: block;
```

```
  font-size: 1.25rem;
  background: white;
  color: black;

  padding-top: 1rem;
  border-top: 3px solid #333;
  margin-top: 1rem;
}
```

Listing 18.10 Eine am Aufbau des Box-Modells orientierte CSS-Regel

Die Reihenfolge der Deklarationen orientiert sich am Aufbau der Boxen:

- Eigenschaften wie `display` bestimmen das Erscheinungsbild und stehen ganz am Anfang.
- Danach folgen Eigenschaften für den Inhaltsbereich der Box: `font-size`, `font-style`, `background`, `color`, `text-decoration` etc.
- Am Ende werden die Box-Modell-Eigenschaften gelistet, und zwar von innen nach außen: `padding`, `border` und `margin`.

In dieser Sortierung beschreiben die Deklarationen also zuerst die Art und die Positionierung der Box und dann die Box selbst, von innen nach außen. So verinnerlichen Sie beim Ordnen der Deklarationen ganz nebenbei den Aufbau des Box-Modells und können die Gestaltung des Elements beim Lesen des CSS besser visualisieren.

18.2.5 Reihenfolge der Deklarationen: 2. Am Alphabet orientieren

Eine andere Methode zur Sortierung von Deklarationen ist alphabetisch von A bis Z. Das folgende Listing zeigt dieselbe CSS-Regel wie oben, aber alphabetisch sortiert:

```
.site-header {
  background: white;
  border-top: 1px solid #333;
  color: black;
  display: block;
  font-size: 1.25rem;
  margin-top: 1rem;
  padding-top: 1rem;
}
```

Listing 18.11 Eine alphabetisch sortierte CSS-Regel

Der Vorteil einer alphabetischen Sortierung ist, dass sie immer eindeutig und leicht einzuhalten ist. Ein großer Nachteil ist es hingegen, dass verwandte Eigenschaften wie `border` und `padding` weit auseinanderstehen und wichtige Angaben wie `display` mitten zwischen den anderen Eigenschaften vergraben liegen.

18.3 CSS überprüfen mit dem CSS-Validator

Bevor Sie im nächsten Abschnitt ein zentrales Stylesheet erstellen und das vorhandene CSS auf mehrere Module verteilen, lassen Sie es in diesem Abschnitt noch einmal von einem echten Kenner überprüfen.

In Abschnitt 11.2, »Das HTML überprüfen mit dem HTML-Validator«, haben Sie bereits einen Validator für HTML kennengelernt, und so etwas gibt es auch für CSS (Abbildung 18.1):

- *jigsaw.w3.org/css-validator/*

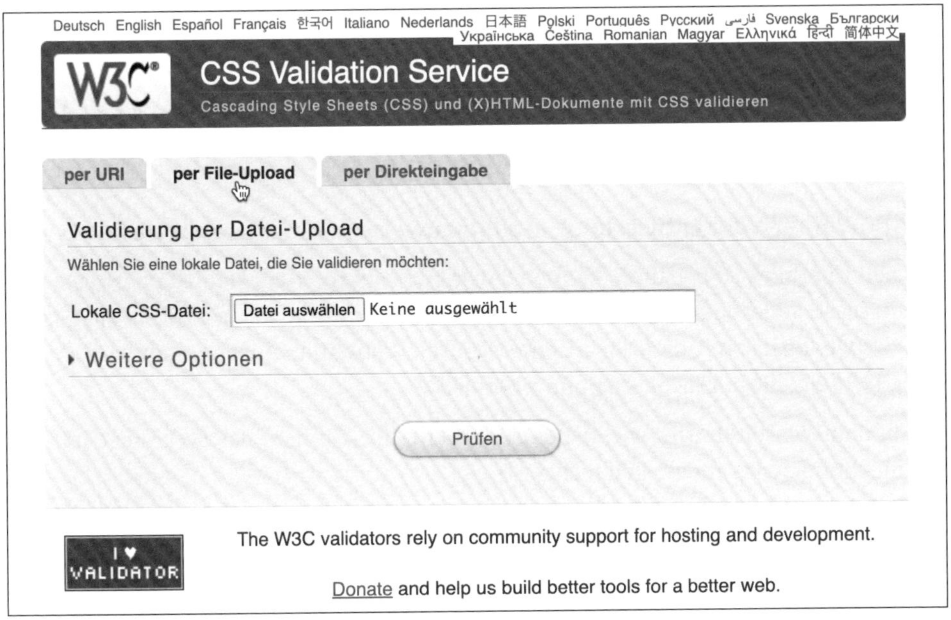

Abbildung 18.1 Der CSS-Validator des W3C

Der Validator bietet fast die gleichen Optionen wie der HTML-Validator. Abbildung 18.2 zeigt den Validator mit einem grünen Balken und einem Glückwunsch.

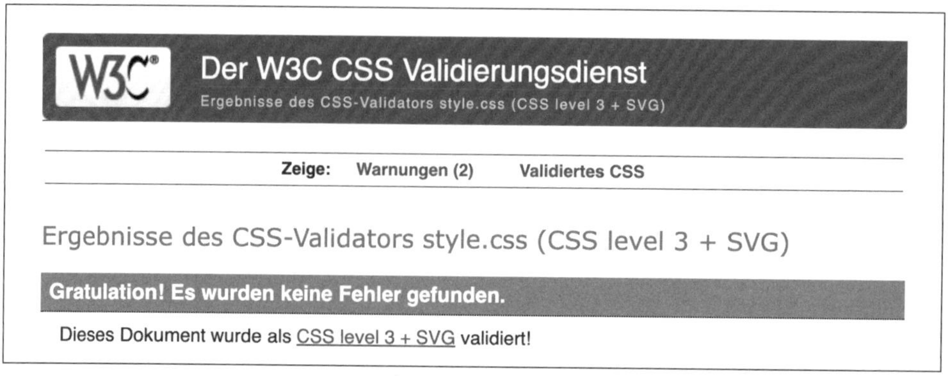

Abbildung 18.2 Der CSS-Validator hat keinen Fehler gefunden.

18.4 Modulbauweise: Ein zentrales Stylesheet erleichtert die Entwicklung

Wenn ein Stylesheet zu lang wird, verliert man leicht den Überblick. Während der Entwicklung der Seiten ist es deshalb von Vorteil, das CSS nach dem Motto »Teile und herrsche« auf mehrere kleine Stylesheets zu verteilen. Eine solche Modulbauweise hat viele Vorteile.

18.4.1 Während der Entwicklung: Modulbauweise mit mehreren Stylesheets

Um den Überblick zu behalten, können Sie das CSS auf mehrere kleine Stylesheets verteilen. Diese Stylesheets binden Sie dann mit `@import` im zentralen Stylesheet *style.css* ein, das wie bisher mit dem `link`-Element in die Webseiten eingebunden wird. Abbildung 18.3 zeigt diesen Sachverhalt im Überblick:

- Auf den Webseiten wird wie bisher mit einem `link`-Element das Stylesheet *style.css* eingebunden. Da ändert sich nichts.
- In *style.css* werden per `@import` nur noch andere Stylesheets eingebunden.
- Die CSS-Regeln stehen in den importierten Stylesheets wie *basis.css*, *layout.css* etc.

Diese Vorgehensweise hat zwei große Vorteile:

- Kleinere einzelne Stylesheets sind übersichtlicher als ein großes.
- Beim Entwickeln kann man zum Testen einfach ein Stylesheet entfernen, hinzufügen oder austauschen.

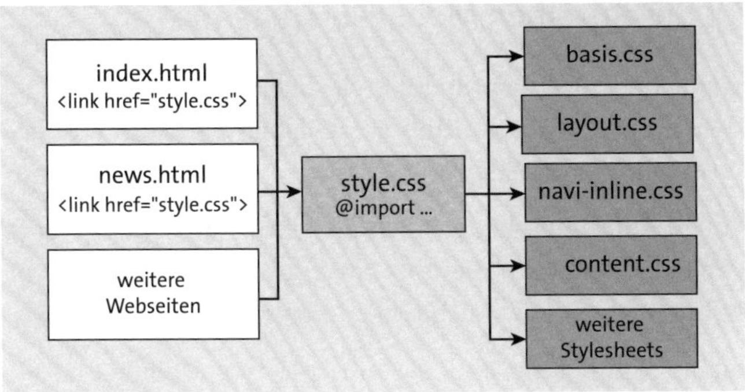

Abbildung 18.3 Ein zentrales Stylesheet lädt alle anderen.

In den nächsten Kapiteln erleichtert die Modulbauweise mit einem zentralen Stylesheet die weitere Entwicklung der Übungswebsite, zum Beispiel wenn Sie in Kapitel 23, »Eine responsive Navigation erstellen«, die Navigation komplett neu gestalten, sodass sie auch auf mobilen Geräten gut zu bedienen ist.

18.4.2 Für die Live-Site: Alles wieder in einem Stylesheet vereinen

Die Aufteilung des CSS auf mehrere Stylesheets ist während der Entwicklung der Website sehr praktisch, aber im Live-Betrieb geht sie zu Lasten der Performance: Ein Webserver muss alle per `@import` eingebundenen Stylesheets einzeln aufrufen, und das dauert messbar länger als das Laden eines einzigen Stylesheets.

Vor dem Launch der Website sollten Sie daher alle Stylesheets wieder in einer Datei vereinen, um unnötige Dateiaufrufe zu vermeiden und die Seiten zu beschleunigen.

Am einfachsten ist diese Wiedervereinigung per *copy and paste*: Sie kopieren einfach der Reihe nach das CSS aus den einzelnen Modulen über die Zwischenablage in ein Stylesheet. Dieses manuelle Kopieren und Einfügen ist in wenigen Minuten erledigt und völlig in Ordnung.

Wenn Sie aber Programmierer sind (oder auf dem Weg dorthin) und den ganzen lieben langen Tag in Ihrem Editor mit dem Schreiben von Sprachen wie HTML, CSS und JavaScript verbringen, lohnt es sich eventuell, diesen Vorgang zu automatisieren.

Die Meta-Sprache SASS erweitert die Möglichkeiten von CSS

Eine Meta-Sprache wie SASS ergänzt CSS um weitere Möglichkeiten, und ein effektives Modulsystem ist nur eine davon. Weitere Infos zu SASS finden Sie auf *sass-lang.com*.

18.5 Die Stylesheets für die einzelnen Module erstellen

In diesem Abschnitt erstellen Sie die einzelnen Modul-Stylesheets und binden sie per `@import` in *style.css* ein, in den nächsten Abschnitten verschieben Sie dann die CSS-Regeln von *style.css* in die neu erstellten Stylesheets.

Die in diesem Abschnitt gezeigte Aufteilung hat sich für die Übungswebsite bewährt, aber welche Module man wählt und wie man die Abschnitte und Stylesheets nennt, hängt vom konkreten Projekt und nicht zuletzt auch von persönlichen Vorlieben ab.

Falls Sie also eine komplett andere Aufteilung, andere Namen für die Module und Abschnitte oder vielleicht sogar ein großes Stylesheet bevorzugen, spricht nichts dagegen.

18.5.1 Schritt 1: Die einzelnen Stylesheets erstellen

Im ersten Schritt erstellen Sie im Unterordner *css* ein paar neue Stylesheets. Für die Übungswebsite nutze ich dabei folgende Aufteilung:

- *basis.css* enthält allgemeine Einstellungen, die für die gesamte Site gelten, wie zum Beispiel die Umstellung auf `border-box`, die Vermeidung von *Collapsing Margins* sowie die grundlegende Schrift- und Textgestaltung und nützliche, allgemeine Klassen.
- *layout.css* enthält Regeln für den Kopf-, Inhalts- und Fußbereich. Die Gestaltung der Site-Navigation und der Inhalte steht jeweils in einem eigenen Stylesheet.
- *navi-inline.css* enthält die Gestaltung der Navigation. Der Name deutet an, dass die Listenelemente per `display: inline` nebeneinandergestellt werden.
- *content.css* gestaltet den Inhalt, also alle Elemente *innerhalb* des Inhaltsbereichs `main`.
- *forms.css* enthält das CSS zur Gestaltung des Kontaktformulars und der Kontaktdaten.

Jedes Stylesheet bekommt am Anfang einen kurzen, beschreibenden Kommentar. Hier als Beispiel ein Kommentar für *basis.css*:

```
/** ==========================================
    Einstieg in HTML und CSS
    Stylesheet für die Übungswebsite

    basis.css
    wird in style.css per @import eingebunden

    ======================================= */
```

Listing 18.12 Ein Anfangskommentar für »basis.css« (Beispiel)

Im folgenden Kasten erstellen Sie die Stylesheet-Dateien.

Übungswebsite: Neue Stylesheets für die Module erstellen

1. Starten Sie Ihren Editor, und erstellen Sie eine neue Datei.
2. Speichern Sie die Datei als *basis.css* im Unterordner *css*.
3. Erstellen Sie einen kurzen beschreibenden Kommentar (Listing 18.12), und speichern Sie die Datei.
4. Erstellen Sie entsprechend die Stylesheets *layout.css*, *navi-inline.css*, *content.css* und *forms.css*, jeweils mit einem kurzen Kommentar am Anfang.

18.5.2 Schritt 2: Stylesheets mit @import in »style.css« einbinden

Mit `@import` können Sie CSS aus anderen Stylesheets importieren, und das ist ideal zur Erstellung der in diesem Abschnitt beschriebenen Modulbauweise.

Zeilen mit `@import` müssen am Anfang eines Stylesheets stehen, vor allen anderen CSS-Regeln. `@import` hat folgende Syntax:

```
@import url("dateiname.css");
```

Listing 18.13 Die Syntax für »@import«

Ist Ihnen das Semikolon am Ende der Zeile aufgefallen? Falls nicht: Do not forget the Strichpunkt am Ende einer `@import`-Regel!

In diesem Abschnitt verwandeln Sie *style.css* in ein zentrales Stylesheet. Dazu fügen Sie ganz am Anfang einen Kommentar und die `@import`-Regeln für die im vorherigen Abschnitt erstellten (noch leeren) Stylesheets ein:

```
/* ====================================================
   Einstieg in HTML und CSS

   style.css
   zentrales Stylesheet zum Importieren der Module
   wird in den HTML-Dateien per <link> eingebunden

==================================================== */

@import url("basis.css");
@import url("layout.css");
```

```
@import url("navi-inline.css");
@import url("content.css");
@import url("forms.css");
```

Listing 18.14 Die Einbindung der Stylesheets in »style.css«

Zur Erinnerung: Pfadangaben in einem Stylesheet sind relativ zum Stylesheet, in dem sie stehen. Da alle Dateien im Unterordner *css* liegen, reicht bei `@import` der Dateiname.

Die Reihenfolge der `@import`-Anweisungen ist wichtig, denn aus Sicht des Browsers verhalten sich die importierten Stylesheets wie ein einziges automatisch erstelltes großes Stylesheet. Gemäß der Kaskade überschreiben Deklarationen mit gleicher Wichtigkeit und Spezifität vorherige Deklarationen. Im Folgenden setzen Sie Listing 18.14 für die Übungswebsite um.

Übungswebsite: Stylesheets per »@import« einbinden

1. Öffnen Sie das Stylesheet *style.css* in einem Editor.
2. Fügen Sie ganz am Anfang der Datei den Kommentar und die `@import`-Regeln aus Listing 18.14 ein.
3. Speichern Sie das Stylesheet, und prüfen Sie die Webseiten im Browser. Es sollte sich nichts geändert haben.

18.6 Das Modul »basis.css« ist das Fundament

Das Stylesheet *basis.css* soll die grundlegenden Einstellungen und Formatierungen für alle Webseiten enthalten und besteht für die Übungswebsite aus drei Abschnitten:

1. Globale Einstellungen für die gesamte Website
2. Grundlegende Gestaltung für Schrift und Text
3. Allgemeine, nützliche Klassen

Im Folgenden erstellen Sie diese drei Abschnitte und verschieben dann die entsprechenden Regeln von *style.css* zu *basis.css*.

18.6.1 Der Abschnitt »Globale Einstellungen für die gesamte Website«

Nach dem einleitenden Kommentar folgt der erste Abschnitt mit Einstellungen, die für die gesamte Website gelten. Das folgende Listing zeigt in kompakter Form, welche CSS-Regeln in diesem Abschnitt stehen können:

```
/**
 * 1. Globale Einstellungen für die gesamte Website
 */
*, *::before, *::after { box-sizing: border-box; }
html { scroll-behavior: smooth; }
img, video { max-width: 100%; height: auto; }
figure, blockquote { margin-right: 0; margin-left: 0; }
h1, h2, h3, h4, h5, h6, p, ul, ol, blockquote { margin-top: 0; }
```

Listing 18.15 Der erste Abschnitt aus »basis.css«

Das Listing enthält also die Regeln ...

- ... zur Aktivierung des Border-Box-Modells (Abschnitt 16.8).
- ... für das sanfte Scrollen (Abschnitt 5.7).
- ... zur Flexibilisierung von Bildern und Videos (Abschnitt 6.4 und 6.8).
- ... zur Korrektur von `figure` und `blockquote` (Abschnitt 6.5 und 8.1)
- ... zur Vermeidung von *Collapsing Margins* (Abschnitt 16.7).

Im folgenden Kasten setzen Sie dieses Listing um. Dabei sollten Sie in Ihrem Stylesheet das CSS ruhig etwas platzgreifender schreiben und mit Kommentaren versehen.

Übungswebsite: Den ersten Abschnitt des Stylesheets »basis.css« erstellen

1. Öffnen Sie das Stylesheet *basis.css* in einem Editor.
2. Ergänzen Sie den Anfangskommentar aus Listing 18.12 um die Auflistung der drei Abschnitte, die in *basis.css* gespeichert werden.
3. Erstellen Sie unterhalb des Anfangskommentars den einleitenden Kommentar für den ersten Abschnitt mit den globalen Einstellungen.
4. Verschieben Sie die bisher in *style.css* gespeicherten CSS-Regeln aus Listing 18.15 in diesen Abschnitt.
5. Ergänzen Sie nicht vorhandene Regeln, zum Beispiel für `img` und `video` oder `figure` und `blockquote`.
6. Speichern Sie das Stylesheet, und prüfen Sie die Webseiten im Browser. Es sollte sich nichts geändert haben.

18.6.2 Der Abschnitt »Grundlegende Gestaltung von Schrift und Text«

Im zweiten Abschnitt von *basis.css* stehen Regeln zur grundlegenden Gestaltung von Schrift und Text:

```
/**
  * 2. Grundlegende Gestaltung von Schrift und Text
  */
body {
  font-family: system-ui, -apple-system, ... sans-serif;
  font-size: 1rem;
}
h1 { font-size: 2.5rem; font-weight: 500; }
h2 { font-size: 2rem; font-weight: 500; }
h3 { font-size: 1.75rem; font-weight: 500; }
h4 { font-size: 1.5rem; font-weight: 500; }
h5 { font-size: 1.25rem; }
h6 { font-size: 1rem; }
a { text-decoration-thickness: 1px; text-underline-offset: 0.1875em; }
address { font-style: normal; }
```

Listing 18.16 Der zweite Abschnitt in »basis.css«

Das Listing enthält die Regeln zur Gestaltung ...

- ... der Schriftart und -größe für die ganze Seite (Abschnitt 15.2 und 15.7).
- ... der Schriftgröße und Strichstärke von Überschriften (Abschnitt 15.7 und 15.12).
- ... der Unterstreichung von Hyperlinks (Abschnitt 15.9).
- ... von Kontaktadressen (Abschnitt 11.6).

Beachten Sie dabei, dass die Regel für `body` nur die Schriftgestaltung enthält. Die Deklarationen zur Definition der Hintergrundfarbe und zur Begrenzung der Breite stehen weiter unten in `layout.css`.

Übungswebsite: Den zweiten Abschnitt des Stylesheets »basis.css« erstellen

1. Öffnen Sie das Stylesheet *basis.css* in einem Editor.
2. Fügen Sie den einleitenden Kommentar für den zweiten Abschnitt zur grundlegenden Gestaltung von Schrift und Text ein.
3. Verschieben Sie die bisher in *style.css* gespeicherten CSS-Regeln aus Listing 18.16 in diesen Abschnitt.
4. Speichern Sie das Stylesheet, und prüfen Sie die Webseiten im Browser. Es sollte sich nichts geändert haben.

18.6.3 Der Abschnitt »Nützliche, allgemeine Klassen«

Der dritte und letzte Abschnitt in *basis.css* enthält schließlich nützliche Klassen. Momentan steht in diesem Abschnitt nur die Klasse zum visuellen Verstecken von Boxen am Bildschirm (Abschnitt 17.6).

Am Ende der Datei können Sie noch einen kurzen Kommentar einfügen, der das Ende des Stylesheets signalisiert. So wissen Sie sicher, dass nicht versehentlich ein bisschen CSS fehlt:

```
/**
  * 3. Nützliche, allgemeine Klassen
  */
.visually-hidden { position: absolute; ... }

/**
  * Ende basis.css
  */
```

Listing 18.17 Der dritte Abschnitt aus »basis.css«

In den nächsten Kapiteln lernen Sie noch weitere CSS-Regeln für diesen Abschnitt kennen, aber im folgenden Kasten setzen Sie erst einmal diese Änderungen um.

Übungswebsite: Der dritte Abschnitt im Stylesheet »basis.css«

1. Öffnen Sie das Stylesheet *basis.css* in einem Editor.
2. Erstellen Sie den einleitenden Kommentar für diesen Abschnitt.
3. Verschieben Sie die in Listing 18.17 gezeigte Regel für `.visually-hidden` von *style.css* in *basis.css*.
4. Ergänzen Sie wie in Listing 18.17 gezeigt am Ende des Stylesheets einen kurzen Kommentar, der das Ende des Stylesheets signalisiert.
5. Speichern Sie das Stylesheet, und prüfen Sie die Webseiten im Browser. Es sollte sich nichts geändert haben.

18.7 Das Modul »layout.css« für Seitenlayout und Layoutbereiche

Im Modul *layout.css* stehen die Formatierungen für das Seitenlayout sowie Kopf-, Inhalts- und Fußbereich. Für den Kopf- und Fußbereich wird in *layout.css* auch die Gestaltung der Inhalte gespeichert, für den Inhaltsbereich nur die Gestaltung des

Bereichs `.site-content` selbst. Die Gestaltung der Navigation steht inklusive des Navigationsbereichs `.site-nav` in einem eigenen Stylesheet.

18.7.1 Der Abschnitt für das Seitenlayout

Los geht es in *layout.css* mit dem CSS für das Seitenlayout aus Kapitel 16, »Abstände gestalten mit dem Box-Modell«:

```
/**
  * 1. Klassisches Seitenlayout (begrenzte Breite, zentriert)
  */
html { background-color: whitesmoke; }
body {
  background-color: white;
  color: black;
  min-width: 320px;
  max-width: 600px;
  margin: 0.25rem auto;
}
```

Listing 18.18 Das Seitenlayout in »layout.css«

18.7.2 Die Abschnitte zur Gestaltung der Layoutbereiche

Nach dem Seitenlayout folgen weitere Abschnitte mit Regeln für die Layoutbereiche. Diese haben im Laufe des Buches zum Teil unterschiedliche Innen- und Außenabstände bekommen, die beim Zusammenfügen konsolidiert werden können:

```
/**
  * 2. Kopfbereich (inklusive Inhalte)
  */
.site-header { padding: 1rem 1rem 0 1rem; margin-bottom: 1rem; }
.site-header h1 { margin-bottom: 0; }
.site-header p { margin-top: 0; }

/**
  * 3. Inhaltsbereich
  */
.site-content { line-height: 1.5; padding: 0 1rem; margin-bottom: 2rem; }

/**
  * 4. Fußbereich (inklusive Inhalte)
```

```
 */
.site-footer { font-size: smaller; ... }
.footer-nav ul { margin: 0; }
.footer-nav li { display: inline; margin-right: 0.5rem; }
.site-footer a { color: white; text-decoration: none; }
```

Listing 18.19 Die Gestaltung der Layoutbereiche

Im folgenden Kasten fügen Sie dieses CSS in das Stylesheet ein.

Übungswebsite: Regeln in das Stylesheet »layout.css« verschieben

1. Öffnen Sie das Stylesheet *layout.css* in einem Editor.
2. Fügen Sie nach dem Anfangskommentar das CSS aus Listing 18.18 und Listing 18.19 ein. Verschieben Sie die Regeln, soweit vorhanden, aus *style.css*, und passen Sie sie nach dem Verschieben falls nötig an.
3. Speichern Sie das Stylesheet, und prüfen Sie die Webseiten im Browser. Es sollte sich nichts geändert haben.

18.8 Das Modul »navi-inline.css« für die Navigation

Das Stylesheet zur Gestaltung der Navigation enthält das CSS für die Site-Navigation. Im folgenden Listing sehen Sie wieder die kompakte (und nicht vollständige) Schreibweise, damit Sie wissen, welche Regeln in welcher Reihenfolge in diesem Modul stehen sollen:


```
.site-nav { background-color: #333; ... }
.site-nav ul { padding: 0; margin: 0; }
.site-nav li { display: inline; margin-right: 0.5rem; }
.site-nav a { color: white; text-decoration: none; }
```

Listing 18.20 Die Gestaltung der Hauptnavigation

Die Regeln beschreiben die Navigation von außen nach innen: zuerst den Navigationsbereich `nav` mit der Klasse `site-nav`, dann die Liste `ul`, die Listenelemente `li` und schließlich die Links.

Danach wird noch der aktuelle Menüpunkt mit einer einfachen Unterstreichung hervorgehoben:

```
.current a { text-decoration: underline; }
```

Listing 18.21 Die Hervorhebung des aktuellen Menüpunkts

Diese Regel steht unter der Regel für `.site-nav a`, damit sie bei gleicher Spezifität im Rahmen der Kaskade nicht überschrieben wird. Im folgenden Kasten setzen Sie diese Änderungen um.

Übungswebsite: Regeln in das Stylesheet »navi-inline.css« verschieben

1. Öffnen Sie das Stylesheet *navi-inline.css* in einem Editor.
2. Fügen Sie nach dem Anfangskommentar die Regeln zur Gestaltung der Navigation aus Listing 18.20 und Listing 18.21 ein.
3. Speichern Sie das Stylesheet, und prüfen Sie die Webseiten im Browser. Es sollte sich nichts geändert haben.

18.9 Das Modul »content.css« zur Gestaltung der Inhalte

Die Gestaltung für die Elemente im Inhaltsbereich `main` werden im Stylesheet *content.css* gespeichert.

18.9.1 Links im Inhaltsbereich gestalten

Im ersten Abschnitt geht es um die Gestaltung der Links, die im folgenden Listing in kompakter Schreibweise wiedergegeben wird:

```
/**
  * Hyperlinks im Inhaltsbereich gestalten
  */
.site-content a:link { color: #07b; }
.site-content a:visited { color: #3ad; }
.site-content a:hover, .site-content a:focus { color: #f63; }
.site-content a:active { color: #ec3; }
.site-content a[href^="http"]::after { content: " \2197"; }
```

Listing 18.22 Gestaltung der Links im Inhaltsbereich

18.9.2 Weitere Inhalte gestalten

Danach werden weitere Inhalte auf der Startseite und der Seite *News* formatiert. Mit verkürzten Regeln sieht dieser Bereich von *content.css* so aus wie im folgenden Listing:

```
/**
  * Gestaltung der Infoboxen
  */
.infoboxen { background-color: #eee; ... }
.infobox { text-align: center; ... }

/**
  * Gestaltung der Kundenstimmen
  */
.kundenstimme { text-align: center; ... }
.kundenstimme blockquote { margin: 0; }
.kundenstimme p:first-child { font-size: 1.25rem; ... }

/**
  * Gestaltung der Inhalte auf der Seite News
  */
.beitragsliste h3, .linklisten h3 { padding-top: 0.5rem; ... }
.beitragsliste article, .linklisten section { margin-bottom: 3rem; }
.beitragsinfo { color: gray; }
```

Listing 18.23 Gestaltung der weiteren Inhalte

Im folgenden Kasten speichern Sie diese Regeln in *content.css*.

Übungswebsite: Regeln in das Stylesheet »content.css« verschieben

1. Öffnen Sie das Stylesheet *content.css* in einem Editor.
2. Fügen Sie nach dem Anfangskommentar das CSS aus Listing 18.22 und Listing 18.23 ein.
3. Speichern Sie das Stylesheet, und prüfen Sie die Webseiten im Browser. Es sollte sich nichts geändert haben.

18.10 Das Modul »forms.css« für Kontaktdaten und Formulare

Zu guter Letzt wird die Gestaltung des Kontaktformulars in einem eigenen Stylesheet namens *forms.css* gespeichert. In diesem Stylesheet können Sie später auch das CSS zur Gestaltung der Kontaktdaten und eventuelle weitere Formulare speichern.

Leicht gekürzt sieht das CSS in *forms.css* so aus wie im folgenden Listing:

```
/**
  * Gestaltung des Kontaktformulars
  */
.kontaktformular form { max-width: 400px; ... }
.kontaktformular div { margin-bottom: 1rem; }
.kontaktformular label { cursor: pointer; }
.kontaktformular label[for] { display: block; }
.kontaktformular button { background-color: #0b74b8; ... }
```

Listing 18.24 Gestaltung des Kontaktformulars

Im folgenden Kasten speichern Sie das CSS in *forms.css*.

Übungswebsite: Das Stylesheet »forms.css«

1. Öffnen Sie das Stylesheet *forms.css* in einem Editor.
2. Fügen Sie nach dem Anfangskommentar das CSS aus Listing 18.24 ein.
3. Speichern Sie das Stylesheet, und prüfen Sie die Webseiten im Browser. Es sollte sich nichts geändert haben.

Nach einer solchen Aufräumaktion empfiehlt es sich, das CSS noch einmal vom Validator überprüfen zu lassen, um versehentliche Fehler auszuschließen.

Das funktioniert im Prinzip genau wie weiter oben in Abschnitt 18.3, »CSS überprüfen mit dem CSS-Validator«, beschrieben, aber Sie müssen die im zentralen Stylesheet eingebundenen Stylesheets einzeln validieren.

18.11 Ein neues Modul für ein modernes Layout

Zum Abschluss des Kapitels nutzen Sie die neue Organisation der Stylesheets und fügen ein neues Modul-Stylesheet für ein modernes Layout hinzu:

- Die Beispielseiten haben im Moment ein klassisches Layout, bei dem in größeren Viewports links und rechts vom Inhalt ein farbiger Hintergrund sichtbar wird.
- In diesem Abschnitt erstellen Sie ein zusätzliches Stylesheet für ein modernes Layout, bei dem der einfarbige Hintergrund verschwindet und die einzelnen Layoutbereiche als farbige Streifen über die volle Breite der Seite gehen.

Abbildung 18.4 zeigt dieses moderne Layout für die Startseite.

Abbildung 18.4 Die Startseite mit einem Layout über die volle Breite

18.11.1 Schritt 1: Das HTML anpassen – die Dopplung mit »div«

Um dieses Layout zu realisieren, werden die Layoutbereiche mit einem zusätzlichen inneren Element gedoppelt. Diese beiden Container haben eine strikte Aufgabenteilung:

- Der äußere Container füllt mit seiner Hintergrundfarbe den gesamten Viewport von ganz links bis ganz rechts.
- Der innere Container bekommt eine maximale Breite und sorgt so dafür, dass der Inhalt sich *nicht* von ganz links bis ganz rechts erstreckt.

Durch diesen Trick wird es möglich, dass ein Layoutbereich als farbiger Streifen die volle Breite der Seite füllt, der Inhalt aber eine bestimmte Breite nicht überschreitet.

Da der innere Container nur zur Gestaltung eingebaut wird und semantisch neutral ist, bietet sich dafür das Element `div` an, das genau zu diesem Zweck erfunden wurde (siehe Abschnitt 7.9, »Elemente mit <div> semantisch neutral gruppieren«).

Das folgende Listing zeigt das HTML für die vier Layoutbereiche, wobei das div eine Klasse namens inside erhält, damit man es im CSS besser selektieren kann:

```
<header class="site-header">
  <div class="inside">
    <!-- Inhalte für den Header -->
  </div>
</header>

<nav class="site-nav">
  <div class="inside">
    <!-- Die Navigationsliste -->
  </div>
</nav>

<main class="site-content">
  <div class="inside">
    <!-- Abschnitte im Inhaltsbereich -->
  </div>
</main>

<footer class="site-footer">
  <div class="inside">
    <!-- Inhalte im Fußbereich -->
  </div>
</footer>
```

Listing 18.25 Die anderen Layoutbereiche mit einem »div«

Diese Änderungen müssen für die Layoutbereiche auf allen Webseiten gemacht werden, mit Ausnahme des Inhaltsbereichs auf der Startseite:

- Der Inhaltsbereich auf der Startseite besteht aus drei Abschnitten mit unterschiedlichen Hintergrundfarben.
- Hier wird deshalb nicht main ge-div-doppelt, sondern die section-Elemente innerhalb von main.

Das folgende Listing zeigt das HTML für die drei section-Abschnitte:

```
<main class="site-content">
  <section class="content-intro">
    <div class="inside">
```

```
      <!-- Inhalte für diesen Abschnitt -->
    </div>
  </section>

  <section class="infoboxen">
    <div class="inside">
      <!-- Inhalte für diesen Abschnitt -->
    </div>
  </section>

  <section class="kundenstimmen">
    <div class="inside">
      <!-- Inhalte für diesen Abschnitt -->
    </div>
  </section>
</main>
```

Listing 18.26 Auf der Startseite wurde statt »main« das »section« gedoppelt.

Die Webseiten sehen nach diesen Änderungen noch genauso aus wie vorher, aber das Fundament für das CSS im nächsten Abschnitt ist damit gelegt.

Im folgenden Kasten setzen Sie diese HTML-Änderungen für die Übungswebsite um. Das ist ein bisschen Arbeit, aber es lohnt sich.

Übungswebsite: Das HTML für die Beispielseiten ändern

1. Öffnen Sie die Webseiten der Reihe nach im Editor.
2. Fügen Sie wie in Listing 18.25 gezeigt auf allen Seiten im HTML ein zusätzliches `div` für die Layoutbereiche ein.
3. Auf der Startseite *index.html* werden die `section`-Elemente im Inhaltsbereich gedoppelt (siehe Listing 18.26).
4. Speichern Sie alle HTML-Dateien, und prüfen Sie sie im Browser. Es sollte sich nichts geändert haben.

18.11.2 Schritt 2: Das Stylesheet »layout-modern.css« hinzufügen

Wenn das HTML vorbereitet ist, geht es an die Gestaltung der Seiten per CSS. Die Regeln dazu speichern Sie in einem neuen Stylesheet mit dem Namen *layout-modern.css*. Das folgende Listing zeigt, dass vier Regeln genügen:

```
html { background-color: transparent; }
body {
  max-width: none;
  padding: 0;
  margin: 0;
}
.inside {
  max-width: 600px;
  padding: 0 1rem;
  margin: 0 auto;
}
.site-header, .site-nav, .site-content, .site-footer {
  padding-left: 0;
  padding-right: 0;
}
```

Listing 18.27 Das CSS für »layout-modern.css«

Die CSS-Regeln machen Folgendes:

- Zunächst wird für das Stammelement `html` die Hintergrundfarbe auf den Standardwert `transparent` zurückgesetzt.
- Die zweite Regel entfernt eine maximale Breite von `body` und setzt `padding` und `margin` auf 0.
- Die Deklarationen für `.inside` geben den neu eingefügten `div`-Elementen eine maximale Breite und zentrieren sie.
- Die letzte Regel entfernt links und rechts eventuelle Innenabstände von den Layoutbereichen, damit diese ganz bis an den Rand des Browserfensters reichen.

Das Stylesheet *layout-modern.css* wird im zentralen Stylesheet *style.css nach layout.css* importiert:

```
@import url("layout.css");
@import url("layout-modern.css");
@import url("navi-inline.css");
```

Listing 18.28 Das neu erstellte Stylesheet importieren

Mit wenigen CSS-Regeln können Sie also das Layout der Seiten komplett verändern, und das setzen Sie im folgenden Kasten um.

Übungswebsite: Das Stylesheet »layout-modern.css« einbinden

1. Starten Sie Ihren Editor, und erstellen Sie eine neue Datei.
2. Speichern Sie die Datei als *layout-modern.css* im Unterordner *css*.
3. Erstellen Sie einen kurzen beschreibenden Kommentar, fügen Sie die CSS-Regeln aus Listing 18.27 ein, und speichern Sie die Datei.
4. Öffnen Sie das zentrale Stylesheet *style.css* im Editor.
5. Fügen Sie die `@import`-Regel für das neue Stylesheet ein (siehe Listing 18.28).
6. Speichern Sie alle Dateien, und betrachten Sie die Webseiten im Browser.

Nach diesen Schritten hat sich das Layout verändert und sieht etwa so aus wie in Abbildung 18.4.

18.11.3 Schritt 3: Fine-Tuning für die Infoboxen auf der Startseite

Das moderne Layout sieht so weit gut aus, aber der Teufel steckt wie so oft im Detail, und bei CSS sind das oft die Innen- und Außenabstände. Merke: Wenn sich die *Umstände* ändern, muss man häufig die *Abstände* anpassen.

Die Umstände haben sich mit dem neuen Layout definitiv geändert. Beim Testen werden Sie feststellen, dass die Infoboxen auf der Startseite in der Desktop-Ansicht links nicht bündig sind und in der mobilen Ansicht links und rechts einen recht großen Abstand haben (Abbildung 18.5).

Die Lösung ist einfach und liegt in der Anpassung der Abstände:

- Der Abschnitt mit der Klasse `.infoboxen` hat rundherum ein `padding` von `1rem`, das links und rechts auf `0` gesetzt werden soll.
- Die Artikel mit der Klasse `.infobox` haben rundherum einen `margin` von `1rem`, der ebenfalls links und rechts entfernt werden soll.

Beide Abstände werden in *content.css* definiert, und Sie könnten sie dort an Ort und Stelle ändern, aber besser wäre es, wenn man alles von diesem Modul aus steuern könnte, sodass man es ein- und ausschalten kann, ohne noch an anderen Stellen nachbessern zu müssen.

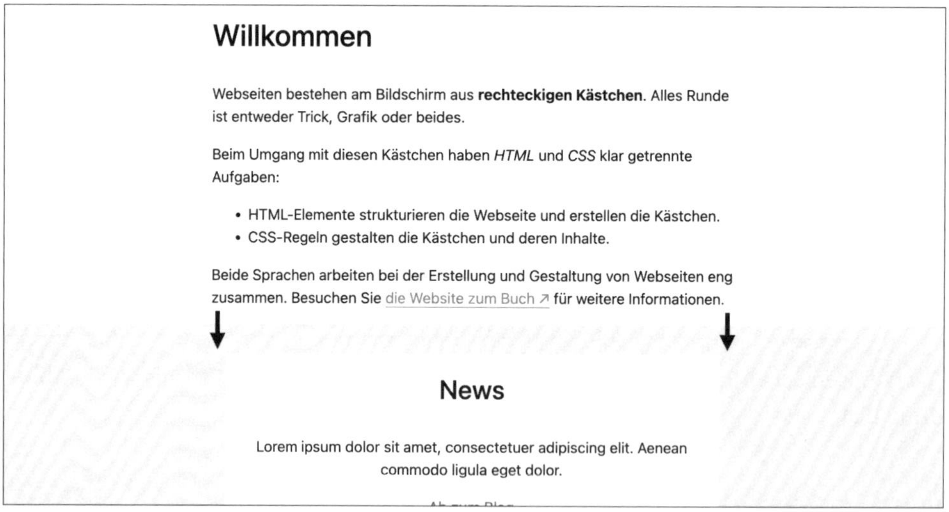

Abbildung 18.5 Die Infoboxen sind links nicht bündig.

Das Modul *content.css* wird in *styles.css nach* dem Modul *layout-modern.css* geladen. Um zu verhindern, dass die Änderungen der Abstände in *layout-modern.css* durch *content.css* gleich wieder überschrieben werden, nutzen Sie eine zweite Klasse wie `.site-content` zur Erhöhung der Spezifität:

```
/* In content.css definierte Abstände korrigieren - zusätzliche Klasse erhöht Spezifität */
.site-content .infoboxen { padding-right: 0; padding-left: 0;}
.site-content .infoboxen { margin-right: 0; margin-left: 0;}
```

Listing 18.29 Anpassung der Abstände in »layout-modern.css«

Falls Ihnen dieser Trick nicht einleuchtet, schauen Sie sich das Kapitel zur Kaskade noch einmal in Ruhe an. Die Lösung finden Sie in Abschnitt 14.3, »Ungewohnt: Spezifität ist wichtiger als Reihenfolge«.

Im Folgenden setzen Sie dieses Listing für die Übungswebsite um.

Übungswebsite: Fine-Tuning für die Infoboxen auf der Startseite

1. Öffnen Sie das Stylesheet *layout-modern.css* im Editor.
2. Ändern Sie die Abstände wie in Listing 18.29 gezeigt.
3. Speichern Sie das Stylesheet, und betrachten Sie die Webseiten im Browser.

Nach diesen Schritten sind die Abstände der Infoboxen sowohl in der Desktop- als auch in der mobilen Ansicht in Ordnung (Abbildung 18.6).

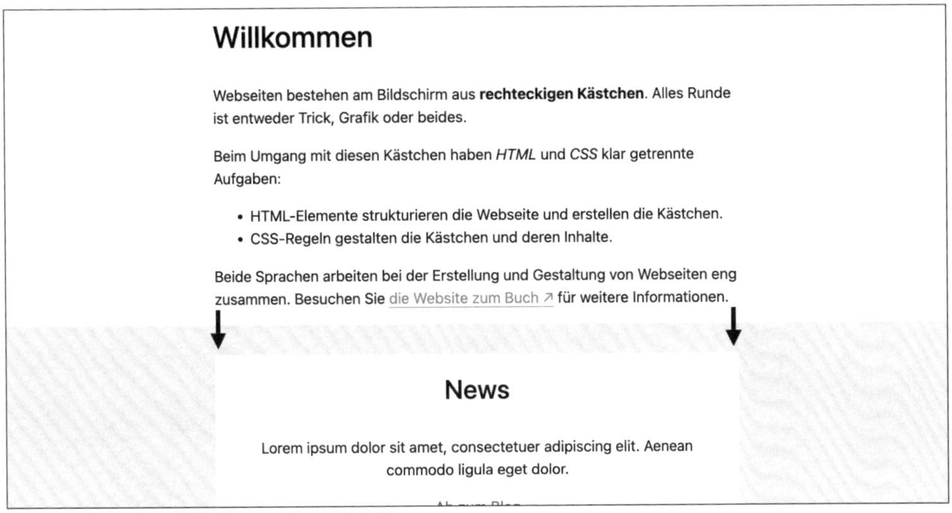

Abbildung 18.6 Die Infoboxen sind mit angepassten Abständen links bündig.

Das Wechseln des Layouts ist mit der Modulbauweise sehr einfach.

Da alle Änderungen für das moderne Layout im neuen Modul-Stylesheet enthalten sind, können Sie durch Entfernen oder Auskommentieren der Zeile `@import url("layout-modern.css")` in *style.css* ganz einfach zum klassischen Layout wechseln.

18.12 Auf einen Blick

Hier sind noch einmal die wichtigsten Punkte im Überblick:

- Beginnen Sie ein Stylesheet mit einem Kommentar, in dem Sie das Stylesheet kurz beschreiben.
- Mit Kommentaren können Sie ein Stylesheet in sinnvolle Abschnitte unterteilen.
- Schreiben Sie die Styles so, dass Sie sie übersichtlich finden.
- Das W3C bietet auch für CSS einen Validator. Ideal zum Finden von Tipp-, Logik- und Flüchtigkeitsfehlern.
- Mit `@import` können Sie CSS aus anderen Stylesheets importieren.
- So lässt sich das CSS auf mehrere Stylesheets verteilen, die mit einem zentralen Stylesheet verwaltet werden.
- Mit wenigen CSS-Regeln können Sie das klassische Layout mit begrenzter Breite in ein modernes Layout verwandeln, dessen farbige Abschnitte sich über die gesamte Breite erstrecken.

Kapitel 19

Media Queries und responsives Webdesign

Worin Sie erfahren, was responsives Webdesign ist, und Media Queries sowie deren Möglichkeiten kennenlernen.

Die Themen im Überblick:

In diesem kurzen Kapitel sehen Sie, was es mit *Responsive Web Design* auf sich hat, und lernen dann die `@media`-Regel kennen, mit der Sie *Medientypen* und *Media Queries* definieren können.

Media Queries sind ein wichtiges Werkzeug zur Erstellung responsiver Webseiten und gehören in den Werkzeugkasten eines jeden Webdesigners.

19.1 »Responsives Webdesign«: Das Web wird flexibel

Der Begriff *Responsive Web Design* stammt aus einem im Mai 2010 erschienenen Artikel des Webdesigners Ethan Marcotte:

- *alistapart.com/article/responsive-web-design*

Marcotte beschreibt darin drei klassische Zutaten zum Erstellen von responsiven Webseiten:

- flexible, prozentbasierte Seitenlayouts
- flexible Bilder
- Media Queries

Vereint ermöglichten diese drei Techniken es bereits im Jahre 2010, dass eine Webseite auf ihre Umgebung reagieren und sich zum Beispiel der Breite des Browserfensters anpassen konnte.

Der Satz »Nichts ist stärker als eine Idee, deren Zeit gekommen ist« wird Victor Hugo zugeschrieben, und *Responsive Web Design* war eine solche Idee, deren Zeit gekommen war und die das Web im Sturm erobert hat.

Heute wird der Begriff *responsiv* unabhängig von seiner ursprünglichen Bedeutung für alle Arten von anpassungsfähigen Webseiten genutzt, auch wenn sie keine Media Queries haben oder die Layouts nicht prozentbasiert sind, weil sie auf modernen Techniken wie Flexbox oder Grid basieren.

19.2 Medientypen definieren das Ausgabemedium

Mit `@media` kann man verschiedene Medientypen definieren. Mit *Medientyp* ist das Ausgabemedium für die Webseite gemeint.

19.2.1 Die Medientypen in der Übersicht

Webseiten werden typischerweise mit dem Medientyp `screen` an einem Bildschirm angezeigt, und das ist mit Abstand der wichtigste Medientyp. Eine Alternative wäre zum Beispiel `print` für eine Druckversion.

Tabelle 19.1 zeigt eine Übersicht der Medientypen.

Medientyp	Beschreibung
`all`	für alle Ausgabemedien (Standardwert)
`screen`	für Bildschirme aller Art und Größe
`print`	für Drucker und die Druckvorschau am Bildschirm, wenn Dokumente seitenweise ausgegeben werden

Tabelle 19.1 Medientypen auf einen Blick

Wichtig zu wissen ist, dass, solange nichts anderes definiert wurde, immer der Medientyp `all` gilt.

Neben `screen` und `print` gibt es noch einen Medientyp namens `speech`, der bisher aber von fast keinem Browser unterstützt wird. Screenreader gehören übrigens zum Medientyp screen. Sie lesen eine Webseite zwar vor, aber die Sprachausgabe basiert auf dem visuellen Layout einer Seite.

Viele weitere Medientypen gelten als veraltet

Früher gab es noch zahlreiche andere Medientypen wie tv, projection, handheld, braille, embossed oder aural, die aber allesamt als veraltet (engl. *deprecated*) gelten und nicht mehr genutzt werden sollten. Wenn Sie mehr dazu wissen möchten:

- *drafts.csswg.org/mediaqueries-4/#media-type*

19.2.2 Eine Druckversion für die Übungswebsite mit »@media print«

Die Gestaltung der Druckausgabe geschieht im CSS mit folgender Anweisung:

```
@media print { /* CSS-Regeln für die Druckversion */ }
```

Listing 19.1 Die Syntax für @media print

Alle Regeln innerhalb der darauf folgenden geschweiften Klammern werden nur für den Ausdruck der Seiten verwendet. Das folgende Listing zeigt ein einfaches Beispiel:

```
/* ================================
   print.css
   Einfache Druckversion für die Übungswebsite
================================ */

@media print {
  * {
    box-shadow: none !important;
    text-shadow: none !important;
  }

  html { background-color: white; color black; }

  .site-nav, .site-footer { display: none; }

} /* Ende @media print */
```

Listing 19.2 Das Stylesheet für eine einfache Druckversion

Sie können diese Druckversion natürlich beliebig erweitern, aber hier zunächst eine kurze Erläuterung von Listing 19.2:

- Der Universalselektor * selektiert alle Elemente einer Seite.
- Die Anweisungen zur Entfernung der Schatten haben den Zusatz `!important`, damit sie auf jeden Fall gelten.
- Für das Stammelement `html` wird schwarze Schrift auf weißem Grund definiert.
- Navigation und Fußbereich werden mit `display:none` ausgeblendet, da Navigationslinks in einer Druckversion nicht sinnvoll sind.
- Der Kommentar `/* Ende @media print */` dient nur zur Erinnerung, damit die schließende geschweifte Klammer nicht versehentlich gelöscht wird.

Dieses Stylesheet wird in *style.css* importiert, und zwar nach all den anderen Modulen:

```
/* Modul für eine einfache Druckversion */
@import url("print.css");
```

Listing 19.3 Das Stylesheet für die Druckversion importieren

Im folgenden Kasten erstellen Sie eine Druckversion für die Übungswebsite.

Übungswebsite: Eine Druckversion mit »@media print«

1. Starten Sie Ihren Editor, und erstellen Sie eine neue Datei.
2. Speichern Sie die Datei als *print.css* im Unterordner *css*.
3. Fügen Sie das CSS aus Listing 19.2 ein, und speichern Sie das Stylesheet.
4. Öffnen Sie *style.css* im Editor.
5. Importieren Sie wie in Listing 19.3 gezeigt das Stylesheet *print.css*, und zwar unterhalb der anderen `@import`-Anweisungen.
6. Speichern Sie das Stylesheet *style.css*.

Unter Windows hat Firefox zum Testen der Druckversion im Menü DATEI eine DRUCKVORSCHAU, unter macOS können Sie im Menü DATEI mit dem Befehl DRUCKEN... ein PDF erzeugen und sich das Ergebnis mit IN VORSCHAU ÖFFNEN direkt anzeigen lassen. Abbildung 19.1 zeigt die Druckversion der Seite *News*. Die Navigation wird nicht angezeigt.

Abbildung 19.1 Die Print-Version der Seite »News«

19.3 Media Queries = Medientypen + Medieneigenschaften

Mit CSS3 wurden Media Queries eingeführt, was wörtlich übersetzt *Medienabfrage* heißt. Diese Abfragen ermöglichen es, einen Medientyp wie `screen` mit bestimmten *Medieneigenschaften* (engl. *media features*) zu kombinieren.

Medieneigenschaften sind zum Beispiel Dinge wie die Viewportbreite, die Bildschirmauflösung oder die Orientierung eines Geräts, also ob es gerade im Hoch- oder im Querformat gehalten wird.

Sie können diese Eigenschaften abfragen und anhand von definierten Bedingungen beim Gestalten der Seiten darauf reagieren, sodass die Seiten sich der Umgebung anpassen. Mit einer Media Query können Sie einem Browser zum Beispiel sagen, dass er bestimmte CSS-Regeln nur anwenden soll, wenn der Viewport eine bestimmte Mindestbreite hat.

Wenn Sie diese Übung praktisch ausprobieren möchten: Die Dateien finden Sie in den Übungsdateien im Ordner zu diesem Kapitel, und zwar im Unterordner *uebungen*.

19.3.1 Die Syntax: »@media Medientyp and (Eigenschaft: Wert)«

Media Queries werden meist mit einer `@media`-Regel in einem Stylesheet definiert. Im folgenden Listing werden die Regeln zwischen den geschweiften Klammern vom Browser nur angewendet, wenn die Seite auf einem Bildschirm ausgegeben wird und der Viewport mindestens 600px breit ist:

```
@media screen and (min-width: 600px) { /* CSS-Regeln */ }
```

Listing 19.4 Media Query für eine Mindestbreite von 600px

Die Syntax ist recht einfach:

- Nach `@media` kommt der Medientyp `screen`.
- Danach folgt ein `and`, das den Medientyp und die in ganz normalen Klammern stehende Bedingung miteinander verknüpft.
- In den Klammern steht ein Ausdruck wie `min-width: 600px`, der für eine *Eigenschaft* wie `min-width` einen *Wert* wie `600px` definiert.

Die Abfrage der Eigenschaft `min-width` bezieht sich, wie gesagt, auf die Mindestbreite des Viewports im Browser, *nicht* auf die Breite des Bildschirms und *auch nicht* auf die Breite des umgebenden Elements.

19.3.2 Eine Media Query zur Änderung der Hintergrund- und Schriftfarbe

In diesem Abschnitt zeigt ein kleines Beispiel, wie Media Queries funktionieren. Vorab noch eine Anmerkung: Den Punkt, an dem sich die Darstellung durch eine Media Query ändert, nennt man im CSS-Jargon *Breakpoint*. Mehr dazu erfahren Sie weiter unten in Abschnitt 19.5, »Media Queries und die Suche nach dem Breakpoint«.

In diesem Beispiel wurde ein *Breakpoint* bei einer Mindestbreite von 600px definiert, aber Sie können auch gerne andere Breakpoints ausprobieren. Im folgenden Listing bekommt `body` je nach Viewportbreite eine andere Hintergrund- und Schriftfarbe:

```
body {
  font-family: sans-serif; line-height: 1.5;
  background: white; color: black;
  padding: 1rem;
}
```

```
@media screen and (min-width: 600px) {
  body {
    background-color: steelblue;
    color: white;
  }
}
```

Listing 19.5 Media Queries für verschiedene Hintergrundfarben

Die erste CSS-Regel steht außerhalb der Media Query und gilt immer. Innerhalb der Media Query werden Hintergrund- und Schriftfarbe für `body` geändert, Schriftart, Zeilenabstand und `padding` bleiben hingegen unverändert.

Abbildung 19.2 zeigt dieses Beispiel in Firefox mit der Funktion BILDSCHIRMGRÖSSEN TESTEN, die Sie im Menü WEITERE WERKZEUGE finden:

- Oben hat der Viewport eine Breite von 375px. Der Hintergrund ist weiß und die Schrift schwarz.
- Unten ist der Viewport 600px breit. Der Hintergrund ist wie in der Media Query definiert `steelblue`, und die Schrift wird weiß.

Alle anderen Eigenschaften bleiben unverändert.

Abbildung 19.2 Bei einer Viewportbreite von 600px ändern sich die Farben.

19.3.3 Weitere Beispiele für Media Queries

Man kann als Bedingung auch eine maximale Breite angeben. Wenn der Viewport maximal 599px breit sein soll, lautet die Media Query wie folgt:

```
@media screen and (max-width: 599px) {
  /* CSS-Regeln */
}
```

Listing 19.6 Medientyp mit Media Query für eine maximale Breite

Auch eine Kombination von mehreren Eigenschaften ist problemlos möglich:

```
@media screen and (min-width:320px) and (max-width:767px) {
  /* CSS-Regeln */
}
```

Listing 19.7 Media Query mit zwei Bedingungen

Die innerhalb dieser Abfrage definierten CSS-Regeln sind nur gültig, wenn der Viewport zwischen 320 und 767 Pixel groß ist.

Sie können auch mehrere Media Queries mit verschiedenen Breakpoints nacheinander nutzen:

```
body { background: white; color: black; padding: 1rem; }

@media screen and (min-width: 600px) {
  body { background-color: steelblue; color: white; }
}

@media screen and (min-width: 1200px) {
  body { background-color: darkblue; color: white; }
}
```

Listing 19.8 Mehrere Media Queries mit verschiedenen Breakpoints

In einem schmalen Viewport ist der Hintergrund `white`, ab einer Breite von `600px` wird er `steelblue` und ab `1200px` dann `darkblue`.

19.3.4 Die wichtigsten Medieneigenschaften im Überblick

In den meisten Fällen werden Sie mit Media Queries die Breite eines Viewports testen, aber es gibt auch andere Abfragen. Tabelle 19.2 zeigt die wichtigsten Eigenschaften auf einen Blick.

Medieneigenschaft	Beschreibung
`width`	Viewportbreite inklusive Rollbalken; meist als `min-width` oder `max-width` abgefragt.
`height`	Viewporthöhe, meist als `min-height` bzw. `max-height`
`orientation`	Querformat `landscape`, Hochformat `portrait`
`resolution`	Auflösung des Bildschirms

Tabelle 19.2 Die wichtigsten Eigenschaften für Media Queries

Zum Nachschlagen: Media Queries beim MDN

Eine gute Quelle zum Umgang mit Media Queries ist die folgende Seite beim Mozilla Developer Network:

- *developer.mozilla.org/en-US/docs/Web/CSS/@media*

Ausführlich. Aktuell. Und *in English*.

19.4 Media Queries brauchen den »Meta-Viewport«

In Abschnitt 2.6 haben Sie im HTML den *Meta-Viewport* eingebaut, und diese Anweisung wird jetzt bei den Media Queries wirklich wichtig:

```
<meta name="viewport" content="width=device-width, initial-scale=1.0">
```

Listing 19.9 Der Meta-Viewport

Ohne eine solche Angabe funktionieren in mobilen Browsern viele Media Queries nicht. Wenn also beim Testen in einem Desktop-Browser alles okay ist, in einem mobilen Browser hingegen etwas nicht funktioniert, ist meistens ein fehlender Meta-Viewport schuld.

19.4.1 Media Queries und die virtuelle Viewportbreite mobiler Browser

Mobile Browser haben die Eigenheit, Webseiten auf eine gedachte Breite zu rendern und dann auf die Bildschirmbreite des Geräts zu verkleinern. Safari geht unter iOS von einem Layout-Viewport mit einer Breite von 980px aus, der dann so verkleinert wird, dass er auf den Bildschirm passt. Mit leicht unterschiedlichen Werten machen das alle mobilen Browser so.

Diese virtuelle Breite des Layout-Viewports setzt viele Media Queries außer Kraft. Schauen Sie sich zum Beispiel einen Ausschnitt aus dem weiter oben gezeigten Listing 19.5 an:

```
body { background: white; color: black; }

@media screen and (min-width: 600px) {
  body { background-color: steelblue; color: white; }
}
```

Listing 19.10 Media Query für »Viewport mindestens 600px breit«

Die Hintergrundfarbe von `body` soll weiß sein und in einem Viewport mit mehr als 600px Breite `steelblue` werden. Am Desktop funktioniert das. In einem mobilen Browser ist `body` auch blau, wenn der Bildschirm des Geräts schmaler als 600px ist:

- Der virtuelle Layout-Viewport eines mobilen Browsers hat eine Breite zwischen ungefähr 800px und 980px.
- Der virtuelle Layout-Viewport ist also *breiter* als der in der Media Query definierte Breakpoint von 600px.
- Ergo macht der Browser den Hintergrund `steelblue`.

Dass der reale Viewport, also der Bildschirm des Geräts, schmaler als 600px ist, ist dem Browser egal. Enter Meta-Viewport.

19.4.2 Der Meta-Viewport definiert die Viewportbreite für mobile Browser neu

Das folgende Listing zeigt den Kern der Meta-Viewport-Angabe:

```
<meta name="viewport" content="width=device-width">
```

Listing 19.11 Layoutbreite bitte gleich Gerätebreite

Diese Anweisung sagt einem mobilen Browser, dass der Layout-Viewport (`width`) der Breite des Bildschirms (`device-width`) entsprechen soll und nicht irgendeinem Phantasiewert wie 980px. Mit dieser Angabe funktioniert das Beispiel aus Listing 19.10 auch in einem mobilen Browser wie erwartet:

- Wenn der Viewport im Hochformat weniger als 600px breit ist, bleibt der Hintergrund weiß.
- Dreht man das Gerät ins Querformat, wird der Viewport oft breiter als 600px und der Hintergrund somit stahlblau.

Das `meta`-Element für den Viewport ist also für responsive Webseiten unentbehrlich, aber wie erwähnt nicht Teil des offiziellen HTML-Standards, sondern eine Erfindung von Apple. Genau genommen wäre eine Anweisung zur Darstellung der Webseite im CSS besser aufgehoben als im HTML. Aus diesem Grund wird an einer Anweisung namens `@viewport` gearbeitet, die dann im CSS steht:

```
@viewport { width: device-width; }
```

Listing 19.12 Die Anweisung »@viewport« im CSS

Irgendwann wird `@viewport` den Meta-Viewport im HTML vielleicht ablösen, aber bis dahin nutzen Sie für responsive Webseiten den Meta-Viewport im `head` der Webseiten. Das funktioniert.

Der Meta-Viewport und das Zoomen

Manchmal sieht man in der Anweisung für den Meta-Viewport noch Angaben wie `maximum-scale`, `minimum-scale` oder `user-scalable`. Diese Zusätze schränken für die Besucher die Möglichkeit ein, eine Seite zu zoomen, und sollten daher nicht benutzt werden. Zoomen ist gut.

19.5 Media Queries und die Suche nach dem Breakpoint

Die Abfrage der Mindest- und Höchstbreite des Viewports gehört zu den am häufigsten eingesetzten Media Queries, bei denen Sie wie gesehen einen *Breakpoint* definieren, an dem das Layout oder die Formatierung sich ändert. Dabei taucht automatisch die Frage auf, an welchen Stellen man diese Umbrüche benötigt.

19.5.1 Weit verbreitet: Breakpoints für »Mobile«, »Tablet« und »Desktop«

Eine erste Orientierung zur Erstellung von Breakpoints bieten drei Geräteklassen, die man häufig unter den Bezeichnungen *Mobil*, *Tablet* und *Desktop* findet. Folgende Vorgehensweise war dabei früher weit verbreitet:

- Bis maximal 767px gibt es ein einspaltiges Layout für Smartphones und kleinere Tablets im Hochformat.
- Ab 768px wird für Viewports auf Tablets und am Desktop ein mehrspaltiges Layout erstellt.
- Ab zum Beispiel 1200px gibt es noch ein Layout für sehr breite Viewports.

Der Wert von 768px hat sich nicht durch Würfeln ergeben, sondern leitet sich vom Original-iPad ab, das im Hochformat eine Bildschirmbreite von 768px hatte. CSS-Pixel, nicht Gerätepixel. Damit wird auch das Problem der Orientierung an Geräten deutlich: Die Breite eines iPads im Hochformat ist inzwischen je nach Modell 768px, 810px, 834px, 1024px oder irgendein anderer Wert, der Apple gefällt. Und dann gibt es natürlich auch noch andere Geräte und andere Hersteller. Und es werden jeden Tag mehr ...

19.5.2 Breakpoints sollte man vom Layout ableiten, nicht von Geräten

Die Orientierung an gängigen Geräten ist also einfach zu verstehen, aber auch wenn bestimmte Kennzahlen momentan weiter verbreitet sind als andere, sollte man sie allesamt mit Vorsicht genießen. Nichts ist für die Ewigkeit, und erst recht nicht die Breite von mobilen Geräten. Eine bessere Strategie ist es, die Breakpoints vom Layout der eigenen Webseiten abzuleiten und nicht von den Geräten, auf denen sie dargestellt werden. Der Webdesigner Stephen Hay hat das einmal so formuliert:

> *Start with a small screen first, then expand until it looks like sh*t.*
> *Time for a breakpoint!*

Frei übersetzt heißt das so viel wie:

> *Fangen Sie mit einem schmalen Viewport an, verbreitern Sie ihn, bis es nicht mehr wirklich gut aussieht. Das ist Ihr Breakpoint!*

Eine große Hilfe sind dabei die Entwicklerwerkzeuge der Browser.

19.6 Auf einen Blick

Hier sind noch einmal die wichtigsten Punkte im Überblick:

- Der Begriff *Responsives Webdesign* meint heute alle anpassungsfähigen Webseiten, egal mit welchen Techniken sie erstellt wurden.
- Mit dem Medientyp `print` kann man eine Druckversion erstellen.
- Media Queries kombinieren Medientypen mit der Abfrage von Medieneigenschaften wie zum Beispiel der Breite des Viewports.
- Ohne eine Meta-Viewport-Anweisung im HTML funktionieren viele Media Queries in mobilen Browsern nicht wie erwartet.
- Die Breakpoints zur Abfrage der Viewportbreite sollte man idealerweise vom Layout der Seiten ableiten, nicht von bestimmten Gerätetypen.

Kapitel 20

Der Flow und die Eigenschaft »position«

Worin Sie sehen, dass Elemente auf einer Webseite einem natürlichen Flow folgen. Danach lernen Sie, wie Sie Boxen mit der Eigenschaft »position« im Browserfenster verschieben können.

Die Themen im Überblick:

In diesem Kapitel sehen Sie, dass Inline-Boxen der Schreibrichtung von links nach rechts und Blockboxen dem Flow von oben nach unten folgen. Danach geht es um die Eigenschaft `position`, mit der Sie Boxen im Browserfenster verschieben können. Dazu gibt es die Werte `static`, `relative`, `absolute`, `fixed` und `sticky`, die Sie der Reihe nach kennenlernen.

Falls Sie die Übungen selbst ausprobieren möchten, finden Sie die passenden Übungsdateien im Ordner zu diesem Kapitel im Unterordner *uebungen*.

20.1 Blockboxen, der Flow und »position: static«

Das Layouten mit CSS basiert auf der Idee, dass die von HTML-Elementen erzeugten Boxen innerhalb eines *Formatting Context* existieren, einer *Gestaltungsumgebung*, in der bestimmte Regeln gelten. Nach dem Erstellen einer Webseite arbeiten Sie in einem *Block Formatting Context*, der durch das Stammelement `html` erstellt wird.

20.1.1 Der »Block Formatting Context« mit Block- und Inline-Boxen

In einem *Block Formatting Context* gibt es Blockboxen und Inline-Boxen, die einfachen Layoutregeln folgen:

- *Inline-Boxen* fließen *horizontal, von links nach rechts*. Sie fangen so weit wie möglich links oben an, werden so breit wie ihr Inhalt und stehen *nebeneinander*. Wenn kein Platz mehr ist, rutschen sie eine Zeile tiefer und fangen wieder links an.
- *Blockboxen* fließen *vertikal, von oben nach unten*. Sie beginnen ebenfalls so weit wie möglich links oben, *blocken* aber den nach rechts zur Verfügung stehenden Platz und stehen dadurch automatisch *untereinander*.

Inline-Boxen fließen von links nach rechts, Blockboxen von oben nach unten. Das ist der *Flow*. Der Flow macht Webseiten flexibel, und beim Layouten per CSS sollten Sie versuchen, *mit* diesem Flow zu arbeiten und nicht *gegen* ihn.

Boxen im Flow respektieren einander, und der Browser passt auf, dass sie sich nicht überlappen. Mit `display` und Werten wie `block`, `inline` oder auch `inline-block` können Sie zwar das Verhalten der Box beeinflussen, aber sie bleiben im Flow. *Panta rhei* – alles fließt.

Einen *neuen Block Formatting Context* erstellt man übrigens mit `display: flow-root`. Warum das manchmal sinnvoll sein kann, sehen Sie in Kapitel 21 beim Floaten.

Für das Nebeneinander gibt es Flexbox und CSS-Grid

Blockboxen fließen einspaltig von oben nach unten. Für mehrspaltige Layouts lernen Sie weiter hinten im Buch andere Werte für `display` kennen:

- `display: flex` erzeugt einen *Flex Formatting Context* (Flexbox, Kapitel 22)
- `display: grid` erstellt einen *Grid Formatting Context* (Grid, Kapitel 24)

Jetzt geht es aber erst einmal weiter mit dem *Block Formatting Context* und der Eigenschaft `position`.

20.1.2 Mit »position: static« stehen Blockboxen immer untereinander

Abbildung 20.1 zeigt drei `div`-Elemente, die mit `max-width: 25%` in der Breite verkürzt wurden. Horizontal hätte der Browser also genügend Platz, um alle drei Boxen nebeneinanderzustellen. Blockboxen fließen aber von oben nach unten, und es ist wichtig zu verstehen, dass drei Blockboxen untereinander stehen bleiben, auch wenn genügend Platz für ein Nebeneinander wäre.

Abbildung 20.1 Blockboxen stehen im Flow immer untereinander.

Zur Positionierung von Boxen im Viewport gibt es die Eigenschaft `position`, die Sie in diesem Kapitel ausführlich kennenlernen. Der Standardwert für `position` ist `static`, was für Boxen nichts anderes bedeutet als »Nimm deine normale Position ein«. Die Positionierung, die dem natürlichen Flow freien Lauf lässt, heißt also *static*. Such is life in CSS.

20.2 Versetzt weiterfließen mit »position: relative«

Die relative Positionierung mit `position: relative` macht zwei Dinge:

- Sie verschiebt eine Box von ihrer normalen Position im Flow.
- Sie markiert den ursprünglichen Platz der Box als geschützt.

Mit den Eigenschaften `top`, `right`, `bottom` und `left` können Sie positionierte Boxen im Viewport verschieben. Als positioniert gilt eine Box, wenn `position` einen anderen Wert als `static` hat. Bei Boxen mit `position: static` werden `top`, `right`, `bottom` und `left` ignoriert.

Im folgenden Beispiel wird das erste `div` relativ positioniert und bekommt mit `top` und `right` eine bestimmte Position zugewiesen:

```
div:first-child {
  background: #ecc;
  position: relative;
  top: 1rem;
  right: 0.5rem;
}
```

Listing 20.1 Das erste <div> wird relativ positioniert.

Abbildung 20.2 zeigt das Ergebnis im Browserfenster.

Abbildung 20.2 Relative Positionierung in Aktion

Die beiden anderen Boxen haben sich nicht bewegt und verhalten sich so, als sei die positionierte Box noch an ihrem *ursprünglichen* Platz im Flow. Box 1 hingegen wurde verschoben:

- `top:1rem` drückt die Box um 1rem nach *unten*.
- `right:0.5rem` schiebt die Box um 0,5rem nach *links*.

Bei der relativen Positionierung ist der Bezugspunkt für die Werte von `top`, `right`, `bottom` und `left` also die ursprüngliche Position der Box im Flow.

Das ist in sich alles ganz logisch, aber trotzdem wirkt die relative Positionierung anfangs ein bisschen wie »von hinten durch die Brust ins Auge«. In der Praxis werden Sie `position: relative` häufig nutzen, um einen Bezugspunkt für die absolute Positionierung zu definieren. Dazu gleich mehr.

20.3 Raus aus dem Flow mit »position: absolute«

Im Gegensatz zur relativen nimmt die *absolute Positionierung* das Element komplett aus dem Flow heraus, und es wird – bildlich gesprochen – hochgezogen. Alle anderen Elemente auf der Seite verhalten sich so, als ob es gar nicht da wäre.

Das HTML für dieses Beispiel ist bis auf ein Wort identisch mit dem für die relative Positionierung in Listing 20.1:

```
div:first-child {
  background: #ecc;
  position: absolute;
  top: 1rem;
  right: 0.5rem;
}
```

Listing 20.2 Das erste »div« wird absolut positioniert.

Im CSS wurde `relative` durch `absolute` ersetzt, aber die Wirkung ist enorm. Box 1 steht plötzlich rechts außen, und die beiden anderen Boxen rutschen nach oben (siehe Abbildung 20.3).

Abbildung 20.3 Nur ein Wort geändert – und »absolute« anders

Absolut positionierte Boxen werden aus dem Flow gehoben und liegen *über* den anderen. Die genauen Koordinaten werden wieder mit den Eigenschaften `top`, `right`, `bottom` oder `left` angegeben, aber die Werte für diese vier Eigenschaften orientieren sich nicht mehr an der ursprünglichen Flow-Position der Box:

- Die absolute Positionierung einer Box bezieht sich auf die nächste umgebende, *positionierte* Box. Als positioniert gilt eine Box, wenn `position` nicht den Wert `static` hat.
- Falls keine umgebende positionierte Box vorhanden ist, erfolgt die Positionierung relativ zum Stammelement `html`.

Diese beiden Aussagen können Sie wie folgt zusammenfassen:

- *Absolute* Positionierung ist *immer relativ* zu einem Bezugspunkt.
- Es gibt zwei mögliche Bezugspunkte:
  - das nächste umgebende *positionierte* Element
  - das Stammelement `html`

Die Kombination von `relative` und `absolute` sorgt im Alltag beim Umgang mit `position` für viel Verwirrung und wird daher im folgenden Abschnitt an einem konkreten Beispiel erläutert.

20.4 Der Trick: »absolute« und »relative« kombinieren

In der Praxis kombiniert man die absolute und relative Positionierung, und diesen Trick nutzen Sie in diesem Abschnitt, um eine Beschriftung über ein Bild zu legen. Als Grundlage dient das Beispiel aus Abschnitt 6.5, »Abbildungen beschriften: <figure> und <figcaption>«. Hier zur Erinnerung das HTML:

```
<figure>
  <img src="bilder/hamburg-blankenese-treppenviertel-400.jpg"
       srcset="bilder/hamburg-blankenese-treppenviertel-800.jpg"
       alt=""
       width="400" height="300">
  <figcaption>Blick auf das Treppenviertel in Blankenese</figcaption>
</figure>
```

Listing 20.3 Das HTML für die Bildbeschriftung

Abbildung 20.4 zeigt das Bild und darunter die Beschriftung.

Abbildung 20.4 Bildbeschriftung mit <figure>, <img> und <figcaption>

Um figcaption über das Bild zu legen, wird im CSS zunächst einmal das umgebende Element figure auf die Breite des Bildes beschränkt und relativ positioniert:

```
figure {
  position: relative;
  max-width: 400px;
  margin: auto;
}
```

Listing 20.4 <figure> wird relativ positioniert.

Die relative Positionierung verändert optisch nichts. figure bleibt im Flow, wird aber zum Bezugspunkt für die im folgenden Listing gezeigte absolute Positionierung von figcaption:

```
figcaption {
  position: absolute;
  left: 0;
  right: 0;
  bottom: 0;

  text-align: center;
  color: white;
  background: rgb(50,50,50,0.8);
  padding: 0.5rem;
}
figure img { display: block; }
```

Listing 20.5 Die Beschriftung absolut positionieren und gestalten

In diesem Listing wird zunächst die Position von `figcaption` definiert:

- `position: absolute` hebt die Box aus dem Flow.
- `left: 0` und `bottom: 0` positionieren die Box ganz links und ganz unten. Bezugspunkt ist `figure`, weil es relativ positioniert wurde und somit das erste umgebende, positionierte Element ist.
- `right: 0` bewirkt, dass die Beschriftung sich über die volle Breite von `figure` erstreckt, von ganz links bis ganz rechts.
- `img` bekommt `display: block`. Ohne diese Anweisung wäre es eine Inline-Box, und es gäbe eine kleine Lücke unter dem Bild.

In den weiteren Anweisungen bekommt `figcaption` unter anderem einen leicht transparenten Hintergrund. Abbildung 20.5 zeigt, dass die Beschriftung nach diesem Listing über dem Bild liegt.

Abbildung 20.5 Die Beschriftung liegt halbtransparent über dem Bild.

20.5 Wie ein Fels in der Brandung – »position: fixed«

Die feste Positionierung mit `position:fixed` verhält sich fast genau wie `position: absolute`, mit einem kleinen, aber feinen Unterschied: Ein fixiertes Element scrollt nicht mit.

Absolut positionierte Elemente sind relativ zu einem Bezugspunkt im Dokument und scrollen daher mit. Bei fixierten Elementen ist das anders:

- Fixierte Elemente orientieren sich am Browserfenster selbst und nicht am Stammelement `html` innerhalb dieses Fensters.
- Da das Browserfenster selbst nicht mitscrollt, bleiben fixierte Elemente an derselben Stelle stehen.

Wie bei der absoluten Positionierung ist nicht mehr der Browser, sondern der Webdesigner dafür verantwortlich, dass sich fixierte Elemente nicht danebenbenehmen.

In Abbildung 20.6 sehen Sie als Beispiel einen Link *Zurück nach oben*, der immer rechts unten im Browserfenster steht.

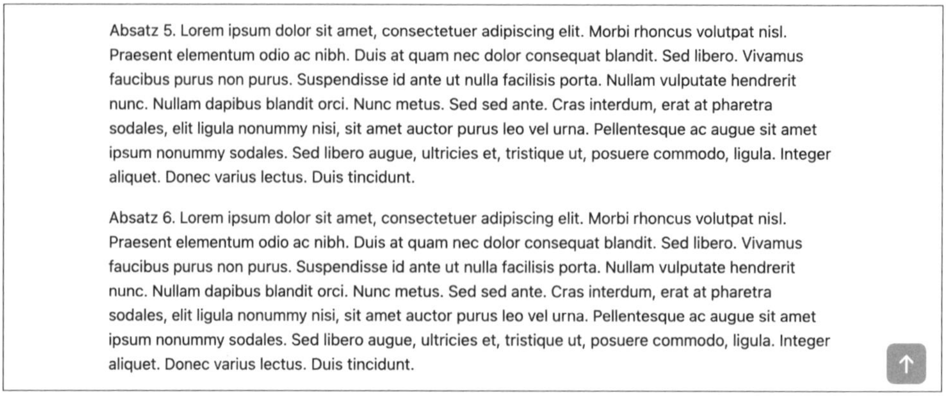

Abbildung 20.6 Ein unten rechts im Browser fixierter Link zurück nach oben

Gegeben sei folgendes HTML. Das Kürzel `↑` fügt das Unicode-Zeichen für einen nach oben zeigenden Pfeil ein:

```
<body>
<article>
    <h1>Wie ein Fels in der Brandung</h1>
    <p>Absatz 1. Lorem ipsum ... </p>
    <p>Absatz 2. Nullam vulputate ... </p>
    <!-- noch weitere Absätze -->
```

```
</article>
<a title="Zurück nach oben" class="back-to-top" href="#top">&#8593;</a>
</body>
```

Listing 20.6 Ein bisschen HTML mit zu fixierendem Link nach oben

Und hier ist das CSS, um den Hyperlink rechts unten im Viewport zu fixieren:

```
a.back-to-top {
  position: fixed;
  bottom: 0.5rem;
  right: 0.5rem;

  font-size: 1.5rem; line-height: 1;
  text-align: center; text-decoration: none;

  background: rgb(0,0,0,0.4); color: white;
  transition: background .3s ease-in-out;

  width: 2.5rem; height: 2.5rem;
  padding: 0.5rem; border-radius: 0.5rem; margin: 0.5rem;
}
a.back-to-top:hover, a.back-to-top:focus {
  background-color: rgb(0,0,0,0.6);
}
```

Listing 20.7 Das CSS zur Fixierung und Gestaltung des Links

Diese beiden Regeln fixieren und gestalten den Hyperlink. Während der Rest beim Scrollen der Seite mitläuft, bleibt der Link immer rechts unten im Browserfenster.

20.6 Scrollen und dann stehen bleiben: »position: sticky«

`position: sticky` ist eine Art Zwitter aus `static` und `fixed`:

- Ein Element mit `position: sticky` ist zunächst einmal im Flow und scrollt mit.
- Wenn das Element einen bestimmten Punkt erreicht, wird es aus dem Flow gehoben und fixiert. Der Rest der Seite fließt unter dem Element weiter.

Dieser Effekt wird häufig benutzt, um eine Navigationsleiste am oberen Bildschirmrand zu fixieren, und genau das machen Sie in diesem Abschnitt für die Übungswebsite.

Mit der folgenden CSS-Regel positionieren Sie den Navigationsbereich und geben ihm einen leichten Schatten, wodurch er quasi über der Seite schwebt und der Inhalt unter ihm hindurchscrollt:

```
.site-nav {
  position: sticky;
  top: 0;
  box-shadow: 0 2px 6px rgb(51,51,51,0.3);
}
```

Listing 20.8 Die Navigation mit »position: sticky« und »box-shadow«

Im Folgenden ergänzen Sie die Übungswebsite um diesen Effekt.

Übungswebsite: Die Sitenavigation bekommt »position: sticky«

1. Öffnen Sie das Stylesheet *navi-inline.css*.
2. Ergänzen Sie die vorhandene CSS-Regel zur Gestaltung von `.site-nav` um die Deklarationen aus Listing 20.8.
3. Speichern Sie das Stylesheet, und betrachten Sie die Webseiten im Browser.

Abbildung 20.7 zeigt die Navigation am oberen Bildschirmrand.

Abbildung 20.7 Die Navigation bleibt am oberen Fensterrand hängen.

20.7 Positionierte Boxen und der »z-index«

Der Autor einer Webseite ist bei positionierten Boxen selbst dafür verantwortlich, dass diese sich nicht unabsichtlich mit anderen Boxen überlappen. Zur Kontrolle der Stapelreihenfolge gibt es die Eigenschaft `z-index`.

In Diagrammen gibt es neben der x-Achse (von links nach rechts) und der y-Achse (von oben nach unten) manchmal noch eine z-Achse, die sich von vorne nach hinten erstreckt, also quasi aus dem Bildschirm heraus.

Positionierte Elemente haben einen `z-index`, der die Position des Elements auf dieser z-Achse beschreibt: Wenn ein Element positioniert wird, bekommt es `z-index: auto`. Bei gleichem `z-index` entscheidet die Reihenfolge der Elemente im Quelltext: Weiter unten stehende Elemente werden *vor* den weiter oben stehenden Elementen platziert.

Zwei Dinge sind noch erwähnenswert:

- `z-index` gilt in einem *Block Formatting Context* nur für positionierte Boxen.
- `z-index` ist nur relevant, wenn Boxen sich überlappen.

Tabelle 20.1 zeigt das HTML und CSS für ein einfaches Beispiel mit drei absolut positionierten Boxen.

HTML	CSS

<body>
  <div>Box 1</div>
  <div>Box 2</div>
  <div>Box 3</div>
</body>
	div {
	  position:absolute;
	  width: 75%;
	  min-height: 5rem;
	  padding: 1rem;
	  border: 3px solid #800;
	  margin: 0.5rem;
	}
	div:nth-child(1) {
	  top: 0; left: 0;
	  background: white;
	}
	div:nth-child(2) {
	  top: 4rem; left: 4rem;
	  background: #ecc;
	}
	div:nth-child(3) {
	  top: 8rem; left: 8rem;
	  background: #c77;
	}

Tabelle 20.1 Das Beispiel – drei positionierte Boxen ohne »z-index«

Im Browser sieht dieses Beispiel etwa so aus wie in Abbildung 20.8:

- Die drei Boxen sind positioniert und überlappen sich.
- Alle Boxen haben für `z-index` den Standardwert `auto`.

Deshalb wird die Überlappung durch die Reihenfolge im Quelltext vorgegeben, und die dritte Box ist dem Leser am nächsten.

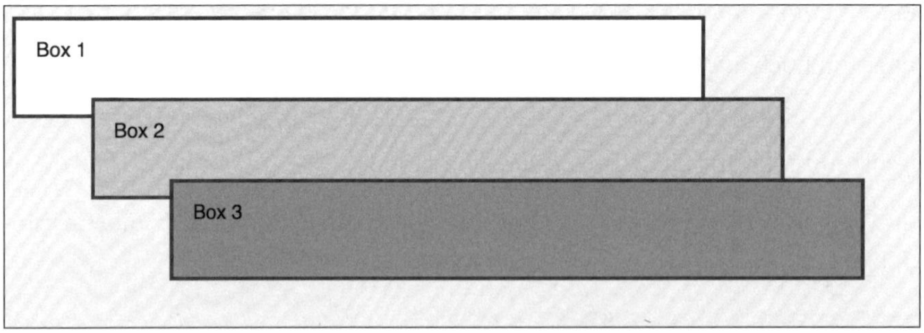

Abbildung 20.8 Absolut positionierte Boxen mit »z-index: auto«

Um die Stapelung von positionierten Boxen zu kontrollieren, können Sie den Wert von `z-index` ändern und eine Zahl vergeben. Je höher die Zahl, desto dichter steht das Element am Leser. Im nächsten Listing weisen Sie den drei Elementen einen manuellen `z-index` zu:

```
div:nth-child(1) { z-index: 30; }
div:nth-child(2) { z-index: 20; }
div:nth-child(3) { z-index: 10; }
```

Listing 20.9 Die drei Boxen mit »z-index«

Abbildung 20.9 zeigt die Auswirkung der Werte für `z-index` auf die Stapelreihenfolge im Browserfenster.

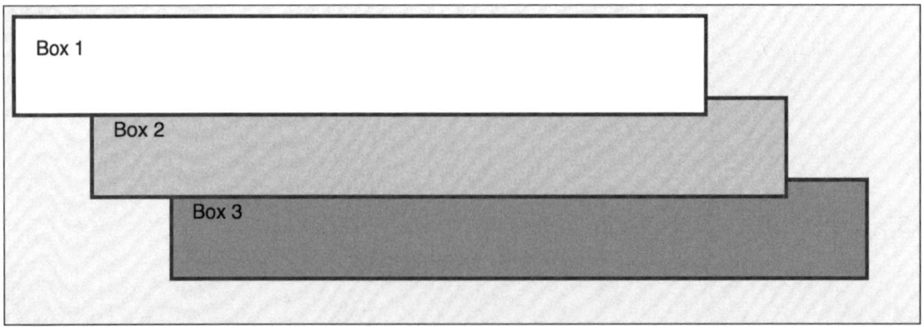

Abbildung 20.9 »z-index« mit den Werten 30, 20 und 10

Die Werte für `z-index` können übrigens beliebige ganze Zahlen sein, sogar negative sind erlaubt. Anstelle von 10, 20 und 30 hätten 1, 2 und 3 im Beispiel denselben Effekt. Der Vorteil der Zehnerwerte ist, dass man von den Zahlen her noch ein bisschen Platz hat, um später eventuell weitere Elemente dazwischen positionieren zu können.

Weitere Details zu »z-index«

In der CSS-Reference von Codrops wird `z-index` ausführlich erklärt:

- *tympanus.net/codrops/css_reference/z-index/*

Anschaulich, mit guten Beispielen und einer Live-Demo.

20.8 Auf einen Blick

Hier sind noch einmal die wichtigsten Punkte im Überblick:

- Inline-Boxen folgen der Schreibrichtung von links nach rechts.
- Blockboxen folgen dem Flow und fließen von oben nach unten.
- Der Standardwert für die Eigenschaft `position` ist `static`.
- Es gibt vier weitere Werte: `relative`, `absolute`, `fixed` und `sticky`.
- Die Koordinaten für positionierte Boxen werden mit den Eigenschaften `top`, `right`, `bottom` und `left` definiert. Bei Boxen mit `position: static` haben diese Eigenschaften keine Wirkung.
- `position: relative` verschiebt die Box relativ zu seiner Position im Flow. Die ursprüngliche Position bleibt geschützt.
- Boxen mit `position: absolute` sind nicht mehr im Flow. Die Werte für `top`, `right`, `bottom` und `left` beziehen sich dann entweder auf die nächste umgebende positionierte Box oder auf das Stammelement.
- Boxen mit `position: fixed` bleiben wie ein Fels in der Brandung an ihrer Position stehen und scrollen nicht mit.
- Boxen mit `position: sticky` scrollen zunächst mit, bleiben dann aber an einer bestimmten Stelle stehen.
- Positionierte Boxen können einen `z-index` bekommen, der ihre Position auf der z-Achse beschreibt.

Kapitel 21

Schweben und schweben lassen: »float«

Worin Sie sehen, wie man Elemente per »float« nach links oder rechts schweben und von Text umfließen lassen kann.

Die Themen im Überblick:

Floaten war viele Jahre die wichtigste Technik zum Erstellen von Layouts auf Webseiten, bis es von Techniken wie Flexbox oder Grid abgelöst wurde. Das klassische Einsatzgebiet für die Eigenschaft `float` ist aber die Positionierung von Bildern in einem Fließtext, und das lernen Sie in diesem Kapitel kennen.

21.1 Text um eine Abbildung fließen lassen mit »float«

To float heißt »schweben«, und die Eigenschaft `float` kann ein Element mit den Werten `left` oder `right` nach links oder rechts schweben lassen. Zentrieren geht damit nicht.

21.1.1 Die Ausgangssituation: ein <figure> mit Bild und Beschriftung

In diesem Kapitel floaten Sie das `figure`-Element auf der Seite *Über uns*. Hier ein Ausschnitt aus dem HTML:

```
<section class="content-intro">
  <h2>Über uns</h2>
  <figure>
```

```
    <img src="bilder/waldemar-weber-150.png"
         srcset="bilder/waldemar-weber-300.png 2x"
         alt="Waldemar Weber"
         width="150"
         height="150">
    <figcaption>Der Autor</figcaption>
  </figure>
  <p>Immer dasselbe...</p>
  <p>Genau zu diesem Zwecke ...</p>
</section>
```

Listing 21.1 Das HTML im Inhaltsbereich der Seite »Über uns«

Abbildung 21.1 Die Seite »Über uns« mit Bild und Text

21.1.2 Das <figure>-Element nach rechts floaten mit »float: right«

In diesem Abschnitt soll `figure` nach rechts gefloatet werden, und zum Testen können Sie die Anweisung `float: right` als Inline-Style direkt in das Anfangs-Tag von `figure` schreiben. Im folgenden Listing zentrieren Sie außerdem Bild und Beschriftung in `figure` und vergeben einen linken `margin` von `1rem`, der für einen Abstand zum umgebenden Text sorgt:

```
<figure style="float: right; text-align: center; margin: 0 0 0 1rem;">
  <img src="bilder/waldemar-weber-150.png"
       srcset="bilder/waldemar-weber-300.png 2x"
       alt="Waldemar Weber"
       width="150"
       height="150">
  <figcaption>Der Autor</figcaption>
</figure>
<p>Immer dasselbe...</p>
<p>Genau zu diesem Zwecke ...</p>
```

Listing 21.2 <figure> mit Bild und Beschriftung nach rechts floaten

Abbildung 21.2 zeigt das Ergebnis in einem Desktop-Browser. Der Text fließt um die Abbildung herum. `figure` hebt sich aus dem Flow, schwebt so weit wie möglich nach oben (bis unter die `h2`-Überschrift) und so weit wie möglich nach rechts (bis an den Rand von `section`).

Abbildung 21.2 Bild und Beschriftung sind nach rechts gefloatet.

Falls Sie die Abbildung lieber nach links floaten möchten, verlagern Sie den Außenabstand für den Abstand zum Text auf die rechte Seite.

Gefloatete Boxen werden nur so breit wie ihr Inhalt

Gefloatete Elemente erzeugen Blockboxen, werden aber nur so breit wie ihr Inhalt. *Shrinkwrap* nennt man das im Englischen.

21.1.3 Gefloatete Boxen in einem schmalen Viewport überprüfen

Nach dem Floaten sollten Sie das Ergebnis immer in einem schmalen Viewport prüfen. Abbildung 21.3 zeigt, dass bei der gewählten Bildbreite von 150px genügend Platz für den Text daneben ist. Viel breiter sollte das Bild aber nicht sein, weil der Text dann gequetscht wirken würde.

Abbildung 21.3 Gefloatete Bilder in einem schmalen Viewport prüfen

21.1.4 Die umgebenden Elemente reichen bis unter die gefloatete Box

Den Abstand zwischen dem umfließenden Text und der Abbildung haben Sie mit einem `margin` für `figure` definiert. Das ist sinnvoll, weil ein `margin` für den umfließenden Text nicht funktionieren würde:

- Der Text des Absatzes fließt um die Abbildung herum.
- Box-Modell-Eigenschaften wie `background`, `padding`, `border` und `margin` rutschen hingegen *unter* die Abbildung.

Zur Verdeutlichung bekommt der erste Absatz in Abbildung 21.4 eine Hintergrundfarbe, die hinter dem GIF-Bild bis ganz rechts weitergeht.

Mit anderen Worten: Nur der Text fließt um die Floats, der Rest des Absatzes geht *hinter* der gefloateten Box weiter. Deshalb ist es besser, den Abstand zwischen Text und Float mit einem `margin` für `figure` zu definieren.

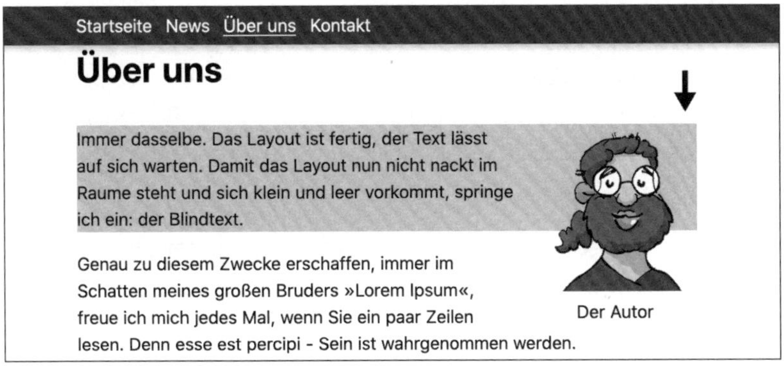

Abbildung 21.4 Der Hintergrund vom Absatz reicht bis zum rechten Rand.

21.2 Floats beenden mit »clear: both«

Mit der Eigenschaft `clear` kann man einen durch `float` ausgelösten Schwebezustand beenden und so ein folgendes Element *unterhalb* eines gefloateten Elements drücken. Die Eigenschaft `clear` kann die Werte `left`, `right` oder `both` bekommen:

- `clear:left` beendet nur ein `float:left`.
- `clear:right` beendet nur ein `float: right`.

In der Praxis verwendet man deshalb fast immer `clear: both`, denn das beendet sowohl `float: right` als auch `float:left`. In Abbildung 21.5 bekommt der zweite Absatz ein Clearing und beginnt deshalb *unterhalb* der gefloateten `figure`-Box:

```
<p style="clear: both">Genau zu diesem Zwecke ...</p>
```

Listing 21.3 »clear« schiebt den Absatz unter die gefloatete Box.

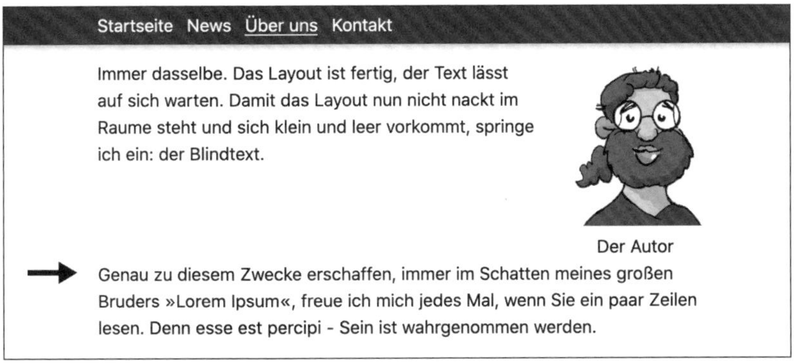

Abbildung 21.5 Der Absatz mit »clear: both« beginnt unter dem Float.

21.3 Floats umschließen mit »display: flow-root«

Eine Besonderheit von Floats ist, dass gefloatete Elemente von ihrem Elternelement nicht umschlossen werden. Sie ragen nach unten heraus, wenn das gefloatete Element länger ist als der Text daneben, und das kann beim Layouten zu Problemen führen.

21.3.1 Das Problem: Floats ragen nach unten aus dem Elternelement heraus

Auf der Seite *Über uns* ist das Problem mit den »herausragenden« Floats bereits implizit vorhanden, aber es fällt nicht auf, weil der umgebende Text länger ist als die gefloatete Box. In Abbildung 21.6 wurde deshalb der zweite Absatz vorübergehend entfernt, und schon wird das Problem sichtbar: Die gefloatete Abbildung ragt nach unten aus dem Absatz heraus und in den Fußbereich hinein.

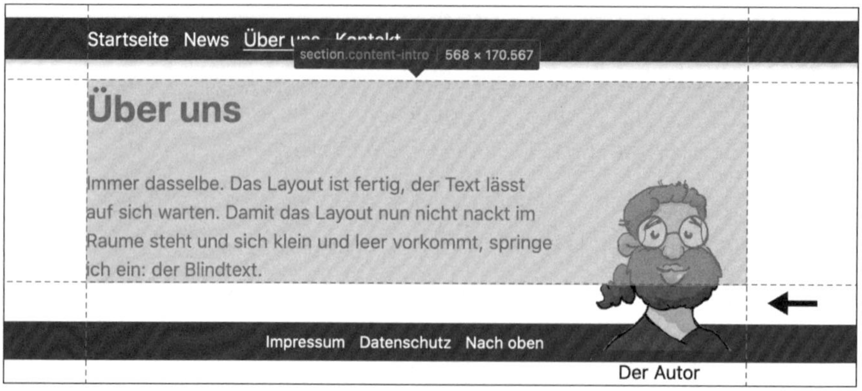

Abbildung 21.6 Floats werden von umgebenden Boxen nicht umschlossen.

Der Grund für diesen unschönen Layouteffekt ist wie gesagt, dass gefloatete Elemente vom umgebenden Element nicht umschlossen werden. Das ist beim Floaten von Bildern im Fließtext sinnvoll und erwünscht, aber beim Layouten von Webseiten eher nervig. Im Folgenden sehen Sie, wie man diesen Effekt vermeiden kann.

21.3.2 Die Lösung: Floats umschließen mit »display: flow-root«

Das Stammelement `html` erzeugt einen *Block Formatting Context*, in dem die Boxen links oben beginnend in einem *Flow* angeordnet werden. Die Lösung für das Float-Problem liegt darin, per CSS einen neuen *Block Formatting Context* für das umgebende Element zu erzeugen, denn dann werden darin enthaltene gefloatete Boxen automatisch umschlossen. Die noch recht neue Anweisung `display: flow-root` macht genau das. Das folgende Listing zeigt das für `section`:

```
<section class="content-intro" style="display: flow-root">
```

Listing 21.4 Bitte gefloatete Boxen komplett umschließen

Eigentlich ganz simpel: Das umgebende `section`-Element erzeugt durch `display: flow-root` einen neuen *Block Formatting Context*, umschließt die gefloatete Box, und das Layout ist wieder in Ordnung (Abbildung 21.7).

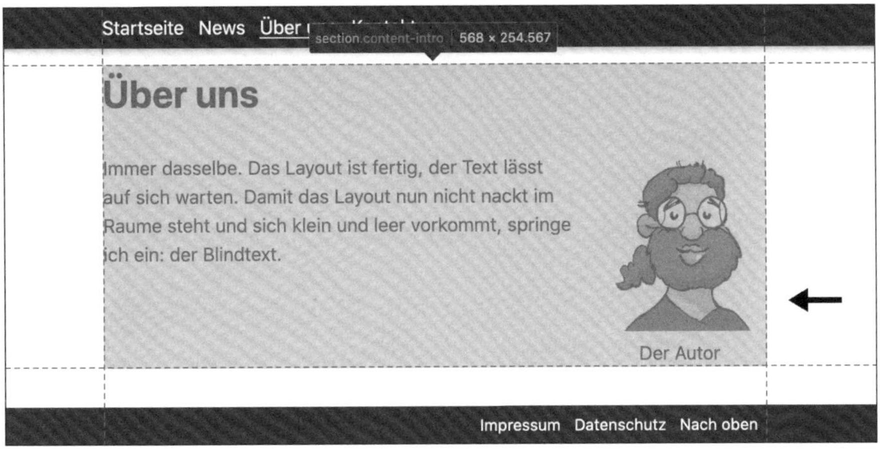

Abbildung 21.7 Die gefloatete Box wird vom Elternelement umschlossen.

Ältere Browser verstehen `display: flow-root` nicht, und in Abschnitt 21.5, »Das Umschließen von Floats mit ›@supports‹«, sehen Sie eine Lösung.

21.4 Praktisch: Klassen zum Floaten und Clearen

Zum Testen ist es völlig in Ordnung, Inline-Styles direkt in den HTML-Quelltext zu schreiben, aber unter dem Gesichtspunkt der Wiederverwendbarkeit ist es praktischer, im Stylesheet ein paar Klassen zum Floaten und Clearen zu speichern.

In diesem Abschnitt erstellen Sie jeweils eine Klasse für nach links und nach rechts schwebende Boxen mit den passenden Bezeichnungen `.float-links` und `.float-rechts`. Diese Klassen können Sie Elementen dann einfach zuweisen:

- Soll ein Element nach links floaten, bekommt es im HTML die Klasse `float-links`.
- Soll ein Element nach rechts schweben, bekommt es entsprechend `float-rechts`.

In den folgenden Klassen definieren Sie die Float-Richtung und die gewünschten Abstände:

```
.float-rechts { float: right; margin: 0 0 0 1rem; }
.float-links  { float: left;  margin: 0 1rem 0 0; }
```

Listing 21.5 Praktische Klassen zum Floaten

Wo gefloatet wird, wird oft auch gecleart, und eine Klasse dazu könnte so aussehen:

```
.float-stoppen { clear: both; }
```

Listing 21.6 Eine Klasse zum Clearen von Floats

Und zu guter Letzt folgt noch eine CSS-Regel, die Bild und Text in Abbildungen zentriert, wenn diese eine Klasse zum Floaten haben:

```
figure[class~="float-rechts"],
figure[class~="float-links"] {
  text-align: center;
}
```

Listing 21.7 Inhalte in gefloateten Abbildungen zentrieren

Falls Sie mehr über den Selektor mit der Tilde wissen möchten: Abschnitt 13.8, »Attributselektoren haben eckige Klammern: [attribut]«.

Im folgenden Kasten speichern Sie das CSS zum Floaten und Clearen und floaten dann die Abbildung auf der Seite *Über uns* nach rechts. Nach diesen Schritten ist das `figure`-Element auf der Übungswebsite nach rechts gefloatet, und Bild und Beschriftung sind darin zentriert.

Übungswebsite: Klassen zum Floaten und Clearen speichern

1. Öffnen Sie das Stylesheet *basis.css* im Editor.
2. Fügen Sie am Ende des Stylesheets die CSS-Regeln aus Listing 21.5, Listing 21.6 und Listing 21.7 ein, und speichern Sie das Stylesheet.
3. Öffnen Sie die Webseite *ueber-uns.html* im Editor.
4. Weisen Sie dem `figure`-Element die Klasse `float-rechts` zu.
5. Speichern Sie die Webseite, und betrachten Sie sie im Browser.

21.5 Das Umschließen von Floats mit »@supports«

Vor der Erfindung von `display: flow-root` mussten Webdesigner sich mit Tricks behelfen und umgebenden Elementen zum Beispiel die Anweisung `overflow: hidden` zuweisen.

Die Eigenschaft `overflow` dient eigentlich dazu, aus einer zu kleinen Box überfließende Inhalte zu kontrollieren, aber mit dem Wert `hidden` erstellte sie quasi als Nebenwirkung einen neuen *Block Formatting Context* und wurde deshalb für das Umschließen von gefloateten Elementen genutzt.

Das in diesem Abschnitt vorgestellte CSS zum Umschließen von gefloateten Elementen schlägt zwei Fliegen mit einer Klappe:

- Moderne Browser erhalten `display: flow-root`.
- Ältere Browser bekommen den Workaround `overflow: hidden`.

Bei der Umsetzung dieser Idee hilft die `@supports`-Regel, die das CSS zwischen den geschweiften Klammern nur ausliefert, wenn ein Browser eine bestimmte Anweisung versteht. Schauen Sie sich das folgende Listing ganz in Ruhe an, die Erklärung folgt danach:

```
.float-umschliessen { overflow: hidden; }

@supports (display: flow-root) {
  .float-umschliessen {
    display: flow-root;
    overflow: initial;
  }
} /* Ende @supports */
```

Listing 21.8 Floats umschließen für alte und moderne Browser

Zunächst wird die Klasse `float-umschliessen` mit `overflow: hidden` definiert. Das funktioniert in allen Browsern, ist aber wie gesagt ein Workaround, und deshalb wird danach mit `@supports` abgefragt, ob der Browser die Anweisung `display: flow-root` unterstützt:

- Kennt der Browser die Anweisung nicht, ignoriert er das folgende CSS und nimmt das bisher definierte `overflow: hidden`.
- Unterstützt er die Anweisung, wird die Klasse `float-umschliessen` mit `display: flow-root` neu definiert. Außerdem wird `overflow` mit dem Wert `initial` auf die Standardeinstellung zurückgesetzt.

Im Folgenden speichern Sie das CSS zum Umschließen von Floats und weisen es auf der Seite *Über uns* dem Abschnitt `.content-intro` zu.

Übungswebsite: Klassen zum Umschließen von Floats speichern

1. Öffnen Sie das Stylesheet *basis.css* im Editor.
2. Fügen Sie am Ende des Stylesheets im Abschnitt für nützliche Klassen die CSS-Regeln aus Listing 21.8 ein.
3. Speichern Sie das Stylesheet.
4. Öffnen Sie die Webseite *ueber-uns.html* im Editor.
5. Weisen Sie dem `section`-Element mit der Klasse `content-intro` die zusätzliche Klasse `float-umschliessen` zu:

   ```
   <section class="content-intro float-umschliessen">
   ```
6. Speichern Sie die Webseite, und betrachten Sie sie im Browser.

Das gefloatete Element wird jetzt auch vom umgebenden Abschnitt umschlossen, wenn das Bild höher als der Text daneben ist. Oder anders ausgedrückt: Das Layout funktioniert immer.

21.6 Auf einen Blick

Hier sind noch einmal die wichtigsten Punkte im Überblick:

- `float` heißt »schweben« und ist eine Eigenschaft mit den möglichen Werten `left` und `right`.
- Der Inhalt nachfolgender Elemente umfließt das gefloatete Element, die Eigenschaften `background`, `padding`, `border` und `margin` rutschen aber darunter.
- Gefloatete Elemente erzeugen immer eine Blockbox.
- Um den durch `float` ausgelösten Schwebezustand zu beenden, wird einem nachfolgenden Element die Eigenschaft `clear` zugewiesen, die die Werte `left`, `right` oder `both` annehmen kann.
- Die Anweisung `display: flow-root` bewirkt, dass eine Box darin enthaltene gefloatete Elemente umschließt.
- `@supports` ermöglicht es, CSS nur auszuliefern, wenn der Browser eine bestimmte Anweisung versteht.

Kapitel 22

Flexbox: Mehrspaltige Layouts mit »display: flex«

Worin Sie das Layouten per Flexbox kennenlernen und sehen, wie man damit die Fließrichtung, Ausrichtung, Flexibilität und Reihenfolge von Flex-Items kontrolliert.

Die Themen im Überblick:

In diesem Kapitel lernen Sie mit dem *CSS Flexible Box Layout* aka Flexbox ein CSS-Modul kennen, das speziell zum Layouten erfunden wurde und völlig neue Möglichkeiten zur Gestaltung von Elementen bietet.

22.1 Flexbox und Grid – das moderne CSS-Layout

Das Layouten mit CSS basiert wie erwähnt auf der Idee, dass Boxen innerhalb eines *Formatting Context* existieren, einer *Gestaltungsumgebung*, in der die Kindelemente einer Box bestimmten Regeln folgen.

22.1.1 Der »Block Formatting Context« ist für Layouts nur bedingt geeignet

Bis jetzt haben Sie in einem *Block Formatting Context* gearbeitet, in dem Block- und Inline-Boxen den einfachen Regeln des *Flow* folgen. Zum Erstellen von Layouts, also zum Anordnen der Boxen auf einer Seite, gibt es dabei nur wenige Möglichkeiten:

- Mit `display: inline` oder `display: inline-block` kann man Boxen nebeneinanderstellen.
- Mit `position` und `float` kann man Boxen aus dem Flow nehmen und auf der Seite platzieren.

Bis vor gar nicht allzu langer Zeit haben Webdesigner mehrspaltige Layouts nur mit diesen Techniken erstellt, und der Rest des Buches wäre gefüllt mit Tipps und Tricks zu Float-Layouts. Aber das ist, wie man so schön sagt, Geschichte.

22.1.2 Flexbox und Grid: Jenseits vom »Block Formatting Context«

Es gibt zwei relativ neue CSS-Layout-Module, die beide auf einem neuen Wert für die Eigenschaft `display` basieren:

- Das *CSS Flexible Box Layout*, kurz *Flexbox*, ist für eindimensionale Layouts gedacht, bei denen Boxen in einer Zeile *oder* in einer Spalte platziert werden. Die Deklaration `display: flex` erzeugt einen *Flex Formatting Context*, in dem neue Eigenschaften und Werte flexible Layouts ermöglichen.
- Das *CSS Grid Layout*, aka *CSS-Grid* oder einfach nur *Grid*, kümmert sich um zweidimensionale Layouts, bei denen Boxen auf einem Raster aus Zeilen *und* Spalten positioniert werden. Die Deklaration `display: grid` erzeugt einen *Grid Formatting Context*, in dem Sie mit neuen Eigenschaften und Werten Grid-Layouts erstellen können.

Die beiden Module erzeugen also jeweils einen neuen *Formatting Context*, einen Bereich auf der Webseite, in dem für das Layouten andere Regeln gelten als im Flow. Es gibt neue Eigenschaften mit neuen Werten und komplett neuen Möglichkeiten.

Flexbox und Grid haben unterschiedliche Einsatzgebiete und ergänzen einander gut. Flexbox macht in diesem Kapitel den Anfang, Grid folgt in Kapitel 24, »CSS-Grid: Mehrspaltige Layouts erstellen mit ›display: grid‹«.

22.2 Flex-Container erstellen mit »display: flex«

Flexbox und Navigationsleisten sind füreinander geschaffen, und daher dient das Gestalten einer horizontalen Navigation in diesem Kapitel zum Kennenlernen von Flexbox.

22.2.1 Die Ausgangsposition – eine einfache Navigation

Die Navigation in diesem Kapitel basiert auf folgendem HTML, das Ihnen wahrscheinlich bekannt vorkommt:

```
<nav class="site-nav">
  <ul>
    <li class="current"><a href="#">Startseite</a></li>
    <li><a href="#">News</a></li>
    <li><a href="#">Über uns</a></li>
    <li><a href="#">Kontakt</a></li>
  </ul>
</nav>
```

Listing 22.1 Das HTML für eine einfache Navigation

Dieses HTML bekommt eine einfache Gestaltung, aber die Listenelemente bleiben (vorerst) untereinander stehen. Die Links werden zu Blockboxen befördert, um die anklickbare Fläche zu vergrößern:

```
.site-nav ul { background: #eee; padding: 0; margin: 0; }
.site-nav li { list-style: none; }
.site-nav a {
  display: block;
  text-decoration: none;
  background: #333; color: white;
  min-height: 100%;
  padding: 0.5rem 1rem;
}
.site-nav a:hover, .site-nav a:focus { background: #07b; color: white; }
.current a { background: #666; color: white; }
```

Listing 22.2 Das CSS zur grundlegenden Gestaltung

Abbildung 22.1 zeigt die Navigation mit diesem CSS. Der hellgraue Hintergrund der Liste ist nicht sichtbar, weil die Links Blockboxen sind, damit sie besser gestaltet werden können.

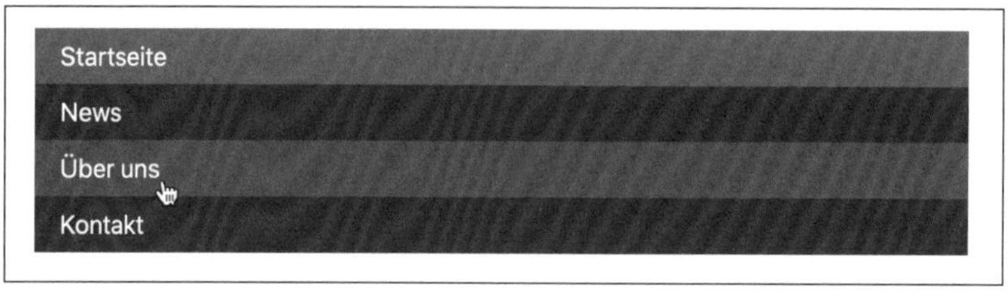

Abbildung 22.1 Die Ausgangsposition – eine einfache Navigation

22.2.2 Eine Flexbox definieren mit »display: flex«

Der erste Schritt auf dem Weg zum Gestalten per Flexbox ist es immer, ein Element mit `display: flex` zu einem *Flex-Container* zu machen. Dadurch werden alle Kindelemente automatisch zu *Flex-Items*.

Flexbox basiert also auf einer strikten Eltern-Kind-Beziehung:

- Das umgebende Elternelement ist der *Flex-Container*.
- Die darin enthaltenen Kindelemente werden zu *Flex-Items*.

Nach außen verhält sich ein Flex-Container wie eine Blockbox, nach innen ist er eine Flexbox, in der neue Eigenschaften und Regeln wirken können.

Vor dem Gestalten per Flexbox steht die Entscheidung, welches Element sich als Flex-Container eignet. In einer Navigationsleiste möchten Sie die Listenelemente nebeneinanderstellen, und da Flexbox auf dem Eltern-Kind-Prinzip basiert, wird die Liste `ul` zum Flex-Container, nicht das umgebende `nav`-Element:

```
.site-nav ul { display: flex; }
```

Listing 22.3 Die Navigationsliste <ul> wird zum »Flex-Container«.

Abbildung 22.2 zeigt das Beispiel in Firefox. Alle Listenelemente stehen nebeneinander und werden nur so breit wie ihr Inhalt. Die farbigen Linien um die Flex-Items stammen nicht aus dem CSS, sondern werden vom Firefox-Inspektor erzeugt.

In Abbildung 22.2 sehen Sie folgende Werkzeuge zur Analyse von Flex-Box-Layouts im Firefox-Inspektor:

1. Links im HTML-Baum ist die Liste `ul` mit dem Label FLEX als Flex-Container gekennzeichnet. Ein Klick auf dieses Label hebt Flex-Container und Flex-Items oben im

Browserfenster farblich hervor. Der schraffierte Bereich rechts außen ist Leerraum *im* Flex-Container.

2. Rechts im CSS ist auf dem Register LAYOUT der Bereich FLEX-BEHÄLTER (so wird hier der *Flex-Container* genannt) sichtbar.
3. Flex-Container ist das Element `ul`. Der kleine Farbkreis rechts daneben ermöglicht die Auswahl der Hervorhebungsfarbe. Mit dem Schiebeschalter rechts außen können Sie die farbliche Hervorhebung im Browserfenster ein- und ausschalten. Die Werte `row` und `nowrap` darunter zeigen die aktuelle Einstellung für den Flex-Container.
4. Darunter erscheint eine nummerierte Liste der *Flex-Items*, hier FLEX-ELEMENTE genannt. Ein Klick auf ein Flex-Item zeigt Details zu dessen Gestaltung.

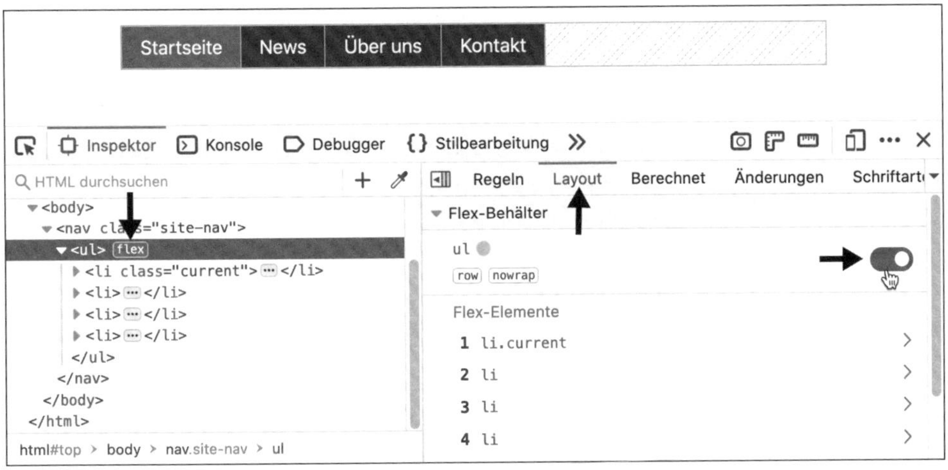

Abbildung 22.2 Die Navigation mit »display: flex« im Firefox-Inspektor

Diese Werkzeuge im Firefox-Inspektor sind beim Kennenlernen von Layouts per Flexbox ausgesprochen nützlich. Blink-basierte Browser wie Chrome oder Edge haben in ihren Entwicklerwerkzeugen ähnliche Möglichkeiten zur farbigen Hervorhebung von Flex-Container und Flex-Items.

22.2.3 Layouten per Flexbox: Neue Möglichkeiten ohne alte Probleme

Flexbox wurde wie gesagt explizit zum Erstellen von Layouts geschaffen, und das merkt man von Anfang an. In einem Flex-Container ...

- ... stehen Kindelemente automatisch nebeneinander.
- ... sind alle Kindelemente automatisch gleich hoch.
- ... werden alle Kindelemente automatisch vom Container umschlossen.

Falls Sie jemals versucht haben, ein Float-Layout zu erstellen: Das Spiel hat noch nicht mal richtig angefangen, und schon steht es 3:0 für Flexbox.

Die in diesem Kapitel vorgestellten Eigenschaften zur Gestaltung per Flexbox kann man in vier Gruppen einteilen:

1. **Fließrichtung**. Flex-Items können innerhalb des Flex-Containers von links nach rechts, von oben nach unten, von rechts nach links oder sogar von unten nach oben fließen.
2. **Ausrichtung**. Eventueller Leerraum zwischen Flex-Items kann ganz einfach auf verschiedene Weise verteilt werden.
3. **Flexibilität**. Flex-Items können sich dem vorhandenen Platz anpassen, und die genaue Berechnung der Größe überlässt man dabei dem Browser.
4. **Reihenfolge**. Flex-Items können innerhalb eines Flex-Containers in beliebiger Reihenfolge am Bildschirm erscheinen.

Die Stärken von Flexbox liegen wie gesagt in der Gestaltung von Layouts, bei denen die HTML-Elemente in einer Zeile *oder* in einer Spalte angeordnet sind, wie zum Beispiel bei den Links in einer Navigation, die im Folgenden als Beispiel dient.

22.3 Die Fließrichtung von Flex-Items kontrollieren mit »flex-flow«

Innerhalb eines Flex-Containers können Sie die Fließrichtung der Flex-Items ganz einfach kontrollieren und ändern.

22.3.1 Jede Flexbox hat eine »Hauptachse« und eine »Querachse«

Die Begriffe *Flex-Container* und *Flex-Items* kennen Sie bereits. Abbildung 22.3 zeigt zwei weitere wichtige Vokabeln:

- Innerhalb des Flex-Containers werden die Flex-Items entlang einer gedachten Linie ausgerichtet.
- Diese *Hauptachse* (engl. *main axis*) orientiert sich an der Schreibrichtung der Webseite und verläuft bei uns horizontal von links nach rechts.
- Die *Querachse* (engl. *cross axis*) steht immer im rechten Winkel quer zur Hauptachse, bei uns von oben nach unten.

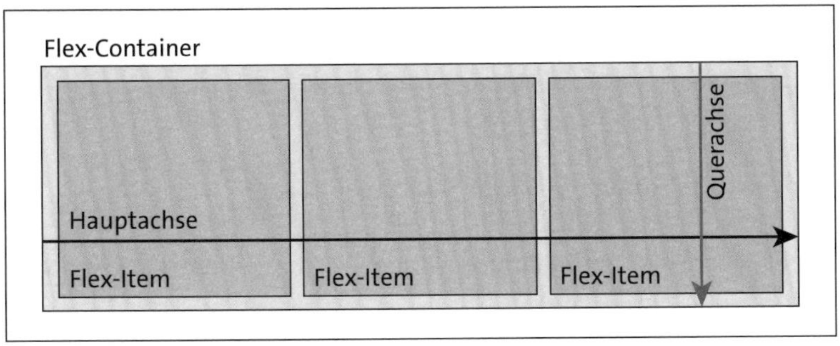

Abbildung 22.3 Das Modell einer Flexbox mit Haupt- und Querachse

Eine »Flexbox« ist eine flexible Box mit einer Perlenschnur

Flexbox ist kurz für *flexible box*, aber das Substantiv *flex* heißt im Englischen auch so viel wie *Kabel*, *Leitung* oder *Schnur*. Eine *Flexbox* ist also in gewisser Weise eine *flexible Box mit einer Schnur*, und die Hauptachse einer Flexbox können Sie sich vorstellen wie eine Schnur, an der die Flex-Items wie Perlen hintereinander aufgereiht werden.

22.3.2 »flex-direction« ändert die Fließrichtung: von »row« zu »column«

Mit der Eigenschaft `flex-direction` können Sie die Fließrichtung der Hauptachse und somit die Anordnung der Flex-Items ändern:

- `flex-direction: row` ist der Standardwert, und die Flex-Items stehen wie gesehen *nebeneinander* in einer Zeile von links nach rechts.
- `flex-direction: column` dreht die Box um 90° auf die Seite, und die Flex-Items stehen dann *untereinander* in einer Spalte.

22

Abbildung 22.4 zeigt die Navigation mit dem Standardwert `flex-direction: row` im Inspektor von Firefox. Die Hauptachse verläuft von links nach rechts.

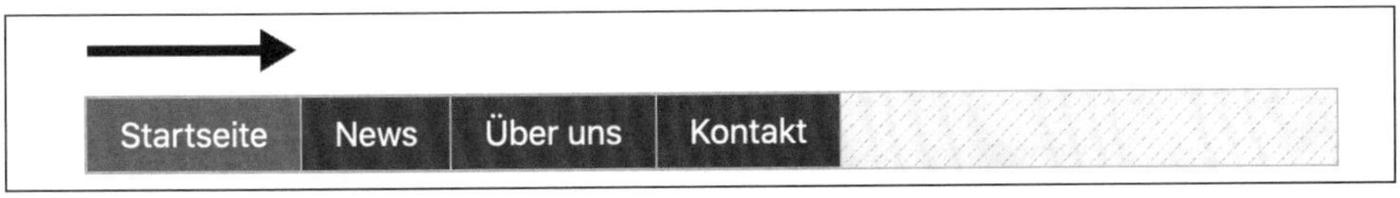

Abbildung 22.4 Flex-Container mit Hauptachse von links nach rechts

Die Deklaration `flex-direction: column` ändert die Fließrichtung:

```
.site-nav ul {
  display: flex;
  flex-direction: column;
}
```

Listing 22.4 Die Flexbox mit Fließrichtung von oben nach unten

Abbildung 22.5 zeigt, dass der Flex-Container um 90° nach rechts gedreht wurde und die Hauptachse von oben nach unten verläuft.

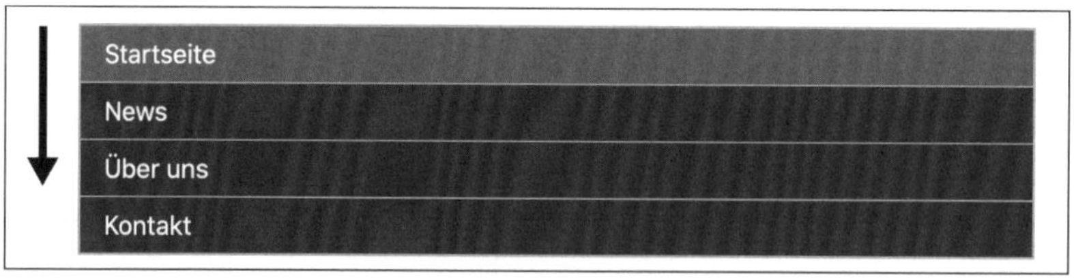

Abbildung 22.5 Flex-Container mit Hauptachse von oben nach unten

> **»row-reverse« und »column-reverse« kehren die Fließrichtung um**
>
> Äquivalent zu `row` und `column` gibt es die Werte `row-reverse` und `column-reverse`, die die Fließrichtung der Hauptachse um 180° ändern und die Reihenfolge der Flex-Items umkehren. Ein Beispiel folgt in Abschnitt 22.9.

22.3.3 »flex-wrap« ermöglicht einen Zeilenumbruch in der Flexbox

Eine Flexbox enthält standardmäßig immer *nur eine Zeile*. Wenn der Platz zu knapp wird, presst der Browser die Flex-Items in diese eine Zeile und macht *keinen Umbruch*. Mit der Eigenschaft `flex-wrap` kann man den Umbruch von Flex-Items kontrollieren, aber sie hat den Standardwert `nowrap`. Abbildung 22.6 zeigt die Navigation in einem schmalen Viewport, und der Browser lässt trotz Platzmangel keinen Zeilenumbruch zu.

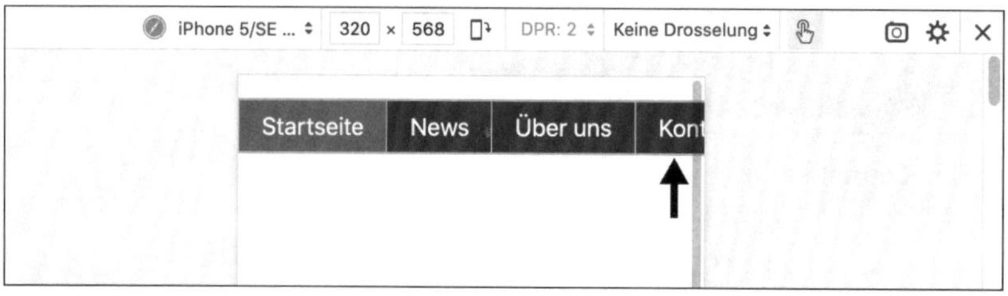

Abbildung 22.6 Standardverhalten von Flexbox – kein Zeilenumbruch

Mit der Deklaration `flex-wrap: wrap` erlauben Sie dem Browser, die Flex-Items bei Bedarf auf mehrere Zeilen zu verteilen. In Abbildung 22.7 sehen Sie die Navigation mit erlaubtem Umbruch, und dabei sieht man, dass jedes Flex-Item standardmäßig nur so breit wird sein Inhalt.

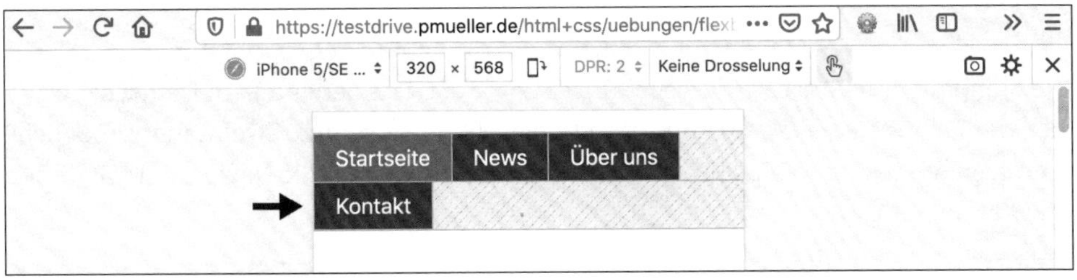

Abbildung 22.7 Flexbox mit »flex-wrap: wrap« – Zeilenumbruch erlaubt

In einem mehrzeiligen Flexbox-Layout haben die Zeilen keinen Bezug zueinander, es wird somit, anders als beim Grid-Layout in Kapitel 24, kein gleichmäßiges Raster erzeugt.

22.3.4 Shorthand: »flex-flow« ist kurz für »flex-direction« und »flex-wrap«

Mit `flex-flow` gibt es eine praktische Kurzschreibweise für die beiden Eigenschaften `flex-direction` und `flex-wrap`:

```
flex-flow: row nowrap
```

Listing 22.5 Die Kurzschreibweise »flex-flow«

Tabelle 22.1 zeigt einige Beispiele. Falls `flex-flow` nur einen Wert hat, wird die nicht genannte Eigenschaft auf ihren Standardwert gesetzt.

Kurzschreibweise	flex-direction	flex-wrap
`flex-flow: row`	`row`	`nowrap`
`flex-flow: column`	`column`	`nowrap`
`flex-flow: wrap`	`row`	`wrap`
`flex-flow: row wrap`	`row`	`wrap`
`flex-flow: column wrap`	`column`	`wrap`

Tabelle 22.1 Beispiele für die Kurzschreibweise »flex-flow«

22.4 Flex-Items an der Hauptachse ausrichten mit »justify-content«

Wenn innerhalb eines Flex-Containers nach der Verteilung der Flex-Items noch Leerraum vorhanden ist, kann man diesen mit der Eigenschaft `justify-content` auf der Hauptachse verteilen. Das Verb *to justify* heißt auf Deutsch so viel wie *bündig machen*, und `justify-content` dient zum Ausrichten von Flex-Items.

Der Standardwert von `justify-content` ist `flex-start`. Das bedeutet auf Deutsch etwa so viel wie *Richte die Flex-Items am Anfang der Hauptachse aus*. Zwei andere mögliche Werte heißen `center` sowie `flex-end`, und Abbildung 22.8 zeigt die Navigation mit diesen drei Kandidaten.

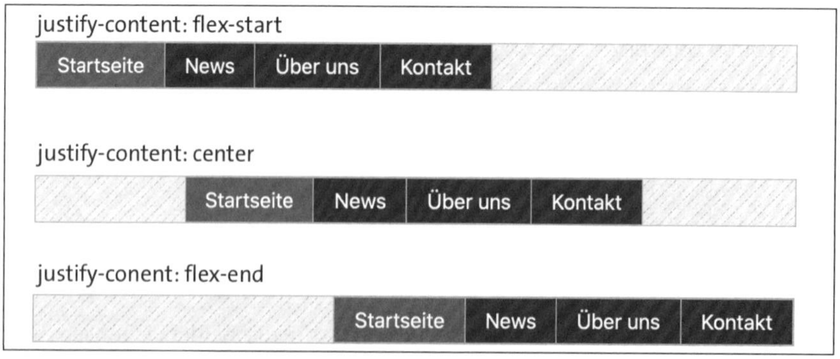

Abbildung 22.8 »justify-content« mit »flex-start«, »center« und »flex-end«

Optisch sieht `flex-start` aus wie *linksbündig*, aber man kann die Hauptachse drehen, und dann kann `flex-start` auch oben oder rechts sein. Das Flexbox-Modell ist richtungsunabhängig, und deshalb gibt es keine richtungsorientierten Angaben wie *links, rechts, oben* oder *unten*, sondern richtungsunabhängige Begriffe wie `flex-start`, `center` und `flex-end`, die anfangs zum Teil etwas ungewohnt sind.

Die Flexbox-Spezifikation kennt für `justify-content` neben den drei in Abbildung 22.8 gezeigten Werten noch weitere Möglichkeiten:

- `space-between` verteilt den verfügbaren Leerraum gleichmäßig *zwischen* den Flex-Items. Am Anfang und am Ende ist dabei kein Leerraum.
- `space-around` verteilt den Leerraum gleichmäßig um jedes Flex-Item. Zwischen den Flex-Items ist dabei doppelt so viel Platz wie am Anfang und Ende.
- `space-evenly` verteilt den Leerraum so, dass am Anfang, zwischen den Flex-Items und am Ende jeweils gleich viel Platz ist.

Abbildung 22.9 zeigt diese drei Werte auf einen Blick.

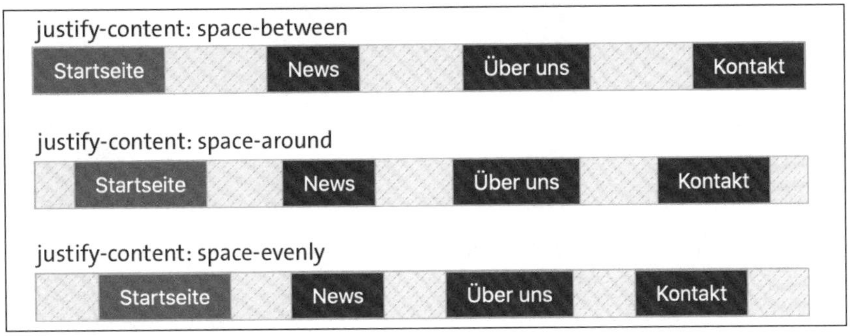

Abbildung 22.9 »space-between«, »space-around« und »space-evenly«

Mit der Eigenschaft `justify-content` kann man Flex-Items entlang der Hauptachse des Flex-Containers sehr einfach ausrichten, indem man vorhandenen Leerraum unterschiedlich verteilt.

Daraus folgt auch, das `justify-content` wirkungslos ist, wenn es im Flex-Container zwischen den Flex-Items entlang der Hauptachse keinen Leerraum gibt. Ein Beispiel sehen Sie weiter unten in Abschnitt 22.7, in dem es um die Zauberformel `flex: 1` geht.

22.5 Flex-Items an der Querachse ausrichten mit »align-items« und »align-self«

Zum Ausrichten von Flex-Items an der Querachse gibt es unter anderem die beiden Eigenschaften `align-items` und `align-self`.

22.5.1 Flex-Items an der Querachse ausrichten mit »align-items«

Die Eigenschaft `align-items` dient zur Ausrichtung von Flex-Items entlang der *Querachse* und wird dem Flex-Container zugewiesen. Der Standardwert `stretch` sorgt dafür, dass die Flex-Items automatisch so hoch werden wie der umgebende Flex-Container.

Die Höhe der in diesem Abschnitt als Beispiel verwendeten Navigation wird durch deren Inhalt bestimmt, und somit gibt es für `align-items` nichts zu tun, weil es keinen zu verteilenden Leerraum gibt.

Um die Auswirkungen von `align-items` besser sehen und verstehen zu können, bekommt die Navigationsliste für diesen Abschnitt eine Mindesthöhe von `5rem`.

```
.site-nav ul {
  display: flex;
  align-items: stretch;
  min-height: 5rem;
}
```

Listing 22.6 Die Navigation mit »align-items« und einer Mindesthöhe

Mit dem Standardwert `align-items: stretch` sieht die Navigation dann zunächst so aus wie in Abbildung 22.10. Der Firefox-Inspektor zeigt das CSS, und die Flex-Items füllen in der Höhe den umgebenden Flex-Container.

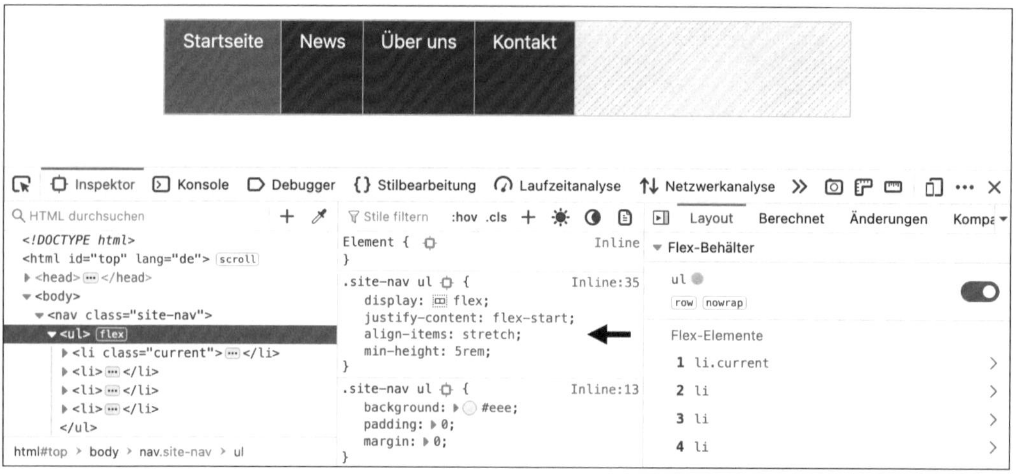

Abbildung 22.10 »align-items« mit dem Standardwert »stretch«

Falls die Flex-Items einmal nicht die gesamte Höhe des Flex-Containers ausfüllen sollen, probieren Sie eine der folgenden Deklarationen:

- `align-items: flex-start` richtet die Flex-Items am Anfang der Querachse aus und fügt den Leerraum danach ein.
- `align-items: center` richtet die Flex-Items an der Mitte der Querachse aus. Leerraum erscheint davor und danach.
- `align-items: flex-end` richtet die Flex-Items am Ende der Querachse aus und fügt den Leerraum davor ein.

Abbildung 22.11 zeigt diese drei Werte in Aktion.

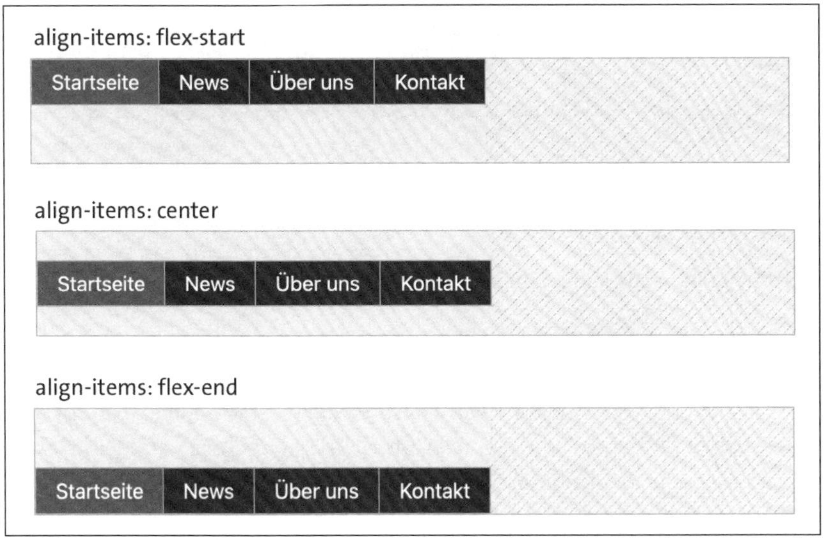

Abbildung 22.11 »align-items« mit »flex-start«, »center« und »flex-end«

22.5.2 Einzelne Flex-Items an der Querachse ausrichten mit »align-self«

Die Eigenschaft `align-items` gilt für alle Flex-Items und wird deshalb folgerichtig dem Flex-Container zugewiesen. Was aber, wenn Sie einzelne Flex-Items anders ausrichten möchten? Kein Problem. Dazu gibt es die Eigenschaft `align-self`, die jeweils nur für das selektierte Flex-Item gilt.

Das folgende Listing zeigt `align-self` in Aktion:

```
.site-nav ul {
  display: flex;
  min-height: 5rem;
  align-items: flex-end;
}
.site-nav li:nth-child(3) {
  align-self: flex-start;
}
```

Listing 22.7 Das dritte Flex-Item wird anders ausgerichtet

Abbildung 22.12 zeigt das Ergebnis im Browser.

22

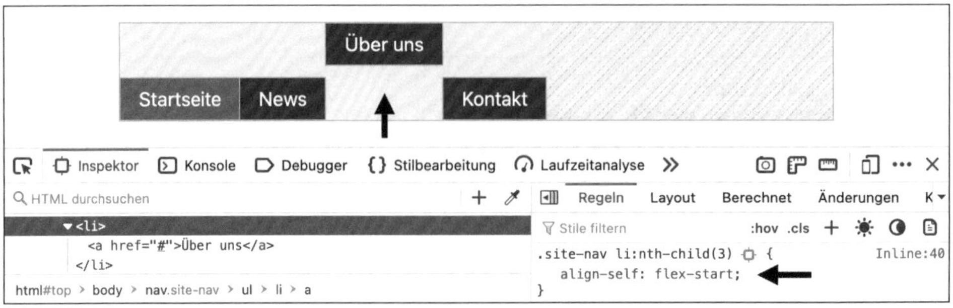

Abbildung 22.12 Mit »align-self« kann man einzelne Flex-Items ausrichten.

Mehrzeilige Flexboxen und »align-content«

Es gibt mit `align-content` eine weitere Eigenschaft für die Querachse, die aber nur in mehrzeiligen Flexboxen (`flex-wrap: wrap`) relevant ist. `align-content` wird dem Flex-Container zugewiesen und dient zur Ausrichtung der *Zeilen*.

Weitere Infos und Beispiele finden Sie unter anderem in den MDN Web Docs:

- *developer.mozilla.org/en-US/docs/Web/CSS/align-content*

In einer einzeiligen Flexbox ist `align-content` komplett wirkungslos.

22.6 Automatische Abstände für Flex-Items mit »margin«

Abstände mit der Eigenschaft `margin` bekommen mit dem Wert `auto` innerhalb einer Flexbox Superkräfte.

22.6.1 Flex-Items am Ende des Flex-Containers ausrichten mit »margin«

Innerhalb einer Flexbox können Sie für Flex-Items mit `margin` und dem Wert `auto` einen automatischen Außenabstand erstellen. Im folgenden Listing wird das letzte Listenelement der Navigation selektiert und bekommt links einen solchen automatischen Außenabstand:

```
.site-nav li:last-child { margin-left: auto; }
```

Listing 22.8 Das letzte Listenelement bitte ganz nach rechts

Abbildung 22.13 zeigt, dass die Navigation optisch geteilt wird und der letzte Menüpunkt ganz rechts außen steht. Beeindruckend einfach, und so ein automatischer

Außenabstand funktioniert natürlich nicht nur nach links, sondern auch nach rechts, oben oder unten.

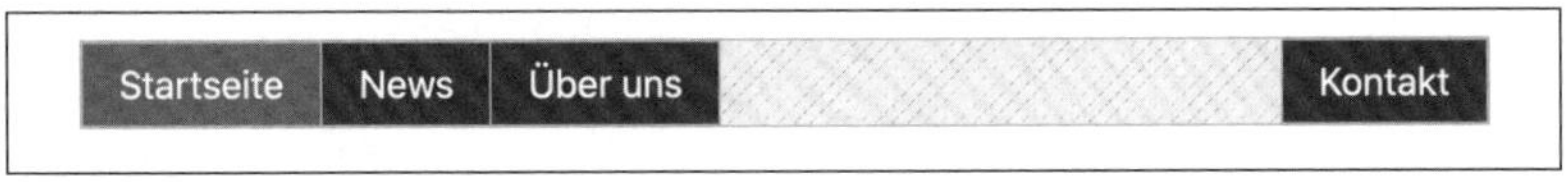

Abbildung 22.13 »margin-left: auto« schiebt »Kontakt« nach rechts außen.

22.6.2 Elemente horizontal und vertikal zentrieren mit »margin: auto«

Automatische Abstände funktionieren in einer Flexbox nicht nur in eine Richtung, sondern auch rundherum: `margin: auto` zentriert ein Element horizontal *und* vertikal. Echt.

Das folgende Listing zentriert ein Zitat innerhalb von `body`:

```
body {
  display: flex;
  min-height: 100vh;
  margin: 0;
}

blockquote {
  margin: auto;
}
```

Listing 22.9 Das Zitat wird horizontal und vertikal zentriert.

`body` wird Flex-Container und mit `min-height: 100vh` mindestens so hoch wie der Viewport, `blockquote` wird als Flex-Item mit einem simplen `margin: auto` darin zentriert. Abbildung 22.14 zeigt das Ergebnis mit ein bisschen CSS zur Gestaltung im Browserfenster.

Abbildung 22.14 Flexbox – »margin: auto« zentriert horizontal und vertikal.

Der Ersatz für »margin: auto« in ganz alten Browsern

In alten Browsern wie dem IE11 funktioniert `margin: auto` nicht zur Zentrierung von Flex-Items. Einen Ausweg bietet das folgende CSS:

```
body {
  justify-content: center;
  align-items: center;
}
```

Die beiden Deklarationen werden dem *Flex-Container* zugewiesen.

22.7 Flexibilität für Flex-Items: Die Zauberformel »flex: 1«

In diesem Abschnitt lernen Sie mit `flex: 1` eine Deklaration kennen, die den vorhandenen Platz im Flex-Container gleichmäßig auf alle Flex-Items verteilt.

22.7.1 »Lieber Browser, bitte mach alle Flex-Items gleich groß.«

Die Größe der Listenelemente in der Navigation wird bisher durch deren Inhalt bestimmt. Mit der Deklaration `flex: 1`, die an die Flex-Items vergeben wird, machen Sie alle Boxen gleich groß:

```
.sitenav li {
  flex: 1;
  text-align: center;
}
```

Listing 22.10 Alle Listenelemente bitte gleich breit

Abbildung 22.15 zeigt, dass `flex: 1` die Flex-Items gleich breit macht.

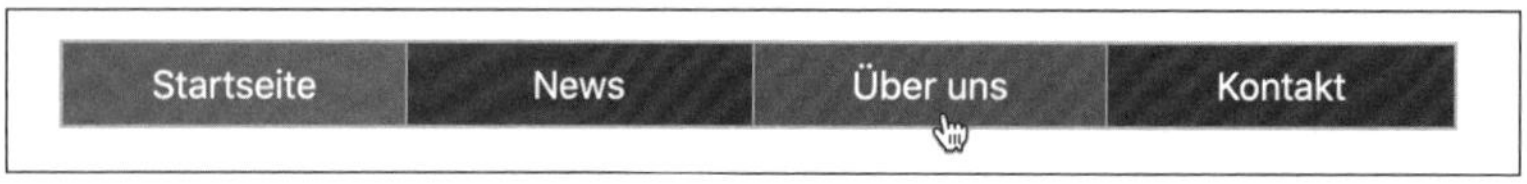

Abbildung 22.15 Alle Listenelemente sind gleich breit.

Das Geniale daran ist, dass der Browser den benötigten Platz automatisch berechnet. Falls die Navigation mehr oder weniger Menüpunkte hat, müssen Sie im CSS *nichts* ändern. Das Motto lautet: »Lassen Sie den Browser rechnen, der kann das richtig gut.«

Die Zahl hinter »flex« definiert ein Verhältnis

Die Zahl in `flex: 1` erlaubt das Größerwerden und definiert ein Verhältnis. Haben alle Flex-Items eine `1`, sind sie gleich groß, wenn ein Flex-Item `flex: 2` bekommt, wird es doppelt so groß wie die anderen.

22.7.2 »flex« ist kurz für »flex-grow«, »flex-shrink« und »flex-basis«

Die Eigenschaft `flex` ist also sehr praktisch, und `flex: 1` werden Sie beim Layouten per Flexbox häufig einsetzen. Genau genommen ist `flex` aber eine Kurzschreibweise für drei Eigenschaften, die zusammen die Abmessungen von Flex-Items bestimmen:

- `flex-basis` definiert die gewünschte Anfangsgröße der Box. Der Standardwert `auto` bedeutet *so groß wie der Inhalt*, `0%` ignoriert eventuelle Vorgaben. Prozent oder Längeneinheiten wie `rem` bzw. `px` sind erlaubt.
- `flex-grow` bestimmt, wie Flex-Items wachsen sollen, wenn nach der Berechnung von `flex-basis` noch Platz zur Verfügung steht. Der Wert ist eine ganze Zahl, häufig `1`. Der Standardwert `0` bedeutet, dass die Box nicht größer werden darf.
- `flex-shrink` hat als Wert ebenfalls eine ganze Zahl und gibt an, wie Flex-Items schrumpfen sollen, falls nach Berechnung von `flex-basis` *nicht* genügend Platz vorhanden ist. Standardwert ist `1`, kleiner werden ist also erlaubt. `0` verbietet der Box zu schrumpfen.

Das Zusammenspiel dieser drei Eigenschaften ist anfangs nicht immer ganz leicht zu verstehen, und deshalb wird Autoren in der offiziellen Spezifikation zum *Flexible Box Layout* empfohlen, die Kurzschreibweise `flex` einzusetzen:

> *Authors are encouraged to control flexibility using the »flex« shorthand ... as the shorthand correctly resets any unspecified components to accommodate common uses.*
>
> *(Quelle: w3.org/TR/css3-flexbox#flex-components)*

Frei übersetzt heißt das, Autoren sollten die Kurzschreibweise `flex` nutzen, denn die macht meistens das, was sie brauchen.

Tabelle 22.2 zeigt die Standardwerte der drei Eigenschaften und listet daneben die Werte für die Deklaration `flex: 1`.

Eigenschaft	Beschreibung	Standardwert	in »flex: 1«
flex-basis	gewünschte Ausgangsgröße	Auto	**0%**
flex-grow	darf größer werden als flex-basis	0	**1**
flex-shrink	darf kleiner werden als flex-basis	1	1

Tabelle 22.2 »flex: 1« verändert die Standardwerte.

22.7.3 Überraschung: »flex-grow« in einer mehrzeiligen Flexbox

Eine Flexbox ist einzeilig, aber mit `flex-flow: wrap` kann man wie gesehen einen Umbruch erlauben. Zusammen mit dem durch `flex: 1` erlaubten Größerwerden der Flex-Items führt das manchmal zu einer Überraschung, die ich Ihnen kurz zeigen möchte.

Abbildung 22.16 zeigt das Verhalten der Navigation in einem schmalen Viewport:

- Der Zeilenumbruch mit `flex-flow: wrap` ist erlaubt.
- `flex-grow` steht auf `1`.

In der ersten Zeile herrscht Platzmangel, deshalb erfolgt ein Umbruch, und das Flex-Item in Zeile zwei erstreckt sich über die volle Breite.

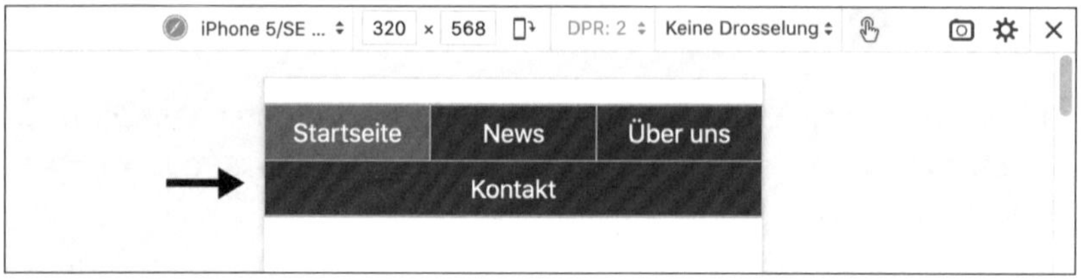

Abbildung 22.16 Das Flex-Item in Zeile zwei nimmt die volle Breite ein.

Viele Autoren finden dieses Verhalten überraschend und erwarten, dass das Flex-Item in der zweiten Reihe genauso groß ist wie die Flex-Items in der ersten Reihe. Warum geht es also über die ganze Zeile? In der Einleitung dieses Kapitels steht bei der Vorstellung der Flexbox:

> *Flexbox ist für eindimensionale Layouts gedacht, bei denen Boxen in einer Zeile *oder* in einer Spalte platziert werden.*

Die Größe der Flex-Items wird *pro Zeile* berechnet. Der Menüpunkt in der zweiten Zeile hat diese ganz für sich, und da `flex-grow` auf `1` steht, nimmt die Box diesen Platz in Anspruch. Anders ausgedrückt: »It's not a bug, it's a feature.«

Man könnte jetzt versuchen zu tricksen, aber dabei würde unweigerlich die Flexibilität der Flexbox auf der Strecke bleiben. Ein Layout mit über mehrere Zeilen hinweg gleich breiten Spalten ist ein *zweidimensionales* Layout und somit ein Fall für das *CSS Grid Layout*, das Sie in Kapitel 24, »CSS-Grid: Mehrspaltige Layouts erstellen mit ›display: grid‹«, kennenlernen.

22.8 Flexbox in Aktion: Den Footer am unteren Rand des Browserfensters platzieren

Der Fußbereich steht momentan auf kurzen Seiten wie *Über uns* nicht am unteren Fensterrand, sondern quasi mitten auf der Seite. Ideal wäre es, wenn er auf kurzen Seiten am unteren Rand des Browserfensters steht, auf längeren Seiten aber trotzdem mitscrollt und dann nicht zu sehen ist. Mit Flexbox ist die Umsetzung ganz einfach.

22.8.1 Schritt 1: <body> wird Flex-Container, die Layoutbereiche Flex-Items

Zunächst einmal wird `body` zum Flex-Container und mit einigen weiteren Deklarationen gestaltet, die nach dem Listing erläutert werden:

```
body {
  display: flex;
  flex-flow: column;
  min-height: 100vh;
  margin: 0;
}
```

Listing 22.11 »body« ist Flex-Container und so hoch wie der Viewport.

Durch diese Maßnahme werden die Layoutbereiche `.site-header`, `.site-nav`, `.site-content` und `.site-footer` zu Flex-Items, und die Situation in der Flexbox stellt sich nach Listing 22.11 wie folgt dar:

- `body` ist Flex-Container und mindestens so hoch wie der Viewport (`100vh`).
- Die vier Layoutbereiche werden zu Flex-Items.
- `flex-flow: column` dreht die Hauptachse um 90°, und die Layoutbereiche stehen deshalb untereinander.
- Die Flex-Items werden so hoch wie ihr Inhalt.
- Der Platz unter dem Footer wird mit Leerraum gefüllt.

Abbildung 22.17 zeigt den Footer auf der Seite *Über uns*.

Abbildung 22.17 Im Flex-Container ist Leerraum unterhalb vom Footer.

22.8.2 Schritt 2: Die Zauberformel »flex: 1« für den Inhaltsbereich

Mit einer einzigen Deklaration schieben Sie den Fußbereich an den unteren Rand des Viewports, egal wie viel Inhalt die Seite hat:

```
.site-content { flex: 1; }
```

Listing 22.12 Der Inhaltsbereich schluckt den Leerraum.

Durch diese Deklaration wird der verfügbare Leerraum aufgeteilt. Der Inhaltsbereich bekommt mit `flex: 1` die Erlaubnis zum Wachsen, und da die anderen Layoutbereiche unverändert sind, wird der Inhaltsbereich um den verfügbaren Leerraum erweitert.

Abbildung 22.18 zeigt das Ergebnis in Firefox. Rechts daneben sehen Sie den Flexbox-Inspektor, der im Register LAYOUT alle Details zum Flex-Item (FLEX-ELEMENT) `.site-content` zeigt:

- Der Inhaltsbereich wird zunächst so hoch wie der darin enthaltene Inhalt und hat dadurch eine BASISGRÖSSE von `298.57px`.
- Die Kurzschreibweise `flex: 1` enthält die Deklaration `flex-grow: 1` und erlaubt der Box so, größer zu werden als ihr Inhalt.
- Die Box schluckt den Leerraum, und die ENDGRÖSSE ist `325.5px`.

Abbildung 22.18 Der Firefox-Flexbox-Inspektor zeigt genau, was passiert.

Im Folgenden gestalten Sie den Fußbereich auf der Übungswebsite. Nach diesen Schritten steht der Footer auf kurzen Seiten wie *Über uns* am unteren Rand des Viewports, scrollt aber trotzdem mit.

Übungswebsite: »Sticky Footer« für die Übungswebsite

1. Öffnen Sie das Stylesheet *layout-modern.css*.
2. Ergänzen Sie die Regel für `body` um die Deklarationen aus Listing 22.11.
3. Fügen Sie die Regel für `.site-content` aus Listing 22.12 hinzu.
4. Speichern Sie das Stylesheet.

In CSS gibt es oft mehr als eine Lösung, und als Alternative in diesem Abschnitt würden Sie mit einem automatischen oberen Außenabstand für den Fußbereich dasselbe Ergebnis erreichen:

```
.site-footer { margin-top: auto; }
```

Listing 22.13 Diese Deklaration drückt den Footer auch nach unten.

22.9 Die Reihenfolge von Flex-Items ändern

Im Alltag sehr praktisch ist die Möglichkeit, die Reihenfolge von Flex-Items am Bildschirm unabhängig von der Reihenfolge im Quelltext kontrollieren zu können.

Die einfachste Variante ist die Umkehrung der Hauptachse mit `flex-flow: row-reverse`:

```
.site-nav ul { flex-flow: row-reverse; }
```

Listing 22.14 Die Hauptachse umdrehen

Abbildung 22.19 zeigt, dass die Hauptachse um 180° gedreht wurde.

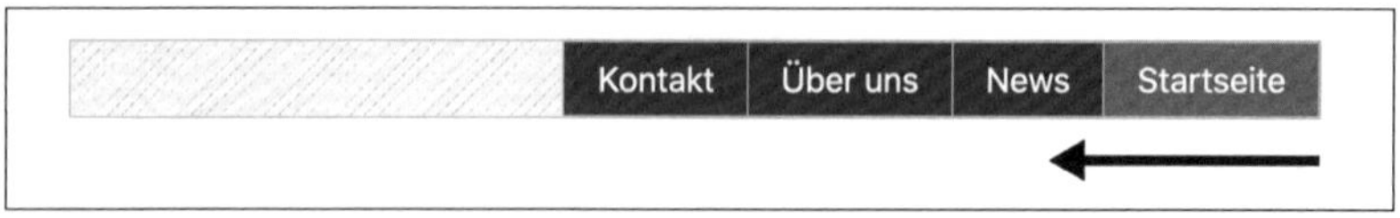

Abbildung 22.19 »row-reverse« dreht die Hauptachse um 180°.

Flexibler ist man bei der Anordnung der Boxen mit der Eigenschaft `order`, mit der man Flex-Items in beliebiger Reihenfolge anordnen kann. Die Eigenschaft erhält als Wert eine positive oder negative ganze Zahl, aber `1` und `-1` werden Sie am häufigsten benutzen:

- Der Standardwert für alle Flex-Items ist `order: 0`, und dann gilt die Reihenfolge im Quelltext.
- `order: 1` schiebt das Flex-Item an das Ende der Hauptachse.
- `order: -1` platziert ein Flex-Item am Anfang der Hauptachse.

Im folgenden Listing selektieren Sie den Menüpunkt *Startseite* und platzieren ihn rechts außen in der Navigation:

```
.site-nav li:first-child { order: 1; margin-left: auto; }
```

Listing 22.15 Den Menüpunkt »Startseite« rechts außen platzieren

Abbildung 22.20 zeigt das Ergebnis im Browser.

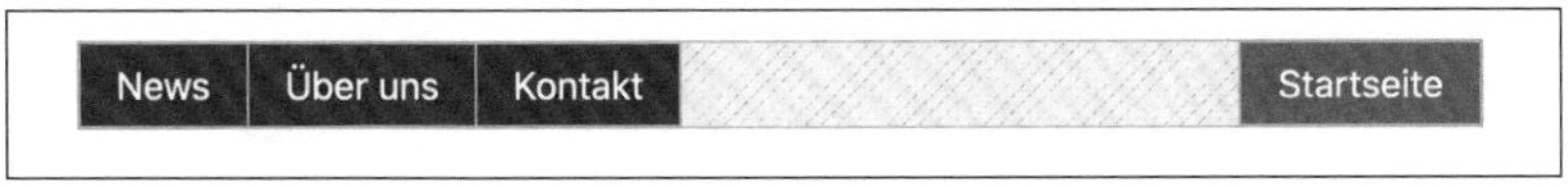

Abbildung 22.20 Den Menüpunkt »Startseite« nach rechts außen schieben

Weitere Infos zu Flexbox-Eigenschaften

Einen Überblick über alle Flexbox-Eigenschaften und deren mögliche Werte finden Sie auf den folgenden Websites:

- *css-tricks.com/snippets/css/a-guide-to-flexbox/*
- *https://wiki.selfhtml.org/wiki/CSS/Tutorials/Flexbox*

22.10 Auf einen Blick

Hier sind noch einmal die wichtigsten Punkte im Überblick:

- Flexbox basiert auf dem Eltern-Kind-Prinzip:
  - Die Rolle der Eltern übernimmt der *Flex-Container*.
  - Die Kinder heißen *Flex-Items*.
- `display:flex` macht ein Element zum Flex-Container. Die Kindelemente werden dadurch automatisch zu Flex-Items.
- `flex-flow` ist kurz für `flex-direction` und `flex-wrap`:
  - `flex-direction` ändert die Fließrichtung der Flexbox.
  - `flex-wrap: wrap` erlaubt einen Zeilenumbruch.
- `justify-content` richtet Flex-Items an der Hauptachse aus.
- `align-items` richtet Flex-Items an der Querachse aus.
- Die Eigenschaft `flex` für die Flex-Items ist kurz für:
  - `flex-grow` erlaubt Flex-Items zu wachsen.
  - `flex-shrink` erlaubt Flex-Items zu schrumpfen.
  - `flex-basis` definiert eine gewünschte Ausgangsgröße.
- Mit `order` kann man die Reihenfolge der Flex-Items ändern.

Kapitel 23
Eine responsive Navigation erstellen

Worin Sie für die Übungswebsite eine responsive Navigation erstellen, die auf allen Geräten funktioniert.

Die Themen im Überblick:

In diesem Kapitel erstellen Sie Schritt für Schritt eine responsive Navigation für die Übungswebsite, und dabei nutzen Sie nach dem Motto »All Together Now« viele der bisher gesehenen CSS-Techniken in einem zusammenhängenden Beispiel.

23.1 Die responsive Navigation im Überblick

Die Navigation in diesem Kapitel folgt wie die gesamte Übungswebsite dem Prinzip *Mobile First*: Zuerst erfolgt die Gestaltung für schmale Viewports, danach dann für breitere Browserfenster.

23.1.1 Die mobile Navigation in schmalen Viewports hat einen »Menü«-Button

Abbildung 23.1 zeigt die mobile Navigation in einem schmalen Viewport, also zum Beispiel auf einem Smartphone:

- Links in der Abbildung sieht man die Seite nach dem Laden im Browser. Statt der Navigationslinks sieht der Benutzer einen Button mit dem Wort MENÜ und drei waagerechten Strichen davor.
- Wird der MENÜ-Button per Touch oder Klick aktiviert, erscheint die Navigation mit den Links, die den Benutzer zur gewünschten Seite bringen.

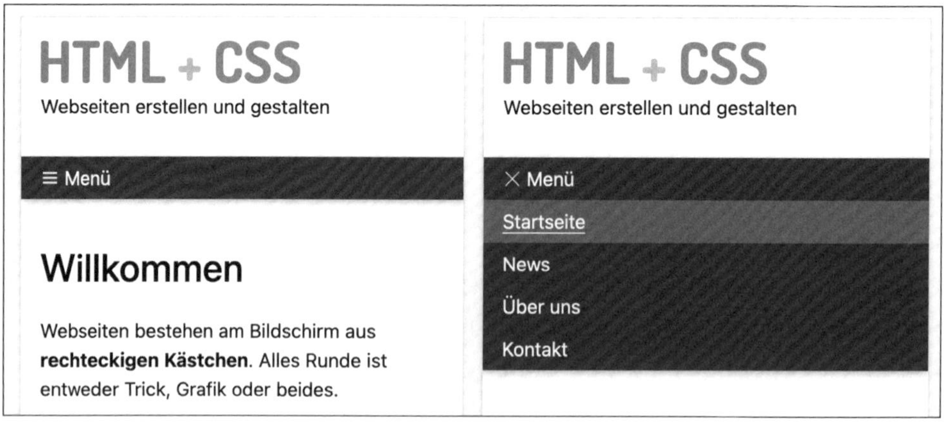

Abbildung 23.1 Die mobile Navigation in einem schmalen Viewport

Der MENÜ-Button benötigt einen Trigger, einen Auslöser, der dafür sorgt, dass beim Drücken des Buttons die Navigation eingeblendet wird. Dazu benutzen Sie in diesem Kapitel einen kleinen Schnipsel JavaScript, der auf ziemlich pfiffige Art und Weise dafür sorgt, dass die Navigationslinks nach dem Antippen des Buttons angezeigt werden. Wie genau das funktioniert, sehen Sie weiter unten in Schritt 3.

23.1.2 Barrierefreiheit: Was passiert, wenn JavaScript nicht verfügbar ist?

Der Einsatz von JavaScript als Trigger für den MENÜ-Button ist eine gute und elegante Lösung, hat aber den Nachteil, dass der Button ohne JavaScript nicht funktioniert. Es gibt keine Fehlermeldung, aber ohne JavaScript klappt die Navigation nicht heraus, und man kann nicht auf andere Seiten wechseln.

Auch wenn es nur sehr selten passiert, dass JavaScript nicht verfügbar ist, ist das definitiv keine gute Idee. Ganz am Anfang des Buches steht in Abschnitt 1.1, »Webseiten sehen bei jedem Benutzer anders aus«, folgender Satz:

> *Wichtig ist bei Webseiten also nicht, dass sie auf jedem Gerät gleich aussehen, sondern dass der Inhalt der Webseiten zugänglich bleibt.*

Diese *Zugänglichkeit* (aka *Barrierefreiheit*) ist wichtig, und deshalb gestalten Sie die Navigation in diesem Kapitel so, dass man auch ohne JavaScript navigieren und die Inhalte auf den anderen Webseiten aufrufen kann:

- *Mit JavaScript* bekommen die Besucher den platzsparenden MENÜ-Button angezeigt, der die Navigation einblendet.
- *Ohne JavaScript* wird der Button versteckt und stattdessen eine vertikale Navigation mit allen Links angezeigt.

Abbildung 23.2 zeigt die Navigation in einem Browser ohne JavaScript. Eine solche vertikale Navigation ist nicht so elegant wie ein MENÜ-Button, aber als Fallback für Browser ohne JavaScript völlig in Ordnung.

Abbildung 23.2 Die Navigation in einem Browser ohne JavaScript

23.1.3 In breiteren Viewports erscheint eine horizontale Navigation

Für die Navigation in breiteren Viewports gibt es im CSS eine Media Query, die ab einer Viewportbreite von 600 Pixel eine horizontale Navigation mit nebeneinanderstehenden Links erzeugt.

Dabei spielt JavaScript keine Rolle mehr, denn der Menübutton wird per CSS versteckt. Abbildung 23.3 zeigt die Navigation in einem breiten Viewport.

Abbildung 23.3 In einem breiteren Viewport wird die Navigation horizontal.

23.1.4 »Progressive Enhancement«: Die Navigation schrittweise verbessern

Webseiten bestehen aus Quelltext, und Quelltext besteht aus HTML, CSS und JavaScript. In diesem Kapitel sehen Sie, dass diese drei Sprachen sich wirklich perfekt ergänzen:

- HTML ist der Kern. Im Beispiel ist das der Navigationsbereich und die darin enthaltene Navigationsliste mit den Links.
- CSS macht das HTML hübscher und übersichtlicher. Die Navigation wird farblich gestaltet, und der aktuelle Menüpunkt ist als solcher erkennbar.
- JavaScript steuert das Verhalten und erleichtert die Bedienung. Der MENÜ-Button spart Platz und blendet die Navigation nur bei Bedarf ein.

Die Navigation wird Schritt für Schritt verbessert: Sie funktioniert nur mit HTML, sie sieht mit CSS hübscher aus, und sie ist mit JavaScript besser bedienbar, aber sie bleibt auch ohne JavaScript zugänglich und bedienbar. Dieses Prinzip nennt man *Progressive Enhancement*, auf Deutsch etwa *schrittweise Verbesserung*.

23.1.5 Die Erstellung der responsiven Navigation im Überblick

Die Reise zur responsiven Navigation besteht in diesem Kapitel aus sieben Schritten:

1. Zunächst prüfen Sie, ob JavaScript im Browser aktiviert ist.
2. Danach geben Sie der Navigation eine grundlegende Gestaltung für schmale Viewports. Ohne JavaScript sieht der Besucher die Navigation mit diesem CSS.
3. In diesem Schritt fügen Sie im HTML der Webseiten im Navigationsbereich einen Button mit einer Zeile JavaScript ein.

4. Anschließend wird der MENÜ-Button per CSS gestaltet:
   - Ist JavaScript nicht verfügbar, wird der Button versteckt.
   - Mit JavaScript sieht der Besucher den gestalteten Button.
5. Wenn JavaScript aktiviert ist, wird die Navigation ausgeblendet, sodass im Browserfenster nur noch der MENÜ-Button zu sehen ist.
6. Mit einer einzigen CSS-Regel blenden Sie die Navigation ein, wenn der Benutzer auf den MENÜ-Button tippt. Damit ist die mobile Navigation fertig gestaltet und funktionsfähig.
7. Zum Abschluss erfolgt die Gestaltung der horizontalen Navigation für breitere Viewports mit einer Media Query.

Los geht es aber wie bei jeder Reise mit dem ersten Schritt: der Prüfung, ob im Browser JavaScript aktiviert ist oder nicht.

23.2 Schritt 1: Prüfen, ob JavaScript im Browser aktiv ist

Im diesem ersten Schritt prüfen Sie, ob JavaScript im Browser der Besucher aktiviert ist oder nicht. Das Ergebnis dieser Prüfung sind die CSS-Klassen `no-js` bzw. `js`, die Sie im CSS bei der Gestaltung der Navigation nutzen können. Zunächst ergänzen Sie dazu im Quelltext der Webseiten das Stammelement um die Klasse `no-js`:

```
<html lang="de" id="top" class="no-js">
```

Listing 23.1 Das Stammelement bekommt die Klasse »no-js«.

Weiter unten im `<head>` fügen Sie dann in einem `<script>`-Element zwei JavaScript-Anweisungen ein:

```
<script>
  document.documentElement.classList.remove('no-js');
  document.documentElement.classList.add('js');
</script>
```

Listing 23.2 Per JavaScript »no-js« entfernen und »js« hinzufügen

Die erste Anweisung entfernt die Klasse `no-js` vom Stammelement, die zweite fügt die Klasse `js` hinzu. Die Anweisungen bestehen aus folgenden Einzelteilen:

- `document.documentElement` wählt das Stammelement des Dokuments.
- `classList.remove('no-js')` entfernt die Klasse `no-js`.
- `classList.add('js')` fügt die Klasse `js` hinzu.

Der Trick funktioniert also so:

- Wenn JavaScript im Browser nicht verfügbar ist, werden die beiden Anweisungen nicht ausgeführt, und das Stammelement behält die Klasse `no-js`.
- Ist JavaScript aktiviert, wird die Klasse `no-js` entfernt und durch die Klasse `js` ersetzt.

Mit JavaScript sieht der Quelltext nach dem Laden im Browser so aus:

```
<html lang="de" id="top" class="js">
```

Listing 23.3 Mit JavaScript bekommt das Stammelement die Klasse »js«.

Im folgenden Kasten setzen Sie diese Schritte für die Übungswebsite um.

Übungswebsite: Das HTML auf allen Seiten ergänzen

1. Öffnen Sie die Datei *index.html* im Editor.
2. Ergänzen Sie, wie in Listing 23.1 gezeigt, das Stammelement `html` um die Klasse `no-js`.
3. Fügen Sie weiter unten im Head, zum Beispiel direkt vor `</head>`, das `script`-Element mit den beiden JavaScript-Anweisungen aus Listing 23.2 ein.
4. Speichern Sie *index.html*.
5. Wiederholen Sie diese Schritte für die anderen Webseiten *news.html*, *ueber-uns.html* und *kontakt.html*.

Optisch hat sich im Browser nach diesen Schritten nichts geändert, aber damit ist das Fundament für die mobile Navigation mit einem MENÜ-Button gelegt.

Im Quelltext hat das Stammelement entweder die Klasse `no-js` oder die Klasse `js`, und mit diesen beiden Klassen können Sie die Navigation im CSS entsprechend gestalten.

Weitere Infos zu JavaScript und »classList«

Auf *mediaevent.de* veröffentlicht die Informatikerin Ulrike Häßler seit vielen Jahren interessante Beiträge zu HTML, CSS und JavaScript. Informationen zu `classList` finden Sie dort auf der folgenden Seite:

- *mediaevent.de/javascript/classlist.html*

Auch der Rest der Website ist absolut lesenswert.

23.3 Schritt 2: Die mobile Navigation gestalten

In diesem Schritt erstellen Sie ein neues Stylesheet, binden es ein und speichern die grundlegende Gestaltung der Navigation für schmale Viewports darin.

23.3.1 Das Stylesheet »navi-responsiv.css« erstellen und einbinden

Bei der Umsetzung der responsiven Navigation nutzen Sie die in Kapitel 18, »Ordnung halten: Stylesheets organisieren«, gezeigte modulare Aufteilung der Stylesheets:

- Sie erstellen ein neues Stylesheet *navi-responsiv.css*, in dem Sie die Gestaltung der Navigation speichern.
- Im zentralen Stylesheet *style.css* importieren Sie statt *navi-inline.css* das neue Stylesheet *navi-responsiv.css*.

Im Folgenden setzen Sie dies für die Übungswebsite um.

Übungswebsite: Neues Stylesheet erstellen und einbinden

1. Erstellen Sie im Editor eine neue Datei, und speichern Sie die Datei als *navi-responsiv.css* im Unterordner *css*.
2. Fügen Sie am Anfang einen CSS-Kommentar mit einer Beschreibung des Stylesheets hinzu.
3. Öffnen Sie das zentrale Stylesheet *style.css* im Editor.
4. Kommentieren Sie die `@import`-Regel für *navi-inline.css* aus.
5. Fügen Sie darunter eine neue `@import`-Regel für *navi-responsiv.css* hinzu.
6. Speichern Sie *style.css*.

Nach diesen Schritten ist die Navigation im Browser komplett ungestaltet als einfache ungeordnete Liste, da die bisherige Gestaltung aus *navi-inline.css* nicht mehr vorhanden ist.

23.3.2 Mobile First – die grundlegende Gestaltung der Navigation für schmale Viewports

Im neuen Stylesheet erstellen Sie nach dem Motto »Mobile First« zunächst eine grundlegende Gestaltung für die einspaltige Navigation in schmalen Viewports. Abbildung 23.4 zeigt das Ergebnis mit der Funktion BILDSCHIRMGRÖSSEN TESTEN in einem simulierten iPhone in Firefox.

Abbildung 23.4 Die grundlegende Gestaltung für die Navigation

Der Navigationsbereich `.site-nav` wird ähnlich gestaltet wie in `navi-inline.css`, benötigt aber kein `padding` und soll in schmalen Viewports nicht fixiert werden. Das innere `div` mit der Klasse `inside` benötigt für die mobile Navigation ebenfalls kein `padding`. Die Navigationsliste wird ein Flex-Container, und die Hauptachse wird mit `flex-flow: column` um 90° gedreht, sodass sie von oben nach unten verläuft. In CSS sieht das so aus wie im folgenden Listing:

```
.site-nav {
  background-color: #333;
  color: white;
  box-shadow: 0 2px 6px rgb(51,51,51,0.3);
  margin-bottom: 2rem;
}
.site-nav .inside {
  padding: 0;
}
.site-nav ul {
  display: flex;
  flex-flow: column;
  list-style: none;
  padding: 0;
  margin: 0;
}
```

Listing 23.4 Gestaltung von <nav> und <ul>

Die Listenelemente `li` benötigen keine Gestaltung, aber die Links darin werden zu Blockboxen, sodass sie die volle Breite der Liste einnehmen:

```
.site-nav a {
  display: block;
  text-decoration: none;
  background: #333; color: white;
  padding: 0.5rem 1rem;
}
```

Listing 23.5 Die Formatierung der Hyperlinks

Zum Abschluss sollen die Links beim Hovern mit dem Mauszeiger und beim Durchsteppen mit der Tab-Taste eine andere Farbkombination bekommen. Außerdem wird der aktuelle Menüpunkt hellgrau hinterlegt und unterstrichen:

```
.site-nav a:hover,
.site-nav a:focus {
  background: #07b;
  color: white;
}
.current a {
  background: #666;
  color: white;
  text-decoration: underline;
}
```

Listing 23.6 Linkzustände und aktuellen Menüpunkt gestalten

Im folgenden Kasten speichern Sie dieses CSS für die Übungswebsite. Danach sieht die Navigation so ähnlich aus wie in Abbildung 23.4.

Übungswebsite: Grundlegende Gestaltung der mobilen Navigation

1. Öffnen Sie das Stylesheet *navi-responsiv.css* im Editor.
2. Fügen Sie das CSS aus Listing 23.4, Listing 23.5 und Listing 23.6 hinzu.
3. Speichern Sie das Stylesheet, und betrachten Sie die Webseiten im Browser.

23.4 Schritt 3: Den Menübutton im HTML einfügen

Das Ein- und Ausklappen der Navigationsliste funktioniert wie folgt:

1. In einem schmalen Viewport sieht der Benutzer nur den MENÜ-Button, den Sie in diesem Abschnitt einbauen und in Abschnitt 23.5 gestalten.

2. Die Navigationsliste wird per CSS ausgeblendet. Das passiert in Abschnitt 23.6.
3. Beim Antippen des Buttons wird per JavaScript im HTML-Quelltext die Klasse `showmenu` hinzugefügt. Diese Klasse nutzen Sie in Abschnitt 23.7, um die Navigationsliste per CSS einzublenden.

In diesem Abschnitt wird erst einmal der Button auf den Webseiten eingebaut, und ein guter Platz dafür ist innerhalb des Navigationsbereichs und oberhalb der Navigationsliste (Abbildung 23.5).

Abbildung 23.5 Der ungestaltete Menübutton im Navigationsbereich

Das JavaScript wird im folgenden Listing mit dem Attribut `onclick` im HTML für den Button hinzugefügt. `onclick` ist ein sogenannter *Event Handler*, der bei einem bestimmten Ereignis (*Event*) wie einem Klick oder Tipp auf den Button eine bestimmte Aktion auslöst. In unserem Fall soll das JavaScript die Klasse `showmenu` hinzufügen oder entfernen.

Im folgenden Listing wird der Quelltext für den Button der Übersichtlichkeit halber auf zwei Zeilen verteilt, im Editor kann alles in einer stehen:

```
<nav class="site-nav">
  <div class="inside">

    <button class="menubutton"
            onclick="this.classList.toggle('showmenu')">Menü</button>

    <ul>
      <li class="current"><a href="index.html">Startseite</a></li>
```

Listing 23.7 Der Menübutton im HTML der Startseite

Das JavaScript funktioniert so:

- `onclick` bedeutet frei übersetzt: *Wenn jemand den Button mit der Maus anklickt oder mit dem Finger darauf tippt.*
- `this.classList.toggle('showmenu')` bewirkt, dass für dieses HTML-Element (`this`) die Klasse `showmenu` hinzugefügt oder entfernt wird. *To toggle* heißt auf Deutsch *umschalten*.

Abbildung 23.6 zeigt das JavaScript in Aktion: Im Quelltext für den Button steht `class="menubutton"`, ein Klick auf den Button fügt live und in Farbe die Klasse `showmenu` hinzu.

Abbildung 23.6 Ein Klick auf den Button fügt die Klasse »showmenu« hinzu.

Im Folgenden bauen Sie den Button auf der Übungswebsite ein.

Übungswebsite: Einen Menübutton im HTML einfügen

1. Öffnen Sie die Startseite *index.html* im Editor.
2. Ergänzen Sie im Navigationsbereich das in Listing 23.7 gezeigte HTML für den Menübutton, inklusive der `onclick`-Anweisung.
3. Speichern Sie die Webseite, und wiederholen Sie diesen Schritt für alle anderen Webseiten.

23.5 Schritt 4: Den Menübutton per CSS gestalten

In diesem Schritt gestalten Sie den Menübutton per CSS und fügen dann mit dem Pseudoelement `::before` eine Grafik mit drei waagerechten Strichen hinzu.

23.5.1 Kein JavaScript? Menübutton ausblenden und Navigation anzeigen

Ohne JavaScript hat der Menübutton keinerlei Nutzen, und daher können Sie ihn im Stylesheet einfach ausblenden. Dazu nutzen Sie im folgenden Listing die Klasse `no-js`, die es ja nur gibt, wenn im Browser *kein* JavaScript aktiviert ist:

```
.no-js .menubutton { display: none; }
```

Listing 23.8 Kein JavaScript? Menübutton ausblenden.

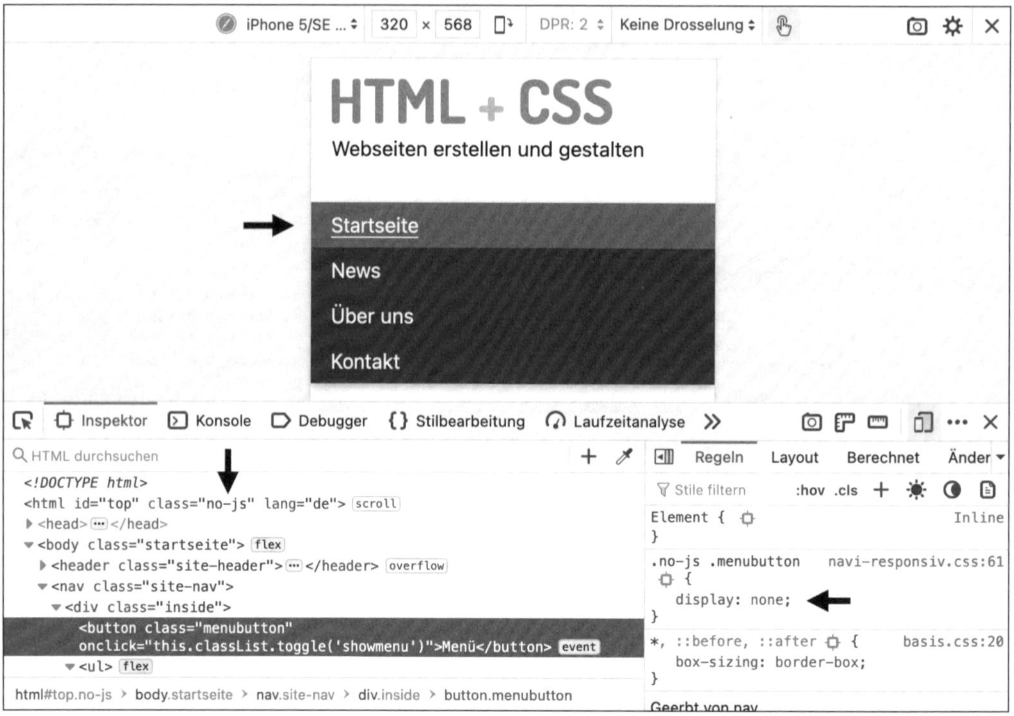

Abbildung 23.7 Ohne JavaScript wird nur die Navigationsliste angezeigt.

Im folgenden Kasten setzen Sie das für die Übungswebsite um.

Übungswebsite: Den Menübutton per CSS ausblenden

1. Öffnen Sie das Stylesheet *navi-responsiv.css* im Editor.
2. Fügen Sie nach der grundlegenden Gestaltung der Navigation die in Listing 23.8 gezeigte CSS-Regel zum Ausblenden des Menübuttons ein.
3. Speichern Sie das Stylesheet, und betrachten Sie die Webseiten im Browser.

In einem Browser ohne JavaScript sieht die Navigation jetzt so aus wie in Abbildung 23.7. Der Menübutton ist ausgeblendet, die Navigationsliste hingegen in voller Länge zu sehen und für Besucher nutzbar.

23.5.2 Menübutton per CSS gestalten

Der Menübutton ist im HTML eingebaut und soll jetzt mit ein bisschen CSS gestaltet werden. Dabei nutzen Sie die Klasse `js` als Selektor, damit diese CSS-Regeln nur angewendet werden, wenn JavaScript aktiviert und der Button zu sehen ist. Mit der folgenden CSS-Regel verschmilzt der Button mit der Menüleiste (siehe Abbildung 23.8):

```
.js .menubutton {
  display: flex;
  align-items: center;

  cursor: pointer;
  background: inherit;
  color: white;
  font: inherit;
  text-align: center;

  padding: 0.5rem 1rem;
  border: 0;
  margin: 0;
}
```

Listing 23.9 Die Gestaltung für den Menübutton

Die einzige echte Besonderheit in diesem Listing sind die beiden Flexbox-Deklarationen am Anfang:

- `display: flex` macht den Button zum Flex-Container.
- `align-items: center` zentriert Flex-Items vertikal auf der Querachse.

Bemerkenswert sind diese Deklarationen deshalb, weil es für den Button keine Kindelemente gibt, die Flex-Items werden könnten. Das Geheimnis wird gleich beim Einfügen der Burger-Grafik gelöst. In diesem Schritt gestalten Sie erst einmal den Menübutton auf der Übungswebsite.

Übungswebsite: Den Menübutton per CSS gestalten

1. Öffnen Sie das Stylesheet *navi-responsiv.css* im Editor.
2. Fügen Sie am Ende des Stylesheets das CSS aus Listing 23.9 hinzu.
3. Speichern Sie das Stylesheet, und betrachten Sie die Webseiten im Browser.

Der Menübutton sieht nach diesen Schritten in Abbildung 23.8 nicht mehr wie ein Button aus. Stattdessen steht nur noch das Wort Menü auf der Menüleiste, das im folgenden Abschnitt um ein Burger-Symbol ergänzt wird.

Abbildung 23.8 Der Menübutton mit ein bisschen CSS

23.5.3 Burger-Menü: Mit »::before« vor dem Button eine Grafik einfügen

Menübuttons werden auf Webseiten oft durch drei waagerechte Striche verziert, die auch als *Burger* bezeichnet werden: Brötchen, Hackfleisch, Brötchen. Abbildung 23.9 zeigt den Menübutton mit einem solchen Icon vor dem Wort Menü.

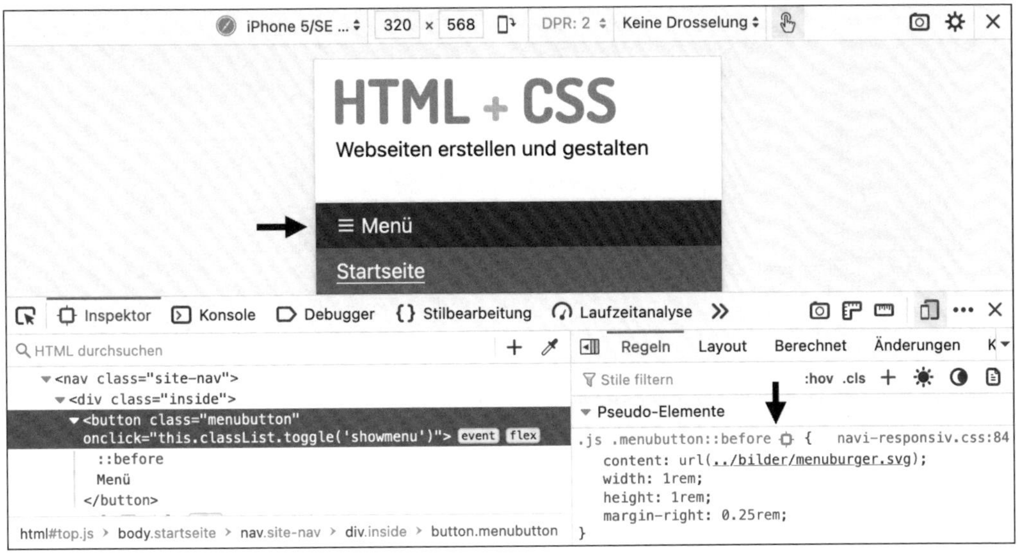

Abbildung 23.9 Der Menübutton mit Burger

In diesem Abschnitt nutzen Sie zur Erstellung des Menü-Burgers eine fertige SVG-Grafik, die Sie mit dem Pseudoelement `::before` am Anfang des Buttons einfügen:

```
.js .menubutton::before {
  content: url(../bilder/menuburger.svg);
  width: 1rem;
  height: 1rem;
  margin-right: 0.25rem;
}
```

Listing 23.10 Eine SVG-Grafik als Pseudoelement einbinden

Wissenswert ist bei diesem Listing, dass Pseudoelemente wie `::before` von Haus aus Inline-Boxen erzeugen, die eigentlich weder `width` noch `height` akzeptieren.

Die Definition von `width` und `height` für die Grafik funktioniert aber trotzdem, weil der Menübutton weiter oben in Listing 23.9 mit `display: flex` zum Flex-Container wurde. Abbildung 23.10 zeigt diesen im Flexbox-Inspektor von Firefox:

- Der Button ist ein Flex-Container (FLEX-BEHÄLTER).
- Das Pseudoelement `::before` und der Text im Menübutton werden dadurch zu Flex-Items (FLEX-ELEMENTE).

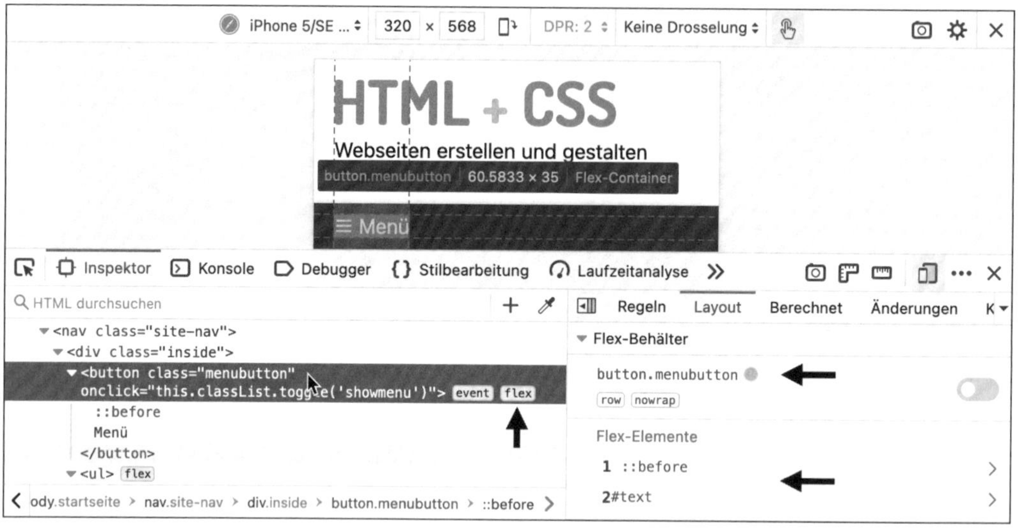

Abbildung 23.10 »::before« und der Text sind Flex-Elemente (=Flex-Items).

Deshalb kann man die mit `::before` eingefügte Grafik wie in Listing 23.9 geschehen mit `width` und `height` dimensionieren und mit `align-items: center` vertikal zentrieren.

Im folgenden Kasten bauen Sie die Grafik auf der Übungswebsite ein.

Übungswebsite: Die Grafik für den Menübutton einfügen

1. Kopieren Sie die Datei *menuburger.svg* aus den Übungsdateien, und fügen Sie sie im Unterordner *bilder* ein.
2. Öffnen Sie das Stylesheet *navi-responsiv.css* im Editor.
3. Fügen Sie das CSS aus Listing 23.10 hinzu.
4. Speichern Sie das Stylesheet, und betrachten Sie die Webseiten im Browser.

23.6 Schritt 5: Die Navigation per CSS ausblenden

In diesem Abschnitt blenden Sie die Navigationsliste aus, denn sie soll ja erst in Erscheinung treten, wenn der Benutzer auf den Menübutton tippt oder klickt.

Im folgenden Listing wird zum Ausblenden eine Kombination aus `max-height: 0` zum Reduzieren der Höhe auf null und `overflow: hidden` zum Verstecken überfließender Inhalte verwendet, um die Liste zu verstecken:

```
.js .site-nav ul {
  max-height: 0;
  overflow: hidden;
  padding: 0;
}
```

Listing 23.11 Die Navigationsliste ausblenden

Diese etwas ungewöhnliche Art des Ausblendens bekommt den Vorzug gegenüber `display: none` oder einer Klasse wie `visually-hidden`, da die Liste beim Erscheinen sanft eingeblendet werden soll und die Eigenschaft `max-height` mit `transition` animiert werden kann.

Im folgenden Kasten blenden Sie die Liste auf der Übungswebsite aus.

Übungswebsite: Die Navigation per CSS ausblenden

1. Öffnen Sie das Stylesheet *navi-responsiv.css* im Editor.
2. Fügen Sie das CSS aus Listing 23.11 hinzu.
3. Speichern Sie das Stylesheet, und betrachten Sie die Webseiten im Browser.

Nach diesen Schritten ist, wie Abbildung 23.11 zeigt, die Navigationsliste verschwunden und nur noch der Menübutton im Bild.

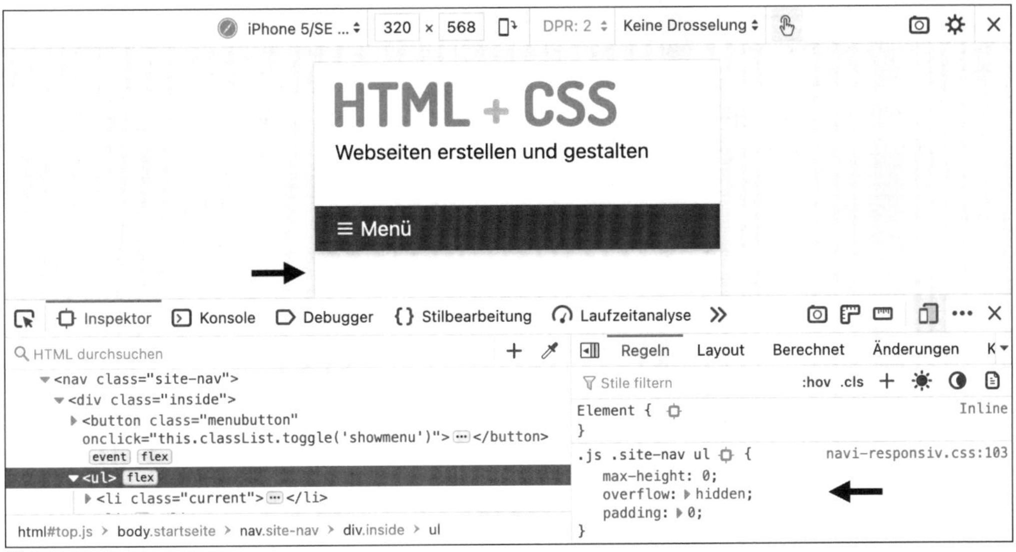

Abbildung 23.11 Die Navigationsliste ist ausgeblendet.

Der Button sieht gut aus, die Navigation ist versteckt, aber leider funktioniert die Navigation noch nicht, da ein Klick auf den Button die Liste noch nicht wieder einblendet. Das passiert gleich im nächsten Schritt.

23.7 Schritt 6: Die Navigation mit dem Menübutton einblenden

In diesem Schritt wird die Navigation das erste Mal richtig funktionieren: Nach dem Antippen oder Anklicken des Menübuttons wird die Navigationsliste sanft eingeblendet und das Burger-Symbol gegen ein X getauscht (Abbildung 23.12).

Abbildung 23.12 Nach der Aktivierung des Buttons erscheint die Navigation.

Nach der Vorbereitung in den vorherigen Abschnitten benötigen Sie für diesen Zaubertrick nur noch eine CSS-Regel mit einem Nachbarselektor:

```
.js .showmenu + ul {
  max-height: 100rem;
  transition: max-height 0.5s ease;
  overflow: auto;
}
```

Listing 23.12 Die CSS-Regel zum Einblenden der Navigation

Dieses CSS funktioniert wie folgt:

- Im DOM-Baum sind die Elemente `button` und `ul` Nachbarn.
- Der Nachbarselektor `.showmenu + ul` selektiert eine `ul`-Liste nur, wenn sie direkt auf ein Element mit der Klasse `showmenu` folgt.

- Nach dem Laden der Seite gibt es diese Klasse (noch) nicht, der Selektor findet nichts, und die Navigationsliste bleibt ausgeblendet.
- Ein Tipp oder Klick auf den Button fügt per JavaScript die Klasse `showmenu` zum Button hinzu, der Selektor selektiert die Liste und blendet sie ein.

Die CSS-Regel erhöht die `max-height` für die Liste von `0` auf `100rem`. Der Wert muss nicht unbedingt `100rem` sein, aber die maximale Höhe sollte so gewählt sein, dass sie definitiv nicht überschritten wird, und *von 0 auf 100* klingt einfach gut.

Außerdem wird in Listing 23.12 die Änderung von `max-height` mit `transition` animiert und der Wert für `overflow` auf `auto` gesetzt, damit eventuell überfließende Inhalte nicht mehr abgeschnitten werden.

In Listing 23.13 tauschen Sie noch die Grafik für den Menübutton aus, sodass die drei waagerechten Striche durch ein X zum Schließen ersetzt werden, wenn die Navigation eingeblendet ist:

```
.js .showmenu.menubutton::before {
  content: url(../bilder/menuclose.svg);
}
```

Listing 23.13 Wenn das Menü geöffnet ist, bitte eine andere Grafik

Der Selektor `.showmenu.menubutton` (ohne Leerzeichen dazwischen) wählt ein Element nur aus, wenn es *beide* Klassen hat.

Im folgenden Kasten bauen Sie dieses CSS auf der Übungswebsite ein.

Übungswebsite: Die Navigationsliste per CSS einblenden

1. Kopieren Sie die Datei *menuclose.svg* aus den Übungsdateien, und fügen Sie sie im Unterordner *bilder* ein.
2. Öffnen Sie das Stylesheet *navi-responsiv.css* im Editor.
3. Fügen Sie das CSS aus Listing 23.12 und Listing 23.13 hinzu.
4. Speichern Sie das Stylesheet, und betrachten Sie die Webseiten im Browser.

23.8 Schritt 7: Eine horizontale Navigation für breitere Viewports

Die Navigation für schmale Viewports ist fertig und funktioniert natürlich auch in breiten Browserfenstern, aber ab einer Breite von ungefähr 600 Pixel ist genügend Platz für eine horizontale Navigation, die so aussehen soll wie in Abbildung 23.13.

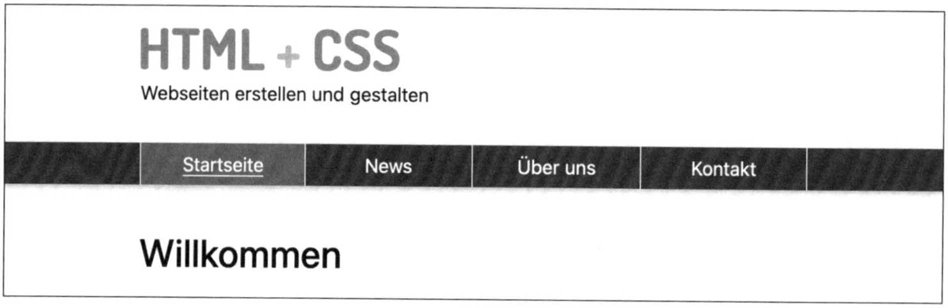

Abbildung 23.13 Die fertige horizontale Navigation

Die Gestaltung dieser horizontalen Navigation steht in einer Media Query mit `min-width: 600px`. Darin wird der Menübutton mit `display: none` versteckt, und um zu vermeiden, dass der Button eventuell doch sichtbar wird, bekommt die Deklaration den Zusatz `!important`. Der Navigationsbereich wird mit `position: sticky` beim Scrollen am oberen Rand des Viewports fixiert, und außerdem erhält das `div` mit der Klasse `inside` wieder das `padding` von `1rem` links und rechts. Wie so oft gilt auch hier der Grundsatz *Andere Umstände, andere Abstände.*

Anschließend werden die Navigationsliste und die Links darin gestaltet:

- Die Liste soll keine `max-height` haben, und die Flex-Items darin werden mit `flex-flow: row` horizontal angeordnet.
- Die Listenelemente bekommen links eine helle Rahmenlinie und werden mit `flex: 1` alle gleich breit, aber nicht breiter als `10rem`.
- Das letzte Listenelement bekommt zum optischen Abschluss der Navigation rechts auch eine helle Rahmenlinie.

In CSS sieht das so aus wie im folgenden Listing:

```
@media screen and (min-width: 600px) {
  .menubutton { display: none !important; }
  .site-nav { position: sticky; top: 0; }
  .site-nav .inside { padding: 0 1rem; }
  .site-nav ul {
    max-height: none !important;
    flex-flow: row;
    padding: 0;
  }
  .site-nav li {
    flex: 1;
```

```
    max-width: 10rem;
    text-align: center;
    border-left: 1px solid #eee;
  }
  .site-nav li:last-child { border-right: 1px solid #eee; }
} /* Ende @media */
```

Listing 23.14 Die Gestaltung der horizontalen Navigation

Im folgenden Kasten speichern Sie dieses CSS für die Übungswebsite.

Übungswebsite: Die horizontale Navigation gestalten

1. Öffnen Sie das Stylesheet *navi-responsiv.css* im Editor.
2. Fügen Sie das CSS aus Listing 23.14 hinzu.
3. Speichern Sie das Stylesheet, und betrachten Sie die Webseiten im Browser.

Nach diesen Schritten ist die Gestaltung der Site-Navigation abgeschlossen.

23.9 Die Navigation im Fußbereich gestalten

Zum Abschluss dieses Kapitels bekommt die Navigation im Fußbereich noch eine einfache Gestaltung und sieht danach so aus wie in Abbildung 23.14.

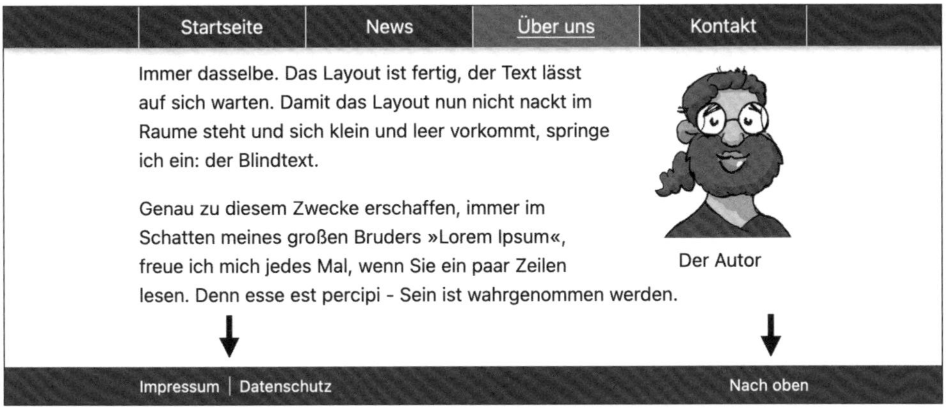

Abbildung 23.14 Die gestaltete Navigation im Fußbereich

Die drei Links stehen alle in einer ungeordneten Liste und werden per Flexbox nebeneinandergestellt. Das erste Listenelement bekommt eine senkrechte Rahmenlinie, und der Link *Nach oben* im letzten Listenelement wird mit einem automatischen *linken* Außenabstand nach ganz *rechts* geschoben:

```
.footer-nav ul {
  display: flex;
  padding: 0;
  list-style: none;
  margin: 0;
}
.footer-nav li {
  /* display: inline; */
  margin-right: 0.5rem;
}
.footer-nav li:first-child {
  padding-right: 0.5rem;
  border-right: 1px solid #eee;
}
.footer-nav li:last-child {
  margin-right: 0;
  margin-left: auto;
}
```

Listing 23.15 Die Gestaltung der Footer-Navigation in »layout.css«

Im Folgenden setzen Sie dieses Listing für die Übungswebsite um.

Übungswebsite: Die Navigation im Footer gestalten

1. Öffnen Sie das Stylesheet *layout.css* im Editor.
2. Ändern und ergänzen Sie das CSS zur Gestaltung der Footer-Navigation so wie in Listing 23.15 dargestellt.
3. Speichern Sie das Stylesheet, und betrachten Sie die Webseiten im Browser.

23.10 Auf einen Blick

Hier sind noch einmal die wichtigsten Punkte im Überblick:

- Mobile First bedeutet: »Zuerst die Gestaltung für einen schmalen Viewport, danach die Gestaltung für breitere Browserfenster.«

- Mithilfe der Klasse `no-js` und zwei JavaScript-Anweisungen kann man prüfen, ob JavaScript im Browser des Besuchers aktiviert ist.
- Die mobile Navigation wird nach dem Prinzip des *Progressive Enhancement* erstellt:
  - Wenn JavaScript nicht aktiviert ist, wird die Navigationsliste offen angezeigt. Das ist nicht sonderlich hübsch, aber es funktioniert alles, und der Besucher kann die Navigation benutzen.
  - Wenn JavaScript aktiviert ist, wird eine mobile Navigation mit einem Burger-Menü angezeigt. Ein Klick auf den Button blendet dann sanft die Navigationsliste ein.
- Der Menübutton benötigt zum Funktionieren etwas JavaScript:
  - Das Attribut `onclick` prüft, ob ein Element angeklickt wird.
  - Die Funktion `this.classList.toggle()` fügt eine Klasse hinzu oder entfernt sie, falls sie bereits vorhanden ist.
- Mit dem Pseudoelement `::before` kann man auch Grafiken einfügen.
- Die Navigationsliste wird mit `max-height: 0` ausgeblendet, weil `max-height` anders als `display: none` mit `transition` animiert werden kann.
- `overflow: hidden` verhindert, dass Inhalte, die nicht in die Box passen überfließen und so auf dem Bildschirm erscheinen.
- Flexbox ist zum Gestalten einer Navigation wirklich praktisch.

Kapitel 24

CSS-Grid: Mehrspaltige Layouts erstellen mit »display: grid«

Worin Sie das »CSS Grid Layout« kennenlernen, mit dessen Hilfe Sie responsive, mehrspaltige Rasterlayouts erstellen können.

Die Themen im Überblick:

In diesem Kapitel geht es um eine Einführung in das CSS *Grid Layout Module*, kurz *Grid*, *CSS-Grid* oder auch *Grid-Layout* genannt. Dieses Modul wurde geschaffen, um mehrspaltige Rasterlayouts per CSS zu ermöglichen, sowohl für einzelne Abschnitte als auch für ganze Seiten. Kurzum: CSS-Grid widmet sich wie Flexbox dem Nebeneinander von Boxen, bietet dabei aber andere Möglichkeiten.

24.1 Ein »Grid« ist ein Raster und schafft Ordnung

Bevor Sie das *CSS Grid Layout* kennenlernen, möchte ich zunächst ganz kurz erklären, was ein *Grid* eigentlich ist. *Grid* ist das englische Wort für *Raster*, und damit ist eine Anordnung aus Spalten *und* Zeilen gemeint, die im scheinbaren Chaos der Elemente Ordnung schafft. Abbildung 24.1 zeigt zwei einfache Skizzen mit einer Ansammlung von Rechtecken. Links ist auf Anhieb eine durch ein Raster geschaffene Ordnung erkennbar, rechts scheint der Zufall vorzuherrschen.

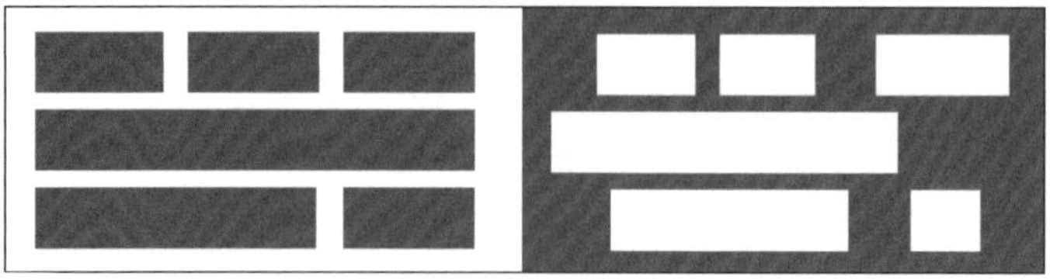

Abbildung 24.1 Links schafft ein Raster Ordnung, rechts nicht.

Unser Gehirn ist von Natur aus bequem veranlagt und mag es, wenn es bei der Wahrnehmung von Mustern nicht allzu viel nachdenken muss. Wenn Objekte an einem Raster ausgerichtet sind, ist die Ordnung schneller erkennbar, und das Gehirn muss weniger nachdenken. Die meisten Leute empfinden das intuitiv als angenehm.

Ein *Grid* ist also ein Raster, ein Werkzeug zum visuellen Ordnen von Texten und Grafiken, und das *CSS Grid Layout* ermöglicht Rasterlayouts per CSS, die im Folgenden auch *Grid-Layouts* genannt werden.

24.2 Mehrspaltiges Layout nur für moderne Browser: »@supports«

Bis jetzt ist das Layout der Übungswebsite mit Ausnahme der per Flexbox gestalteten Navigation einspaltig, und dafür ist die momentane maximale Breite von 600px, die durch die `div`-Elemente mit der Klasse `inside` definiert wird, gut geeignet. Für das Nebeneinander der Dinge in einem Grid-Layout wäre etwas mehr Platz in der Breite aber besser, und das machen Sie in diesem Abschnitt.

Seit März 2017 wird Grid von allen modernen Browsern unterstützt, aber für ältere Browser prüfen Sie im folgenden Listing mit einer `@supports`-Regel, ob ein Browser die Deklaration `display:grid` versteht. Ist das der Fall, wird die Breite für das Layout auf maximal 960px erhöht:

```
@supports (display:grid) {
  .inside {
    max-width: 960px;
  }
}
```

Listing 24.1 Mehr Platz für Browser, die Grid verstehen

Damit schlagen Sie zwei Fliegen mit einer Klappe:

- Ältere Browser, die Grid nicht verstehen, bekommen die Inhalte weiterhin im einspaltigen Layout mit einer Breite von 600px.

- Alle anderen erhalten bis zu 960px Platz für mehrspaltige Layouts.

Im folgenden Kasten setzen Sie das für die Übungswebsite um.

Übungswebsite: Die Breite des Layouts für moderne Browser erhöhen

1. Öffnen Sie das Stylesheet *layout-modern.css* im Editor.
2. Suchen Sie die CSS-Regel, mit der für `.inside` die Breite auf 600px beschränkt wird.
3. Fügen Sie *unterhalb* dieser Regel die `@supports`-Regel aus Listing 24.1 ein, die die Breite für moderne Browser auf 960px erhöht.
4. Speichern Sie das Stylesheet, und prüfen Sie die Webseiten im Browser.

24.3 Das erste Grid-Layout: Drei Boxen nebeneinander

In diesem Abschnitt erstellen Sie das erste Grid-Layout. Als Beispiel dienen die Infoboxen auf der Startseite der Übungswebsite, die in Abbildung 24.2 momentan noch, wie bei Blockboxen üblich, in einer Spalte untereinander stehen.

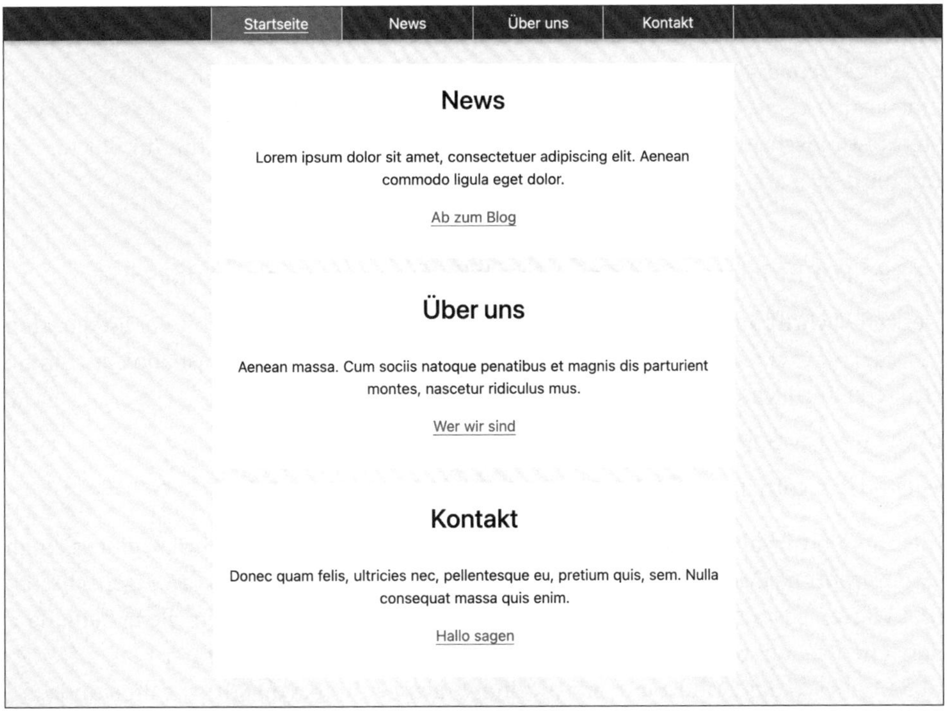

Abbildung 24.2 Diese drei Infoboxen sollen nebeneinanderstehen.

Ziel ist es, dass diese drei Boxen nebeneinanderstehen, links und rechts bündig mit dem Rest der Seite sind und zwischen den Spalten ein bisschen Abstand haben (siehe Abbildung 24.5).

24.3.1 Ein Blick auf das HTML für den Abschnitt mit den Infoboxen

Bevor Sie das erste Grid-Layout erstellen, hier zur Erinnerung noch ein kurzer Blick auf das HTML:

```
<section class="infoboxen">
  <div class="inside">
    <h2 class="visually-hidden">Die Bereiche der Website</h2>
    <article class="infobox">...</article>
    <article class="infobox">...</article>
    <article class="infobox">...</article>
  </div>
</section>
```

Listing 24.2 Das HTML für den Abschnitt mit den Infoboxen

Die drei Infoboxen sind von einem `section`-Element mit der Klasse `infoboxen` umgeben, das von einem `div` mit der Klasse `inside` gedoppelt wird. Innerhalb dieser Boxen gibt es eine visuell versteckte `h2`-Überschrift und drei Artikel mit der Klasse `infobox`. Die versteckte Überschrift erscheint nicht im Browserfenster, von daher sind für das Layout nur die drei `article`-Elemente relevant.

24.3.2 Schritt 1: Einen Grid-Container definieren mit »display: grid«

Der erste Schritt auf dem Weg zum Grid-Layout ist es, ein Element mit der Deklaration `display: grid` zu einem *Grid-Container* zu machen. Grid basiert wie Flexbox auf einem strikten Eltern-Kind-Prinzip:

- Das umgebende Elternelement ist der *Grid-Container*.
- Die darin enthaltenen Kindelemente werden zu *Grid-Items*.

Nach außen verhält sich ein Grid-Container wie eine Blockbox, nach innen gibt es einen *Grid Formatting Context*, in dem Sie die Kindelemente mit speziellen CSS-Eigenschaften und Werten gestalten können. Das Elternelement der drei Infoboxen, die nebeneinanderstehen sollen, wird zum Grid-Container, und das ist das `div` mit der Klasse `inside`. Außerdem soll das Grid-Layout erst ab einer Viewportbreite von 600px gelten und wird mit einer entsprechenden Media Query umgeben:

```
@media screen and (min-width: 600px) {
  .infoboxen > .inside {
    display: grid;
  }
} /* Ende @media */
```

Listing 24.3 Einen Grid-Container definieren

Durch diesen Schritt werden die drei `article` mit der Klasse `infobox` zu Grid-Items. Im folgenden Kasten setzen Sie diesen Schritt für die Übungswebsite um.

Übungswebsite: Einen Grid-Container für die Infoboxen definieren

1. Öffnen Sie das Stylesheet *content.css* im Editor.
2. Suchen Sie die CSS-Regel, die den Abschnitt `infoboxen` gestaltet.
3. Fügen Sie unterhalb dieser Regel die Media Query aus Listing 24.3 ein, mit der der Grid-Container definiert wird.
4. Speichern Sie das Stylesheet, und betrachten Sie die Startseite im Browser.

Nach diesen Schritten ist ein Grid-Container definiert, aber das Layout ist immer noch einspaltig. Grid-Items stehen nämlich, anders als Flex-Items, *nicht* automatisch nebeneinander. In Abbildung 24.3 sehen Sie den INSPEKTOR von Firefox.

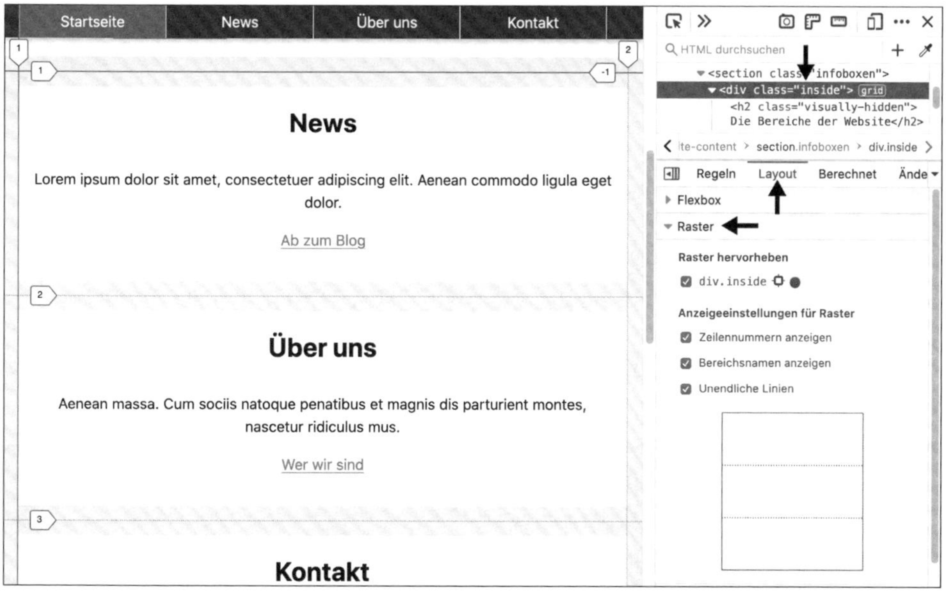

Abbildung 24.3 Der Grid-Inspektor in Firefox zeigt das Raster.

Im Register LAYOUT ist der Bereich RASTER geöffnet, und das Grid für `div.inside` wird im Browserfenster hervorgehoben. Darunter sehen Sie ein visuelles Schema des Layouts: eine Spalte mit drei untereinanderstehenden Zeilen.

Ein Grid-Layout ist also zunächst einmal einspaltig, da der Browser noch nicht weiß, wie viele Spalten es haben soll. Das ändert sich gleich im nächsten Abschnitt.

24.3.3 Schritt 2: Ein Grid-Layout erstellen mit »grid-template-columns« und der Einheit »fr«

Mit der Eigenschaft `grid-template-columns` definieren Sie in diesem Schritt die Anzahl und die Breite der Spalten. `grid-template-columns` erstellt für das *Raster* (*grid*) eine *Vorlage* (*template*) mit den gewünschten *Spalten* (*columns*), und der Browser platziert die Grid-Items dann in diesen Spalten.

Neben der *Anzahl* der Spalten definieren Sie auch die gewünschte *Breite*, und dazu nutzen Sie eine neue, extra für Grid-Layouts erfundene flexible Einheit namens `fr`, kurz für *fraction* (dt. *Teil*). Sie können auch Prozent oder Längeneinheiten wie `px` oder `rem` nutzen, aber `fr` ist richtig praktisch.

Im folgenden Listing definieren Sie ein dreispaltiges Layout:

```
@media screen and (min-width: 600px) {
  .infoboxen > .inside {
    display: grid;
    grid-template-columns: 1fr 1fr 1fr;
  }
} /* Ende @media */
```

Listing 24.4 Das Grid definieren

Die Deklaration bedeutet frei übersetzt: *Bitte erstelle ein Grid-Layout mit drei gleich breiten Spalten.* Über die Platzierung der Grid-Items wird darin genau genommen nichts gesagt. Das macht der Browser, wie Sie gleich sehen werden, automatisch. Im Folgenden definieren Sie dieses dreispaltige Raster für die Infoboxen auf der Startseite der Übungswebsite.

Übungswebsite: Ein dreispaltiges Grid-Layout definieren

1. Öffnen Sie das Stylesheet *content.css*.
2. Ergänzen Sie die Regel für das Grid-Layout wie in Listing 24.4 gezeigt.
3. Speichern Sie die Datei, und betrachten Sie die Startseite im Browser.

Abbildung 24.4 zeigt, dass die drei Infoboxen nach diesen Schritten nebeneinanderstehen. Der Browser erkennt das definierte Grid-Layout mit drei Spalten gleicher Breite und platziert die drei Grid-Items automatisch auf diesem Raster.

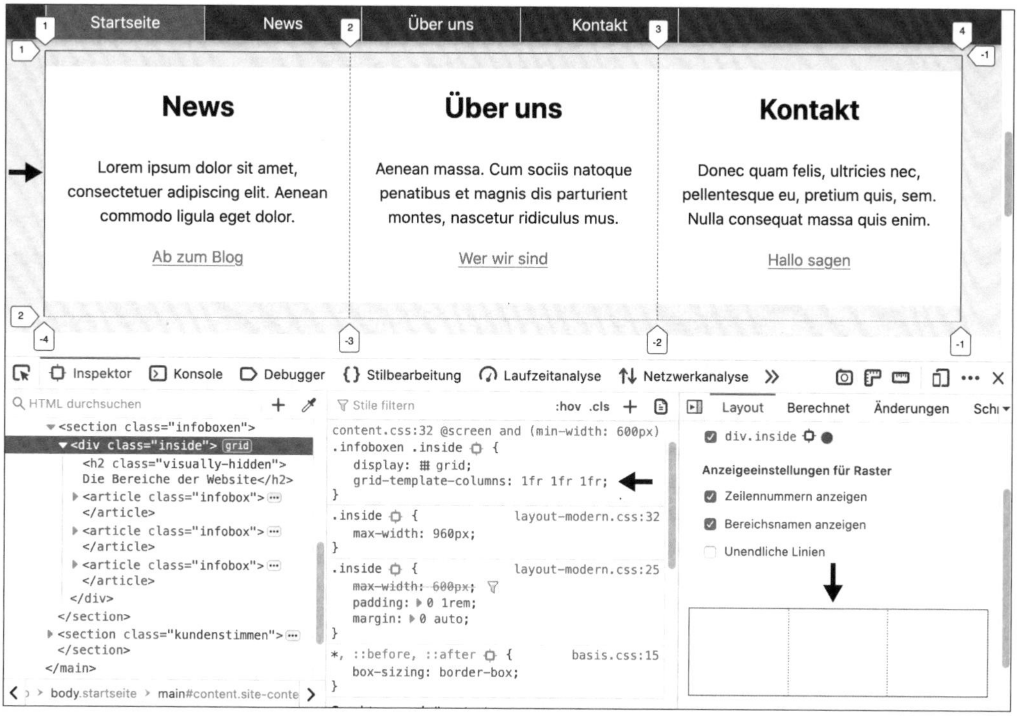

Abbildung 24.4 Ein dreispaltiges Grid-Layout mit einer Zeile

> **Mit »grid-template-rows« kann man auch Zeilen definieren**
>
> Ein Grid-Layout besteht aus Spalten und Zeilen, aber die Zeilen wurden in diesem Beispiel gar nicht definiert. Es gibt zwar die Eigenschaft `grid-template-rows` für Zeilen in einem Grid, aber die wird häufig nicht eingesetzt, weil der Browser die benötigten Zeilen automatisch erzeugt.

24.3.4 Schritt 3: Den Zwischenraum kontrollieren mit »grid-gap«

Der letzte Schritt zur Erstellung des ersten Grid-Layouts ist die Definition eines Zwischenraums zwischen den Spalten. Die Breite der Lücke können Sie mit der Eigenschaft `grid-gap` kontrollieren, die als Wert eine Längeneinheit wie `rem` oder `px` bekommt:

```
@media screen and (min-width: 600px) {
  .infoboxen .inside {
    display: grid;
    grid-template-columns: 1fr 1fr 1fr;
    grid-gap: 1rem;
  }
} /* Ende @media */
```

Listing 24.5 Einen Zwischenraum definieren

Damit ist das Layout aus Sicht des Browsers komplett: *Bitte erstelle ein Grid-Layout mit drei Spalten zu gleichen Teilen. Lass zwischen den Spalten jeweils 1rem frei.* Im folgenden Kasten setzen Sie das für die Übungswebsite um.

Übungswebsite: Einen Zwischenraum für das Layout definieren

1. Öffnen Sie das Stylesheet *content.css* im Editor.
2. Ergänzen Sie die Regel für das Grid-Layout wie in Listing 24.5 gezeigt.
3. Speichern Sie die Datei, und betrachten Sie die Startseite im Browser.

Nach diesen Schritten haben Sie im Browserfenster ein Layout mit drei Spalten und Zwischenraum. Die drei Spalten in diesem Layout haben Sie mit `grid-template-columns: 1fr 1fr 1fr` explizit definiert, und daher bezeichnet man ein solches Layout auch als *explizites Grid*.

Abbildung 24.5 zeigt die Infoboxen nebeneinander mit den vom Grid-Inspektor in Firefox farblich hervorgehobenen und nummerierten Grid-Linien.

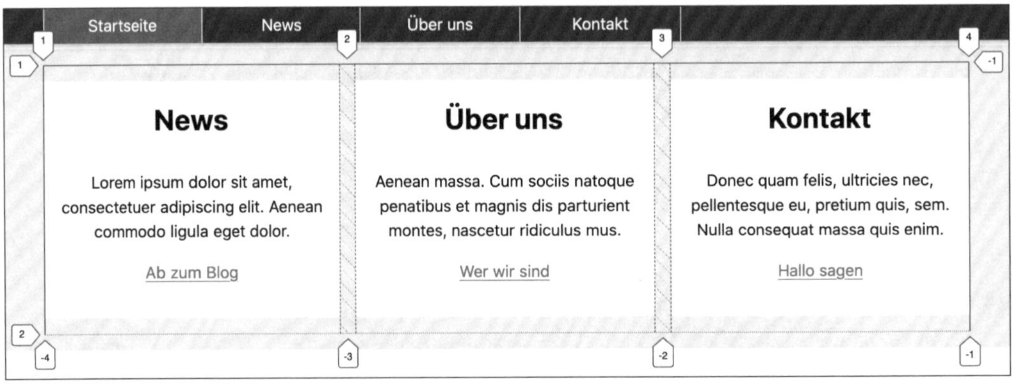

Abbildung 24.5 Das fertige Raster mit hervorgehobenen Rasterlinien

Erwähnenswert ist, dass der Browser die Grid-Items *automatisch* auf dem vorgegebenen Raster platziert:

- Sie haben im CSS ein Grid-Layout mit drei gleich breiten Spalten und einem Zwischenraum von `1rem` definiert.
- Im HTML gibt es drei Kindelemente, die zu Grid-Items werden. Die visuell versteckte Überschrift zählt nicht mit.
- Die drei Grid-Items werden in Quelltextreihenfolge automatisch auf dem definierten Grid-Layout platziert.

Dieser automatische Algorithmus zur Platzierung von Grid-Items im Grid-Layout heißt *auto-placement*, und er macht die Arbeit mit CSS-Grid fast zum Vergnügen. Wann immer möglich, sollte man diesen ausgesprochen nützlichen Algorithmus für sich arbeiten lassen.

Bei einem regelmäßigen Grid-Layout mit durchgehend gleich breiten Spalten ist das in der Regel kein Problem, aber bei einem unregelmäßigen Grid mit verschieden breiten Spalten muss man die Grid-Items, wie Sie weiter unten in Abschnitt 0 sehen werden, manchmal manuell platzieren, um das gewünschte Ergebnis zu bekommen.

»grid-gap« wird zu »gap«

Die Kontrolle der Zwischenräume mit `grid-gap` fanden die Webdesigner dieser Welt so gut, dass es die Eigenschaft unter dem Namen `gap` auch außerhalb von Grid, zum Beispiel in Flexbox, gibt.

Auf *caniuse.com* können Sie schauen, wie gut die Browser das schon können:

- *caniuse.com/?search=gap*

Für Grid-Layouts unterstützt man mit `grid-gap` momentan noch mehr Browser, aber irgendwann kann man ein paar Buchstaben sparen und nur `gap` schreiben.

24.4 Flexbox und Grid sind ein gutes Team

Flexbox und Grid kümmern sich beide um das Nebeneinander von Boxen auf Webseiten, haben aber wie erwähnt unterschiedliche Einsatzgebiete:

- *Flexbox* ist für eindimensionale Layouts gedacht, bei denen Boxen in einer Zeile *oder* in einer Spalte platziert werden.
- *Grid* kümmert sich um zweidimensionale Layouts, bei denen Boxen auf einem Raster aus Zeilen *und* Spalten positioniert werden.

In der Praxis ist es nicht immer ganz einfach zu entscheiden, ob ein Layout besser mit Flexbox oder mit CSS-Grid umgesetzt werden sollte. Solange es keine konkreten Argumente für oder gegen den Einsatz von Flexbox bzw. Grid gibt, nutzen Sie einfach das, was Ihnen besser gefällt.

In diesem Abschnitt möchte ich Ihnen zeigen, dass die beiden sich in vielen Situationen gut ergänzen. Dazu werden die Infoboxen zunächst einmal mit unterschiedlich viel Inhalt gefüllt (Abbildung 24.6). Die Links sollen dann unabhängig von der Menge des Inhalts immer am unteren Rand der Boxen platziert werden.

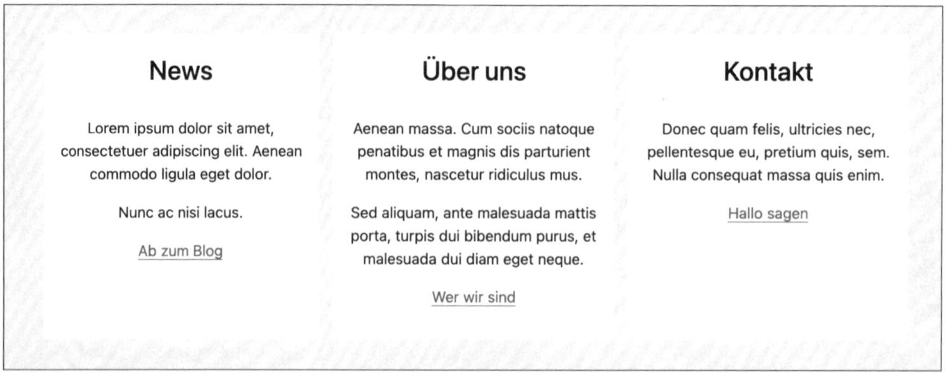

Abbildung 24.6 Die Infoboxen mit unterschiedlich viel Inhalt

Die drei Infoboxen stehen als Grid-Layout nebeneinander, aber die Links am unteren Rand der Boxen zu platzieren, ist eine Sache für Flexbox und seinen automatischen Abstand mit `margin`.

Hier das HTML für die erste Infobox mit dem zusätzlichen Absatz:

```
<article class="infobox">
  <h3>News</h3>
  <p>Lorem ipsum dolor sit amet, ...</p>
  <p>Nunc ac nisi lacus.</p>
  <p><a href="news.html">Ab zum Blog</a></p>
</article>
```

Listing 24.6 Das HTML für eine Infobox

Die Platzierung der Links am unteren Rand der Boxen könnte so aussehen:

- Das `article`-Element mit der Klasse `infobox` wird mit `display: flex` zum Flex-Container.
- Mit `flex-flow: column` werden die Flex-Items untereinander platziert.

- Den Absatz mit dem Link kann man mit `:last-child()` selektieren.
- Mit `margin-top: auto` wird der Absatz nach unten gedrückt.

Das folgende Listing zeigt die Umsetzung dieser Überlegungen als CSS:

```
.infobox {
  display: flex;
  flex-flow: column;
}
.infobox :last-child {
  margin-top: auto;
}
```

Listing 24.7 Das CSS, um den Absatz mit dem Link unten auszurichten

Im folgenden Kasten setzen Sie diesen Schritt für die Übungswebsite um.

Übungswebsite: Die Links am unteren Rand der Infoboxen platzieren

1. Öffnen Sie das Stylesheet *content.css* im Editor.
2. Suchen Sie das CSS zur Gestaltung von `.infobox`.
3. Ergänzen Sie in der Regel die beiden Flex-Deklarationen aus Listing 24.7.
4. Fügen Sie darunter die Regel aus Listing 24.7 ein, um den letzten Absatz immer unten in einer Infobox zu platzieren.
5. Speichern Sie die Datei, und betrachten Sie die Startseite im Browser.

Fertig. Zwei Regeln, und schon stehen die Links unabhängig von der Menge des Inhalts immer am unteren Rand der Boxen. Grid stellt die Boxen nebeneinander, Flexbox richtet die Links aus. Ein gutes Team.

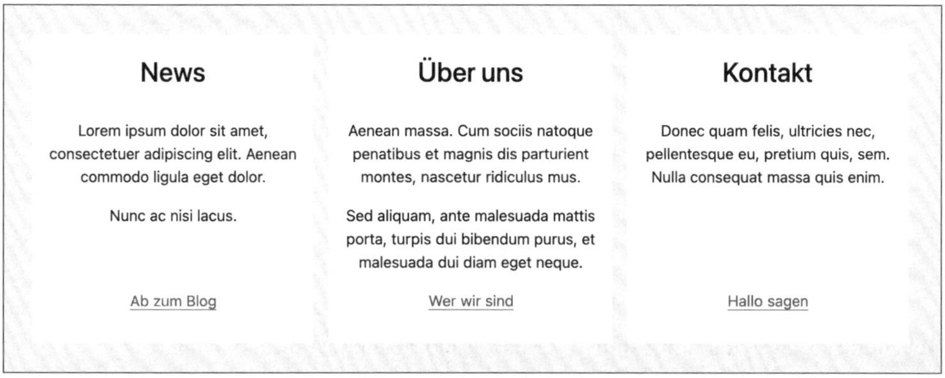

Abbildung 24.7 Die Links stehen unabhängig vom Inhalt immer unten.

Über die Verschachtelung von Flexbox und Grid

Auf der Startseite der Übungswebsite haben Sie inzwischen diverse Flex- und Grid-Container. `body` ist Flex-Container, und das `div`-Element mit der Klasse `inside` im Abschnitt für die Infoboxen ist ein Grid-Container.

Die `article`-Elemente mit der Klasse `infobox` sind sogar doppelt belegt. Sie sind ...

- ... *Grid-Item*, um die Infoboxen nebeneinanderzustellen.
- ... *Flex-Container* für die Ausrichtung der Links am unteren Rand der Box.

Alles kein Problem. Man kann Flexbox und Grid fast beliebig verschachteln. Ein Element kann nur *nicht* gleichzeitig Flex- *und* Grid-Container sein.

24.5 Grid-Items manuell platzieren mit nummerierten Grid-Linien

Das dreispaltige Grid für die Infoboxen ist fertig, und die Platzierung der Grid-Items hat der Browser per *auto-placement* automatisch vorgenommen.

In diesem Abschnitt sehen Sie, wie man Grid-Items mithilfe von nummerierten Grid-Linien manuell im Layout platzieren kann. Als Beispiel dient der Abschnitt mit den Kundenstimmen auf der Startseite, die momentan als Blockelemente untereinanderstehen (Abbildung 24.8).

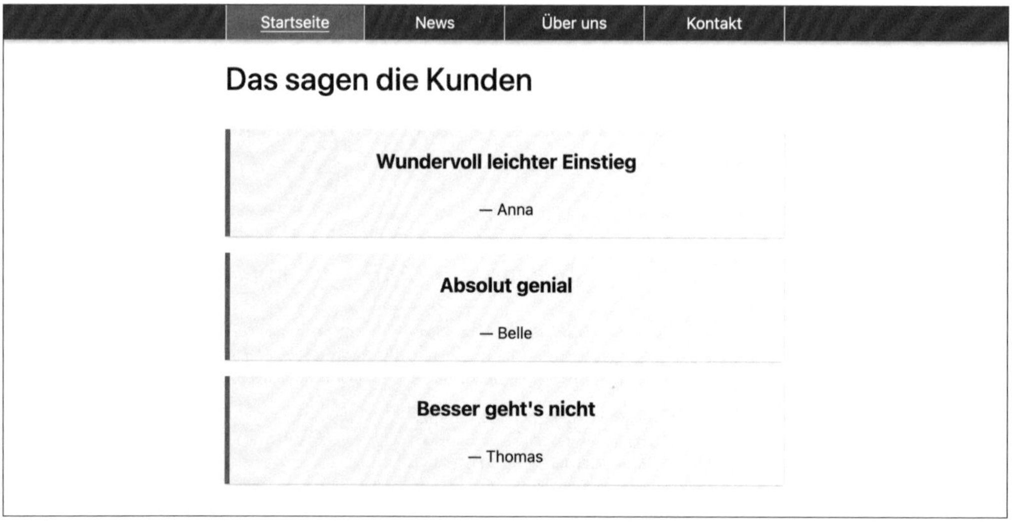

Abbildung 24.8 Die Kundenstimmen stehen als Blockelemente untereinander.

Im Grid-Layout soll die Überschrift genau wie jetzt in einer eigenen Zeile stehen, die Kundenstimmen darunter aber in zwei Spalten nebeneinander erscheinen (siehe Abbildung 24.10).

24.5.1 Ein Blick auf das HTML für den Abschnitt mit den Kundenstimmen

Im HTML wird der Abschnitt von einem section-Element mit der Klasse kundenstimmen markiert, das wieder von einem div mit der Klasse inside gedoppelt wird. Darin gibt es eine h2-Überschrift und drei Zitate mit der Klasse kundenstimme:

```
<section class="kundenstimmen">
  <div class="inside">
    <h2>Das sagen die Kunden</h2>
    <figure class="kundenstimme"> ... </figure>
    <figure class="kundenstimme"> ... </figure >
    <figure class="kundenstimme"> ... </figure >
  </div>
</section>
```

Listing 24.8 Das HTML für den Abschnitt mit den Kundenstimmen

Dieses HTML ist abgesehen von dem zusätzlichen div-Element durch den Inhalt vorgegeben.

24.5.2 Einen Grid-Container definieren und das Grid-Layout erstellen

Im folgenden Listing erstellen Sie zunächst einmal ein zweispaltiges Layout mit einem Zwischenraum von 1rem:

```
@media screen and (min-width: 600px) {
  .kundenstimmen > .inside {
    display: grid;
    grid-template-columns: 1fr 1fr;
    grid-gap: 1rem;
  }
} /* Ende @media */
```

Listing 24.9 Ein Grid-Layout für die Kundenstimmen

Das div mit der Klasse inside wird zum Grid-Container, und dadurch werden alle vier Kindelemente zu einem Grid-Item.

Im folgenden Kasten speichern Sie dieses CSS, aber vorab schon mal der Hinweis, dass das Grid-Layout noch nicht fertig ist, denn die Überschrift wird nach diesen Schritten noch nicht in einer eigenen Zeile stehen.

Übungswebsite: Ein Grid-Layout für die Kundenstimmen erstellen

1. Öffnen Sie das Stylesheet *content.css* im Editor.
2. Suchen Sie die CSS-Regel zur Gestaltung von `.kundenstimme`.
3. Fügen Sie oberhalb davon die in Listing 24.9 gezeigte Regel für das Grid-Layout ein.
4. Speichern Sie die Datei, und betrachten Sie die Startseite im Browser.

Abbildung 24.9 zeigt, dass der Browser alle Grid-Items automatisch auf dem definierten Raster platziert, und zwar auch die Überschrift, die sich aber eigentlich über die gesamte erste Zeile erstrecken soll.

Abbildung 24.9 Automatisch platzierte Grid-Items – passt nicht immer.

Damit kommt der automatische Grid-Algorithmus zur Platzierung von Grid-Items an seine Grenzen. Der Grund für die verkürzte Überschrift ist, dass CSS-Grid genau wie Flexbox auf einer strikten Eltern-Kind-Beziehung basiert und dass somit *alle* Grid-Items auf dem definierten Raster platziert werden, auch die Überschrift.

Um die Überschrift in einer eigenen Zeile stehen zu lassen, gibt es zwei mögliche Lösungen, die ich Ihnen im Folgenden kurz zeigen möchte.

24.5.3 Lösung 1: Die HTML-Struktur für das Layout ändern

Eine Lösung wäre es, die HTML-Struktur so zu ändern, dass die Überschrift kein Grid-Item mehr ist. Dazu könnten Sie zum Beispiel ein zusätzliches `div` einfügen:

```
<section class="kundenstimmen">
  <div class="inside">
    <h2>Das sagen die Kunden</h2>
    <div>
      <figure class="kundenstimme"> ... </figure>
      <figure class="kundenstimme"> ... </figure >
      <figure class="kundenstimme"> ... </figure >
    </div> <!-- Ende /gridlayout -->
  </div> <!-- Ende /inside -->
</section>
```

Listing 24.10 Ein zusätzliches »div« nur für das Layout einfügen

In dieser HTML-Struktur machen Sie das zusätzliche `div` zum Grid-Container, und dann werden nur die `figure`-Elemente als Grid-Items auf dem Grid platziert:

```
@media screen and (min-width: 600px) {
  /* Das zusätzliche div zum Grid-Container machen */
  .kundenstimmen .inside > div {
    display: grid;
    grid-template-columns: 1fr 1fr;
    grid-gap: 1rem;
  }
} /* Ende @media */
```

Listing 24.11 Das zusätzliche »div« wird zum Grid-Container.

Damit wäre das Problem gelöst, und die automatische Platzierung von Grid-Items würde wieder zum gewünschten Ergebnis führen:

- Die Überschrift erstreckt sich als normale Blockbox über die ganze Zeile.
- Die `figure`-Elemente sind Grid-Items im zweispaltigen Grid-Layout.

Das Einfügen zusätzlicher `div`-Elemente ist völlig in Ordnung, und manchmal gibt es tatsächlich keine andere Möglichkeit.

Aber erstens ist das zusätzliche `div` vom Inhalt her nicht erforderlich, zweitens hat man nicht immer die Möglichkeit, die HTML-Struktur zu ändern, und drittens gibt es in CSS-Grid die Möglichkeit, einzelne Grid-Items manuell zu platzieren und so ein unregelmäßiges Grid-Layout mit unterschiedlich breiten Spalten zu erstellen. Und genau das machen Sie im folgenden Abschnitt.

24.5.4 Lösung 2: Grid-Items manuell platzieren mit Grid-Linien und der Eigenschaft »grid-column«

Um die Überschrift über die gesamte erste Zeile auszudehnen, platzieren Sie mit der Eigenschaft `grid-column` ein Grid-Item manuell im Grid-Layout. Um dem Browser den genauen Platz mitzuteilen, nutzen Sie die in Abbildung 24.9 gezeigten Nummern der senkrechten Grid-Linien:

- Die erste Spalte sitzt zwischen den Grid-Linien 1 und 2.
- Die zweite Spalte wird von den Grid-Linien 2 und 3 begrenzt.

Damit die Überschrift die gesamte erste Zeile einnimmt, bitten Sie den Browser, das Grid-Item auf dem Raster *von Grid-Linie 1 bis Grid-Linie 3* zu platzieren. Als CSS-Regel könnte das so aussehen:

```
.kundenstimmen h2:first-child { grid-column: 1/3; }
```

Listing 24.12 Die Überschrift bitte von Linie 1 bis Linie 3

Im Folgenden setzen Sie das für die Übungswebsite um.

Übungswebsite: Die Überschrift auf dem Grid platzieren

1. Öffnen Sie das Stylesheet *content.css* im Editor.
2. Suchen Sie die Media Query mit dem Grid-Layout für die Kundestimmen aus Listing 24.9.
3. Fügen Sie die Regel aus Listing 24.12 unter der vorhandenen Regel, aber noch innerhalb der Media Query ein.
4. Speichern Sie die Datei, und betrachten Sie die Startseite im Browser.

Abbildung 24.10 zeigt, dass die Starthilfe für die automatische Platzierung den gewünschten Erfolg hat: Die Überschrift geht über die gesamte erste Zeile, die weiteren Grid-Items platziert der Browser automatisch in weiteren Zeilen.

Der Browser hat die zweite Zeile des Grid-Layouts übrigens automatisch erzeugt, und diese eigenständige Fortsetzung des definierten Rasters nennt man auch *implizites Grid*.

Die zweite Zeile übernimmt in einem Grid-Layout, anders als in einer mehrzeiligen Flexbox, die Spaltenaufteilung der ersten Zeile, denn CSS-Grid ist wie erwähnt für *zweidimensionale Layouts* mit Spalten *und* Zeilen gedacht.

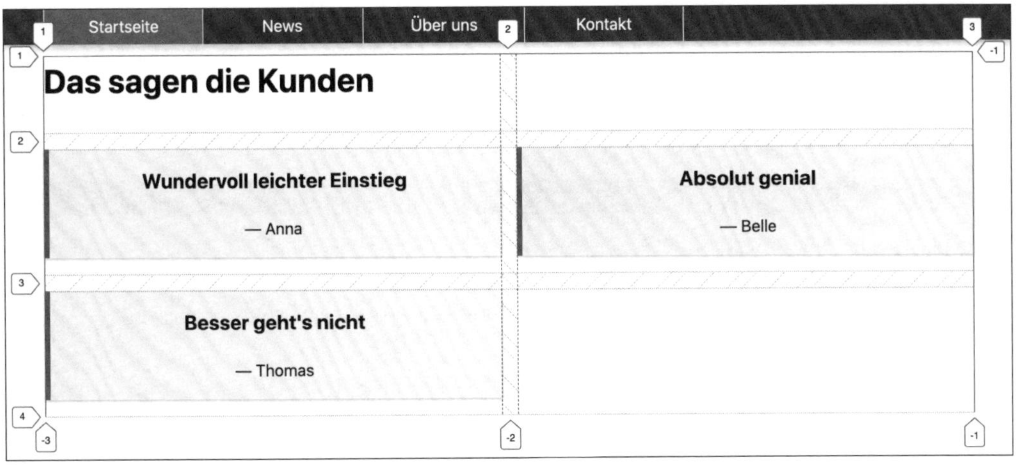

Abbildung 24.10 Automatische Platzierung mit Starthilfe für die Überschrift

Falls Sie im HTML weitere Kundenstimmen einfügen, werden diese als Grid-Items automatisch auf dem impliziten Grid platziert, sodass die optische Ordnung des Rasters erhalten bleibt.

Der mit »grid-gap« definierte Zwischenraum gilt für Zeilen und Spalten

Bezüglich der Zeilen im Grid-Layout gibt es noch zwei Anmerkungen:

- Die Höhe der Zeilen wird durch deren Inhalt bestimmt. Die Zeile wird so hoch wie die höchste Zelle darin.
- Der mit `grid-gap` definierte Zwischenraum gilt nicht nur zwischen den Spalten, sondern auch zwischen den Zeilen.

Falls Spalten und Zeilen unterschiedliche Zwischenräume haben sollen, können Sie statt `grid-gap` die Eigenschaften `grid-column-gap` bzw. `grid-row-gap` nutzen (siehe Abschnitt 24.6.2, »Grid-Container definieren und die benannten Grid-Bereiche erstellen«).

24.6 Grid-Items manuell platzieren mit benannten Grid-Bereichen

In diesem Abschnitt sehen Sie, wie Sie zur Platzierung der Grid-Items statt der nummerierten Grid-Linien auch *benannte Grid-Bereiche* (engl. *named grid areas*) mit aussagekräftigen Namen nutzen können.

Bis jetzt haben Sie mit dem Grid zwei Abschnitte auf der Startseite gestaltet, jetzt geht es weiter mit dem ersten Seitenlayout: Der Inhaltsbereich der Seite *News* soll ein Grid-Layout mit unterschiedlich breiten Spalten bekommen.

Abbildung 24.11 zeigt die Seite *News* mit dem bisherigen einspaltigen Layout.

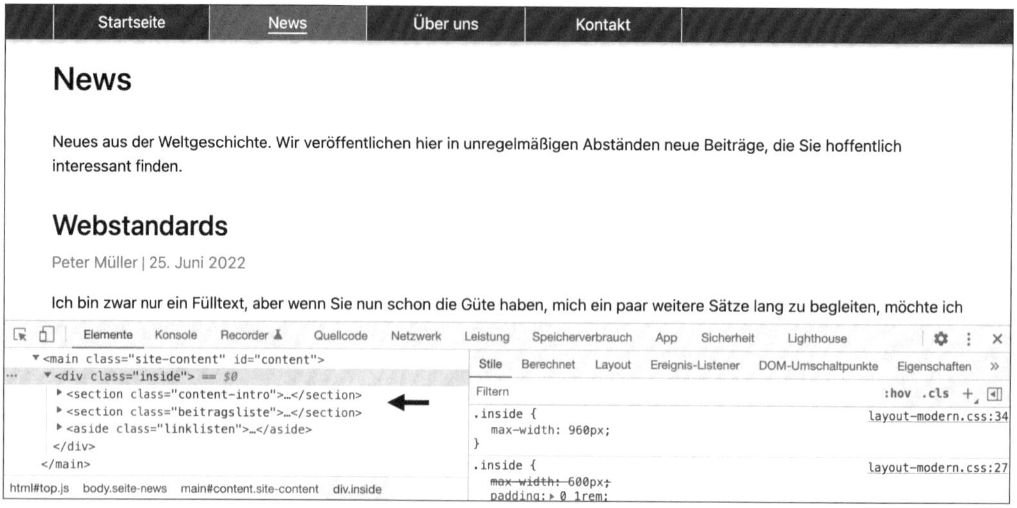

Abbildung 24.11 Inhaltsbereich der Seite »News« noch mit einspaltigem Layout

Ziel ist es, dass die Linklisten als Sidebar neben der Beitragsliste stehen und dass die Spalte für die Beiträge doppelt so breit ist wie die Sidebar mit den Linklisten. Überschrift und Intro sollen sich über beide Spalten erstrecken.

24.6.1 Die HTML-Struktur für den Inhaltsbereich der Seite »News«

Auf der Seite *News* hat `body` die Klasse `seite-news`, mit der Sie den Wirkungsbereich von CSS-Regeln bei Bedarf auf diese Seite beschränken können. Im Inhaltsbereich selbst gibt es die folgende HTML-Struktur:

```
<main class="site-content" id="content">
  <div class="inside">
    <section class="content-intro"> ... </section>
    <section class="beitragsliste"> ... </section>
    <aside class="linklisten"> ... </aside>
  </div>
</main>
```

Listing 24.13 HTML-Struktur für den Inhaltsbereich der Seite »News«

Mit dieser HTML-Struktur bietet es sich an, `div.inside` zum Grid-Container zu machen. Dieser Grid-Container enthält dann drei Grid-Items:

- Der einleitende Abschnitt `.content-intro` soll einspaltig bleiben.
- Der Abschnitt `.beitragsliste` und das `aside` mit der Klasse `.linklisten` sollen im Verhältnis 2:1 nebeneinanderstehen.

CSS-Grid ermöglicht wie gesehen auch ohne zusätzliche `div`-Elemente ein Grid-Layout mit unterschiedlicher Spaltenzahl, und das werden Sie im nächsten Abschnitt erstellen.

24.6.2 Grid-Container definieren und die benannten Grid-Bereiche erstellen

Zunächst erstellen Sie für den Inhaltsbereich der Seite *News* einen Grid-Container und definieren dann ein Grid-Layout. Dabei gibt es in Listing 24.14 zwei Besonderheiten:

- `grid-template-columns` definiert mit dem Wert `2fr 1fr` die Breite der Spalten im Verhältnis 2:1. Spalte eins ist doppelt so breit wie Spalte zwei.
- `grid-template-areas` erstellt *benannte Grid-Bereiche*, mit denen Sie das Layout im CSS visuell Zeile für Zeile vorgeben können.

Das folgende Listing zeigt das CSS zur Definition des Rasters (siehe Abbildung 24.12):

```
@media screen and (min-width: 600px) {
  .seite-news .site-content > .inside {
    display: grid;
    grid-template-columns: 2fr 1fr;
    grid-column-gap: 3rem;
    grid-row-gap: 1rem;
    grid-template-areas:
      "intro intro"
      "beitragsliste sidebar";
  }
} /* Ende @media */
```

Listing 24.14 Das Grid-Layout für den Inhaltsbereich der Seite »News«

Mit `grid-template-columns` definieren Sie wie gewohnt die Breite der Spalten, mit `grid-template-areas` geben Sie diesen Spalten einen Namen, und dabei können Sie das gewünschte Grid-Layout im CSS visuell darstellen:

- In der ersten Zeile `"intro intro"` bekommen beide Spalten den Namen `intro`. Damit erzeugen Sie einen benannten Grid-Bereich, der sich über beide Spalten erstreckt.
- In der zweiten Zeile heißt die erste Spalte `beitragsliste` und die zweite `sidebar`.

Die Namen für die Grid-Bereiche nutzen Sie mit der Eigenschaft `grid-area` zur Platzierung der Grid-Items:

```
.seite-news .content-intro { grid-area: intro; }
.seite-news .beitragsliste { grid-area: beitragsliste; }
.seite-news .linklisten    { grid-area: sidebar; }
```

Listing 24.15 Grid-Items in den benannten Grid-Bereichen platzieren

Abbildung 24.12 zeigt das fertige Layout in Firefox mit den Namen für die Grid-Bereiche. Im INSPEKTOR wurden dazu im Register LAYOUT im Bereich RASTER die farbliche Hervorhebung und die Option BEREICHSNAMEN ANZEIGEN aktiviert.

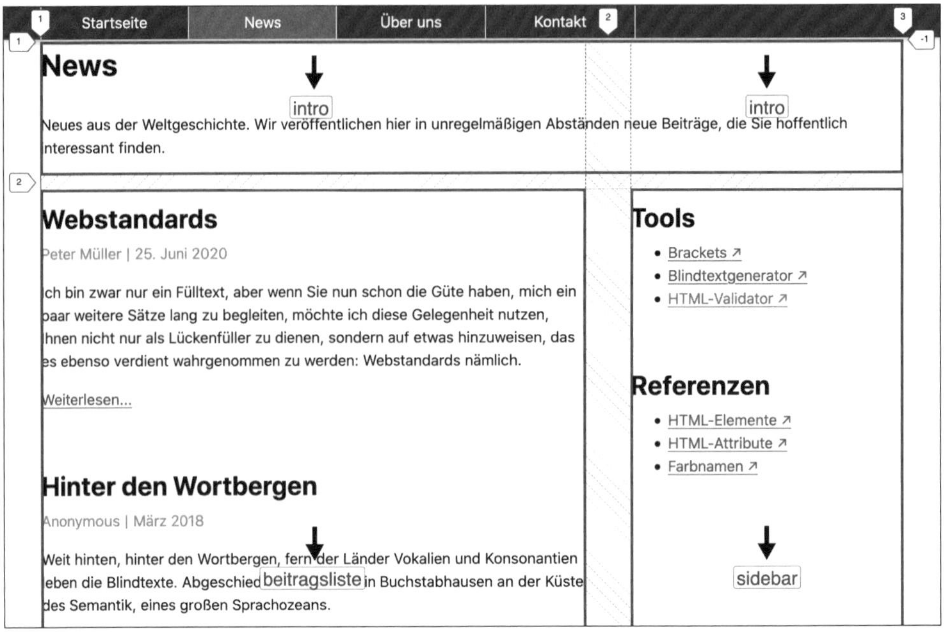

Abbildung 24.12 Der Grid-Inspektor zeigt die Namen für die Grid-Bereiche.

Im Folgenden setzen Sie dieses CSS für die Übungswebsite um.

Übungswebsite: Ein Grid-Layout mit benannten Grid-Bereichen

1. Öffnen Sie das Stylesheet *content.css* im Editor.
2. Suchen Sie die CSS-Regeln zur Gestaltung der Inhalte auf der Seite *News*.
3. Fügen Sie die Media Query mit der Definition des Grid-Layouts und der benannten Grid-Bereiche aus Listing 24.14 hinzu.

4. Fügen Sie darunter, aber noch *innerhalb* der Media Query, die drei Regeln zur Zuweisung der Grid-Items aus Listing 24.15 hinzu.
5. Speichern Sie die Datei, und betrachten Sie die Seite *News* im Browser. Sie sollte so aussehen wie in Abbildung 24.12.

Für Grid-Feinschmecker: Im Prinzip würde es reichen, das erste Grid-Item im Bereich `intro` zu platzieren. Der Grid-Algorithmus würde die weiteren Grid-Items dann automatisch in den Bereichen `beitragsliste` und `sidebar` platzieren.

Sie haben die Wahl: nummerierte Linien oder benannte Bereiche

Sie haben jetzt mit nummerierten Grid-Linien und benannten Grid-Bereichen zwei Methoden zur manuellen Platzierung von Grid-Items gesehen. Welche Sie bevorzugen, ist Geschmackssache: Einige Webdesigner finden benannte Grid-Bereiche intuitiver, andere bevorzugen die Präzision der nummerierten Grid-Linien.

24.7 Die Grid-Zauberformel: Responsiv ohne Media Query

Auf der Seite *Über uns* soll das Team präsentiert werden, eine Karte pro Mitglied. Die Anzahl der Teammitglieder ist variabel, und das Grid-Layout soll ohne Media Query responsiv sein. Dabei lernen Sie drei Tricks namens `repeat()`, `auto-fit` und `minmax()` kennen. Abbildung 24.13 zeigt das fertige Layout auf verschieden großen Bildschirmen.

Abbildung 24.13 Die Teamvorstellung auf verschieden großen Bildschirmen

Statt einer Teamvorstellung können Sie mit dieser Methode genauso gut eine Fotogalerie, einen Produktkatalog oder etwas völlig anderes präsentieren.

24.7.1 Die Ausgangsposition: HTML und CSS für die Teamvorstellung

Voraussetzung für ein Grid-Layout ist eine funktionierende Eltern-Kind-Beziehung im HTML, und für die Teamvorstellung wird die mit einer Liste realisiert. Listen sind perfekt zum *Flexen* und *Gridden*, da sie die Eltern-Kind-Beziehung quasi fest eingebaut haben:

```
<section class="team">
  <h2>Das Team</h2>
  <ul class="mitglieder">
    <li class="mitglied">
      <h3>Autor</h3>
      <p>Lorem ipsum ...</p>
    </li>
   <!-- beliebig viele Listenelemente -->
  </ul>
</section>
```

Listing 24.16 Die HTML-Struktur für die Teamvorstellung

Diese HTML-Struktur wird mit dem folgenden CSS gestaltet.

```
.mitglieder {
  list-style: none;
  padding: 0;
  margin: 0;
}
.mitglied {
  text-align: center;
  padding: 0.5rem;
  border: 1px solid #999;
}
.mitglied h3 {
  background: #07b; color: white;
  font-size: 1.25rem;
  padding: 1rem;
  margin: -0.5rem -0.5rem 1rem -0.5rem
}
```

Listing 24.17 Das CSS zur Gestaltung der Teamvorstellung

Die einzige erwähnenswerte Besonderheit in diesem CSS ist der negative Außenabstand für die Überschrift, der die Hintergrundfarbe oben, rechts und links über das `padding: 0.5rem` der Listenelemente hinweg bis an den Rand der Box zieht.

Im Folgenden ergänzen Sie die Übungswebsite um diesen Quelltext.

Übungswebsite: Das Team auf der Seite »Über uns« ergänzen

1. Öffnen Sie die Webseite *ueber-uns.html* im Editor.
2. Fügen Sie im Inhaltsbereich `main` unterhalb der Einleitung einen Team-Abschnitt mit einer Liste und mindestens vier Mitgliedern ein. Die HTML-Struktur dazu finden Sie in Listing 24.16.
3. Speichern Sie die Datei *ueber-uns.html*, und prüfen Sie die Seite in einem Browser.
4. Öffnen Sie das Stylesheet *content.css* im Editor.
5. Ergänzen Sie am Ende des Stylesheets die Regeln aus Listing 24.17.
6. Speichern Sie das Stylesheet, und betrachten Sie die Seite *Über uns* im Browser.

24.7.2 Schritt 1: »repeat()« erzeugt mit »auto-fit« beliebig viele Spalten

Wenn Sie mit `grid-template-columns` ein gleichmäßiges Grid-Layout definieren, können Sie mit der Funktion `repeat()` etwas Schreibarbeit sparen. `repeat()` erwartet zwei durch Komma getrennte Argumente:

- eine Zahl, die die Anzahl der Wiederholungen festlegt
- eine oder mehrere Spaltenbreiten für das zu erstellende Raster

`repeat(3, 1fr)` ist also dasselbe wie `1fr 1fr 1fr`, aber je mehr gleichmäßige Spalten ein Layout hat, desto mehr lohnt sich `repeat()`.

Statt einer Zahl können Sie zur Angabe der gewünschten Wiederholungen auch ein Schlüsselwort wie `auto-fit` nutzen, was frei übersetzt heißt: *so oft wie möglich*.

Beim Einsatz von `auto-fit` gibt es aber noch eine Einschränkung, denn dazu *muss* die Spaltenbreite mit einer Einheit wie `px` oder `rem` angegeben werden. Die Grid-Einheit `fr` enthält allein nicht genügend Information, und daher ist die Kombination von `auto-fit` mit dem in der Breite undefinierten `fr` nicht erlaubt.

Der Wert `repeat(auto-fit, 250px)` erzeugt im folgenden Listing 250px breite Spalten, die so oft wie möglich wiederholt werden. Grid-Items, die nicht mehr in eine Zeile passen, rutschen automatisch in die nächste:

```
.mitglieder {
  display: grid;
```

```
  grid-template-columns: repeat(auto-fit, 250px);
  grid-gap: 1rem;
  list-style: none;
  padding: 0;
  margin: 0;
}
```

Listing 24.18 Bitte mach so viele 250px breite Spalten wie möglich.

Im folgenden Kasten ergänzen Sie die Übungswebsite um diese Regel, aber danach geht es noch weiter.

Übungswebsite: Ein responsives Grid mit fester Spaltenbreite

1. Öffnen Sie das Stylesheet *content.css*.
2. Ergänzen Sie die bestehende Regel für den Grid-Container `.mitglieder` um die Deklarationen aus Listing 24.18.
3. Speichern Sie das Stylesheet, und betrachten Sie die Seite *Über uns* im Browser.

Abbildung 24.14 zeigt das Ergebnis nach diesen Schritten im Browser. Das Grid ist ohne Media Query responsiv und hat je nach Viewportbreite ein, zwei oder drei Spalten.

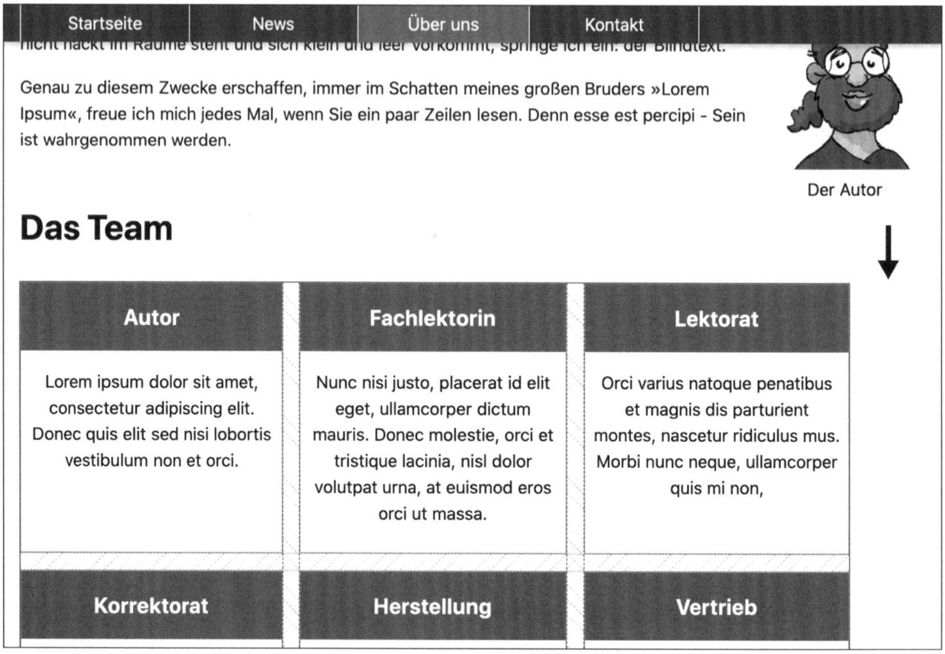

Abbildung 24.14 Das 250px-Grid ist responsiv, lässt rechts aber freien Raum.

Einziger Nachteil: Die Spalten haben eine feste Breite von 250px und füllen somit nicht den gesamten Platz. Rechts außen bleibt meist etwas frei.

24.7.3 Schritt 2: Die Funktion »minmax()« macht das responsive Grid perfekt

Das Layout ist bereits responsiv und hat eine beliebige Spaltenanzahl, und das alles mit nur drei Deklarationen.

Zum perfekten Grid würde nur noch eine flexible Spaltenbreite fehlen, sodass die gesamte Breite gefüllt wird, aber die Kombination von `auto-fit` mit in der Breite undefiniertem `fr` ist wie gesagt leider nicht erlaubt.

Mit einem kleinen Trick geht es aber doch, denn man kann `repeat()` und `auto-fit` mit der Funktion `minmax()` kombinieren:

- `minmax(min, max)` braucht in den Klammern zwei Werte für die minimale und die maximale Breite einer Spalte.
- In Kombination mit einer festen Mindestbreite ist es in `minmax()` erlaubt, den Wert `1fr` für die maximale Breite zu verwenden.

`minmax(250px, 1fr)` sorgt also für eine Spaltenbreite von 250px. Sollte in der Zeile noch freier Platz sein, wird der gemäß `1fr` gleichmäßig auf alle Spalten verteilt. Damit ist die Grid-Zauberformel komplett:

```
.mitglieder {
  display: grid;
  grid-template-columns: repeat(auto-fit, minmax(250px, 1fr));
  grid-gap: 1rem;
  list-style: none;
  padding: 0;
  margin: 0;
}
```

Listing 24.19 Die Grid-Zauberformel – responsiv ohne Media Query

Im folgenden Kasten ergänzen Sie die bestehende Regel, und damit ist das flexible, responsive Grid fertig.

Übungswebsite: Ein responsives Grid mit flexibler Spaltenbreite

1. Öffnen Sie das Stylesheet *content.css*.
2. Ergänzen Sie die bestehende Regel für den Grid-Container `.mitglieder` wie in Listing 24.19 gezeigt um die Funktion `minmax()`.
3. Speichern Sie das Stylesheet, und betrachten Sie die Seite *Über uns* im Browser.

Abbildung 24.15 zeigt das Grid mit `repeat()`, `auto-fit` und `minmax()` in Aktion. Responsiv ohne Media Query, und der Platz wird gefüllt.

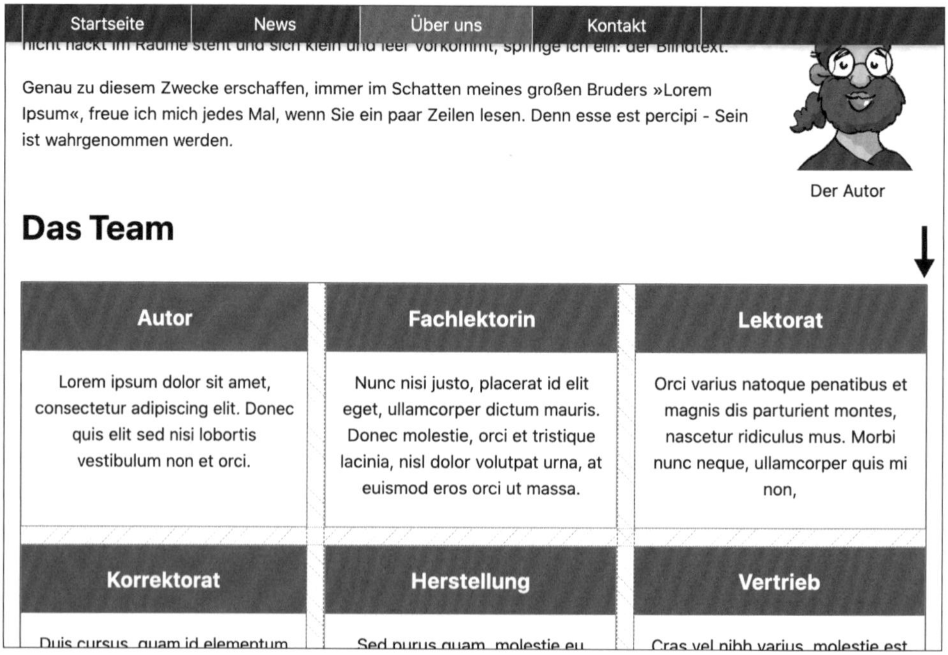

Abbildung 24.15 Die Grid-Zauberformel in Aktion

24.8 Die wichtigsten Grid-Eigenschaften in der Übersicht

Grid kennt jede Menge neuer Eigenschaften, deren Namen anfangs schlecht zu merken sind.

Tabelle 24.3 zeigt eine kleine Übersicht der in diesem Kapitel gezeigten Eigenschaften zur Definition eines Grid-Layouts.

Eigenschaften	Gilt für	Beschreibung
`display: grid`	Grid-Container	Grid-Container definieren
`grid-template-columns`	Grid-Container	Anzahl der Spalten
`grid-template-rows`	Grid-Container	Anzahl der Zeilen
`grid-template-areas`	Grid-Container	Grid-Bereiche definieren

Tabelle 24.1 Eigenschaften zur Definition eines Grid-Layouts

Tabelle 24.2 zeigt die Eigenschaften zur Definition von Zwischenräumen in einem Grid-Layout. Momentan hat die Schreibweise mit der Vorsilbe `grid-` noch die bessere Browserunterstützung, aber auf lange Sicht werden die modernen Varianten ohne Vorsilbe wohl das Rennen machen.

Eigenschaften	Gilt für	Beschreibung
`gap`	Grid-Container	Abstände zwischen Spalten *und* Zeilen. Alte Schreibweise: `grid-gap`
`column-gap`	Grid-Container	Abstand zwischen Spalten. Alte Schreibweise: `grid-column-gap`
`row-gap`	Grid-Container	Abstand zwischen Zeilen. Alte Schreibweise: `grid-row-gap`

Tabelle 24.2 Eigenschaften für Zwischenräume in einem Grid-Layout

Um Grid-Items jenseits des automatischen Grid-Algorithmus im Layout platzieren zu können, gibt es die in Tabelle 24.3 gezeigten Eigenschaften.

Eigenschaften	Gilt für	Beschreibung
`grid-column`	Grid-Item	Platziert Grid-Items zwischen den mit `grid-template-columns` erstellten nummerierten Grid-Linien.
`grid-area`	Grid-Item	Platziert Grid-Items in den mit der Eigenschaft `grid-template-areas` erstellten benannten Grid-Bereichen.

Tabelle 24.3 Eigenschaften zur manuellen Platzierung von Grid-Items

CSS Grid Layout ist eine sehr mächtige Spezifikation. Die grundlegenden Grid-Layout-Techniken haben Sie kennengelernt. Aber es gibt noch viel mehr Möglichkeiten zur Erstellung von Grid-Layouts. Hier noch ein paar Quellen zum weiteren Studium:

- A Complete Guide to Grid
  css-tricks.com/snippets/css/complete-guide-grid/
- MDN – Übersicht zum CSS Grid Layout
  developer.mozilla.org/en-US/docs/Web/CSS/CSS_Grid_Layout
- »Grid By Example«, Website von Rachel Andrew
  gridbyexample.com
- »Understanding CSS Grid«, Artikelserie von Rachel Andrew
  smashingmagazine.com/2020/01/understanding-css-grid-container/

24.9 Auf einen Blick

Hier sind noch einmal die wichtigsten Punkte im Überblick:

- Ein *Grid* ist ein Raster und schafft Ordnung.
- Grid basiert auf dem Eltern-Kind-Prinzip. Die Rolle der Eltern übernimmt der *Grid-Container*, die Kinder heißen *Grid-Items*.
- Das Elternelement wird mit `display: grid` zum Grid-Container.
- In einem Grid-Layout gibt es Spalten und Zeilen:
  - `grid-template-columns` erzeugt die Spalten des Rasters.
  - `grid-template-rows` erzeugt Zeilen, wird aber oft gar nicht benötigt, da sie automatisch vom Browser generiert werden.
- CSS-Grid kennt eine neue, flexible Einheit namens `fr`, kurz für *fraction*. Übersetzen könnte man das mit *Teil* oder *Anteil*:
  - `grid-template-columns: 1fr 1fr` erzeugt zwei gleich breite Spalten.
  - `grid-template-columns: 2fr 1fr` macht die erste Spalte doppelt so breit wie die zweite.
- `grid-gap` kontrolliert den Raum zwischen Spalten und Zeilen. Bei Bedarf kann man den Zwischenraum auch getrennt definieren:
  - `grid-column-gap` für den Raum zwischen den Spalten
  - `grid-row-gap` für den Raum zwischen den Zeilen
- Der Browser nutzt einen Algorithmus namens *auto-placement*, um Grid-Items automatisch im Grid-Layout zu platzieren.
- Mit `grid-column` können Sie Grid-Items manuell platzieren. Dabei können Sie die nummerierten Grid-Linien nutzen, mit denen die Spalten und Zeilen definiert werden.
- Die Platzierung von Grid-Items mit benannten Grid-Bereichen ist intuitiver:
  - `grid-template-areas` erstellt benannte Grid-Bereiche.
  - `grid-area` platziert ein Grid-Item in einem benannten Grid-Bereich.
- Die »Grid-Zauberformel« erstellt ein flexibles, responsives Grid:
  `grid-template-columns: repeat(auto-fit,minmax(250px,1fr))`
  - `repeat()` wiederholt die Angaben in Klammern.
  - `auto-fit` bedeutet *so oft wie möglich*.
  - `minmax(250px,1fr)` definiert die minimale und maximale Breite.

Kapitel 25
Flexible Icons und responsive Bilder

Worin Sie SVG-Icons kennenlernen und sehen, wie man dem Browser auf responsiven Webseiten passende Bilder servieren kann.

Die Themen im Überblick:

In diesem Kapitel geht es zunächst um verschiedene Möglichkeiten zur Einbindung von SVG-Icons. Danach sehen Sie, was man beim Ausliefern von Pixelbildern für hochauflösende Bildschirme beachten sollte und wie man auf responsiven Webseiten für unterschiedlich breite Viewports jeweils passende Bilder bereitstellen kann.

25.1 Flexible Icons: Skalierbare Symbole mit SVG

Die Einbindung von Symbolen ist auf Webseiten sehr beliebt, und Abbildung 25.1 zeigt die Infoboxen auf der Startseite mit einem Icon als Blickfang.

Früher wurden solche *Icons* als GIF, JPEG oder PNG eingebunden, aber diese auf Pixeln basierenden Formate werden beim Vergrößern grobkörnig und unscharf.

Im Zeitalter immer höher auflösender Bildschirme schlägt deshalb die Stunde von SVG (*Scalable Vector Graphics*):

- SVG ist ein vektorbasiertes Dateiformat.
- SVG-Grafiken sind skalierbar, ohne dabei an Schärfe zu verlieren.

- SVG-Dateien bestehen wie HTML aus Quelltext, den Sie in einem ganz normalen Editor öffnen und bearbeiten können.

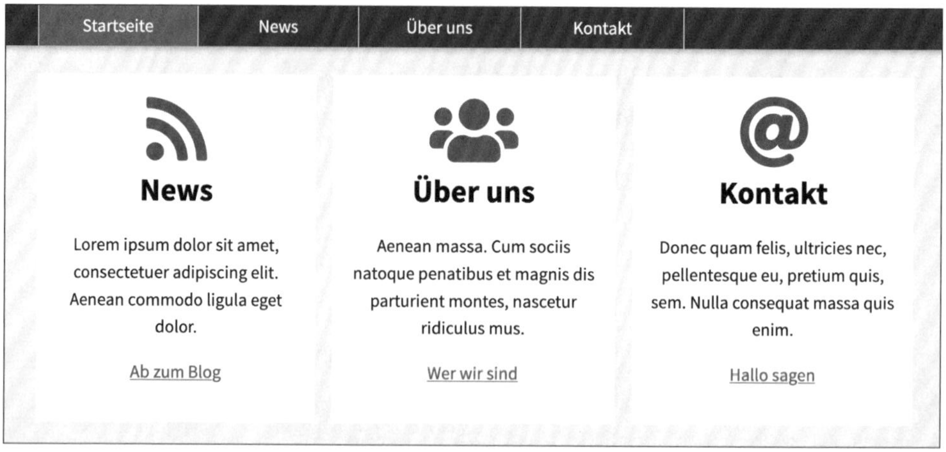

Abbildung 25.1 Die Infoboxen auf der Startseite mit Icon

Sie haben richtig gelesen: SVG-Dateien sind ein XML-basiertes Format für Bilder und bestehen aus Text. Zum Erstellen und Bearbeiten von SVG ist ein SVG-fähiges Grafikprogramm wie *Inkscape* (*inkscape.org*), *Boxy SVG* (*boxy-svg.com*) oder *Illustrator* von Adobe empfehlenswert, aber in Abschnitt 25.3, »SVG-Icons kann man im Editor bearbeiten«, öffnen Sie ein SVG-Icon in einem normalen Texteditor und ändern die Füllfarbe.

Bevor Sie SVG-Icons auf Ihren Webseiten einbinden können, benötigen Sie zunächst einmal ein paar Icon-Dateien. Es gibt zahlreiche Websites, auf denen Sie Icons im SVG-Format herunterladen können. Hier ein paar Beispiele:

- Icon Finder: *iconfinder.com*
- Font Awesome: *fontawesome.com*
- Bootstrap Icons: *icons.getbootstrap.com*
- Material Icons: *fonts.google.com/icons*

Wenn Sie ein passendes Icon gefunden haben, achten Sie darauf, es als SVG-Datei herunterzuladen und nicht in irgendeinem anderen Format (siehe Abbildung 25.2). Beachten Sie auch die jeweilige Lizenz, und prüfen Sie, zu welchen Bedingungen Sie die Datei nutzen dürfen.

Abbildung 25.2 Ein Icon als SVG-Datei herunterladen

Nach dem Herunterladen der gewünschten Icons gibt es zwei Möglichkeiten zur Verwendung von SVG-Dateien:

- In Abschnitt 25.2 sehen Sie, wie Sie eine SVG-Datei mit dem `img`-Element einbinden. Dabei bleibt das HTML übersichtlich, aber Sie können das Icon nicht von Ihrem Stylesheet aus per CSS gestalten.
- In Abschnitt 25.4 fügen Sie den SVG-Code inline im HTML ein. Dadurch wird das HTML zwar unübersichtlicher, aber das Icon kann direkt per CSS gestaltet werden.

Optisch ist das Ergebnis im Browser identisch, aber beide Methoden haben verschiedene Vor- und Nachteile, und deshalb zeige ich Ihnen im Folgenden beide.

25.2 SVG-Icons mit <img> als Datei einbinden

Falls Sie diesen Abschnitt nachbauen möchten, sollten Sie sich vorher drei passende SVG-Icons aus dem Web herunterladen und als *news.svg*, *ueber-uns.svg* und *kontakt.svg* im Unterordner *bilder* der Übungswebsite abspeichern. Die drei Icons werden im folgenden Listing in den Infoboxen auf der Startseite mit dem `img`-Element eingebunden und mit einem Link umgeben, der zur jeweiligen Webseite führt:

```
<article class="infobox">
  <a href="news.html">
    <img src="bilder/news.svg" alt="News">
  </a>
  <h3>News</h3>
  ...
</article>

<article class="infobox">
  <a href="ueber-uns.html">
    <img src="bilder/ueber-uns.svg" alt="Über uns">
```

```
  </a>
  <h3>Über uns</h3>
  ...
</article>

<article class="infobox">
  <a href="kontakt.html">
    <img src="bilder/kontakt.svg" alt="Kontakt">
  </a>
  <h3>Kontakt</h3>
  ...
</article>
```

Listing 25.1 SVG-Icons als Datei einbinden

Die Größe der drei Icons können Sie mit einer einfachen CSS-Regel bestimmen, die Sie zum Beispiel in *content.css* speichern:

```
.infobox img[src$=".svg"] {
  height: 5rem;
  width: auto;
}
```

Listing 25.2 Die Größe der Icons per CSS definieren

Nach diesen Änderungen sieht die Startseite mit den Infoboxen im Browser so aus wie in Abbildung 25.3.

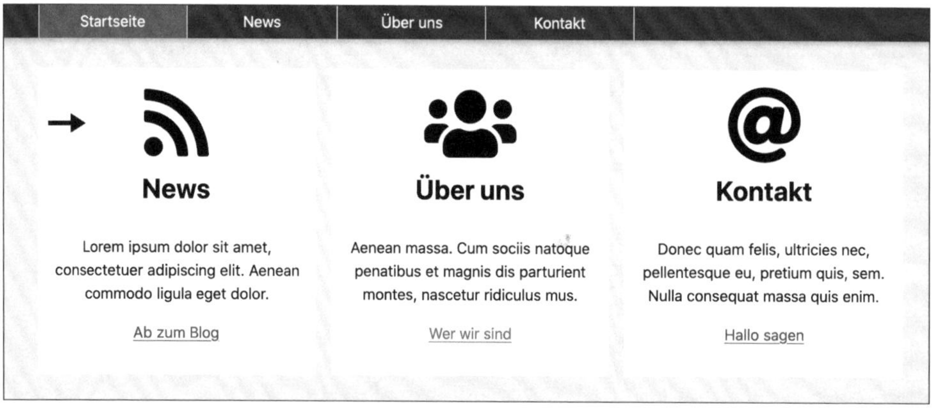

Abbildung 25.3 Die SVG-Icons als Datei im Browser

Die Icons werden im Browser dargestellt und verhalten sich genau wie andere per img-Element eingebundene Grafiken. So können Sie per CSS zwar wie gesehen zum Beispiel die Größe der Icons ändern, aber nicht deren Farbe. Falls die Farbe der Icons zufällig passt, ist das weiter kein Problem, und Sie sind fertig. Ansonsten lesen Sie weiter.

25.3 SVG-Icons kann man im Editor bearbeiten

Pixelbilder sind binär und benötigen zur Bearbeitung ein Bildbearbeitungsprogramm, aber eine SVG-Datei besteht aus Markup, das Sie in jedem Texteditor öffnen, anschauen und bearbeiten können. Zum Ausprobieren öffnen Sie am besten eines der heruntergeladenen SVG-Icons in Ihrem HTML- und CSS-Editor. Das folgende Listing zeigt beispielhaft den Code für das weiter oben eingebundene News-Icon:

```
<svg xmlns="http://www.w3.org/2000/svg" viewBox="0 0 448 512">
  <path d="M128.081 415.959c0 ..."></path>
</svg>
```

Listing 25.3 So könnte ein SVG-Icon in einem Texteditor aussehen.

Der Code von anderen SVG-Dateien sieht wahrscheinlich etwas anders aus, aber die Ähnlichkeit mit HTML ist verblüffend:

- Es gibt Elemente mit Anfangs- und Ende-Tags, die Attribute mit in Anführungsstrichen stehenden Werten haben.
- Das svg-Element sagt dem Browser, dass der Quelltext zwischen dem Anfangs-Tag <svg> und dem Ende-Tag </svg> in der Sprache SVG geschrieben wurde.
- Darin enthalten ist in Listing 25.3 das Element path, mit dem das genaue Aussehen des Icons definiert wird.
- Im Anfangstag <path> stehen im Attribut d die Daten für die Grafik, die in Listing 25.3 verkürzt wiedergegeben werden.

SVG ist eine mächtige Sprache zum Erstellen und Gestalten von Grafik. So können Sie zum Beispiel die Farbe der Icons ändern, indem Sie im Anfangstag <path> das Attribut fill mit einem Farbwert einfügen:


```
<svg xmlns="http://www.w3.org/2000/svg" viewBox="0 0 448 512">
<path fill="#07b" d="M128.081 415.959c0 ..."></path></svg>
```

Listing 25.4 Das Attribut »fill« definiert die gewünschte Füllfarbe.

Danach erscheinen die Icons im Browser in der entsprechenden Farbe (Abbildung 25.4).

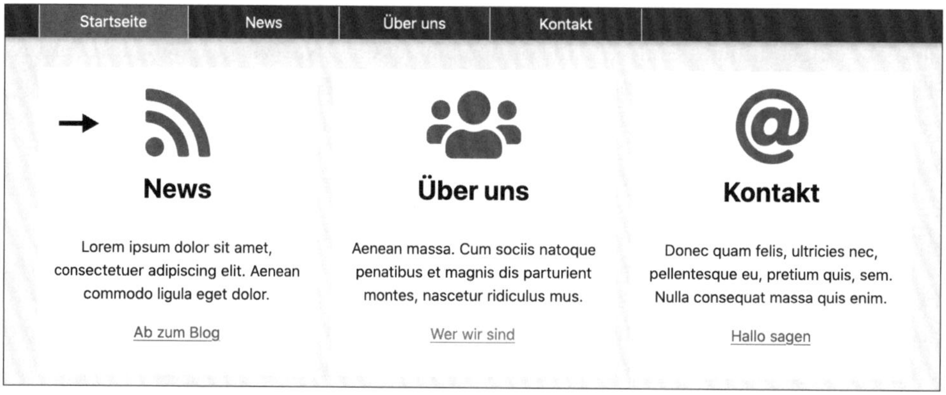

Abbildung 25.4 Die Icons mit der gewünschten Füllfarbe

Mit ein bisschen Glück ist es also recht einfach, die Farbe eines SVG-Icons zu ändern, aber Sie müssen diese Änderung in jeder Datei wiederholen und können sie nicht zentral von einem Stylesheet aus steuern. Das geht mit der im Folgenden beschriebenen Möglichkeit, den Quelltext der SVG-Icons direkt und ohne `img`-Element einzufügen.

25.4 SVG-Icons inline direkt im HTML einfügen

Sie können den Code von SVG-Icons im Editor nicht nur *bearbeiten*, sondern auch *kopieren* und dann inline direkt im HTML einfügen.

Das folgende Listing zeigt die Inline-Einbindung eines SVG-Icons am Beispiel des *News*-Icons, dessen Code Sie in Listing 25.3 bereits in Auszügen gesehen haben:

```
<article class="infobox">
  <a href="news.html">
  <svg xmlns="http://www.w3.org/2000/svg" viewBox="0 0 448 512">
    <path d="M128.081 415.959c0 ..."></path>
  </svg>
  </a>
  <h3>News</h3>
  ...
</article>
```

Listing 25.5 SVG-Icons inline einbinden

Der Browser weiß, dass der Code zwischen `<svg>` und `</svg>` eine SVG-Grafik definiert, und stellt sie im Browserfenster dar. Der eingebundene SVG-Code macht den Quelltext der Seite zwar unübersichtlicher, aber dafür können Sie den Code zentral von Ihren Stylesheets aus per CSS gestalten. Inline-SVG-Icons können, wie andere Elemente auch, direkt per CSS gestaltet werden. Die folgende Regel definiert drei Dinge:

- Mit `height` definieren Sie eine Höhe von `5rem` für alle `svg`-Elemente in den Infoboxen. Die Breite wird mit `width` automatisch bestimmt.
- Mit der Eigenschaft `fill` können Sie im CSS eine Farbe für die Icons bestimmen. Das kann ein Farbname, ein Hex-Wert oder ein anderes Farbformat sein.
- Im Beispiel nutzen Sie den Wert `currentColor`, mit dem die Icons die Textfarbe des umgebenden Elements übernehmen, in diesem Fall also die Farbe der Hyperlinks.

Die CSS-Regel sieht so aus wie im folgenden Listing:

```
.infobox svg {
  width: auto;
  height: 5rem;
  fill: currentColor;
}
```

Listing 25.6 Die Größe und Farbe der SVG-Icons per CSS definieren

Für die Übungswebsite können Sie diese Regel zusammen mit den anderen Regeln zur Gestaltung der Infoboxen in *content.css* speichern.

Abbildung 25.5 zeigt die Icons in der Linkfarbe (*News*). Sie übernehmen die Farbe der Links, und zwar auch die der Link-Pseudoklassen wie `:visited` (siehe *Über uns*) und `:hover` bzw. `:focus` (siehe *Kontakt*).

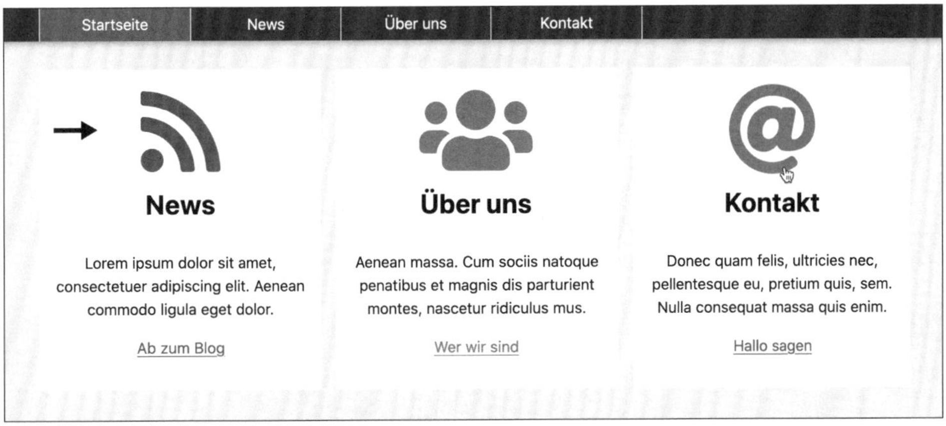

Abbildung 25.5 Die SVG-Icons übernehmen die Textfarbe der Links.

Weitere Infos und Beispiele zur CSS-Eigenschaft »fill«

Auf *css-tricks.com* gibt es weitere Infos und Beispiele zu `fill`:

- *css-tricks.com/almanac/properties/f/fill/*

Die Gestaltung mit `fill` macht die Einbindung von SVG-Icons direkt im HTML wesentlich flexibler als die Einbindung mit einem `img`-Element.

25.5 Unterschiedliche Bilder je nach Pixeldichte des Bildschirms

In Abschnitt 6.3, »Pixelbilder und hochauflösende Bildschirme«, haben Sie gesehen, dass viele Bildschirme eine so hohe Pixeldichte haben, dass die Netzhaut des menschlichen Auges bei einem normalen Betrachtungsabstand keine einzelnen Pixel mehr erkennen kann.

Diese Bildschirme nutzen zur Darstellung eines logischen Bildpixels gleich mehrere physische Gerätepixel. Dieses Verhältnis zwischen logischen physischen Pixeln wird als *DPR* (*device-pixel-ratio*) bezeichnet, und hochauflösende Bildschirme haben eine DPR von 2 oder mehr. Skalierbare Vektorgrafiken haben damit kein Problem, aber Pixelbilder in Formaten wie JPG, PNG oder GIF werden dann unscharf.

Ein gängiger und im Alltag verbreiteter Trick zur Lösung dieses Problems ist es wie bereits erwähnt, eine doppelt so große Grafikdatei auszuliefern. Eine andere Möglichkeit besteht darin, je nach Pixeldichte des Bildschirms eine andere Grafik auszuliefern. Das machen Sie zum Beispiel beim Logo der Übungswebsite, und dazu hat das `img`-Element ein Attribut namens `srcset` bekommen:

```
<img src="bilder/html-und-css-logo-222.png"
     srcset="bilder/html-und-css-logo-444.png 2x"
     alt="HTML und CSS"
     width="222"
     height="36">
```

Listing 25.7 Ein größeres Pixelbild für hochauflösende Bildschirme

Die Syntax ist relativ leicht zu verstehen und die Mehrarbeit überschaubar:

- Die einzufügende Grafik wird in zwei Versionen bereitgestellt.
- `img` wird um das Attribut `srcset` mit einem `x`-Wert erweitert.

Für Logos und andere Grafikdateien mit einer festen Breite ist diese Lösung optimal, für Bilder mit einer flexiblen Breite hingegen, die je nach Viewport oder Layout unterschiedlich breit dargestellt werden, reicht `srcset x` nicht aus, da bei der Auslieferung der Bilder weder die Breite des Viewports noch das Layout der Webseite berücksichtigt werden.

Das ändert sich im folgenden Abschnitt, und dabei wird es dann auch gleich etwas komplexer.

25.6 Unterschiedliche Bilder je nach Viewportbreite

In diesem Abschnitt sehen Sie, wie Sie abhängig von der Viewportbreite unterschiedlich große Bilder ausliefern können. Die Beispielgrafik gibt es in zwei unterschiedlichen Versionen:

- *hafen-klein.jpg* mit einer Breite von 1024px und einer Höhe von 768px.
- *hafen-gross.jpg* mit einer Breite von 2048px und einer Höhe von 1536px.

Damit man im Browser auf Anhieb erkennen kann, welche Grafik geladen wurde, steht die Pixelbreite der Datei als Zahl links oben im Foto (Abbildung 25.6).

Abbildung 25.6 Die Bilder mit 1024px und 2048px Breite

Die Übungsdateien zu diesem Abschnitt

Falls Sie diesen Abschnitt im Editor nachbauen möchten, finden Sie die Dateien im Ordner zu diesem Kapitel im Unterordner *uebungen*.

25.6.1 Tausche X gegen W: <img>, »srcset w« und »sizes«

Um dem Browser zu sagen, dass er je nach Viewportbreite eine andere Grafikdatei nehmen soll, benutzen Sie wie bei der Pixeldichte das Element `img` mit dem Attribut `srcset`, tauschen bei den Werten aber das `x` gegen ein `w` und ergänzen das Attribut `sizes`.

Das folgende Listing zeigt ein Beispiel:

```
<img src="bilder/hafen-klein.jpg"
     srcset="bilder/hafen-klein.jpg 1024w,
             bilder/hafen-gross.jpg 2048w"
     sizes="100vw"
     alt="Der Noorderhaven in Groningen">
```

Listing 25.8 Verschiedene Bilder je nach Breite des Viewports

In Listing 25.8 sind zwei Dinge neu:

- Im Attribut `srcset` steht hinter den Dateinamen eine Zahl mit einem `w` wie *width*. Mit der Angabe von `1024w` bzw. `2048w` teilen Sie dem Browser die Breite der Grafikdatei in Pixel mit. Dadurch kennt er schon *vor* dem Herunterladen der Dateien deren Breite in Pixel.
- Das Attribut `sizes` ist neu. Es sagt dem Browser, wie groß die Bilder dargestellt werden sollen.
- Der Wert von `100vw` bedeutet *so breit wie der Viewport*:
  - `vw` steht für *viewport width*, also die Breite des Viewports.
  - `1vw` ist ein Prozent der Viewportbreite.
  - `100vw` ist 100% der Viewportbreite.

Der Browser nimmt diese sachdienlichen Hinweise dankbar an und lädt das passende Bild herunter, wobei er, wie Sie sehen werden, auch automatisch die Pixeldichte des Bildschirms berücksichtigt.

Abbildung 25.7 zeigt ein Beispiel mit der Funktion BILDSCHIRMGRÖSSEN TESTEN in Firefox.

In Abbildung 25.7 passiert Folgendes:

- Der Viewport des IPHONES 6/7/8 ist im Hochformat 375PX breit.
- Der iPhone-Bildschirm hat eine DPR: 2.
- Das Bild soll laut HTML so breit wie der Viewport sein (`100vw`).

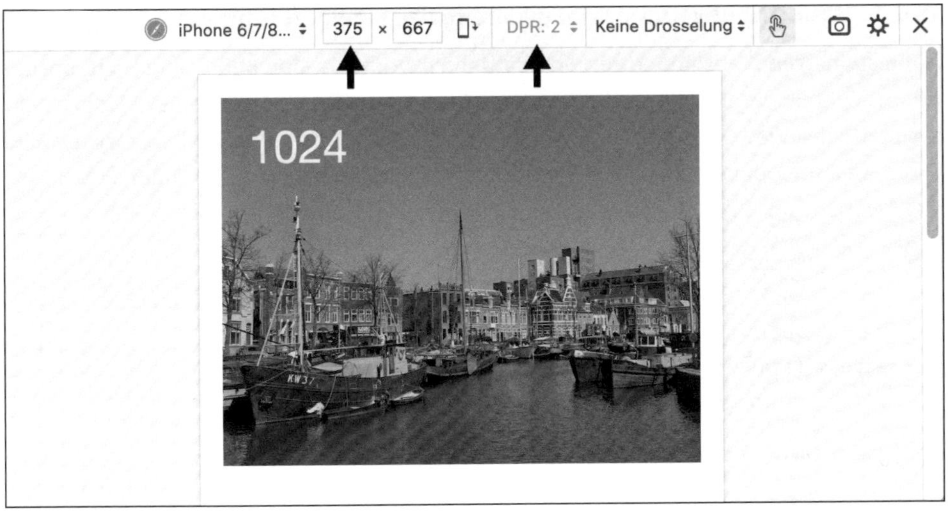

Abbildung 25.7 Der Browser entscheidet sich für das kleinere Bild.

Der Browser berechnet, dass er für das Bild 2 × 375px benötigt, also 750px, und dafür reicht `hafen-klein.jpg` mit einer Breite von 1024px.

Tabelle 25.1 zeigt einige Rechenbeispiele, und dabei sehen Sie, dass die meisten Geräte in dieser Situation die größere Datei mit einer Breite von 2048px benötigen.

Viewportbreite	DPR	benötigte Breite	Grafikdatei
360px (Galaxy S9)	4	1440px	2048w
375px (iPhone SE)	2	750px	1024w
390px (iPhone 12 hoch)	3	1170px	2048w
768px (iPad hoch)	2	1536px	2048w
844px (iPhone 12 quer)	3	2532px	2048w
1440px (Laptop)	1	1440px	2048w

Tabelle 25.1 Beispiele zur Berechnung der Bildbreite für 100vw

Das iPhone 12 würde im Querformat mit einem Pixelbedarf von 2532px theoretisch sogar eine noch größere Datei benötigen, aber eine Optimierung für mehr als DPR 2 ist wie gesagt nicht nötig, da das menschliche Auge bei fast allen Bildern keinen Unterschied erkennen kann.

25.6.2 Das Attribut »sizes« kann die Breite des Viewports abfragen

Auf responsiven Webseiten mit mehrspaltigen Layouts werden Bilder aber nicht immer nur im Vollbild dargestellt. Deshalb können Sie im Attribut `sizes` mit einer Media Query die Breite des Viewports abfragen. So können Sie dem Browser mitteilen, dass das Bild in einem zwei- oder dreispaltigen Layout nur mit einer Breite von `50vw` oder `33vw` dargestellt werden soll. Hier ein Beispiel:

```
<img src="bilder/hafen-klein.jpg"
     srcset="bilder/hafen-klein.jpg 1024w,
             bilder/hafen-gross.jpg 2048w"
     sizes="(min-width: 600px) 33vw, 100vw"
     alt="Der Noorderhaven in Groningen">
```

Listing 25.9 Das Attribut »sizes« mit Media Query und »33vw«

Das Attribut `sizes` bewirkt in diesem Falle Folgendes:

- `(min-width:600px)` prüft, ob der Viewport 600px oder breiter ist.
- Ist das der Fall, soll das Bild mit einer Breite von `33vw` dargestellt werden, also ein Drittel der Viewportbreite.
- Unter 600px Viewportbreite soll das Bild `100vw` breit sein.

Abbildung 25.8 zeigt das Beispiel in Firefox in einem Viewport mit einer Breite von 812px. Der Fließtext wird dreispaltig dargestellt. Da das Bild in einer der Spalten steht, reicht dem Browser auch bei einer DPR von 3 das kleine Bild mit einer Breite von 1024px.

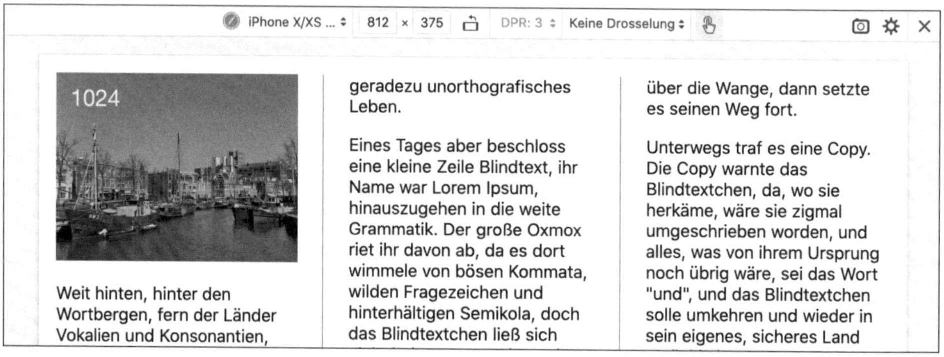

Abbildung 25.8 Drei Spalten quer – iPhone X nimmt das kleine Bild.

Die Berechnung läuft wie folgt:

1. Der Viewport hat eine Breite von `812px`.
2. Der Bildschirm hat DPR: 3.
3. Das Bild soll `33vw` breit sein.
4. 812px Viewportbreite entsprechen bei einer DPR von 3 für die volle Breite von 100vw genau 2436px.
5. Da das Bild aber nur ca. `33vw` breit sein soll, wird das Ergebnis durch 3 geteilt, und der Browser landet wieder bei 812px.
6. Das kleinere Bild mit 1024px ist also ausreichend.

Ganz schön viel Arbeit, und wenn der Benutzer das Gerät dreht, muss der Browser wieder rechnen:

- Für 375px Viewportbreite benötigt der Browser bei 100vw und einer DPR von 3 genau 1.125 Pixel.
- Zu viel für das kleine Bild mit einer Breite von 1024px. Also muss er doch das große Bild mit 2048px herunterladen.

Der Umgang mit responsiven Bildern im HTML ist, wie Sie sehen, recht komplex, und die Mehrarbeit beträchtlich. Man muss nicht nur den Quelltext durchdenken und schreiben, sondern auch jedes Bild in mehreren Versionen bereitstellen.

In vielen Content-Management-Systemen gibt es daher Tools, die den Einsatz von responsiven Bildern vereinfachen. Meist lädt man eine große Grafik hoch, und das System kümmert sich um den Rest, von der Erzeugung der korrekten Syntax bis hin zum automatisierten Zuschneiden der benötigten Grafiken.

Mit <picture> kann man auch unterschiedliche Motive ausliefern

Statt ein und dasselbe Bild in verschiedenen Versionen auszuliefern, können Sie dem Besucher mit den Elementen `picture` und `source` auch verschiedene Bildmotive (Stichwort *Art Direction*) oder andere Dateiformate wie WebP anzeigen lassen.

Weitere Informationen dazu finden Sie zum Beispiel hier:

- *wiki.selfhtml.org/wiki/HTML/Elemente/picture*
- *developer.mozilla.org/en-US/docs/Web/HTML/Element/picture*
- *css-tricks.com/a-guide-to-the-responsive-images-syntax-in-html/*

25.7 Auf einen Blick

Hier sind noch einmal die wichtigsten Punkte im Überblick:

- SVG (*Scalable Vector Graphics*) hat zwei große Vorteile:
  - SVG ist ein vektorbasiertes Dateiformat. SVG-Grafiken sind also ohne Qualitätsverlust skalierbar.
  - SVG-Dateien bestehen aus Code, den man im Editor bearbeiten kann.
- SVG-Icons können auf verschiedene Weise eingebunden werden:
  - als Datei mit `img`-Element
  - inline direkt im HTML
- Inline eingefügtes SVG kann per CSS gestaltet werden.
- Um je nach Pixeldichte des Bildschirms unterschiedliche Bilder ausliefern zu können, wird `img` um das Attribut `srcset` mit `x`-Werten erweitert.
- Um je nach Viewport- oder Layoutbreite unterschiedliche Bilder auszuliefern, wird `img` um das Attribut `srcset` mit `w`-Werten und das Attribut `sizes` erweitert.
- Um verschiedene Bildmotive oder Dateiformate anzuzeigen, gibt es die Elemente `picture` und `source`.
- Die manuelle Aufbereitung von responsiven Bildern und deren korrekte Einbindung im HTML sind recht komplex, und die Mehrarbeit ist beträchtlich.
- In vielen Content-Management-Systemen gibt es daher automatisierte Tools, die den Einsatz von responsiven Bildern vereinfachen.

Index

A

B

C

D

E

F

G

I

J

K

L

M

S

T

U

V

W

Z